AF246470

F 29486

PROCÉDURE

COMPLÈTE ET MÉTHODIQUE

DES

JUSTICES DE PAIX DE FRANCE.

AUTRES OUVRAGES DE M. BIRET,

QUI SE VENDENT A LA MÊME ADRESSE.

RECUEIL GÉNÉRAL ET RAISONNÉ DE LA JURISPRUDENCE DES JUSTICES DE PAIX DE FRANCE, contenant sommairement tout ce qui se rapporte à ces matières dans les cinq Codes, dans les Lois, Décrets, Ordonnances et Arrêts, rendus depuis 28 ans ; le tout comparé à l'Ancienne législation, tant au Civil qu'en Police simple, Police judiciaire, Douanes, Octrois, etc., etc. ; 2 vol. in-8., 10 fr.   franc de port, 12 fr. 50 c.

TRAITÉ DES NULLITÉS DE TOUT GENRE DE DROIT ET DE FORME, admises en matières civiles, par les nouveaux Codes et la Jurisprudence des Cours, avec l'esprit de l'Ancien droit, etc., 2 vol. in-8., 12 fr.   franc de port, 14 fr. 50 c.

COMMENTAIRE SUR LA LÉGISLATION DE SIMPLE POLICE, dédié à M. le Procureur-général de la Cour de Poitiers, et déposé, par ordre de l'autorité, aux archives de 500 Mairies, pour y servir de guide, un vol. in-8., prix 3 fr. franc de port, 3 fr. 50 c.

LE CHRISTIANISME EN HARMONIE avec les plus dignes affections de l'homme, Dédié à Monseigneur l'Evêque de la Rochelle, 2 vol. in-12, prix 6 fr.   franc de port, 7 fr.

TRAITÉ SUR L'ÉDUCATION, OU EMILE CORRIGÉ, dédié *au Roi* ; jugé par la Commission Royale de l'instruction publique, *digne d'être connu et étudié* de tous les pères de famille, 2 vol. in-12, 6 fr.   franc de port, 7 fr.

ÉLOGE HISTORIQUE DE LOUIS XVI, cinquième édition, brochure in-12, 1 fr.   franc de port, 1 fr. 25 c.

ESSAI SUR LA CRITIQUE ET LES CRITIQUES, brochure in-12, 1 fr.   franc de port, 1 fr. 50 c.

IMPRIMERIE DE D'HAUTEL,
rue de la Harpe, n° 80.

PROCÉDURE

COMPLÈTE ET MÉTHODIQUE

DES

JUSTICES DE PAIX DE FRANCE,

Contenant les Formules de tous Jugemens, Actes et Procès-verbaux quelconques, qui sont dans les nombreuses attributions de ces Justices, tant au Civil, qu'en Police et dans les Matières Criminelles ; le tout *varié* par les incidens et les exceptions prévus, avec des Décisions sur le droit ;

Par M. BIRET,

Ancien Jurisconsulte, Auteur de divers ouvrages, Juge de Paix à la Rochelle.

DEUXIÈME ÉDITION.

A PARIS,

Chez ARTHUS BERTRAND, LIBRAIRE,
RUE HAUTEFEUILLE, N° 23.

1822.

AVIS DE L'ÉDITEUR.

Cet ouvrage manquait à notre Jurisprudence. Plusieurs magistrats et jurisconsultes avaient désiré une Procédure *complète* des Justices de Paix de France, aussi étendue, aussi variée que l'exigeaient leurs nombreuses attributions. Un d'eux (1), en donnant, avec le talent qui le distingue, la compétence de ces justices, a fait sentir la nécessité d'y ajouter des procédures préparées, afin que la forme fût mise dans une parfaite harmonie avec le droit.

Il importait en effet à l'institution même de faire disparaître des incohérences sans nombre, des controverses singulières et des formes gravement erronées, qui résultaient d'ouvrages imparfaits, remplis de lacunes, et dont plusieurs étaient nés dans l'enfance des Justices de paix.

Il était réservé à un magistrat exercé dans ces matières, qui déjà en avait publié un Recueil très-estimé, de créer, pour ainsi dire, l'utile et difficile Procédure des Justices de Paix. On peut dire, sans crainte de se tromper, que cet ouvrage ne laisse rien à désirer dans toutes ses parties, qui sont réunies avec art dans un ensemble sim-

---

(1) M. Henrion de Pensey.

ple et facile, présenté par ordre alphabétique ; ordre qui fait que rien n'échappe au lecteur.

Aussi, une approbation générale a-t-elle accueilli cet ouvrage dès qu'il a paru. La meilleure preuve de la faveur qu'il a obtenue, est le débit rapide de sa première édition. On peut donc affirmer que cette Procédure méthodique est déjà placée au rang des ouvrages qui sont éminemment utiles à la société, et qui s'identifient en quelque sorte avec les institutions qui les ont fait naître.

Une seconde édition, revue par l'auteur, est offerte au public ; elle est parfaitement soignée sous le rapport typographique, et se distinguera ainsi de la première, qui a été imprimée en province, et qui appelait quelques corrections.

L'éditeur, propriétaire de cette édition, déclare qu'il poursuivra les contrefacteurs, et qu'il réputera contrefait tout exemplaire qui ne sera pas revêtu de sa signature.

DISCOURS
PRÉLIMINAIRE.

La procédure est l'action de la loi, l'exécution de sa volonté, le guide qui conduit au sanctuaire de la justice.

La procédure ne devrait être que cela, tout homme de bonne foi le conçoit sans peine. Que veut celui qui réclame l'autorité de la justice? Parvenir à ses juges, y appeler son adversaire, obtenir contre lui une condamnation méritée, la faire exécuter. N'est-ce pas là le cercle étroit dans lequel toute la procédure paraît au premier aspect devoir se renfermer ? C'est ainsi qu'en ont pensé les plus célèbres légistes depuis bien des siècles. C'est principalement pour les juges d'exceptions, pour les magistrats spéciaux, que des formes sommaires, promptes, simples, ont été souvent tracées. Chez les Romains, le magistrat, si bien nommé DEFENSOR CIVITATIS, était l'exécution vivante de la loi, le maître des formes. En Angleterre, on a été jusqu'à tracer les nobles devoirs du Juge de paix, par le brevet même qui lui conférait la magistrature (1). Et parmi nous, les fondateurs des Justices de

____

(1) Statut de 1590, rapporté par Richard Burne et Blackstone.

paix ont voulu « qu'elles fussent dégagées des formes
» qui obscurcissent tellement les procès, que le juge
» le plus expérimenté, a dit l'un d'eux (1), ne sait quel-
» quefois qui a tort ou qui a raison ».

« Le Juge de paix, suivant un autre (2), est un
» père de famille au milieu de ses enfans ; il dit un
» mot, et les injustices se réparent, les plaintes
» cessent, les divisions s'éteignent, ses mandemens
» s'exécutent sans formes ; il prononce, tout obéit,
» tout rentre dans l'ordre ».

Mais, les théories les plus brillantes, les principes
mêmes les plus naturels, sont altérés chaque jour par
la ruse, les rivalités, l'astuce, la chicane, l'intérêt
personnel ; alors les théories ne se soutiennent pas
dans l'application ; leur sphère est changée, ou ag-
grandie, ou divisée par les exceptions, les variations
du temps, les nuances des choses et la versalité
humaine. Voilà ce qui est arrivé à tous les monumens
de la procédure, et, sans parler de ces premières
ordonnances qui ébauchèrent à peine l'art de procéder, qui furent si rapidement changées ou anéanties,
nous voyons celle de 1539 entourée dès sa naissance
par la cupidité et la chicane, commentée et torturée
de tant de manières, qu'elle est renouvelée en grande

---

(1) M. Thouret.
(2) M. Tronchet.

partie, en 1563, par l'ordonnance de Roussillon. Celle-ci, peu d'années après, est encore étendue, expliquée, fortifiée par les Ordonnances de Moulins, en 1566; de Blois, en 1579; et de Louis XIII, en 1629. Nous voyons tous ces codes à leur tour réformés, simplifiés, refondus dans la célèbre ordonnance de 1667. Ce monument de la sagesse et du génie des plus grands publicistes d'un siècle fameux, est bientôt entouré lui-même par les efforts réunis de la mauvaise foi, de la chicane et de la dépravation sociale. Déjà sa marche est incertaine et tortueuse, des volumes d'édits, de déclarations, de règlemens, de lettres-patentes sont en vain publiés pour soutenir l'ordonnance de 1667, ils ne font que précipiter sa chute, en rendant chaque jour son application plus difficile.

De-là cette opinion défavorable existant depuis long-temps contre la procédure. Ce n'est cependant pas son essence qui alimente cette opinion; mais bien les énormes abus de sa pratique. On les voit souvent tourner contre l'esprit de la loi même, les formes les plus utiles.

De-là vient aussi la nécessité de présenter des modèles uniformes pour les applications générales, et variés par les incidens prévus ou les exceptions particulières. Le besoin de ces procédures préparées s'est fait sentir depuis bien des siècles, et l'ancienne législation en a vu paraître de plus ou moins complets, de plus ou moins réguliers. La procédure civile du Châtelet de Paris reste encore en partie debout, comme une antique colonne au milieu de vastes ruines.

Mais est-il quelque chose d'aussi parfait dans la moderne procédure? On peut dire sans vanité que, malgré la fertilité de nos auteurs, nous n'avons rien de semblable pour les Justices de paix. L'un prétend nous donner en douze pages in-4.º tout le système des formules de ces Justices; un autre moins concis, mais tout aussi incomplet, croit avoir atteint le même but dans cinquante pages in-8.º; celui-ci donne souvent des textes au lieu de modèles, et ce qu'il en fournit est insuffisant et peu régulier; celui-là embrassant des hypothèses générales, oublie les variations comme ont fait tous ses devanciers. Aucun ne décide par des formules les questions d'incompétence si variées et présentées maintenant avec tant d'affectation dans les tribunaux de paix. Aucun non plus ne réunit les actes civils avec ceux de l'instruction criminelle attribués aux Juges de paix comme officiers de police judiciaire; instructions si importantes quelles demandent des méditations toutes particulières. Aucun enfin ne trace la marche entière de la procédure en simple police avec ses incidens.

On peut donc, sans prétendre critiquer ni dédaigner les différens formulaires publiés pour les Justices de paix, dire qu'ils sont un assemblage de matériaux utiles, mais qui demandent d'être complétés, variés et régularisés.

J'ai osé entreprendre ce pénible travail, sans me dissimuler ses difficultés, mais mon zèle a reçu une nouvelle force par 145 invitations flatteuses de mes collègues.

Voici le plan que j'ai suivi :

1.º Je présente mon Formulaire dans un ordre alphabétique en forme de dictionnaire, parce que cela facilite singulièrement les recherches.

2.º Les formules sont établies par la distribution des matières et par des renvois, dans un rapport direct avec mon Recueil général et raisonné de la Jurisprudence des Justices de paix de France ; de sorte que mes Modèles peuvent être regardés comme l'exécution pratique du Recueil.

3.º J'ai enrichi ce Formulaire de tous les actes d'instructions criminelles qui sont attribués aux Juges de paix comme Officiers de police judiciaire.

4.º J'y ai tracé une procédure complète pour les tribunaux de simple police, avec tous les incidens prévus.

5.º Enfin, j'ai ajouté à mes modèles un bon nombre de Questions de droit, décidées sur discussions pour et contre, en forme de jugemens : toutes les exceptions d'incompétence y sont résolues ; les lois, décrets, ordonnances et arrêts, applicables aux nombreuses formules, y sont cités par de simples notes qui ne dérangent pas le corps de l'acte.

Voilà autant de parties principales qui distinguent mon Formulaire d'une manière particulière. Puisse-t-il ne rien laisser à désirer à mes collègues, et mon but sera rempli !

PROCÉDURE
COMPLÈTE ET MÉTHODIQUE
DES JUSTICES DE PAIX DE FRANCE.

A

ABSENS. Le premier acte que fait un Juge de paix, dans l'intérêt des absens appelés à recueillir une succession, c'est d'apposer les scellés sur les meubles, effets, titres et papiers qui en dépendent (1). Cet acte se fait suivant le modèle que nous donnons à APPOSITION DE SCELLÉS. *Voyez le.* Cependant, lorsque l'héritier absent est militaire, il faut instruire le Ministre de la guerre, et l'héritier lui-même, de l'ouverture de la succession. Les lettres du Juge de paix sont copiées à la suite de son procès-verbal, avant l'enregistrement. Si l'héritier militaire n'envoie pas sa procuration, un mois après, on nomme un curateur à son absence, soit d'office, soit sur la réquisition de toutes parties intéressées.

Voici la Forme de cette Nomination d'office.

Aujourd'hui..... mars 1822..... heure du....... nous, Juge de paix de la ville de....., assisté de notre greffier, étant dans notre prétoire; vu le procès-verbal d'apposition de scellés fait par nous, le......, sur le mobilier de la succession de feu......, décédé le......., à........, en notre arrondissement;

Vu les lettres transcrites au pied dudit procès-verbal, adressées par nous à S. Exc. le Ministre de la guerre et à......, fusilier à la 4e. compagnie du 2e. bataillon de la légion de....., en garnison à......, héritier présomptif du décédé; Vu enfin les articles 1er et 2 du décret du 11

---

(1) Loi du 27 mars 1791; décret du 11 ventose an 2; article 911 du code de procédure civile, et article 819 du code civil.

ventôse an 2, disons qu'il sera nommé d'office un curateur à l'absence présumée dudit..... ; à cet effet, nous
avons convoqué à l'amiable et sans citation préalable,
les parens paternels et maternels du militaire présumé
absent, au nombre prescrit par la loi; lesquels, en déférant à notre convocation, sont comparus ainsi qu'il suit :

| 1.°... | Prénoms, noms, qua-
lités et demeures des
trois parens paternels,
avec leurs degrés de pa-
renté. | S'il n'y a pas de pa-
rens sur les lieux ou dans
la distance de deux my-
riamètres, en nombre suf-
fisant dans chaque ligne,
on appelle des amis pour
les remplacer. (1). |
| 2.°... |
| 3.°... |
| 4.°... | Prénoms, noms, qua-
lités et demeures des
trois parens maternels,
avec leurs degrés de pa-
renté. |
| 5.°... |
| 6.°... |

Lesquels nous ont dit : que, déférant à notre convocation, ils consentent à délibérer devant nous et avec nous,
sur la nomination d'un curateur à l'absent présumé. — D'a-
près ce consentement, nous avons déclaré que les comparans
étaient légalement constitués en conseil de famille sous notre
présidence : leur avons fait promettre individuellement
de choisir en leur ame et conscience celui qu'ils jugeront le
plus capable de remplir les fonctions dont il s'agit (2). Le
conseil ainsi constitué, et après en avoir délibéré conjointement avec nous (3), a déclaré à l'unanimité nommer pour
curateur à l'absence présumée de....., la personne de.......
celui-ci présent nous a déclaré accepter cette fonction, et
nous a juré par serment, la main levée, d'en remplir fidèlement les devoirs. Au moyen de quoi nous, Juge de paix-

---

(1) Article 409 du code civil.

(2) Aucune loi ne prescrit de faire faire aux membres d'un conseil de
famille, le serment ou promesse de choisir le plus capable, mais telle
était l'ancienne jurisprudence, que j'ai cru devoir conserver pour donner
à l'acte plus de solennité et pour rappeler aux parens leur première
obligation.

(3) Le juge de paix ne doit pas se contenter de présider le conseil, il
doit délibérer avec lui, autrement il y aurait nullité. Arrêt de la cour de
Bordeaux, du 21 juillet 1808. *Voyez* mon Recueil général, tome premier
page 130.

président, disons que ledit..... est légalement élu curateur à l'absence de....., pour le représenter ainsi que de droit. De tout quoi nous avons dressé le présent procès-verbal pour valoir et servir suivant la loi. Lecture faite aux délibérans, ils ont signé (*ou déclaré ne le savoir, ou seulement quelques uns d'eux, s'il en est ainsi*).

Nota. Si la nomination n'est pas unanime, on fera la Variation suivante :

Le conseil ainsi constitué, après en avoir délibéré avec nous, a été d'avis, savoir, les sieurs P. et J., de nommer pour curateur à l'absence de.... la personne de S....; et les sieurs, (*les quatre autres délibérans*) ont au contraire nommé la personne de V., l'un des membres du conseil : alors réunissant notre voix à celle de la majorité des délibérans, nous avons dit et disons que V. est légalement élu curateur à l'absence dudit.... etc. (*Suivre le reste de la précédente formule*).

Si les voix étaient divisées par nombre égal, la nomination s'opérerait alors par le vote prépondérant du juge président, réuni à l'une ou à l'autre division. Cette circonstance est établie dans le procès-verbal, à peine de nullité.

Lorsqu'un ou plusieurs membres d'un conseil de famille refusent de comparaître volontairement, il faut les faire citer, soit d'office à la requête du juge, soit à la requête d'un parent, d'un créancier, ou de tous autres intéressés dans la succession. Ces citations se font en vertu d'une cédule du Juge de paix, laquelle est susceptible de plusieurs variations que nous allons donner.

Cédule *délivrée d'office pour convoquer un Conseil de famille au sujet d'un Militaire présumé absent.*

Nous Juge de paix de... vu le décret du 11 ventôse an 2, publié et confirmé par celui du 16 mars 1807; vu notre procès-verbal d'apposition de scellés sur les meubles, effets, etc.; attendu que....., fusilier à la 4.ᵉ compagnie du 2.ᵉ bataillon de la légion de......, est appelé à recueillir la succession dudit....., comme héritier présomptif, et attendu que plus d'un mois s'est écoulé depuis l'avis par nous donné tant audit......... qu'au Ministre de la guerre, de l'ouverture de cette succession, sans que ledit..... se soit fait représenter par un fondé de pouvoir;

Ordonnons que trois parens paternels et trois parens maternels, dudit..., seront cités à comparaître en notre prétoire, devant nous, le...... heures du......, pour délibérer en conseil de famille, sous notre présidence, sur la nomination qu'il y a lieu de faire d'un curateur à l'absence présumée de...., et, à défaut de parens en nombre suffisant dans l'une ou l'autre ligne, nous ordonnons qu'il sera appelé des amis pour les suppléer. En conséquence nous désignons pour composer ledit conseil de famille 1.° (*suivent les noms, prénoms, demeures, qualités et degrés de parentés des personnes appelées par le juge*) (1). Enjoignons auxdits parens (ou amis s'il y en a), d'obéir à la présente cédule, sous peine de 50 fr. d'amende (2). Donné par nous Juge de paix soussigné, à....., le.....　　　　(*Signature du juge*).

Variation. *Cédule aux mêmes fins, quand elle est requise par une partie intéressée.*

Nous, Juge de paix de..., sur ce qui nous a été exposé par (*prénoms, nom et demeure du réquérant*), qu'il est échu à.... fusilier à la 2.° compagnie du 3.° bataillon de la légion de..., une succession, ou partie de succession, par le décès de..... sur le mobilier de laquelle nous avóns apposé les scellés le....; que l'exposant est intéressé dans cette succession par (*exprimer ici le motif de cet intérét*); que plus d'un mois s'est écoulé depuis l'apposition du scellé. (*Suivre le reste de la cédule précédente*).

Nota. Au pied, l'huissier du Juge de paix écrit sa notification en ces termes :

Notification de cédule donnée d'office.

Le.... mars 1822, à la requête de Monsieur le Juge de paix, de cette ville de.... y demeurant, pour lequel élection de domicile est faite en son prétoire; je, huissier soussigné, ai notifié la cédule ci-dessus ou de l'autre part, à chacun séparément de (*répéter ici les prénoms, noms, qualités et demeures des six parens ou amis convoqués*), auxquels j'ai donné citation à comparaître le.... de ce mois...., heures

---

(1) Voyez pour les personnes qui doivent être appelées par le juge, les articles 407 à 410, du code civil.

(2) Article 413 code civil. Sauf l'excuse suffisante.

du...., (1) au prétoire et devant M. le Juge de paix de...., pour procéder aux fins de ladite cédule sous les peines y portées, et j'ai laissé à chacun des ci-dessus nommés, copie du présent acte et de la cédule qui le précéde, en son domicile et en parlant à.... par moi, (*ici l'immatricule de l'huissier*). Le coût du premier est de.....

Variation *de la notification de cédule, à la requête d'une partie intéressée.*

Le... mars 1822, à la requête de... (*prénoms, nom, qualités et demeure de la personne intéressée*), auquel lieu il fait élection de domicile, et agissant comme héritier présomptif de feu.... (*ou comme créancier porteur de titre authentique sur la succession de..., ou comme exécuteur testamentaire de feu.... etc.*) je, huissier soussigné; etc. (*Le reste comme à la notification précédente*).

Dans tous les autres cas où il s'agit de successions échues à des absens non militaires, c'est suivant les articles 112 et 113 du Code civil, qu'ils doivent être représentés aux levées de scellés. Cependant les Juges de paix délivrent deux actes dans cette hypothèse, pour l'exécution de l'article 859 du code de procédure (2). Le premier est un acte de notoriété, dont je donne le modèle ci-après, *verbo* ACTE DE NOTORIÉTÉ. Voyez-le. — Le second est un certificat de la non réclamation de la succession ouverte pendant les délais pour faire inventaire et délibérer. Le voici :

Arrestation de la non réclamation d'une Succession.

Nous, Juge de paix de...., certifions, sur la demande de...., demeurant à...., qu'il ne s'est présenté devant nous, aucun

______

(1) On observera que le délai pour la comparution du conseil soit de trois jours francs, quand toutes les parties résident dans la distance de deux myriamètres, mais on augmente ce délai d'un jour, par trois myriamètres quand il y a des parens, domiciliés au-delà de la première distance. (*Articles 411, code civil et 1033, code de procédure*).

(2) Dans le cas prévu par l'article 112 du code civil et pour y faire statuer, il sera présenté requête au président du tribunal. Sur cette requête à laquelle seront joints *les pièces et documens*, le président commettra un juge pour faire le rapport, etc. (Article 859 du code de procédure).

héritier présomptif, ou autre réclamant, pour obtenir la levée des scellés apposés le...., par nous, sur les meubles et effets délaissés par...., décédé à.....; qu'en conséquence les délais pour faire inventaire et délibérer sont expirés, ce qui donne lieu à faire représenter, dans la forme de droit, le nommé..... héritier présomptif du décédé, lequel est présumé absent. En témoin de quoi nous avons délivré le présent pour valoir. Fait à.... le.... 1822.   (*Signature*).

Voilà tous les modèles d'actes attribués aux Juges de paix, à l'égard des absens. Quant à la jurisprudence et à la législation sur le même point, *voyez* pages première et suivantes, du tome premier de mon Recueil général des attributions des justices de paix de France.

Si l'on en croyait quelques esprits aussi désireux de restreindre les attributions des justices de paix, que les législateurs se montrent attentifs à les maintenir et à les aggrandir même, il faudrait supprimer presque tout cet article et les formules qu'il nécessite; parce que, selon ces messieurs, la loi du 11 ventose an 2 est supprimée par le code civil, article 136, qui permet aux héritiers présens de recueillir les successions dévolues aux absens, dont l'existence n'est pas reconnue.

Prouver que cet article n'est ni aussi général, ni aussi exclusif qu'on veut bien le dire, ne serait pas chose difficile, mais cela nous jetterait trop loin de notre plan. Il nous suffit de dire que les neuf arrêts rapportés au code civil annoté, qui en apparence paraissent avoir consacré la doctrine que je réfute, sont rendus dans des circonstances particulières, c'est-à-dire après vingt et vingt-cinq ans d'absence; qu'ainsi on peut dire de ces arrêts *in tantum judicatum*, *in quantum litigatum*, mais que l'on ne peut en induire une règle générale. C'est ce que prouva très-bien M. Mourre, alors procureurgénéral près la cour de Paris, en portant la parole lors du plus remarquable de ces arrêts. «Dans l'esprit et le langage de la loi, dit ce magistrat, l'existence de l'absent ne cesse d'être reconnue que lorsqu'il y a déclaration d'absence. Jusques-là, il n'y a pas eu d'absence *proprement dite.....* »

Deux arrêts de la cour suprême ont jugé dans le même sens. Le premier du 13 prairial an 13, décide que la déclaration d'absence est d'un *préalable nécessaire exigé par la loi.*

Le second du 9 mars 1819 prononce que la loi du 11 ventose an 2, rendue en faveur des défenseurs de la patrie, *les répute toujours vivans;* à l'effet de recueillir les successions ouvertes à leur profit... qu'il résulte de la loi du 18 janvier 1817, que, jusqu'à la déclaration d'absence, les militaires qui n'ont pas donné de leurs nouvelles, ou qui sont restés en arrière de leurs corps, sont toujours réputés militaires et que *la loi du 11 ventose an 2 leur est applicable*. Il casse et annulle, etc.

Ainsi donc cette loi n'est pas supprimée par le code civil. Le législateur lui-même n'a laissé aucun doute sur ce point, puisque, par un décret du 16 mars 1807, bien postérieur au code civil, il a ordonné la publication et la réimpression de la loi du 11 ventose an 2, pour être exécutée suivant sa forme et teneur.

Et, d'ailleurs, nous avons la preuve constante, sous tous les ministères qui se sont succédés, que le ministre de la guerre, concourt tous les jours avec les juges de paix, à l'exécution de la loi du 11 ventose an 2. C'est ce qui m'arrive à l'instant même ou j'écris ceci.

ACTES DE NOTORIÉTÉ. *Voyez* pag. 8, tome premier du même Recueil général, page 201 du tome 2.

Cinq sortes d'actes de notoriété se délivrent par les Juges de paix, en vertu des lois, et un sixième se donne d'après une simple instruction ministérielle.

I.er MODÈLE. *Acte de Notoriété pour suppléer un Acte de naissance, en cas que les Registres publics soient perdus.* (1).

Aujourd'hui.... mars 1822,.... heures du....., devant nous Juge de paix de....., assisté de notre greffier, ont comparu dans notre prétoire 1.° (*écrire les prénoms, noms, âges, qualités et demeures de sept témoins, français et majeurs, de l'un et de l'autre sexe*), lesquels nous ont déclaré et certifié que Sophie R., est fille légitime de J. R. et de Marie B.; qu'elle est née le....., à...., canton de...., département de.....; que depuis sa naissance elle a été constamment soignée, nourrie et élevée par ses dits père et mère (*ou par l'un d'eux*); qu'elle a toujours été reconnue par eux publiquement, comme leur enfant légitime; que cependant ladite Sophie R., malgré des recherches réitérées, n'a pu se procurer son acte de naissance, parce que les registres de l'état civil de ladite commune de....., pour l'année ci-dessus dite, ont été égarés, perdus ou détruits par........ (*expliquer l'évènement accidentel qui a opéré la perte des registres*). Desquels faits, que les comparans ont affir-

____
(1) Article 70, 71 et 72 du code civil.

més sincères et véritables, nous avons délivré le présent acte de notoriété pour suppléer l'acte de naissance de ladite Sophie R., à la charge cependant de l'homologation prescrite par la loi. Lecture faite aux comparans, ils ont persisté et signé (*ou déclaré qu'ils ne le savent faire, ou enfin excepté un tel*).

2.ᵉ MODÈLE. *Acte de Notoriété constatant l'Absence d'un Ascendant, auquel il doit être fait une sommation respectueuse* (1).

Aujourd'hui..... février 1822....., heures du....., devant nous Juge de paix de......, assisté du greffier, sont comparus dans notre prétoire MM.... (*suivent les noms de quatre témoins français et majeurs, de l'un ou de l'autre sexe*), lesquels, pour rendre hommage à la vérité, nous ont dit, certifié et attesté que Pierre-Joseph B., propriétaire, sans profession, demeurant ci-devant à..... est absent de son domicile ordinaire, depuis........ années, sans que le lieu de sa résidence actuelle leur soit connu, ni même à sa famille; que ledit Pierre-Joseph B., est aïeul paternel de Alexandre B., demeurant à....., fils légitime de..... et de....; que la famille de l'absent n'a fait jusqu'à présent aucune démarche pour faire constater légalement son absence, et qu'il n'a été rendu à cet égard aucun jugement de déclaration d'absence, ou ordonnant enquête à cet effet. Desquels faits, que les comparans nous ont affirmés véritables, nous avons délivré le présent acte de notoriété, pour servir audit Alexandre B., aux fins de mariage, suivant les dispositions de l'article 155 du code civil.

Lecture faite aux comparans, ils y ont persisté et signé, (*ou déclaré qu'ils ne le savent*).

3.ᵉ MODÈLE. *Acte de Notoriété pour parvenir au Paiement des Arrérages de pension, de traitemens, de cautionnement ou autres créances sur l'état* (2).

Nous, Juge de paix de....., arrondissement de......, dépar-

____

(1) Article 155 du code civil.
(2) Loi du 28 floréal an 7 ; décret du 28 septembre 1806.

tement de....., certifions, conformément au décret du 18 septembre 1806, et sur l'attestation de........ (*noms, prénoms, qualités et demeures de deux témoins*), que le sieur..... (*prénoms, nom et qualité du titulaire*), est décédé à....., le..... *ab intestat;* qu'après son décès, il n'a pas été fait d'inventaire, et que la dame..... sa veuve, demeurant à......, *ou* que tel *ou* tels (*mettre les noms, prénoms, qualités et résidences*), son seul héritier, (*ou ses seuls héritiers*), est propriétaire, (*ou sont propriétaires*), du capital et des intérêts du cautionnement que ledit feu sieur...... a fourni en sadite qualité, et qu'il a (*ou qu'ils ont*) droit d'en recevoir le remboursement, savoir : la dame veuve....., pour une...... (*exprimer la part de la veuve*), et ledit...... (*ou lesdits...... héritiers*), pour une........ (*leur portion.*) Fait au prétoire à......, le........

Nota. Ce certificat doit énoncer s'il y a des mineurs, parmi les héritiers, les noms des tuteurs qui ont droit de toucher pour eux.

4.ᵉ **Modèle.** *Acte de Notoriété pour parvenir à l'Adoption* (1).

Aujourd'hui..., février 1822... heures du..., devant nous Juge de paix de..., assisté de notre greffier, ont comparu dans notre prétoire..... (*suivent les prénoms, noms, qualités, âges et demeures de sept témoins, français et majeurs*), lesquels nous ont certifié que J. L., demeurant à........, exerçant l'état de...., fils de.... et de......, âgé de 25 ans accomplis, a reçu, dans sa minorité et pendant six ans consécutifs, des soins et des secours non interrompus, de L. F., propriétaire, sans profession, demeurant à........, tant par les alimens, vêtemens, logemens, qu'il lui a fournis dans sa propre maison, que pour ses autres besoins et son éducation ; qu'enfin ces soins et secours non interrompus ont été donnés depuis l'année 18.. jusqu'à celle de 18..

Desquels faits, que les comparans ont affirmés véritables, nous avons dressé le présent acte, qui vaudra notoriété sui-

______

(1) Article 345 à 354 code civil. *Adoptio peculiare jus est Romanorum.* Dumoulin *in Cons. par. ant.* §. 2 *gl.* 2, *nᵒˢ.* 10.

vant la loi. Fait et donné par nous Juge de paix susdit. Lecture faite, etc.

Variation. *Même Acte de Notoriété pour certifier que l'Adopté a sauvé la vie à l'adoptant dans un événement singulier* (article 345 code civil).

Aujourd'hui etc. , sont comparus, etc. , (*comme dans la précédente formule*), lesquels nous ont dit que le 19 mars 1804, le sieur A, négociant, en cette ville, se rendant à bord du navire le....., capitaine...., de ce port, étant alors en rade, eut le malheur de tomber à la mer, en voulant sortir du canot qui le portait, pour aborder le navire, mais qu'il fut promptement retiré des flots par le courage et le dévouement du sieur Charles, alors lieutenant sur ledit navire, qui se jetta à la mer pour le sauver; que ledit Charles est âgé de plus de 21 ans accomplis, et que le sieur A., est âgé de..... suivant qu'il appert par les actes de naissance qui leur ont été communiqués. Desquels faits, que les comparans ont affirmés véritables, nous avons délivré le présent acte pour valoir notoriété. Fait et donné par nous, etc. Lecture faite, etc.

Nota. Il n'est pas nécessaire dans cette variation de faire constater que l'adoptant est âgé de plus de 50 ans ; il suffit qu'il soit plus âgé que l'adopté. Au surplus, pour les formules de l'adoption, voyez *infrà* Adoption.

On applique d'ailleurs la formule qu'on vient de lire, lorsque c'est dans un combat, dans un incendie, une rencontre singulière, etc., que l'adopté a sauvé la vie à l'adoptant : il suffit alors de changer l'évènement attesté.

5.° Modèle. *Acte de Notoriété pour omission ou transposition de Prénoms dans un acte civil.*

Aujourd'hui.... mars 1822,.... heures du...., devant nous Juge de paix de....., assisté de notre greffier, sont comparus en notre prétoire, 1.° (*prénoms, noms, qualités, âges et demeures de sept témoins, de l'un ou de l'autre sexe*), lesquels, pour rendre hommage à la vérité, nous ont déclaré qu'ils connaissent parfaitement le sieur Jean-Louis P. , ancien capitaine d'infanterie ; qu'il est domicilié en cette ville,

rue de..... depuis..... ans; qu'il est le même que celui
désigné par ses états de services militaires, sous le seul pré-
nom de Louis; qu'il est aussi le même que celui désigné par
son acte de naissance en date du....., sous les prénoms de
Jean-Louis, fils de..... et de.....; que c'est bien lui qui
a été capitaine de la 1.re compagnie du 2.e bataillon de la
légion de..... pendant..... années, et qui a servi auparavant
dans différens grades l'espace de....; qu'enfin les comparans
ont connaissance de ces différens faits, pour avoir servi avec
ledit Jean-Louis P., et pour avoir connu ses père et mère.
Desquels faits, que les comparans ont affirmés véritables, etc.
(*La finale du premier modèle des actes de notoriété.*)

Plusieurs Juges de paix m'ont demandé s'il était nécessaire, à
peine de nullité, de déclarer séparément, les attestations des sept
témoins, c'est-à-dire, de répéter sept fois la même chose. Je réponds que non, toutes les fois que les témoins ont connaissance
des mêmes faits; aucune loi n'exige une aussi fatigante répétition.
Ce n'est pas ici une enquête proprement dite. D'ailleurs, pour l'intérêt des personnes qui font certifier, elles ne doivent produire que
des témoins qui puissent déposer unanimement des faits. Cependant, quand il y a impossibilité de le faire et lorsque les déclarations
sont fortement différenciées, il faut alors exprimer individuellement les déclarations, en réunissant celles qui sont à peu près
semblables, ce qui se fait ainsi :

Lesquels ont certifié et attesté, savoir, lesdits A. et J.,
que.....; V. et L. ont déclaré que....., et lesdits G. et R.
ont déposé que...... Desquelles déclarations il résulte, par
leur ensemble, que..... (*Rappeler le sommaire qu'elles
présentent.*)

ACTIONS PERSONNELLES ET MOBILIÈRES. *Voyez* mon Recueil général de la jurisprudence des justices de paix, pour la
compétence et les autorités, sur ces matières, tome premier
page 10 (1).

---

(1) Le Juge de paix connaîtra de toutes les causes purement personnelles et mobilières, *sans appel*, jusqu'à 50 fr., et à charge d'appel jusqu'à 100 fr. (*extrait de l'article 9, titre 5, de la loi des 16 et 24 août 1790*).
— Il connaîtra de même, *sans appel,* jusqu'à la valeur de 50 fr., et
à charge d'appel à quelque valeur que la demande puisse monter 1.º
des actions pour dommages faits, soit par des hommes, soit par des
animaux, aux champs, fruits et récoltes; 2.º etc.; 3.º des réparations

Ces actions se jugent le plus souvent à la première audience, soit sur les simples défenses ou aveux des parties, soit sur les pièces produites, ou *secundum allegata et probata.*—Voyez, pour l'instruction et le jugement de ces causes nombreuses, les modèles généraux et particuliers que je donne ci-après, à CITATION, CÉDULE, ENQUÊTE, ESTIMATIONS, EXPERTS, GARANTIES, JUGEMENS NON DÉFINITIFS ET DÉFINITIFS, INCOMPÉTENCE, etc.

ACTIONS POSSESSOIRES. Les principes, les lois et les arrêts applicables sur le fond de ces matières son traités page 12, tome premier du Recueil général de la jurisprudence des justices de paix : on y peut recourir. Ce qui convient ici, c'est de donner les modèles de tous les actes qui se rattachent aux actions possessoires. Nous allons les présenter de manière à former une procédure complète et variée.

1.re FORMULE. *Demande en Complainte, ou Action possessoire.*

Le..,.. avril 1822, à la requête de.... (*prénoms, nom, demeure et qualité du demandeur*), auquel lieu de sa demeure il fait élection de domicile, je (*immatricule de l'huissier de la justice de paix*), ai à..... (*nom, qualités et demeure de la partie citée*), signifié et déclaré que le requérant est en possession depuis plusieurs années, et notamment depuis an et jour, d'un pré situé au tènement de....., commune de...., contenant..... journaux, et confrontant du levant à..., du couchant à...; que cette possession a été paisible, publique et non interrompue jusqu'à..., jour auquel ledit... (*la partie citée*) s'est permis, en faisant labourer son champ, qui joint le pré du requérant du côté de l'orient, de faire prendre deux sillons sur la lizière dudit pré, qu'il a joints à son champ; ce qui est

---

locatives des maisons et fermes ; 4°. des indemnités prétendues par les fermiers ou locataires pour non jouissance, lorsque le droit de l'indemnité ne sera pas contesté, et des dégradations alléguées par le propriétaire ; 5°. du paiement des salaires des gens de travail, des gages des domestiques et de l'exécution des engagemens respectifs des maîtres, ou de leurs domestiques ou gens de trava l ; 6°. des actions pour injures verbales, rixes et voies de fait pour lesquelles les parties n'auront point pris la voie criminelle. (*Article* 10 *, titre* 3 *, même loi*).

un véritable empiétement et un préjudice notable pour le
requérant. En conséquence, j'ai, huissier susdit et soussigné,
donné citation audit.... à comparaître.... prochain.... de ce
mois...., heures du...., pardevant M. le Juge de paix de....,
en son prétoire audience tenante, pour entendre dire et ordonner que le requérant sera maintenu et gardé dans la
possession, dans laquelle il est depuis plus d'un an et un
jour, du pré ci-dessus confronté, et que ledit..... sera condamné à réparer le trouble par lui commis : ce faisant, de
remettre les lieux dans l'état où ils étaient avant son empié-
tément, et, à faute par lui de le faire dans trois jours,
qu'il sera permis au requérant de faire faire cette réparation aux frais et dépens dudit...., pour lesquels frais, ainsi
que pour toute indemnité, le requérant déclare se restreindre à la somme de 150 francs, au paiement de laquelle
ledit.... sera condamné, et en outre aux dépens. Fait et
délaissé copie du présent au domicile dudit...., en parlant
à sa personne, par moi huissier soussigné. Le coût du présent est de..... (*Signature.*)

Si la copie n'est pas remise à l'assigné lui-même, l'huissier désigne clairement et positivement la personne qui la reçoit, par ses
rapports avec l'assigné, exemple :

En parlant à..... son épouse, de moi connue, aux injonctions d'en avertir ledit..., son mari, (*ou encore*) en parlant
à une domestique habitant le domicile dudit... aux injonctions de droit.

Il faut bien se garder de désigner celui qui reçoit la copie, par
ces locutions trop souvent usitées : *en parlant à une fille de confiance à ce qu'elle m'a dit être*, ou *en parlant à une femme y trouvée*, *etc.* Ces expressions trop vagues emportent la nullité de la citation (1).

Variation *du Délaissé quand il n'y a personne au domicile du cité* (2).

Fait et dressé le présent, pour en être délaissé copie au

______

(1) Article 61 code de procédure ; arrêts de la cour de cassation des 24
ventôse an 11 et 4 novembre 1811.
(2) Article 4 dn code de procédure civile.

domicile dudit.... ; mais, les portes et ouvertures s'étant trouvées fermées, je me suis transporté devant M. le Maire de..., (*ou à son défaut devant son Adjoint*), en son domicile et parlant à sa personne, et lui ai remis copie du présent, avec prière d'en avertir ledit....; à quoi déférant, M. le maire a apposé son *visa* ci-dessous. Le coût est de....

Cette citation, sur laquelle on observe les délais dont je parlerai *verbo* CITATION , peut s'appliquer en général à toute autre action possessoire, parce que les conclusions dans toutes sont les mêmes, les faits seuls varient. D'ailleurs , des différens interdits qui avaient lieu chez les Romains, il n'en est que deux admis parmi nous ; l'un tend à conserver la possession, *retinendæ possessionis* , et l'autre à la recouvrer après l'avoir perdue , *recuperandæ possessionis.* Voyez Cujas, Imbert, Boutaric. L'ancienne jurisprudence était conforme à l'avis de ces auteurs. Cependant je vais donner deux Variations de Conclusions en *Complainte.*

I.ʳᵉ COURS D'EAU. Le.... 1822, à la requête de...., etc. (*suivre le précédent modèle jusqu'à ces mots*) : signifié et déclaré que le requérant est en possession depuis plusieurs années, et notamment depuis an et jour, d'une prairie située à...., contenant.... journaux, confrontant, etc. ; laquelle prairie est traversée par un ruisseau non domaine public, mais qui, par l'usage constant, sert aux besoins locaux de divers dont il parcourt les propriétés; que cependant le sieur...., demeurant à...., qui possède un pré joignant à celui du requérant, et qui le précède dans le cours du ruisseau, s'est permis de détourner ce cours, le.... de ce mois, d'une manière absolue, sans le rendre libre à la sortie de son dit pré, ainsi que la loi et l'usage l'exigent (1); que ce procédé est très-nuisible au requérant et aux autres propriétaires inférieurs, puisque le ruisseau qui sert à l'irrigation de leurs terrains se trouve entièrement desséché par l'entreprise dudit..... Par ces motifs, et à la même requête que

____

(1) Celui dont la propriété borde une eau courante, autre que celle déclarée dépendante du domaine public, peut s'en servir à son passage pour l'irrigation de ses propriétés. – Celui dont cette eau traverse l'héritage, peut même en user dans l'intervalle qu'elle y parcourt, mais à la charge de la rendre , à la sortie de ses fonds, à son cours ordinaire. (*article 644 du code civil.*)

dessus, j'ai, huissier susdit et soussigné, donné citation audit...
à comparaître devant M. le Juge de paix de...., le.... de
ce mois.... heures du.... en son prétoire, pour être condamné à réparer le trouble par lui commis dans la possession en laquelle est le requérant du pré ci-dessus confronté, et de l'usage des eaux du ruisseau détourné par
ledit...., dans laquelle possession le requérant sera maintenu et gardé; en conséquence, sera ledit..... condamné à
rendre, dans vingt-quatre heures, le cours du ruisseau libre,
et tel qu'il était avant son entreprise; à cet effet, à détruire
les ouvrages qu'il peut avoir élevés pour retenir lesdites
eaux; faute de quoi, le requérant sera autorisé, après
le délai de vingt-quatre heures expiré, à faire faire les
rétablissemens et destructions convenables aux frais et dépens dudit...., qui en ce cas sera condamné à rembourser
au requérant ce qu'il lui en coûtera, suivant les quittances
qui en seront rapportées; et sera, en outre, ledit.... condamné en 500 francs de dommages-intérêts, et aux dépens.
Fait et délaissé, etc. (*La finale comme ci-devant.*)

2.° **Variation**. *Complainte pour meubles réputés immeubles.*

Le... mars 1822, à la requête de..., etc. (*suivre la première formule jusqu'à ces mots*) : signifié et déclaré que
le requérant est en possession plus qu'annale de.... (*désigner les meubles réputés immeubles, leur situation,
leur usage*); desquels objets ledit requérant a seul la possession constante et paisible; que cependant ledit.... s'est
permis de faire auxdits meubles (*expliquer ici les détériorations, changemens ou enlèvemens qui peuvent avoir
eu lieu*); que ce procédé est un trouble formel à la possession dudit requérant, dont il est de l'intérêt d'avoir prompte
réparation; à cet effet, j'ai huissier susdit et soussigné, donné
citation audit... à comparaître etc., pour voir ordonner que le
requérant sera maintenu et gardé dans la possession annale,
en laquelle il est des meubles dont il s'agit, en conséquence
que ledit... sera condamné à..... (*exprimer la réparation
du trouble et suivre la première formule de complainte
ci-devant donnée*)

Voyez un autre Modèle de conclusions possessoires , à l'article Jugemens non-définitifs pour une mitoyenneté de meubles réputés immeubles. *Voyez encore* l'article 524 du code civil qui désigne ces sortes de meubles. On peut se complaindre enfin pour une universalité de meubles , mais non pour de simples meubles. (*Article premier, titre* 18, *de l'ordonnance de* 1667 ; *article* 97 *de la coutume de Paris* ; *grand coutumier de France* , *livre* 2 *chapitre* 21,

La nouvelle jurisprudence est conforme à ces anciennes autorités. C'est un point constant de notre droit que la complainte n'a pas lieu pour des meubles isolés , simples et sans destination immobilière. Il y a seulement lieu à revendication.

Si, au jour de la première comparution, le défendeur ne comparaît pas , la cause est jugée par défaut, et les conclusions de la complainte sont adjugées ; à moins que le juge n'ordonne la vérification du trouble. Dans ces deux cas, on suivra les modèles que je donne à Jugemens par défaut. Mais, si le défendeur comparaît et convient du fait qui lui est imputé en s'excusant sur des circonstances , le juge décide définitivement à cette première audience. Voici un Modèle pour ce cas particulier.

2.ᵉ Formule. *Jugement définitif possessoire , rendu à la première audience.*

Entre D. M. , propriétaire, demeurant à. . . . demandeur suivant citation de.... huissier, en date du..., enregistrée le...., comparant ledit D. M. en personne; contre L. Y, cultivateur, demeurant à . . . . . défendeur , comparant aussi en personne, (*ou par G. , son fondé de pouvoir spécial, ou général, suivant acte du.... enregistré le.... reçu par .... s'il est notarié*).

Par sa citation, le demandeur a conclu à ce qu'il fût maintenu et gardé dans la possession annale dans laquelle il est, d'un pré situé à . . . . , contenant . . . . journaux, confrontant etc. (*copier ici les conclusions de la citation*) , il a en outre conclu aux dépens.

Expliquant sa demande , le demandeur a dit que . . . . (*exprimer ici ses moyens*). À quoi le défendeur a répondu qu'il n'a jamais entendu s'approprier le bien d'autrui; que , si ses laboureurs ont empiété sur le terrain du demandeur, c'est par erreur, et non par préméditation, encore moins par ses ordres; que, d'après cela, il ne croit devoir ni dommages-intérêts, ni dépens, ne s'opposant pas d'ailleurs à ce que le demandeur reprenne son terrain. — Et par le demandeur a été repliqué que, de quelque manière que le fait, dont il se plaint, soit arrivé, il n'a d'action que contre le défendeur, qui est responsable des faits de ses ouvriers ; qu'ainsi, d'après l'aveu du défendeur, son action est justifiée et qu'elle doit être admise. — Sur quoi il s'agit de décider. Dans le fait : un trouble réel a-t-il été commis au préjudice du demandeur ? Question de droit : le défendeur est-il tenu des faits de ses ouvriers ? l'action possessoire est-elle admissible ? Parties ouies : attendu que ni la possession annale, ni le fait du trouble ne sont contestés ; attendu que l'excuse proposée n'est point recevable, puisque les maîtres répondent civilement des actions commises par leurs ouvriers, domestiques ou gens de travail, dans les travaux qu'ils ont ordonnés (1) ;

Le tribunal, jugeant en première instance (*ou en dernier ressort*), maintient le demandeur dans sa possession annale du pré ci-dessus énoncé; condamne le défendeur à réparer le trouble, et, à cet effet, de rendre et restituer le terrain empiété, dans trois jours; sinon permet au demandeur de faire opérer ce rétablissement aux frais et dépens du défendeur, qui est en ce cas condamné à rembourser au demandeur, ce qu'il lui en coûtera, suivant les quitances qui en seront rapportées; condamne en outre le défendeur à la somme de . . . pour dommages-intérêts, et aux dépens, taxés à. . . . non compris les coût et levée du présent jugement, en quoi il est aussi condamné. Ainsi jugé et prononcé par M..., Juge de paix de. . . . audience publique tenante, en son prétoire, le... 1822. (*Signature du Juge et du Greffier sur la minute*).

Nota. Il n'est pas besoin de tracer, sur les minutes, les Formules exécutoires, qui doivent commencer et terminer les expéditions des jugemens; il suffit de les inscrire en tête et à la fin des expéditions. Je donne ces formules *infrà*, aux jugemens.

----

(1) Article 1384 du code civil. Voyez aussi par suite, les articles 1385 et 1386. Le maître ne répond pour ses domestiques, que des délits qu'ils commettent dans les travaux qu'il leur commande. (*Arrêt du 9 juillet 1807, cour de cassation.*)

Si le défendeur à la première audience, dénie la possession du demandeur, ou l'empiétement qui lui est imputé, et si le demandeur offre de faire la preuve testimoniale de l'une ou de l'autre, le juge rend alors l'interlocutoire suivant :

N.° 3. — JUGEMENT *qui ordonne une Enquête et la Visite des lieux, sur une Action en complainte.* (1)

Entre D. M. , propriétaire, demeurant à...... demandeur, suivant citation de...... huissier du...... enregistré le...... comparant ledit D. M. , en personne ou par V. , son fondé de pouvoir spécial, demeurant à......, suivant acte du..... etc. ; Contre L. Y, cultivateur, demeurant à.....,, comparant aussi en personne.

Le demandeur a conclu à ce qu'il fût maintenu et gardé dans la possession annale en laquelle il est de......
(*suivre les conclusions de la citation.*)

Expliquant sa demande , le demandeur a dit (*ici ses moyens*); à quoi le défendeur a répondu que........ (*exprimer ses dénégations, soit de l'empiétement, soit de la possession.*)

Et par le demandeur a été répliqué qu'il persiste en sa demande, et qu'il offre de justifier les faits qui y ont donné lieu, tant par enquête que par l'aspect du local. Dans cet état, la cause a présenté les questions suivantes: dans le fait, le demandeur est-il en possession annale du terrain contentieux ? Y a-t-il trouble dans cette possession ? *Question de droit :* la preuve testimoniale et la visite des lieux doivent-elles être ordonnées ? PARTIES OUIES : attendu que les parties sont positivement contraires en faits, qui

---

(1) L'enquête ne pourra porter sur le fond du droit, mais seulement sur la possession ou sur le fait du trouble. — Le possessoire et le pétitoire ne seront jamais cumulés. — Dans tous les cas où la vue du lieu peut être utile pour l'intelligence des dépositions des témoins, et spécialement pour les déplacemens de bornes, usurpations de terres, arbres, haies, etc. ; le Juge de paix *se transportera* sur le lieu et ordonnera que les témoins y seront entendus. — Lorsqu'il s'agira de constater l'état des lieux ou d'apprécier les indemnités, le Juge de paix *ordonnera* que le lieu contentieux sera visité par lui, en présence des parties. Dans le cas où le jugement ordonnerait une opération , il indiquera le lieu , le jour, et la prononciation vaudra citation. (*Extrait des articles* 24, 25, 38 et 41, *du code de procédure, imités de la loi d'octobre* 1790).

sont de nature à se prouver par témoins; attendu que, dans l'hypothèse présente, la loi prescrit doublement la visite des lieux, tant pour l'intelligence des dépositions, que pour estimer les indemnités demandées, s'il y a lieu; le tribunal, avant de faire droit et sans rien préjuger, ordonne que visite judiciaire sera faite en présence des parties, le .... de ce mois, à....... heures du......., des terrains dont il s'agit, afin d'en constater l'état; s'il y a empiétement ou non, et pour y faire l'application des dépositions des témoins; ordonne en outre que le demandeur fera preuve testimoniale sur les lieux contentieux des faits de possession et d'empiétement, par lui soutenus; la preuve contraire réservée au défendeur, et les dépens en définitif. Ainsi prononcé par M. ...., Juge de paix de........, en son prétoire, audience publique tenante, le...... 1822, etc., etc.

VARIATION. *Quand le Juge ordonne que des Experts feront la Visite avec lui.* (Article 42 du code de procédure.)

Suivre la formule précédente jusqu'à : Parties ouïes, attendu que, etc., etc. Le tribunal sans rien préjuger, ordonne que visite sera faite judiciairement en présence des parties, le..... de ce mois,...... heures du......, du pré ou champ dont il est cas; à laquelle visite le juge sera assisté de.... et de.... demeurans à...., que le tribunal nomme experts à cet effet, pour donner leur avis sur........ (*exprimer ici les faits*), sauf à avoir à leur dit avis, en jugeant, tel égard que de droit; ordonne en outre que le demandeur fera preuve, par témoins, etc. (*Se conformer à la finale du précédent modèle.*)

Nota. Un tel jugement ne se signifie pas au défendeur lorsqu'il est contradictoire; la prononciation équivaut à sa citation; mais il doit être levé et signifié s'il est par défaut, afin que le défendeur soit instruit des opérations ordonnées, et qu'il puisse y assister, si bon lui semble.

N.° 4. CÉDULE *pour appeler des Experts et des Témoins, à une Visite de lieux contentieux* (1).

____

(1) Les délais à observer sur la notification de cette cédule, sont les mêmes que pour une citation ordinaire. (Voyez CITATION.)

Nous, Juge de paix de......, vu le jugement interlocutoire par nous rendu le......, enregistré le......, entre....., contre ...., ordonnant une enquête et la visite judiciaire de........... (*désigner l'objet contentieux et le confronter.*)

A la requête dudit...... (*le nom de celui qui poursuit l'opération*), autorisons ce dernier, en vertu de l'article 29 du code de procédure, à faire citer devant nous, le ..... de ce mois,....., heures du...., sur le pré (*ou terrain*) ci-devant désigné et confronté, tels témoins qu'il croira convenable de faire entendre sur les faits soutenus et déniés par notre dit jugement; enjoignons auxdits témoins de comparaître, sous peine d'amende, d'indemnité et frais qu'il appartiendra; autorisons aussi ledit...... (*le poursuivant*) à faire citer devant nous, sur le même local, et les mêmes jour et heure, les sieurs...... et...., demeurans à....., experts nommés par le même jugement, pour faire la visite avec nous et donner leur avis; préalablement à quoi, ils seront tenus d'accepter leur commission, et de faire le serment de s'en bien acquitter.

Donné en notre prétoire, à... le..., 1822.

(Signature du Juge.)

Au pied de cette cédule, *l'huissier du Juge de paix écrit sa Notification ainsi :*

Notifié la présente ordonnance par moi (*immatricule de l'huissier*), à la requête dudit...., demeurant à...., où il élit domicile, à chacun séparément de 1.° (*ici les noms, qualité et demeure du premier témoin*); 2.° à.... (*prénoms, nom, qualité et demeure du deuxième témoin*); 3.° à.... idem, idem, idem, etc. Et encore, notifié la même ordonnance à chacun séparément de.... et de...., demeurans à...., experts nommés pour assister à la visite dont il est cas; à ce que tous les ci-dessus nommés n'en ignorent; et leur ai à chacun fait sommation de comparaître les jour, lieu et heure indiqués dans ladite cédule, devant le juge qui l'a délivrée; et j'ai aussi à chacun délaissé copie de ladite ordonnance et des présentes, en son domicile, en parlant à sa personne, par moi. Le coût du présent est de....; ce jour..., 1822.

Nota. Si l'huissier ne remet pas les copies aux personnes citées elles-mêmes, *Voyez* ci-devant les variations *du parlant à*, que j'ai données à la suite de la première formule de la demande en complainte.

N.° 5. Notification *au défendeur du Jugement qui ordonne la Visite, quand il est par défaut.*

Le.... mars 1822, à la requête de...., demeurant à... , où il élit son domicile, j'ai (*immatricule de l'huissier*) à....., demeurant à....., soussigné, signifié et donné copie d'un jugement par défaut, rendu contre lui, sur la poursuite du requérant, par M. le Juge de paix de....., en date du....., enregistré le....., signé à l'expédition V..... greffier, en bonne forme, à ce que ledit..... n'en ignore; et lui ai fait sommation de comparaître le..... de ce mois,..... heures du....., sur le lieu désigné audit jugement, pour assister aux enquête et visite ordonnées; faute de quoi, je lui ai déclaré qu'il y sera procédé et passé outre, tant en son absence que présence. Fait et délaissé copie du présent, avec celle du jugement y énoncé, au domicile dudit....., en parlant à...... Le coût du présent est de..... (*Sur la copie on écrit :* délaissé la présente, etc.)

N^e. 6. **Procès-verbal** *de Visite et d'Enquête dans une cause en première instance* (1), *avec assistance d'Experts et reproches contre Témoins.*

Aujourd'hui,..... mars 1822,..... heures du....., nous, Juge de paix, de..... assisté de notre greffier, à la requête de.... (*prénoms , nom , qualité et demeure du poursuivant*), en exécution du jugement par nous rendu le......, enregistré le....., par lequel nous avons ordonné que, ces jour et heure (*exprimer ici le sommaire du jugement, pour l'enquête, la visite et les experts*),

---

(1) Article 39 du code de procédure.

Nota. Le procès-verbal du juge doit faire mention de la réquisition de la partie, autrement il ne lui est pas dû de vacation. Article 8, tarif de 1807. *Voyez*, pour la taxe des témoins et des experts, l'article 25 du même tarif.

Nous sommes transportés sur..... (*désigner le local et le confronter*), où étant arrivés sur les...... heures du ......, est comparu ledit...... (*le poursuivant*), lequel, en persistant dans sa demande, a dit que, pour satisfaire à notre jugement précité, il a fait citer à ces jour et heure, des témoins au nombre de......, pour déposer sur les faits par lui soutenus par notredit jugement; qu'il a fait aussi appeler les experts par nous nommés, pour nous assister dans ladite visite. De quoi il nous a justifié par la représentation de notre cédule du......, au pied de laquelle est la notification faite par......, huissier, le......, enregistré le......, et a signé (*ou déclaré qu'il ne le sait*).

Si le Jugement est par défaut, on ajoute avant ces mots *et a signé* :

Qu'il a enfin fait appeler, à ces même jour et heure, ledit......, auquel il a fait signifier notre jugement, par acte de......, huissier, du......, enregistré le....., requérant qu'il soit procédé et passé outre tant en son absence que présence, et a signé etc.

Est aussi comparu ledit...... (*noms, qualité et demeure du défendeur*), lequel a déclaré qu'il n'empêche les opérations par nous ordonnées, offrant d'y assister, sous toutes réserves de droit, notamment de dire et requérir ce qu'il appartiendra dans le cours desdites opérations. (*Si le défendeur a entrepris la preuve du contraire, on ajoute*) : Qu'au surplus il a fait citer, à ces jour, lieu et heure, devant nous, des témoins au nombre de......, pour déposer sur les faits contraires, par lui soutenus audit jugement, requérant qu'il soit procédé à leur audition, et a signé (*ou dit qu'il ne le sait*).

Sont aussi comparus (*ici les prénoms, noms, qualités et demeures des experts*), lesquels ont dit : qu'en acceptant la commission que nous leur avons confiée, ils offrent d'y procéder, et de prêter préalablement le serment requis en pareil cas, et ont signé (*ou déclaré qu'ils ne le savent, ou l'un d'eux*).

Vu les comparutions, consentemens et diligences des parties, dont nous leur avons donné acte, nous avons pris et reçu desdits sieurs......, et...... experts, le serment

par lequel ils ont, la main levée, juré et promis de donner
en conscience leur avis sur la visite qu'il y a lieu de faire.
Ce qu'ayant fait, nous avons, en présence des parties et de
concert avec les experts, procédé de la manière suivante : premièrement avons remarqué que le pré (*ou champ ou terrain*)
sur lequel nous sommes et ci-devant confronté, présente
telle figure (*un carré long ou triangle*); que, du côté du....,
il joint le terrain du défendeur, sans clôture ni séparation
etc. (*exprimer ici tous les rapprochemens, situations,
indices, empiétemens et autres choses quelconques, qui
peuvent tendre à la manifestation de la vérité, sur
l'objet de la demande*); qu'il paraît certain (*ou probable*),
d'après cela, que ledit..... (*le défendeur*) a commis telle
voie de fait ou empiétement; (*ou bien*) qu'il n'est pas pré-
sumable que ledit..... ait occasionné le trouble qui donne
lieu à la complainte; qu'enfin dans tous les détails ci-dessus
spécifiés, les experts qui nous assistent ont été du même
avis que nous, et ont fait unanimement les mêmes remarques et observations.

(*Si, au contraire, les experts sont d'avis opposé à celui du juge, au lieu de dire, qu'enfin dans tous les détails ci-dessus etc., on varie ainsi*) : Cependant lesdits
experts, qui nous assistent, ont estimé, au contraire,
qu'attendu qu'ils ont remarqué..... (*exprimer les faits et
les motifs qui ont basé leur avis, et ensuite l'avis lui-
même*).

Si, encore, les Experts sont divisés d'opinion, au lieu de : *qu'enfin dans tous ces détails, etc.*, on écrit :

Et néanmoins l'un des experts a été d'avis contraire,
estimant qu'attendu..... (*ses motifs et son avis*) : quant à
l'autre expert, il a été de notre avis, dans tout le contenu de
la visite (1).

Cette visite ainsi terminée et la mission des experts étant

---

(1) Il est quelques praticiens, qui rédigent comme autrefois, par
cahier séparé, l'avis des experts, ainsi qu'on le fait encore dans les
tribunaux de première instance; mais cela est erronné et frustratoire
en justice de paix. Il résulte clairement de l'article 4 du code de
procédure, que les experts font la *visite avec le juge* : dès lors ce
n'est qu'une même opération; ainsi il n'en doit être fait qu'un seul
acte.

remplie, ils ont signé (*ou déclaré qu'ils ne le savent*), et se sont retirés.

(Signatures).

Nous avons ensuite procédé à l'audition des témoins produits par.... (*le demandeur*), lesquels, au nombre de...., ont été successivement et séparément présentés devant nous; chacun d'eux a déclaré ses prénoms, nom, âge, qualité et demeure, comme ils sont ci-après écrits; chacun encore, a déclaré qu'il n'est parent, ni allié, ni domestique des parties, et a fait le serment de déposer vérité sur les faits dont il est cas, desquels il a été donné à tous connaissance, par la lecture du jugement ci-devant daté; après quoi, ces témoins ont été entendus dans leurs dépositions particulières et séparées, en présence des parties, comme il suit :

1.er Témoin, Pierre René, cultivateur, demeurant à....., âgé de...., a déposé que... (*inscrire sa déposition avec ses circonstances, et notamment les interpellations faites par le Juge, soit d'office, soit sur la réquisition des parties*). Qui est tout ce que le témoin a déposé. Lecture faite de sa déposition, il y a persisté et a signé (*ou déclaré qu'il ne le sait*).

2.e Témoin, Q. V., propriétaire, demeurant à.... âgé de... Ce témoin, avant de prêter le serment prescrit, a été reproché par..., attendu que... (*les causes des reproches*) ; à quoi ledit... a répondu que... (*sa réponse*); et par le témoin interpellé à cet effet, il a été déclaré, sur le fait des reproches, que....

Sur quoi il s'agit de décider si le reproche est valable, et si le témoin doit être entendu ? Parties ouïes : attendu que, quel que soit le mérite du reproche proposé contre un témoin, la loi prescrit d'en recevoir également la déposition (*article* 284, *code de procédure*); Sans rien préjuger, nous avons joint les reproches au fond, pour y être fait droit en jugeant; ordonnons que le témoin reproché sera entendu, sauf à avoir tel égard que de droit à sa déposition.

Alors le témoin Q. V., a prêté le serment prescrit et a déposé, en présence des parties, que... (*sa déposition*), qui est tout, etc. Lecture faite, etc. (*comme à la première déposition*).

3.ᵉ Témoin, (*suivre pour tous les autres témoins, les formes que je viens de donner, en se conformant à la seconde déposition quand il y a des reproches*).

Les témoins à charge étant entendus, nous avons procédé à l'audition des témoins à décharge appelés par ledit.... (*le défendeur*); ce qui a été fait dans la même forme que précédemment, c'est-à-dire que ces témoins ont été introduits séparément, les uns après les autres, devant nous, en présence des parties ; qu'ils ont fait les déclarations et serment prescrits par la loi, et qu'ils ont déposé séparément comme il suit :

1.ᵉʳ Témoin, Jean Martin, tonnelier, âgé de... ans, demeurant à..., a déposé que... (*énoncer ici sa déposition avec le détail convenable*) ; qui est tout ce que le témoin a déclaré. Lecture à lui faite de sa déposition, il y a persisté et a signé (*ou déclaré qu'il ne le sait, de ce enquis*).

(*Même forme pour les autres témoins à décharge, et, s'il en est de reproché, on suit la Variation ci-devant établie pour le reproche du deuxième témoin à charge.*)

La contr'enquête terminée, les parties ont été entendues respectivement dans leurs moyens et défenses. Le défendeur a dit que... (*ses moyens*). A quoi le demandeur a répondu que... (*ses défenses*).

De tout quoi nous avons dressé le présent procès-verbal, les jour, mois et an que dessus, sur les... heures du.... ; et, pour être fait droit aux parties, nous les avons renvoyées à notre audience du... de ce mois,.... heures du...., à laquelle la cause est continuée, pour être statué tant sur le principal que sur l'incident. Ordonnons auxdites parties d'y comparaître, sinon sera fait droit ; et avons signé avec le greffier.

Variations qui peuvent survenir dans un tel Procès-verbal.

1ʳᵉ. Il est possible que toutes les opérations ne se fassent pas sans désemparer, ou même dans un seul jour ; alors, quand le juge croit convenable de suspendre ces opérations, il le fait en ces termes :

Et attendu qu'il est.... heures du.... (*ou que tel motif*

nécessite de suspendre l'opération), nous avons continué le présent procès-verbal jusqu'à.... heures du.... de ce dit jour, (*ou jusqu'au.... de ce mois.... heures du...*), pour laquelle heure (*ou pour lesquels jour et heure*), nous ordonnons aux parties, aux témoins et aux experts (*si la mission de ceux-ci n'est pas finie*), de comparaître, sous les peines de droit, et avons signé, etc. (*Signatures*).

On reprend ensuite le Procès-verbal de cette manière,

Advenant ce même jour.... heures du... (*ou*) advenant le.... du mois de.... 1822,.... heures du.... nous, Juge de paix soussigné, assisté de notre greffier, en vertu du renvoi ci-devant ordonné, et à la même requête que précédemment, nous sommes transportés de nouveau sur le lieu contentieux déjà désigné et confronté, où étant avec les parties intéressées présentes, les experts (*s'ils doivent encore y paraître*) et les témoins, nous avons procédé de la manière suivante....

(On continue ensuite comme dans la formule donnée).

2me. VARIATION. Si le Défendeur fait défaut, c'est-à-dire s'il ne comparaît pas à la visite, au lieu d'écrire un procès-verbal, de sa comparution, comme elle est ci-devant tracée, on dit :

Et après avoir attendu plus d'une heure au-delà de celle indiquée par les ordonnance et citation, sans que ledit.... ait comparu, ni personne pour le représenter, nous avons contre lui donné défaut, faute de comparaître, et pour le profit, ordonné qu'il sera passé outre aux opérations ordonnées. En conséquence, nous avons procédé comme il suit...

(*Alors le Procès-verbal se continue comme il est tracé*).

3me. VARIATION. Si le juge ne veut pas renvoyer les parties à l'audience, et qu'il préfère de décider sur le lieu, à l'instant qu'il a fini ses opérations, il le peut faire sans contredit ; mais, au lieu de terminer son procès-verbal comme dans la formule précédente, il écrit la clôture qui suit :

De tout quoi nous avons dressé le présent procès-verbal, qui a été clos les jour, mois et an que dessus, sur l'heure de.... ; et, attendu que la cause est en état de recevoir jugement définitif, tant sur le fond que sur les reproches, nous disons qu'il sera à l'instant fait droit aux parties en léur présence, sur le lieu contentieux, par acte séparé du présent, et avons signé avec notre greffier.   (*Signatures*).

4me. VARIATION. Si un ou plusieurs témoins ne comparaissent pas, et si leur réassignation est utile ou demandée par l'une des parties, le juge ordonne ce qui suit, par la clôture de son procès-verbal :

De tout quoi nous avons dressé le présent acte ; et, attendu que tel et tel témoins appelés à la requête dudit....., n'ont point comparu pour obéir à justice ; attendu que leurs dépositions peuvent être utiles à l'instruction de la cause , et que leur réassignation est demandée par.....,

Nous ordonnons que lesdits.... témoins seront réassignés à leurs frais, à comparaître devant nous , en notre prétoire, à l'audience du.... de ce mois ,.... heures du...., à laquelle les parties seront tenues de comparaître sans citation préalable, sinon sera fait droit ; sauf, au surplus, à appliquer telle amende qu'il appartiendra aux témoins défaillans. Fait et clos, sur les.... heures du.... des jour, mois et an que dessus.

Voyez, pour les réassignations à témoins, ENQUÊTE. Dans le modèle, N°. 6, que je viens de donner , on trouve différens incidens et circonstances , qui ne se rencontrent que rarement dans la même cause. Ainsi on aura l'attention de choisir uniquement dans ce modèle ce qui conviendra à l'espèce où l'on se trouvera ; par exemple , s'il n'y a point d'experts qui assistent le juge , on laissera tout ce qui concerne les experts ; ou s'il n'y a point de reproches fournis contre les témoins, on n'écrira rien de ce qui concerne cet incident, etc.

N.° 7. JUGEMENT CONTRADICTOIRE *prononcé sur les Lieux , en Matière possessoire et en première instance , après procès-verbal d'enquête et visite* (1).

Entre....., demeurant à.... , demandeur, comparant en personne ; Contre..., demeurant à..., défendeur, comparant aussi en personne. Par citation du...., de... huissier, enregistrée le..., le demandeur a conclu, contre le défendeur, à ce

____

(1) Article 42, code de procédure : Le Juge pourra juger sur le lieu , même sans désemparer.

qu'il soit maintenu et gardé dans la possession etc... (*analisez les conclusions*). Les parties ayant respectivement comparu à l'audience du... , sur leurs moyens et défenses, il a été ordonné, avant de faire droit, que ce jour à.... heures du...., il serait fait visite de... (*désignez l'objet contentieux*), pour constater, en présence des parties, si..... (*transcrivez le sommaire du jugement préparatoire.*)

Vu le procès-verbal dressé ce jour, depuis... heures du.... jusqu'à... heures du... , parties présentes, ainsi que les experts, (*s'il y en a*) , par lequel il ést constaté.... (*mettez ici le précis de l'avis des experts*) ;

Vu aussi les dépositions des témoins produits par le demandeur, au nombre de...., desquelles il résulte que.... (*établissez le résultat des dépositions à charge*) ; vu encore les dépositions des témoins à décharge, au nombre de...., produits par le défendeur, dont l'ensemble établit que.... : toutes ces dépositions consignées dans ledit procès-verbal de ce jour, ainsi que les reproches qui ont été fournis ;

Après avoir entendu les parties dans leurs moyens et défenses respectifs, le demandeur a dit que... (*écrivez le sommaire de sa demande*). Et par le défendeur a été repliqué que.... (*ses défenses*). Dans cet état, la cause a présenté les questions suivantes : Dans le fait, etc. (*c'est toujours de la nature du fait que s'établit la première question*). Dans le droit et sur l'incident : le reproche fourni contre tel témoin, est-il valable ? Au fond, le trouble et l'empiétement sont-ils justifiés par la visite ou par l'enquête ? PARTIES OUIES : attendu que le reproche proposé contre tel témoin est autorisé par la loi, et qu'il est justifié, nous, Juge de paix, admettant ledit reproche, ordonnons que la déposition du témoin ne sera pas lue en jugement (1). Faisant droit au fond ; Considérant que les faits qui ont donné lieu à la complainte, sont établis par la visite des lieux, et qu'il résulte de l'enquête que..... ; Jugeant en première instance, Nous, Juge de paix, déclarons maintenir le demandeur dans

---

(1) Articles 283 et 291 code de procédure. L'époux de mon allié n'est pas mon allié ; ainsi la femme d'un beau-frère d'une partie peut être entendue comme témoin de cette partie. (Arrêt du 5 prairial an 13, cour de cassation).

la possession en laquelle il est, depuis an et jour, du pré ou champ etc., désigné et confronté ci-devant; en conséquence, condamnons le défendeur à réparer le trouble par lui commis; ce faisant, à..... (*suivre les conclusions du demandeur, sauf les modifications que le juge peut y faire*); Condamnons en outre le défendeur à la somme de...., pour dommages-intérêts et aux dépens taxés à...., non compris le coût et levée du présent, en quoi le défendeur est aussi condamné. Ce qui sera exécuté par provision, nonobstant appel, suivant l'article 17 du code procédure. Donné et prononcé aux parties, sur le terrein ci-dessus désigné, par nous, M. C. L., Juge de paix de...., assisté du greffier, le... mars 1822,.... heures du.... (*Signatures*).

VARIATIONS *d'un tel Jugement possessoire.*

1re. Quant le Défendeur est défaillant, et n'assiste ni à la visite ni à l'enquête.

Entre etc., Contre etc. (*suivre le modèle précédent jusqu'à*) : Vu le procès-verbal dressé ce jour, depuis.... heures du... jusqu'à... heures du..., en présence du demandeur et en l'absence du défendeur, contre lequel il a été donné défaut faute de comparoir; vu aussi les dépositions des témoins, consignées audit procès-verbal; desquelles il résulte que....; après avoir entendu le demandeur, qui a persisté dans sa demande possessoire, dont il a requis l'adjudication avec dépens contre le défendeur, encore défaillant et non représenté; nous, Juge de paix, donnons de nouveau défaut contre le défendeur, et, pour le profit, considérant que... (*les motifs qui donnent lieu d'accueillir la demande*), déclarons maintenir le demandeur dans la possession annale, dans laquelle il est de.... etc. (*Suivre le reste de la formule précédente, n°. 7.*)

2.ᵉ **VARIATION.** *Quand les Reproches sont rejetés et cependant la demande adjugée* :

Suivre le même modèle de jugement jusqu'à PARTIES OUIES, et alors on varie ainsi :

PARTIES OUIES : faisant droit sur l'incident; attendu que les reproches proposés par le défendeur, contre *tel* témoin, ne sont pas classés dans la série de ceux que la loi autorise (1), ou attendu qu'ils sont vagues et non justifiés, le tribunal, sans avoir égard auxdits reproches dont l'excipant est débouté, ordonne que la déposition du témoin reproché restera à la cause. Faisant droit au fond, etc.... (*Le surplus du modèle n.° 7 se suit*).

5.° Variation *du Jugement possessoire sur les Lieux, quand le demandeur est débouté de sa complainte.*

Entre etc. , Contre etc. Par citation du... (*suivre la formule ci-devant du motif prononcé*). Alors on varie ainsi : Parties ouies : Considérant que ni la visite, ni l'enqête ne justifient suffisamment les faits de trouble imputés au défendeur ; Considérant en effet que.... (*une courte analyse du défaut de preuve*); Considérant enfin que toute demande dénuée de preuve doit-être rejetée *ipso facto* ; le tribunal déboute le demandeur de sa demande et le condamne aux dépens envers le défendeur, taxés à la somme de...., non compris etc.... (*La fin comme au modèle* N.° 7).

On voit que la formule du jugement possessoire que je viens de donner, avec ses trois variations, est pour une cause qui doit être jugée en première instance, c'est-à-dire à charge d'appel. Il faut maintenant donner un modèle de jugement possessoire en dernier ressort, qui n'exige pas de procès-verbal préalable et séparé, puisqu'il contient l'abrégé dé la visite et des dépositions des témoins.

N.° 8 Jugement *en dernier ressort et définitif, rendu sur le Local, en Matière possessoire* (2), *contenant visite, enquête, contr'enquête et reproches.*

Entre... D. M. , demandeur, comparant en personne; Contre... V. S. , comparant aussi en personne. Par citation du...., de.... , huissier, enregistrée le...., le demandeur a conclu à être maintenu et gardé dans la possession annale en laquelle il est, de.... (*tel objet qu'il faut désigner et confronter*), en conséquence il a conclu à ce que le dé-

---

(1) Voyez l'article 283 code de procédure, et les annotations de Sirey, pages 212 , 213 et 214.

(2) Article 40 du code de procédure ; *Voyez* aussi les articles 410 et 432 , imités de l'ordonnance de 1667 et de la loi du 14 octobre 1790.

fendeur soit condamné à.... (*exprimer ici la suite des conclusions , dont la valeur ne doit pas excéder 5o fr. , autrement la cause ne serait plus en dernier ressort*).

La cause portée à l'audience du...., le tribunal, avant de faire droit, sans nuire ni préjudicier aux droits et moyens des parties , ordonna que visite serait faite ce jour... mars 1822 ,... heures du...., en présence des parties de.... (*l'objet de la complainte*), pour constater s'il y a ou non empiétement de la part dudit.... sur....; et par le même jugement, il fut ordonné aussi que les parties feraient cedit jour, sur le lieu, preuves par témoins des faits par elle soutenus et déniés.

En exécution de ce jugement, et à la requête dudit.... (*demandeur*), demeurant à...., le Juge de paix de ce tribunal, assisté de son greffier ; s'est transporté sur les.... heures du...., sur.... (*désigner le terrain contentieux*), où étant arrivés et les parties étant présentes , le demandeur a déclaré persister dans sa demande, ainsi que dans les faits qui y ont donné lieu. De son côté le défendeur a déclaré persister dans ses défense et dénégation. Alors le Juge de paix a procédé en leur présence à la visite de l'objet contentieux , d'abondant requise par le demandeur. Il est résulté de cette visite que... (*établir ici sommairement l'état des lieux, les traces de l'empiétement, s'il y en a, les simples indices même, ou l'absence des preuves matérielles*).

Cette visite étant terminée, le Juge de paix a procédé à l'audition des témoins assignés de la part du demandeur , lesquels témoins ont été entendus séparément en présence des parties, après leur avoir fait faire les déclarations et sermens prescrits par la loi. Ces témoins ont déposé, savoir, 1.ᵉʳ témoin J. R. , marchand, demeurant à... âgé de.... : a déclaré que.... (*le sommaire très-bref de sa déposition*). Le 2.ᵉ témoin P. V. (*mêmes formes que pour la précédente*). (*S'il y a des reproches fournis contre le témoin, on écrit simplement ses prénoms , nom , âge, qualité, demeure, et aussitôt on dit*) : Ce témoin a été reproché par ledit.... attendu que... (*les motifs du reproche*) ; à quoi le demandeur a répondu que....; et le témoin interpellé sur cet incident, a dit que.... Sur quoi il y a lieu, dans le droit, de décider si le reproche est recevable et si. le témoin doit être entendu. Ouï LES PARTIES : attendu que, dans tous les cas, la déposition du témoin reproché doit être faite ; le tribunal, sans rien préjuger, joint les reproches au fond, et ordonne que le témoin sera entendu. Alors ledit témoin ayant fait le serment prescrit par la loi, a déposé que.... (*sa déposition etc. Mémes formes que pour les autres témoins à charge*).

Les témoins du demandeur étant entendus, le défendeur a dit qu'il a fait assigner des témoins pour faire la preuve contraire, desquels il a demandé l'audition. Ces témoins, au nombre de... ont été introduits séparément et entendus de même, en présence des parties, après qu'ils ont eu fait les déclarations et serment prescrits par la loi. Le 1.er témoin, E., tanneur, demeurant à..., âgé de...., a déposé que.... (*le résultat de sa déposition*) ; le 2.e témoin (*mêmes formes qu'au premier ; et, s'il y a des reproches, même formule que ci-devant.*)

Ces enquêtes et contr'enquêtes terminées, les parties ont été respectivement entendues dans leurs moyens et défenses. Le demandeur a dit que.... ; à quoi le défendeur a répondu que.... ; dans cet état, la cause a présenté les questions suivantes : *Question de fait :* y a-t-il trouble et empiétement ? La possession du demandeur est-elle constante ? *Question de droit :* le défendeur est-il convaincu des faits qui lui sont imputés ? Et d'abord les reproches fournis contre tels témoins sont-ils admissibles ? PARTIES OUÏES ; faisant droit sur l'incident, attendu que les reproches sont (*ou ne sont pas justifiés*), ou autorisés par la loi, le tribunal admet (*ou rejette*) lesdits reproches.

En ce qui touche le fond : attendu que la visite des lieux établit que... (*ici son résultat très-bref*) ; Attendu qu'il résulte des dépositions des témoins que...., le tribunal, jugeant en dernier ressort, maintient le demandeur dans sa possession annale de.... (*désigner l'objet contentieux*), condamne le défendeur à réparer le trouble ; ce faisant, à.... et à faute de le faire dans trois jours, autorise le demandeur, à faire faire cette réparation aux frais et dépens du défendeur, qui est en ce cas condamné à rembourser ce qu'il en

coûtera au demandeur, suivant les quitances qu'il en rapportera ; condamme en outre le défendeur à..... pour dommages-intérêts, si mieux il n'aime payer pour le tout la
somme de.... ; ce qu'il sera tenu d'opter dans le même délai
de trois jours ; condamne enfin le défendeur aux dépens,
taxés à...., non compris les coût et levée du présent jugement, en quoi il est aussi condamné. Ainsi jugé et prononcé
aux parties, sur le lieu ci-dessus désigné et confronté, par M.
N., Juge de paix de..., assisté du greffier, ce jour.... mars
1822,..... heures du.... etc.

Variations *du Modèle ci-dessus.*

1re. Quand le jugement est rendu par défaut contre le défendeur,
sur les lieux :

Entre, etc. Contre, etc., défendeur et défaillant, faute de
comparoir. Par citation de..... huissier, du... enregistré le...
(*suivre le surplus du modèle jusqu'à l'alinéa :* en exécution de ce jugement, etc., *que l'on varie ainsi*) : En exécution de cet interlocutoire, le juge de paix de ce tribunal,
assisté de son greffier, s'est transporté sur le terrain ci-devant
désigné et confronté, où étant arrivé, ledit.... demandeur
s'est présenté et a dit qu'il persiste en sa demande et qu'il
requiert d'abondant que les visite et enquête ordonnées,
soient exécutées, tant en absence qu'en présence du défendeur ; et, après avoir attendu une heure au-delà de celle fixée
par les jugement et cédule, sans que ledit.... défendeur ait
comparu ni personne pour lui, le Juge de paix a contre lui
donné défaut, et, pour le profit, ordonné qu'il sera passé outre en son absence aux visite et enquête dont il s'agit ; à quoi
il a été en effet procédé par le juge, en présence du demandeur. Il est résulté de ladite visite, que... (*exprimer son résultat ou sommaire*). Cette visite terminée, le Juge de
paix a procédé à l'audition des témoins appelés par le demandeur, en sa présence et séparément les uns des autres,
lesquels témoins, après avoir fait individuellement les déclarations prescrites par la loi, et le serment de dire vérité, ont
déposé, savoir : Le premier témoin......, (*suivre le surplus
du Modèle, N.° 8, jusqu'aux questions de la cause*). Sur
quoi il s'agit de décider : dans le fait, etc., dans le droit : les

conclusions du demandeur doivent-elles lui être adjugées par défaut contre le défendeur ? le trouble est-il justifié ?

Ouï le demandeur; attendu que... (*les motifs du juge*). Le tribunal donne de nouveau défaut contre ledit....., défendeur, et pour le profit...., maintient le demandeur dans sa possession annale..... (*le surplus de ladite formule*, N.° 8 *se suit*).

2 ° **Variation.** *Quand le Juge ne veut pas prononcer sur le lieu.*

Il faut suivre la formule entière du jugement en dernier ressort N°. 8. jusqu'à l'alinéa, *ces enquête et contr'enquête* etc., qu'il faut tourner ainsi :

Ces enquête et contr'enquête terminées, les parties ont été entendues respectivement dans leurs moyens et défenses. Le demandeur a dit que ... , A quoi le défendeur a répondu que.... ; Sur quoi, et attendu que.... (*les motifs du Juge*), le tribunal renvoie la cause et les parties à l'audience du.... de ce mois ,...... heures du...., pour leur être fait droit sur le principal et sur l'incident (*s'il y en a*), dépens réservés. Ainsi prononcé aux parties sur le lieu ci-devant désigné par M...... etc. (*le reste suivant ladite formule* N.° 8).

3.° **Variation.** *Quand le Demandeur est débouté de son action.*

On trouve cette variation établie entièrement, à la suite du modèle de jugement en première instance, donné ci-devant N°. 7: il n'y a rien à y changer dans l'espèce présente d'un jugement en dernier ressort.

4.° **Variation.** *Lorsque des Témoins font défaut et qu'il est convenable de les réassigner.*

On suit la deuxième variation, ci-dessus, qui renvoie la cause à l'audience, et on ajoute :

Le tribunal renvoie la cause et les parties à l'audience du.... de ce mois ,.... heures du...., à laquelle tels ou tels, témoins, seront réassignés à leurs frais, sauf à leur appliquer telle amende qu'il y aura lieu. Enjoint aux parties de comparaître à la même audience, sans citation préalable, dépens réservés. Ainsi prononcé auxdites parties, sur le local, etc.—*Voyez*, pour les réassignation et contrainte des témoins, l'article ENQUÊTE.

N.° 9. MODÈLE *de Jugement possessoire soit en dernier ressort, soit en première instance, rendu à l'audience en exécution du renvoi fait par la visite des lieux.*

Entre etc. , demandeur ; Contre etc. , défendeur , comparans tous deux en personnes. Vu le jugement interlocutoire rendu entre les parties, le.. , enregistré le.., par lequel, avant de faire droit, il a été ordonné que visite serait faite judiciairement de...... (*exprimer le sommaire du dispositif du jugement*).

Vu la visite qui s'en est suivie, le.... de ce mois, enregistrée le..., et les enquêtes qui ont été faites en même temps, en présence des parties, suivant que le tout est consigné au procès-verbal dudit jour.... (*s'il en a été dressé, sinon on dit*) : suivant qu'il appert par le jugement rendu sur le lieu, contenant renvoi de la cause à ce jour, après les opérations faites et terminées.

Pour satisfaire à ce renvoi, le demandeur a comparu et a dit : qu'en persistant dans sa demande, il conclut à ce qu'il soit maintenu et gardé dans la possession annale etc. (*suivre les conclusions de la citation.*)

Et pour justifier sa demande, il a exposé que... (*exprimer ses moyens*). Le défendeur de son côté comparaissant , a répondu aux conclusions prises contre lui que.... (*retracer sommairement ses défenses*).

Dans cet état, la cause a présenté les questions suivantes : dans le fait etc. ; dans le droit : le trouble allégué est-il constant ? Le défendeur en est-il l'auteur ? PARTIES OUIES : Faisant droit sur les reproches proposés contre tel témoin.... (*suivre la formule du jugement* N.° 7). En ce qui touche le principal : considérant que.... (*les motifs puisés dans la visite et dans l'enquête*). Le tribunal jugeant en première instance (*ou en dernier ressort*), maintient le demandeur dans la possession annale, en laquelle il est de.... etc. (*établir la suite des conclusions, sauf les modifications que le Juge peut y faire*). Ainsi jugé et prononcé, audience publique, tenue par M.... Juge de paix de...., en son prétoire, à...., le.... 1822, etc.

Telle est la procédure complète et variée, à laquelles les actions possessoires peuvent donner lieu. Quelle que soit la nature du trouble, quelle que soit la chose possédée *animo domini*, même les meubles réputés immeubles, ou une universalité de meubles, on peut y appliquer également les formules que je viens de tracer, les faits seuls doivent être changés. Je pourrais donc me borner à ces modèles, mais pour qu'il ne m'échappe rien sur les variations que j'ai promises, je vais donner une Action en replacement de bornes, avec ses suites.

N.º 10. **Citation** *tendante à Replacement de Bornes* (1).

Voyez pour la jurisprudence, mon Recueil général, tome premier, page 72, et tome 2, page 297.

On peut poursuivre l'auteur d'un déplacement de bornes de deux manières, ou par la simple réintégrande, ou par l'action criminelle, car tout enlèvement ou suppression de bornes est un délit (2). Voici la *Formule de l'Action possessoire :*

L'an 1822 et le.... avril, à la requête de.... (*prénoms, nom, qualité et demeure du requérant*), auquel lieu de sa demeure il fait élection de domicile, J'ai.... (*immatricule de l'huissier*), à.... propriétaire, demeurant à..... signifié et déclaré que le requérant est en possession depuis plus d'un an et un jour, d'un champ situé à..... commune de...., confrontant..... etc ; que ce champ joint immédiatement celui dudit.... (*le cité*), sans autre séparation que trois bornes, qui étaient plantées en ligne droite du nord au sud, entre les deux propriétés ; mais que..... (*tel jour*), ces bornes, qui existaient depuis plusieurs années et notamment depuis an et jour, ont été déplacées et avancées sur le terrain du requérant, par ledit... ou ses ouvriers, en faisant... (*dire ici l'évènement*)

Et pour faire réparer un tel trouble, j'ai, huissier susdit, à la même requête que dessus, donné citation audit.... à com-

---

(1) Article 10, titre 3 de la loi du 24 août 1790; articles 3 et 38, code de procédure.

(2) Article 456 code pénal; Loi du 28 septembre 1791, article 3.

paraître, le..... de ce mois,..... heures du......, pardevant M. le Juge de paix de....., en son prétoire, audience tenante, pour entendre dire et ordonner que le requérant sera maintenu et gardé dans sa possession annale du terrain ci-devant désigné et confronté, tel qu'il était borné et séparé du champ dudit.....; En conséquence, que ce dernier sera condamné à faire replacer, dans trois jours, les bornes dont il s'agit, dans les mêmes endroits où elles étaient avant leur déplacement; faute de quoi il sera ordonné qu'elles seront placées judiciairement aux frais dudit....., auxquels il sera condamné, et en outre à la somme de......, pour dommages-intérêts, enfin au dépens. Fait et délaissé copie du présent, au domicile dudit....., en parlant à..... par moi. Le coût du présent est de...

(Signature).

Variation de cette Citation.

Le modèle qu'on vient de lire, est donné pour le cas où l'on est certain que le défendeur a enlevé ou fait déplacer frauduleusement les bornes; mais quand le déplacement a lieu par un fait inconnu ou douteux, dont on ne peut administrer la preuve, c'est une Action possessoire modifiée qu'il faut diriger. La voici :

Le.... mars 1822, à la requête de.... etc. (suivre le précédent modèle jusqu'à ces mots) : signifié et déclaré que le requérant est en possession annale d'un champ situé à...... confrontant à etc.; que ce champ joint immédiatement celui dudit....., sans autre séparation que trois bornes, qui existaient, depuis plusieurs années, entre les deux propriétés dans une ligne droite, mais qui par un évènement inconnu ont été supprimées (ou déplacées) le..... de ce mois, de sorte que les terrains des parties restent sans limites fixes; et pour les faire rétablir d'une manière stable, j'ai, huissier, susdit et soussigné, donné citation audit....., à comparaître le..... de ce mois,.... heures de...., devant M. le Juge de paix de..,en son prétoire, audience tenante, pour entendre ordonner que les bornes dont il s'agit, seront replacées à frais communs (1), dans les mêmes lieux où elles étaient avant leur déplacement; ce qui sera fait à l'amiable, si faire se peut,

---

(1) Article 646 du code civil.

sinon par M. le Juge de paix, parties présentes ou duement appelées, et, en cas de contestation, sera ledit... condamné aux dépens. Fait et délaisssé.. etc. (*la finale de la citation en complainte N°. 1.er.*)

Pour les suites de cette demande, on se sert des autres formules que j'ai données pour les actions possessoires, depuis le n°. premier jusqu'au n°. 9, avec leurs variations. Il ne me reste donc qu'à donner ici deux Formules de Rétablissemens de Bornes, faits par le Juge de paix, soit lorsqu'ils ont lieu à frais communs, en cas de déplacement dont les causes né sont pas justifiées, soit en cas de déplacement frauduleux.

N.° 11. Procès-verbal *de Rétablissement de Bornes, dans une cause en première instance, jugée à l'audience.*

Aujourd'hui.... mars 1822....., heures du...., Nous, juge de paix de...., assisté du greffier, vu le jugement définitif contradictoirement rendu par nous, le...., entre P. demeurant à....... et G., demeurant à......., par lequel nous avons ordonné que les bornes qui séparaient les propriétés désignées audit jugement, seraient replacées judiciairement, ces jour et heure, parties présentes ou appelées;—A la requête spéciale dudit P., nous sommes transportées ce jour, sur une pièce de......, située à....., confrontant du levant à G. etc.; et ensuite sur une autre pièce de......, joignant la première sans séparation du côté du......; cette première pièce appartient audit P. et l'autre audit G.; lesquels étant présents, le demandeur a persisté dans sa réquisition, tendante à ce que nous procédassions sur le champ au rétablissement desdites bornes. A quoi le demandeur a répondu que.... (*ici son adhésion*). En conséquence, nous avons procédé de la manière suivante : Premièrement nous avons fait tracer une ligne droite au point de la jonction des deux terrains des parties, et nous avons fait placer dans cette ligne trois bornes, dans les mêmes lieux où, d'après l'aspect du local et les dires des parties, étaient posées les anciennes, savoir : la première borne a été placée à l'extrémité nord de la ligne droite, laquelle confronte au terrain de....; la seconde borne a été placée à une distance de 89 mètres de la première; et la troisième a été établie à 100 mètres de la seconde, et justement à l'autre extrémité sud de la ligne de jonction des propriétés des parties. De quoi nous avons dressé le présent procès-verbal pour valoir ce que de droit, en présence desdites parties, auxquelles lecture en a été faite, et qui ont signé (*ou déclaré ne le savoir, ou l'une d'elles*), et avons clos sur.... heures du...

VARIATIONS *d'un tel Procès-verbal.*

Ire. Quand le défendeur fait défaut, on suit ce modèle jusqu'à ces mots, *lesquels étant présens*, et on écrit à la place :

Le demandeur étant présent, a persisté dans sa réquisition précédente, de procéder au rétablissement des bornes dont il s'agit; et, après avoir attendu une heure au-delà de celle indiquée, sans que le défendeur ait comparu, ni en personne, ni par fondé de pouvoir, nous avons donné défaut contre lui, et pour le profit ordonné qu'il serait passé outre en son absence, à l'opération prescrite. En conséquence, nous y avons procédé de la manière qui suit... (*suivez le reste du procès-verbal* N.° 11).

2.me VARIATION. *Quand les Parties ne s'accordent pas sur le Lieu du Rétablissement des Bornes.*

On se sert du procès-verbal précédent, jusqu'à ces mots :

Lesquels étant présens, ont dit, savoir le demandeur, qu'il y a lieu de rétablir les bornes dans tels et tels endroits qu'il a désignés....., et le défendeur a dit au contraire que les anciennes bornes étaient autrement placées, c'est-à-dire...... (*exprimer les désignations qu'il fait*). Sur quoi voulant nous instruire de la vérité des faits, nous avons mandé trois propriétaires voisins, pour nous faire leurs déclarations; lesquels, déférant à notre invitation, ont comparu sur le lieu, et ont déclaré par serment, séparément les uns des autres, en présence des parties, ce qui suit, savoir : 1. J. P., propriétaire, demeurant à....., âgé de..... qui a déclaré que.... (*sa déclaration*) Lecture faite, il a signé, ou déclaré ne le savoir; 2.° (*la même forme pour les deux autres*). Et, attendu qu'il résulte de ces déclarations, ainsi que des fouilles que nous avons fait faire, que les anciennes bornes étaient placées, savoir : la première à....., dans telle direction, à telle distance de telle propriété , nous avons dans ce même point fait établir une nouvelle borne...; Que la seconde était placée à... (*même forme que pour la première*). De tout quoi nous avons dressé le présent procès-verbal, les jour, mois et an que dessus, et avons clos sur... heures du... Lu aux parties, elles ont signé ou déclaré, etc.

5.e Variation. *Quand le Rétablissement de Bornes se fait d'après un jugement en dernier ressort rendu sur le lieu.*

Il faut se servir de la formule entière du jugement possessoire en dernier ressort n°. 8, prononcé sur le local, en changeant les faits qui seront, au lieu d'un empiétement, ceux du déplacement de bornes ; changemens qui se feront dans les conclusions , les défenses des parties et le dispositif. Mais, avant de mettre la finale : *Ainsi prononcé aux parties*, etc. , on dira :

Et procédant de suite à l'exécution du présent jugement , en présence des parties, nous avons fait tracer une ligne droite, au point fixe de la jonction des propriétés des parties, sur laquelle nous avons fait placer trois bornes etc. (*le reste comme dans le procès-verbal précédent* N.° 11).

4.e Variation. *Lorsque le Demandeur en Rétablissement de Bornes est débouté de sa demande.*

On se sert de l'un des jugemens possessoires , ci-devant donnés , avec sa variation pour le débouté du demandeur , soit qu'il y ait lieu au dernier ressort , ou non ; on choisit la formule qui convient au cas où l'on se trouve.

Je dois parler maintenant de l'action possessoire , pour nouvel œuvre *de operis novi nunciatione*. On peut intenter cette action toutes les fois que, par l'établissement d'un nouvel œuvre, ou la destruction d'un ancien, il s'opère un changement dans le premier état de choses : *opus novum facere videtur , qui aut ædificando , aut detrahendo aliquid, pristinam faciem operis mutat. L. 1 , § 11.* On peut la diriger non seulement contre le voisin immédiat, mais encore contre un arrière voisin : *non solum proximo vicino , sed etiam superiori opus facienti nunciare* (1) *opus novum potero. L. 8.*

____

(1) *Nuntiare* est établi synonyme de *prohibere, interdicere*, par le titre premier, du livre 39 du digeste.

Enfin cette action a lieu dans les campagnes comme dans les villes : *sive intrà oppida, sive extrà oppida, in villis, vel agris opus novum fiat, nunciatio, ex hoc edicto locum habet. L. 1, ₴ 14.*

Les Juges de paix sont-ils compétens de connaître pour ces actions pour nouvel œuvre? Sans doute, toutes les fois qu'elles se renferment dans la possession de l'ancien état des choses, changées ou altérées par le nouvel œuvre, autrement ces actions deviennent pétitoires.

Cette compétence s'établit d'abord par l'article 10 du titre 3 de la loi du 24 août 1790; qui attribue la connaissance de toutes actions possessoires sans exception aux Juges de paix. Or, l'action dont nous parlons est essentiellement telle; c'est l'interdit *recuperundæ possessionis;* c'est un trouble indirect qui altère l'état de la chose possédée ; c'est aussi ce que la cour de cassation a décidé par deux arrêts des 4 mai 1808 et 2 avril 1811.

A l'égard des formules de ces sortes d'actions, elles sont absolument les mêmes que pour toute autre complainte. La citation, le jugement préparatoire ou interlocutoire, la visite, l'enquête et le jugement définitif doivent se modeler absolument sur les formules que je viens de donner. Il suffit d'ajouter aux Conclusions de la Citation et de répéter dans les actes qui s'en suivent, ces mots :

En conséquence sera ledit.... condamné à faire démolir, dans trois jours, le nouvel œuvre ci-dessus expliqué, et de remettre les lieux dans l'état où ils étaient avant son entreprise. Et, à défaut de faire ces démolition et rétablissement dans ledit délai de trois jours, que le requérant sera autorisé à les faire faire aux frais et dépens dudit.... ; lequel, en ce cas, sera condamné à rembourser ce qu'il en coûtera au requérant, suivant les quittances qui en seront rapportées; et sera en outre ledit..... condamné aux dépens etc.

C'est principalement dans les Actions possessoires pour nouvel œuvre, que le juge peut avoir besoin de se faire assister d'experts pour faire la visite des lieux; alors on se sert de la formule d'une telle visite faite avec les experts. Voyez la ci-devant n°. 6.

ACCEPTATIONS DE SUCCESSIONS. Pour la législation et la jurisprudence, *Voyez* mon Recueil général, tome premier, page 4.

Pour les actes attribués aux Juges de paix, afin de parvenir aux acceptations des successions dévolues à des mineurs et à des interdits, voyez ci-après 1°. le modèle d'une apposition de scellés (1);

____

(1) Loi du 27 mars 1791, articles 6 et 7 ; article 819, code civil, et 911, code de procédure.

2º. Les formules de nominations de tuteurs et de subrogés tuteurs, à l'article CONSEIL DE FAMILLE (1);

3º. Les modèles d'émancipation lorsqu'il y a lieu (2), voyez *infrà* ÉMANCIPATION;

4º. La levée du scellé à charge d'inventaire (3), *verbo* LEVÉE DE SCELLÉS;

Enfin *voyez* à CONSEIL DE FAMILLE, une autorisation pour accepter ces successions, sous bénéfice d'inventaire, ou pour y renoncer.

ADOPTION. L'adoption n'est permise qu'aux personnes de l'un ou de l'autre sexe, âgées de plus de 50 ans, qui n'ont, à l'époque de l'adoption, ni enfans, ni descendans légitimes; ces personnes doivent être âgées de plus de 15 ans, que celles qu'elles adoptent. On ne peut être adopté par plusieurs, si ce n'est par deux époux. Nul époux ne peut adopter qu'avec le consentement de son conjoint, sauf le cas de la tutelle officieuse. La faculté d'adopter ne peut être exercée qu'en faveur de l'individu, auquel l'adoptant aura, dans sa minorité et pendant six ans au moins, fourni des secours et donné des soins non interrompus; ou envers celui qui aurait sauvé la vie à l'adoptant, dans un combat, dans un incendie ou dans un naufrage. En ce cas, il suffit que l'adoptant soit majeur, plus âgé que l'adopté, sans enfans ni descendans légitimes, et s'il est marié, que son conjoint consente à l'adoption. L'adoption ne peut avoir lieu avant la majorité de l'adopté, qui est tenu de rapporter le consentement de ses père et mère s'ils sont vivans, et s'il n'a pas atteint sa vingt-cinquième année. L'adoption confère le nom de l'adoptant à l'adopté, en l'ajoutant au nom propre de ce dernier. Le Juge de paix du domicile de l'adoptant reçoit les consentemens et conventions des parties, par un acte qui est homologué par le tribunal de première instance, et confirmé ensuite par la Cour royale (4). L'adoption est alors consommée, et il n'est pas besoin d'acte pardevant notaires, pour donner l'authenticité convenable, comme le prétend un de nos auteurs. Est-ce que l'autorité des tribunaux et des cours ne confère pas une authenticité solemnelle à leurs décisions? Il ne s'agit plus d'un simple procès-verbal du juge, qui n'offre que des conventions privées; ces conventions se changent en contrat judiciaire et en jugement même, dès que l'homologation et la confirmation sont prononcées par les magistrats.

____

(1) Articles 405, 420 et 505, code civil.

(2) Articles 477 et 478, même code.

(3) Articles 451 du code civil; 931, 932, 935 du code de procédure.

(4) Extraits des articles 343, 344, 345, 346, 347, 353 à 358 du code civil.

Ire Formule. *Adoption pure et simple, par un Célibataire, ou par un Veuf sans enfans, d'un Individu qui n'a ni père, ni mère.*

Aujourd'hui.... avril 1822, ... heures du...., devant nous Juge de paix de...., assisté de...., est comparu dans notre prétoire le sieur Z. P., banquier, demeurant à..... âgé de 5o ans expirés, suivant son acte de naissance qu'il nous a présenté, en date du...., délivré par...... et de lui signé ; lequel nous a dit : qu'étant célibataire (*ou veuf sans enfans, ni descendans légitimes*), il désire adopter L. M., lieutenant de marine, âgé de plus de 25 ans accomplis, fils de...., et de..., l'un et l'autre décédés, suivant qu'il appert par les actes de naissance dudit. L. M. et par ceux de décès de ses père et mère, qui nous ont été représentés en forme;—que le comparant a donné audit L. M., pendant sa minorité des secours non interrompus, pendant six ans, suivant qu'il est justifié par l'acte de Notoriété du.., et que maintenant il demande qu'il nous plaise de recevoir son consentement et celui de l'adopté, pour consommer l'adoption qu'il lui confère présentement, sauf ensuite à observer les formalités prescrites par la loi, et a signé (*ou déclaré qu'il ne le sait*).   (*Signature.*)

Est aussi comparu le sieur L. M., lieutenant de navire, demeurant à....., majeur, lequel a déclaré accepter avec reconnaissance l'adoption dont le sieur Z. P. veut bien le gratifier, et qu'il se soumet en ce qui le concerne à tout ce ce que la loi prescrit en pareil cas, et a signé (*ou déclaré ne le savoir*).   (*Signature.*)

Vu les actes de naissance et décès ci-devant datés, et l'acte de Notoriété du...., enregistré le...., portant attestation par sept témoins, français et majeurs, que.... (*ici le sommaire de cet acte*).

En vertu de la loi, Nous Juge de paix, donnons acte aux parties de leur adoption et acceptation;—en conséquence de leur consentement, disons que L. M. est fils adoptif de Z. P. ; que ledit L. M., ajoutera à ses prénoms le nom de l'adoptant, et qu'enfin il jouira de tous les droits attachés à l'adoption, à la charge cependant d'en faire prononcer l'homologation par le tribunal civil de....., et ensuite la confirmation par la Cour royale de...., le tout dans les formes et délais prescrits par la loi. Fait et donné en notre prétoire à...., les jours, mois et an que dessus. (*Signatures*).

On a vu par cette formule qu'il doit exister un acte de notoriété avant l'adoption. *Voyez en* le modèle, *verbo* ACTES DE NOTORIÉTÉ, N°. 4.

VARIATIONS *d'un Procès-verbal d'Adoption.*

Ire. Quand l'Adoptant est marié sans enfans, que son époux est vivant, et que l'Adopté a ses père ou mère.

Aujourd'hui.... etc. (*comme dans le modèle précédent, jusqu'à*) : lequel nous a dit qu'étant marié, mais sans enfans, ni descendans légitimes, il est dans l'intention d'adopter, ainsi qu'il nous en fait la déclaration formelle, le sieur.... âgé de...., fils de.... et de...., lesquels sont décédés ; que les causes de cette adoption sont que.... (*établir les causes de l'adoption*), ainsi qu'il appert par l'acte de notoriété fait devant nous, sur l'attestation de sept témoins, français et majeurs, en date du..., enregistré le.... En conséquence, le comparant a demandé qu'il nous plût de dresser acte de sa déclaration, et a signé etc.   (*Signature.*)

Sont aussi comparus le sieur... (*prénoms, nom, âge, qualité et demeure de l'Adopté*), assisté de... et de..., ses père et mère, demeurant à.... (*ou de l'un d'eux, si l'autre est décédé*) ; lesquels nous ont dit, qu'ils acceptent avec gratitude l'adoption que veut bien conférer ledit.... (*l'Adoptant*), audit.... (*l'Adopté*); qu'à son égard, ce dernier se soumet à tout ce que les lois sur l'adoption lui prescrivent, et ont signé (*ou déclaré qu'ils ne le savent*).

Est encore comparue..., demeurant à..., épouse dudit... (*l'Adoptant*); laquelle a dit qu'elle donne plein et entier consentement à l'adoption que vient de conférer son époux audit...., attendu qu'elle désire, comme lui, qu'il soit attaché à sa famille, par un titre légal, et a signé (*ou déclaré ne le savoir*), (1).

____

(1) Si l'adopté ayant encore ses père et mère ou l'un deux, n'a point accompli sa vingt-cinquième année, il sera tenu de rapporter le consentement donné à l'adoption par ses père et mère, ou par le survivant, et, s'il est majeur de 25 ans, de requérir leur conseil. (Texte de l'article 346 du code civil.)

Vu les déclarations, consentemens et acceptations ci-dessus, ensemble l'acte de notoriété ci-devant daté, Nous, Juge de paix, donnons acte. etc, (*le reste comme dans la dernière Formule*).

2.me Variation. *Quand l'Adopté a sauvé la vie à l'Adoptant.*

Aujourd'hui etc. , lequel a dit, que le.... 1814, le sieur.... fils de.... et de...., demeurant à...., âgé de...., lui a sauvé la vie dans.... (*telle circonstance*); que par une juste reconnaissance, il désire l'adopter comme son fils; ce qu'il entend faire présentement, et dont il nous fait la déclaration formelle; ajoutant qu'il est veuf sans enfans, ni descendans légitimes (*ou célibataire, ou qu'il est marié sans enfans, et que son conjoint consentira ci-après à l'Adoption)*. De quoi il nous a requis de dresser acte, et a signé etc.

Il faut ensuite continuer l'un des modèles précédens jusqu'à la fin ; le premier, quand l'adoptant est veuf ou célibataire ; le second , quand il a son conjoint vivant , ou quand l'adopté a ses père et mère ou l'un d'eux.

ANNULLATION DE PROCÉDURE. *Voyez* Procédures en matières de simple Police.

APPEL. C'est un acte qui tend à faire infirmer un jugement rendu en première instance , ou incompétemment rendu , ou qualifié mal à propos en dernier ressort.

L'acte d'appel n'est point de sa nature placé dans la procédure des justices de paix, puisqu'il n'a lieu qu'après que tout est terminé dans ces tribunaux.

Je ne donnerai donc point de formules de ces actes ; mais je placerai ici quelques observations sommaires.

Aucun appel des jugemens des tribunaux de paix , n'est recevable que dans les trois mois de sa signification à personne ou domicile, faite par l'huissier du juge de paix (1), il doit contenir citation devant les juges d'appel, à peine de nullité (2). — On peut interjeter appel de ces jugemens en matières pures personnelles , mobilières et possessoires , s'ils contiennent des condamnations principales , qui excèdent 5o fr. (3). On peut aussi faire appel de ces jugemens,

______

(1) Article 16 du code de procédure.
(2) Article 456 même code ; Arrêt de cassation du 6 septembre 1814.
(3) Article 10, titre 3 de la loi du 16 août 1790, et autres lois particulières.

lorsqu'ils contiennent des incompétences , ou qu'ils sont mal à propos qualifiés en dernier ressort , c'est-à-dire lorsqu'ils ne pouvaient être rendus qu'en première instance (1). — Ces principes ne s'appliquent aux jugemens préparatoires des justices de paix , qu'après le jugement définitif ; parce que l'appel des premiers n'est permis qu'avec l'appel du dernier , et conjointement ; mais on peut appeler d'un jugement interlocutoire, séparément et avant la décision du fond (2).

Enfin on ne peut faire appel d'un jugement par défaut, pendant le délai fixé par la loi pour former opposition ; on en excepte cependant les jugemens exécutoires par provision : du moins la Cour de Paris l'a jugé ainsi , le 27 juin 1810 ; mais cette exception ne produit rien si l'appel n'empêche l'exécution provisoire.

APPOSITION DE SCELLÉS. Les juges de paix et leurs suppléans ont seuls, en France , le droit d'apposer les scellés. Le mode d'y procéder paraît fort simple au premier aspect, mais il est susceptible de plusieurs incidens sérieux. Nous allons les offrir avec des variations.

Ier. Modèle. *Scellés après décès, sur la Réquisition d'un héritier, ou d'un légataire universel, avec divers Incidens* (3).

Aujourd'hui.... janvier 1822 ,..... heures du......, devant nous, Juge de paix de....., assisté de notre greffier, a comparu en notre prétoire J. , demeurant à...., où il fait élection de domicile (*Cette élection doit toujours se faire dans la Commune où est apposé le scellé*), lequel a dit qu'il est habile à se dire et porter héritier de feu..... décédé ce jour à ......, rue de......, lequel était son parent..... (*exprimer le degré de parenté*) ; et que voulant faire constater légament les forces de la succession dudit feu....., il requiert sans entendre prendre qualité quant à présent, qu'il nous plaise d'apposer de suite nos scellés sur les meubles, effets, titres et papiers du décédé , et a signé (*ou déclaré ne le savoir*).   (*Signature.*)

---

(1) Article 453 et 454 code de procédure ; Arrêt de la cour de cassation du 13 ventose an 10.

(2) Articles 451 , 452 du même code.

(3) Articles 909 , 911, 912, 913, 914 , 915 , 916 , 917 , 918 , jusqu'à 925 du code de procédure.

(Si c'est un Légataire universel ou à titre universel, qui requiert le scellé, on dit) :

Lequel nous a dit que, par testament notarié, reçu par..., en présence de témoins, le....., enregistré le......, le feu sieur......, qui demeurait à......, et qui est décédé ce jour, à...... heures du....., l'a institué son légataire universel ou à titre universel, ainsi qu'il apparaît audit testament; qu'en cette qualité, il requiert l'apposition des scellés sur l'universalité du mobilier du décédé, et a signé....

Vu la réquisition ci-dessus, attendu que le requérant a droit et qualité de requérir les scellés dans la circonstance, nous ordonnons qu'ils seront tout présentement apposés, dans le domicile dudit feu...... En conséquence, nous nous sommes transportés dans la maison du décédé, sise à...., rue de..., de laquelle maison nous avons trouvé les ouvertures fermées; auxquelles ayant frappé plusieurs fois, personne n'a répondu ni ouvert.

Attendu que la maison est habitée, et que le refus d'ouverture doit faire craindre des soustractions; attendu qu'en pareil cas, il est toujours urgent de passer outre, et que la loi le permet (1), nous ordonnons que la porte d'entrée de ladite maison, sera ouverte par le premier ouvrier requis : ce que nous avons fait faire à l'instant, par....., serrurier, demeurant à......, mandé à cet effet, lequel a sur-le-champ déféré à notre injonction, et s'est retiré en se réservant de requérir taxe.—Etánt entrés dans ladite maison, nous avons trouvé dans un salon, le sieur..., auquel nous avons fait part du sujet de notre transport, en lui ordonnant de déclarer si l'inhumation du corps dudit...., est faite ou non. A quoi il a répondu, à l'égard de l'inhumation, que...., et quant à l'apposition des scellés, qu'il s'y oppose formellement, parce que.... (*ici les motifs de l'opposition*), et a signé (*ou déclaré qu'il ne le sait*).—Vu l'opposition ci-dessus; attendu que, quel que soit le mérite de cette opposition, nous ne pouvons ni l'admettre ni la rejeter; attendu que, dans tous les cas, nous pouvons passer outre, et qu'il paraît convenable de le faire, pour éviter tout inconvénient; sans

____

(1) Loi du 17 mars 1791 ; article 921, code de procédure, deuxième paragraphe.

nous arrêter à l'opposition dudit...., ordonnons qu'il sera passé outre à l'apposition de nos scellés , sauf à en référer après l'opération , ainsi que de droit. En conséquence , nous avons apposé un premier scellé, sur la serrure de tel meuble, qui est dans ledit salon , (*Il faut le désigner*) lequel nous avons d'abord fermé à clef, qui a été remise au greffier.

Nous avons ensuite trouvé et laissé en évidence.... (*détailler les meubles non susceptibles de scellés, et dire surtout , si le Corps du décédé est déposé sur tel lit , canapé , matelas.*) Etant entrés dans un cabinet, au rez-de-chaussée, nous y avons remarqué et laissé en évidence... (*même détail des meubles non scellés*).—En cet endroit, s'est présenté B. G. , demeurant à... ; lequel, en qualité de... , a requis qu'il nous plût faire perquisition d'un testament olographe (*ou d'un codicile, si déjà il paraît un premier testament*), qu'il croit être placé dans tel meuble, et a signé (*ou déclaré qu'il ne le sait*).— A quoi déférant, nous avons fait faire l'ouverture dudit... (*le meuble annoncé*), et ayant fait perquisition , nous n'y avons rien trouvé;—*ou bien*, nous y avons trouvé un papier cacheté, sur l'enveloppe duquel ces mots sont écrits : « c'est mon testament et ordonnance de dernière » volonté (*ou toute autre suscription*) ,» au bas de laquelle est signé.... ; le cachet apposé de l'autre côté, porte pour empreinte..... Ayant coté et paraphé ladite enveloppe avec les parties présentes (*ou sans les parties présentes, qui ont refusé de le faire*), nous avons provisoirement déposé le paquet entre les mains de notre greffier, pour y demeurer jusqu'à.... heures du.... , auxquels jour et heure, nous ordonnons que ledit paquet cacheté sera par nous présenté à M. le Président du tribunal de..., en présence des parties , auxquelles nous enjoignons de comparaître, à cet effet , devant ledit sieur président, en son hôtel, pour être par lui , statué ce que de droit.

Sur le meuble ouvert pour la perquisition , après l'avoir fermé à clef, nous avons apposé un scellé , et ladite clef a été par nous remise au greffier.

(Il faut ensuite parcourir tous les lieux de la maison, et continuer les descriptions et les scellés comme ci-dessus).

En cet endroit, est comparu O. V. , demeurant à...., lequel

nous a dit qu'il est créancier dudit feu..... de la somme de....., en vertu de..... (*énoncer le titre s'il y en a, ou pour telle cause lorsqu'il n'y a pas de titres*), et, pour la conservation de ses droits, il a déclaré former toute opposition nécessaire, et faire élection de domicile à.... (1), et a signé.

Attendu qu'il n'y a plus de scellés à apposer, ni d'effets en évidence à décrire d'après les déclarations qui nous ont été faites, et d'après nos propres recherches, nous avons requis *tels ou tels* de jurer et affirmer que, ni par eux, ni par personne, à leur connaissance, il n'a rien été pris, soustrait, ni détourné des effets de la succession dudit.... ; ce qu'ils ont juré à l'instant, la main levée (*ou ce qu'ils ont refusé de faire*).—Au surplus, nous avons établi pour gardien des scellés et des meubles décrits la personne de....., demeurant à....., lequel s'en est volontairement chargé. Enfin, pour faire statuer définitivement sur l'opposition de....., nous ordonnons qu'il en sera référé à M. le Président de....., le.... de ce mois, heures du..... ; enjoignons audit.... (*l'opposant*) de comparaître, lesdits jour et heure, devant ledit sieur Président, en son hôtel, sinon le référé sera vidé tant en son absence que présence. Fait et clos le présent procès-verbal sur les...., heures du...., des jour, mois et an que dessus; et avons signé avec les parties et le gardien (*ou ils ont déclaré ne le savoir*).

Au jour indiqué pour le référé, le Juge de paix fait son rapport au président, dont l'ordonnance s'écrit sur le procès-verbal des scellés. Si l'opposition est rejetée, les choses restent dans l'état établi, jusqu'à la levée du scellé ; dans le cas contraire, le scellé se lève purement et simplement sans description. *Voyez* le Ier modèle de LEVÉE DE SCELLÉS.

VARIATIONS *de la Formule d'Apposition de Scellés*, Ier *Modèle.*

Ier *Quand sur l'opposition aux scellés, le Juge de paix ne passe pas outre* (2).

---

(1) Article 927 code de procédure: L'opposition contiendra, à peine de nullité, élection de domicile dans la commune ou dans le canton, dans lequel sont apposés les scellés.

(2) Article 921, code de procédure.

Aussitôt que l'Opposition est écrite et signée , suivant le modèle précédent , on écrit :

Et, attendu que les motifs de l'opposition permettent de suspendre l'opération, nous ordonnons qu'il en sera référé à M. le Président du tribunal de...., le..... de ce mois...., heures du..., en son hôtel (*ou au Palais de justice*); auxquels jour et heure nous enjoignons aux parties de comparaître, sinon sera fait droit en leur absence. Et, pour satisfaire à la loi, avons établi garnison extérieure, même intérieure, dans la maison où nous sommes, laquelle garnison a été confiée, savoir, pour l'intérieur, à...., demeurant à....., et, pour l'extérieur, à.,..., demeurant à...., lesquels ont accepté cette commission; et nous leur avons enjoint de veiller, sans désemparer, à ce qu'il ne soit rien enlevé, soustrait, ni détourné des meubles, effets, titres et papiers, qui sont dans ladite maison, sous telle peine qu'il appartiendra. Fait et clos le présent procès-verbal, sur..... heures du....., et ont les parties et garnisaires signé avec nous (*ou déclaré qu'ils ne le savent.*)

Cette formule sert encore pour le cas auquel le Juge de paix ne fait pas ouvrir les portes et qu'il en réfère auparavant. Il n'y a que de légers changemens à faire, qui se présentent d'eux-mêmes.

J'ai toujours regardé comme complètement inutile de faire des procès-verbaux de présentations de testamens cachetés ou ouverts, ou d'autres papiers, ou d'un référé au président, sur quelque sujet que ce soit. La seule ordonnance qui vide le référé ne fait-elle pas foi de la remise faite par le Juge de paix, ainsi que de son rapport ? Cette ordonnance, en statuant que le dépôt de la pièce présentée sera fait entre les mains d'un dépositaire public, ne décharge-t-elle pas le greffier de cette pièce ? et, d'ailleurs, le notaire qui la reçoit n'en dresse-t-il pas un acte de dépôt ainsi que la loi l'y oblige ? Je ne donnerai donc point de formules de ces présentations : je me borne à dire que le Juge de paix doit faire exprimer par l'ordonnance du Président, et ses rapports et ses présentations ; ce que j'ai toujours fait et vu faire en ces termes :

Nous, Président de....., vu le référé ci-devant introduit devant nous; après avoir entendu M. le Juge de paix dans son rapport, lequel nous a présenté..... (*ici le détail des pièces*), et après avoir entendu..... (*les parties*), nous ordonnons que...., etc.

En vertu de cette ordonnance, le greffier seul (et non le Juge de paix), se présente chez le dépositaire public, qui a été nommé, et il fait le dépôt de la pièce dont le notaire donne acte, ainsi que je viens de le dire. Cette marche simple est suffisante, elle remplit le vœu de la loi, sans doubler les frais.

2.me VARIATION. *Quand le Scellé est requis par un Créancier porteur de Titre authentique ou autre, ou en vertu d'Ordonnance.*

Aujourd'hui,. ... mars 1822,..... heures du...., devant nous, etc., a comparu...., demeurant à...., où il élit domicile (*ou dans la commune en laquelle le scellé est apposé, s'il n'y demeure pas*); lequel a dit qu'il est créancier de...., demeurant à...., d'une somme de...., en vertu de tel acte, dont il a représenté expédition en forme; que son débiteur vient de décéder, et qu'en vertu de son titre exécutoire, il demande l'apposition de nos scellés, tout présentement, sur le mobilier du décédé, et a signé.

(Si le Créancier n'a qu'un titre chirographaire on varie ainsi :)

Lequel a dit qu'il lui est dû par....., demeurant à....., lequel est décédé le...., une somme de...., suivant le mémoire ou billet qu'il a représenté, en date du...., enregistré le....; que, sur le vu de cette pièce, il a obtenu de M. le président de.... autorisation de faire apposer les scellés après le décès de son débiteur, ainsi qu'il appert par son ordonnance du..., enregistrée le....; qu'en conséquence il requiert qu'il nous plaise d'apposer ledit scellé, etc.

(Si le Créancier chirographaire ne requiert que l'ordonnance du Juge de paix, on dit) :

Lequel a déclaré qu'il est créancier d'une somme de...., en vertu d'un billet ou mémoire arrêté, en date du....., enregistré le...., de Pierre, cultivateur, demeurant à....., lequel vient de décéder, ou est décédé le....; que, pour la conservation de ses droits, le comparant a requis qu'il nous plaise de l'autoriser à faire apposer les scellés sur les meubles, effets, titres et papiers du décédé, et de procéder tout présentement à cette opération, et a signé, etc.

4 *

Ordonnance pour le Créancier fondé en titre exécutoire :

Vu la réquisition ci-dessus, ensemble l'acte y énoncé et daté ; attendu qu'en vertu d'un tel titre, le requérant a droit de requérir l'apposition des scellés après décès (1), nous ordonnons, etc. (*comme au premier Modèle.*)

Ordonnance pour le Créancier autorisé par le président.

Vu la réquisition ci-dessus, et l'ordonnance de M. le Président de...., en date du. .., enregistrée le....; attendu que cette ordonnance autorise le requérant aux fins ci-après, nous ordonnons, etc. (*comme au premier modèle.*)

Ordonnance du Juge de paix autorisant les Scellés.

Vu la réquisition ci-dessus, ensemble les pièces ci-devant énoncées, autorisons le requérant, pour la conservation de ses droits, et à ses risques, périls et fortune, à faire apposer les scellés sur les meubles et effets de la succession de... (2); en conséquence, ordonnons qu'il y sera tout présentement procédé ; à cet effet, nous nous sommes transportés, etc. (*comme au premier modèle*).

2.me Formule. *Apposition de Scellés d'office, sans incident, sur la déclaration d'un Officier ayant qualité de la faire, et pour cause d'Héritiers absens ou mineurs.*

Aujourd'hui,... avril 1822,.... heures du...., nous, Juge de paix de...., assisté de notre greffier; vu l'avis qui nous a été donné par M. le Procureur du Roi de...., ou par M. le Maire de...., ou par M. l'Adjoint de...., suivant sa lettre du...., ci-annexée, par laquelle nous sommes informés du décès de...., demeurant à...., qui a eu lieu le.... de ce mois, à.... heures du...., lequel laisse des héritiers absens (*ou mineurs*); ordonnons que, pour la conservation des droits des absens ou des mineurs, les scellés seront tout présentement apposés sur les meubles, effets, titres et papiers dudit feu....; en conséquence, nous nous sommes transportés dans son domicile, situé à...., rue d...., n.°....,

----

(1) Article 909, code de procédure civile, dont les deux premiers paragraphes sont pris des articles 819 et 820 du code civil.

(2) Article 909, code de procédure civile, deuxième paragraphe. Le créancier qui n'a aucun titre ne doit pas obtenir l'apposition du scellé.

où, étant entrés dans une cuisine, s'est présenté...., demeurant à...., auquel nous avons fait part du sujet de notre transport, en le requérant de déclarer si l'inhumation du corps du décédé est ou n'est pas faite, lequel nous a répondu qu'il n'a moyen d'empêcher l'apposition de nos scellés, et, quant à l'inhumation, il a dit que.....; d'après quoi, nous avons procédé comme il suit : premièrement, remarqué en évidence dans ladite cuisine-.... (*décrire les meubles non susceptibles de scellés*).

Si l'Usage de quelques Meubles est demandé pour le service de la maison, il s'accorde ainsi :

Plus remarqué un buffet fermant à quatre portes, dont l'usage a été demandé par ledit...., pour les besoins journaliers de la maison; ce qui lui a été accordé par nous. Ouverture faite dudit buffet, il s'y est trouvé..... (*suit le détail des choses trouvées*).

Étant entré dans un salon, ayant ses vues sur...., nous avons apposé les scellés sur tel meuble, après l'avoir fermé à clef, qui a été remise au greffier. Dans une alcove, remarqué un lit à deux têtes, sur lequel repose le corps du décédé; lequel lit est composé de.... (*suit le détail du lit*). (*Parcourir toutes les pièces de la maison, décrire et sceller comme ci-dessus*). Et n'ayant plus de scellés à apposer, ni d'effets à décrire, nous avons requis etc. (*Suivre pour le serment, l'établissement du gardien et la clôture, la formule N.° I.er de l'apposition des scellés*).

Nota. Je n'ai pas encore fait figurer dans mes modèles, la partie requérant les scellés, parce que cela arrive rarement. Je vais le faire maintenant par une Formule particulière.

3.me **Modèle.** *Apposition de Scellés requise par un Exécuteur testamentaire y assistant* (1).

Aujourd'hui,... 1822, ... heures du..., devant nous, Juge de paix de.., assisté de notre greffier, a comparu en notre prétoire...., demeurant à...; lequel nous a dit, qu'il est Exécuteur testamentaire de feu..., décédé à....., le...., sui-

____

(1) Article 1031 du code civil : Les exécuteurs testamentaires feront apposer les scellés, s'il y a des héritiers mineurs, interdits ou absens; ils feront faire inventaire..... etc.

vant son testament notarié, ou olographe, (*le relater avec l'Enregistrement, le Dépôt et l'Expédition*); qu'en cette qualité, il requiert qu'il nous plaise ordonner l'apposition de nos scellés sur les meubles, effets, titres, et papiers dépendant de la succession dudit feu...., et d'y procéder tout présentement en sa présence; au surplus le comparant a fait élection de domicile à...., (*toujours dans la commune où s'appose le scellé*), et a signé. — Vu la réquisition ci-dessus, ensemble l'expédition du testament de feu.... (*si déjà elle est expédiée*); Attendu que le requérant a droit et qualité de requérir l'apposition du scellé, nous ordonnons qu'ils seront apposés sur le mobilier délaissé par ledit feu....; et voulant y procéder de suite, nous nous sommes transportés avec le requérant au domicile du décédé, situé à...., rue de...., où étant entrés et parlant à...., nous lui avons annoncé le sujet de notre transport, en le requérant de déclarer si le corps du décédé est, ou non, inhumé. A quoi il a répondu n'avoir moyen d'empêcher notre opération, et, à l'égard de l'inhumation, que.... Alors, en présence du requérant, nous avons procédé comme il suit : premièrement, etc. (*suivre le surplus de la deuxième formule ci-devant*).

4.me Modèle. *Scellés d'office apposée chez un Dépositaire public* (1).

Aujourd'hui,.... juin 1822,.... heures du...., nous, Juge de paix de...., informé que le sieur..., notaire à.... (*ou autre dépositaire*), est décédé le...; attendu qu'il était dépositaire public, nous ordonnons que les scellés seront tout présentement apposés sur les minutes, registres, répertoires, etc., et tous autres objets appartenant au dépôt dont il était chargé, non autrement. En conséquence, nous nous sommes transportés, etc. (*continuer comme au modèle N.° 2, et terminer ainsi*) : Et tous les objets, constituant le dépôt du décédé, étant décrits ou placés sous nos scellés, nous avons requis ledit... (*la personne de la maison qui est présente, ou la veuve, ou les enfans*), de jurer et affirmer que, ni par eux, ni par qui que ce soit à leur connaissance, il n'a été rien pris, ni soustrait, du dépôt dont il

---

(1) Article 911, code de procédure.

s'agit, ce qu'ils ont affirmé à l'instant. Au surplus, nous avons établi à la garde de nos scellés, etc. (*suivre la finale du premier modèle*).

5.me Modèle. *Scellés en cas de Faillite déclarée par Jugement* (1).

Le... mai 1822, nous, Juge de paix de...., assisté de...., vu l'expédition en forme du jugement rendu par le tribunal de commerce de..., en date du..., enregistré le..., par lequel la faillite de..., est déclarée ouverte à compter du...., avons ordonné que les scellés seront tout présentement apposés sur les meubles, effets, titres, papiers, caisse, comptoirs, porte-feuille, magasins ou boutique du failli et de ses associés (*s'il y en a*). A cet effet, nous nous sommes transportés au domicile dudit...., situé à..., rue de...., n°..., où étant entrés dans..., et parlant à..., nous lui avons déclaré le sujet de notre transport, et au même instant, avons procédé en sa présence, comme il suit : Etant allés au comptoir, nous avons apposé le scellé sur une caisse (*ou coffre-fort que l'on désigne*), après l'avoir fermée à une ou deux clefs, qui nous ont été représentées par.., et que nous avons remises au greffier. Nous avons ensuite réuni tous les livres et papiers du failli, dans une armoire (*ou autre meuble*), étant dans ledit comptoir, sur les portes de laquelle nous avons apposé un scellé, après les avoir fermées à la clef, qui a été remise au greffier, etc. (*procéder ensuite comme pour tout autre Scellé. Voyez les Formules précédentes, première et deuxième*).

S'il y a plusieurs Associés, on continue ainsi :

Et attendu qu'il y a lieu d'apposer le scellé dans le domicile de...., associé du failli, demeurant à...., nous nous y sommes à l'instant transporté, assisté de notre greffier, et y étant entrés dans...., parlant à...., nous lui avons déclaré le sujet de notre transport, et avons procédé de la manière suivante (*opérer comme aux formules ci-devant*). Fait et clos etc.

______

(1) Articles 449, 450, 451, 452 et suivant du code de commerce.

VARIATION. *Scellés d'après la notoriété de la Faillite.*

Aujourd'hui,.... avril 1822, sur les...... heures du....., nous, Juge de paix de......, instruit que......, marchand, demeurant à...., est en état de faillite notoire, attendu que ses paiemens sont suspendus ; que des jugemens sont obtenus contre lui; qu'il a fermé les portes de ses magasins et qu'il a abandonné son domicile ; Vu l'article 450 du code de commerce; attendu qu'il est urgent de pourvoir à la conservation des droits des créanciers dudit...., et à celle des choses dépendantes de la faillite, nous ordonnons que les scellés seront tout présentement apposés, etc. (*comme dans la Formule dernière*).

6.me MODÈLE. *Scellés pour cause de Séparation de biens ou de corps* (1).

Le... mai 1822, sur les... heures du..., devant nous, Juge de paix de..., assisté de notre greffier, a comparu dans notre prétoire, M. N., épouse de...., demeurant à..., autorisée par justice aux fins ci-après; laquelle nous a dit que, par son contrat de mariage, en date du..., reçu par... et son collègue, notaires à...., enregistré le...., elle a apporté à son mari une dot de la somme de... ; que, par des accidens (*ou mauvaise conduite*), sa dot est en péril, ce qui l'a obligée de présenter requête à M. le Président de.., appuyée de pièces justificatives, afin d'être autorisée à former, sous l'autorité de justice, demande en séparation de biens, et en attendant, pour obtenir permission de faire tous actes conservatoires, notamment l'apposition du scellé, sur le mobilier de son mari ; ce qui lui a été accordé, par l'ordonnance intervenue sur ladite requête, le..., enregistrée le...., qu'elle nous a représentée, en requérant qu'il nous plaise d'ordonner ladite apposition de scellés, et d'y procéder de suite ; Et elle a signé, *ou* déclaré ne le savoir, en faisant élection de domicile à...

Vu la réquisition ci-dessus et l'ordonnance y énoncée, ordonnons que les scellés requis seront tout présentement

---

(1) Article 865 Code de procédure civile.

apposés. — A cet effet, nous nous sommes transportés , etc. (*suivre les formules précédentes jusqu'à la fin*).

7.me Modèle. *Simple Description d'Effets , pour valoir Scellés* (1).

Le... avril 1822,.... heures du..., nous, Juge de paix de..., assisté de notre greffier; sur la réquisition qui nous a été faite par... , demeurant à..., en qualité de..., de procéder à la description simple des meubles et effets délaissés par..., demeurant à... , décédé le... , rue de..., n°...., au quatrième étage, attendu que ces meubles sont d'une médiocre valeur , et qu'ils ne sont pas susceptibles de scellés ; attendu encore que le décédé laisse des héritiers absens ou mineurs;

En vertu des articles 911 et 924, du code de procédure, nous nous sommes transportés au domicile du décédé, où étant entrés, et parlant à... , auquel nous avons déclaré le sujet de notre transport, et qui nous a répondu, que...., nous avons premièrement, en présence dudit.... (*le requérant*), examiné en gros, les effets et les meubles qui garnissent la chambre où nous sommes, ainsi que...... (*exprimer les autres chambres s'il y en a*); cet examen nous a convaincus de la modicité du mobilier, et de l'inutilité d'y apposer le scellé. En conséquence, nous disons qu'il ne sera fait qu'une simple description dudit mobilier. A quoi procédant, nous avons remarqué que lesdits meubles consistent... (*ici leur détail sommaire*). Qui est tout ce qui compose le mobilier dépendant de la succession du décédé; lesquels effets nous avons laissés à la garde de...., demeurant à...., qui s'en est chargé volontairement, et avons, au surplus, fait jurer et affirmer à.... et à.... présens (*suit le serment ordinaire , l'établissement du gardien, et la clôture*).

8me. Modèle. *Procès-verbal de Carence.* (2)

Aujourd'hui... mars.., heures du.., nous, Juge de paix de.., assisté de notre greffier , informé par..., demeurant à..., du décès de...., demeurant à...., décès qui a eu lieu le....,

---

(1) Articles 911 et 924 du code de procédure. C'est l'ancienne jurisprudence confirmée.

(2) Vient de *carere*, qui signifie *manquer*. (Article 924 , Code de procédure).

lequel laisse des héritiers absens ou mineurs dépouvus de tuteurs, nous sommes, à la requête dudit..., transportés au domicile du décédé, situé comme dit est, où étant entrés et parlant à...., nous lui avons fait part du sujet de notre transport. A quoi il a répondu que ledit.... ne laisse aucuns meubles, si ce ne sont les modiques effets qui composaient sa très-mince garde-robe, et qu'il est prêt à nous représenter. En effet, il ne s'est trouvé dans la chambre où nous sommes, qui est la seule qu'occupait ledit feu...., aucuns meubles et effets, sinon un très-mauvais lit, composé de...., lequel a été réclamé par...., comme sa propriété, et l'ayant loué audit feu...., dont le corps repose sur ce même lit.

A l'égard des linges et habillemens du décédé, ils ont été représentés, et consistent dans... (*ici le détail des effets*), lesquels sont presque sans valeur, que nous avons laissés à la disposition de...., pour en faire remise sans formalités de justice, à ceux qui y ont droit... Au surplus nous avons fait jurer par serment audit...., qu'il n'a rien pris, soustrait ni détourné des effets de la succession du décédé. De tout quoi nous avons dressé le présent Procès-verbal de Carence, en présence du requérant, les jour, mois et an que dessus, sur l'heure de..., et avons signé avec ledit..., etc., etc.

9me. MODÈLE. *Apposition de Scellés requise par un Employé principal de la Régie des impôts indirects, sur les Effets et Papiers d'un Comptable* (1).

Cette apposition se fait dans la même forme que celle qui a lieu à la requête d'un créancier, dont nous avons donné la formule. Nous y renvoyons pour ne pas trop nous répéter. Il faut observer cependant que l'apposition ne peut être ordonnée que sur le vu de la contrainte décernée contre le comptable, laquelle contrainte doit avoir été signifiée. On observe encore de ne pas comprendre sous le scellé, les Registres de recettes et autres de l'année courante ; il faut seulement les parapher et arrêter, les remettre au préposé qui est chargé de *l'interim*, et faire mention du tout sur le procès-verbal.

____

(1) Article 40, décret du premier germinal an 13,

10ᵐᵉ. **Modèle.** *Apposition de Scellés, pour forcer un Epoux survivant de faire Inventaire, poursuivi par le Subrogé tuteur* (1).

Aujourd'hui, le... mars 1822,.. heure du...., devant nous, Juge de paix de...., assisté de notre greffier, a comparu...., demeurant à...., subrogé tuteur de N...., fils mineur de...., décédé, et de...., sa veuve, demeurant à..., lequel nous a dit que, dès le mois de...., il a été nommé à cette qualité de subrogé tuteur, et qu'aussitôt il s'est empressé de nommer un expert, en vertu de l'article 453 du code de procédure, pour estimer le mobilier de la communauté d'entre les père et mère du mineur, lors de l'inventaire qui devait en être fait par la veuve sa mère; mais que celle-ci élude constamment de faire cet inventaire sous divers prétextes; que cette conduite donne de justes soupçons au comparant, qui est d'ailleurs responsable envers le mineur N......, du défaut d'inventaire; et qu'enfin, pour la conservation de ses droits, il requiert qu'il nous plaise ordonner que les scellés seront tout présentement apposés, etc. (*comme aux précédentes formules.*)

Vu la réquisition ci-dessus; attendu que tout subrogé tuteur est essentiellement institué, dans toute tutelle, pour exercer les actions des mineurs, lorsque leurs intérêts sont en opposition avec ceux des tuteurs; attendu que le subrogé tuteur est tenu de poursuivre l'inventaire quand le tuteur est refusant ou négligeant de le faire; attendu que tout intéressé, dans une succession a droit de requérir l'apposition du scellé tant que l'inventaire n'est pas fait; nous ordonnons que les scellés seront apposés, etc. (*comme dans les autres formules qu'il faut suivre.*)

On pourrait encore donner quelques variations dans les Formules d'Apposition de Scellés, mais pour ne pas devenir fatigant par des redites, je me bornerai à indiquer ces variations.

1.º On peut apposer le scellé *d'office*, quand le survivant des époux néglige de faire nommer un subrogé tuteur à ses enfans, et sur-tout lorsqu'il y a présomption de dol, de fraude, de soustraction;

---

(1) Articles 420, 819, 1442, du code civil, et 909 du code de procédure.

2.º Quand on appose le scellé chez un marchand dont le commerce ne peut être interrompu , c'est-à-dire après décès, et non pour faillite ; car alors le marchand ne l'est plus : on ne scelle pas les portes des boutique et magasin ; mais on fait la description des marchandises et ustensiles qui s'y trouvent, lesquels sont laissés à la responsabilité et garde du survivant, pour en représenter, soit la valeur au cours du jour des scellés , soit la même quantité et qualité , lors de l'inventaire ;

3.º Lorsqu'un inventaire est frauduleusement fait , et qu'il est attaqué par l'une des parties , on peut apposer les scellés sur la réquisition de cette partie, en vertu de l'ordonnance qu'elle en obtient d'abord de M. le président : cependant, sans ordonnance ni réquisitoire, le Juge de paix appose les scellés *d'office* , quand l'inventaire est fait sans la représentation légale des mineurs, ou d'absens intéressés dans la succession : il en est ainsi quand l'inventaire n'est que commencé ;

4.º Si une maison est abandonnée, sans gardiens, et les portes fermées , alors le scellé s'appose, comme il est établi dans le modèle n.º I.ᵉʳ de cet article , dans lequel on prend ce qui convient à l'ouverture des portes, et on procède après l'entrée dans la maison , comme pour toute autre apposition de scellés , excepté que l'on ne peut requérir de serment sur les soustractions , puisque la maison est inhabitée. On établit d'ailleurs le gardien ordinaire.

À l'égard de la jurisprudence et des principes qui sont applicables en matière de scellés , ainsi que sur les incidents , *voyez* les articles Scellés , Référé , Opposans et Opposition de mon Recueil général de la Jurisprudence des Justices de paix de France , tome 2.

ARBITRAGE. Les Juges de paix peuvent être arbitres comme simples citoyens , mais non en leur qualité de magistrats. C'est une erreur aussi évidente que funeste , de dire que le Juge de paix se métamorphose en simple arbitre , toutes les fois que les parties comparaissent volontairement devant lui , et lui demandent jugement soit en dernier ressort , soit en première instance, en vertu de l'article 7 du code de procédure. S'il en était ainsi , les parties pourraient à leur gré changer le caractère du magistrat , et les Juges de paix devraient observer les formes extraordinaires des arbitrages; tandis que, dans tous les cas , même celui de l'art. 7, il leur est impérieusement prescrit des formes sommaires et spéciales ; s'il en était ainsi , l'exécution des jugemens des Juges de paix ne serait plus dans la seule force que leur donne la loi , comme à ceux de tous autres magistrats , puisque cette exécution serait soumise à l'ordonnance d'*exequatur* du Président de première instance ; s'il en était ainsi enfin , les Juges de paix pourraient à volonté juger ou ne pas juger, comme des arbitres , les causes qui leur seraient soumises ; tandis qu'ils sont obligés de les juger toutes à peine de déni de justice, même de prévarication.

J'ai établi sur ce point , dans mon Recueil général de la Jurisprudence , t. Ier p. 34 et suivantes , une démonstration lumineuse et sans réplique. Je me borne à dire ici que les Juges de paix peuvent être souvent dans le cas d'établir des compromis pour arbitrage. Ces actes se font par un procès-verbal de conciliation. *Voyez-en* les modèles à CONCILIATION.

ARRESTATION D'UN DÉBITEUR. L'article 781 du code de procédure , permet l'arrestation à domicile de celui qui est condamné par corps , à la charge que cette contrainte soit autorisée par le juge de paix , et faite en la présence de ce magistrat. Cette attribution est-elle facultative ? Je ne le pense pas. Les Juges de paix , ainsi que tous autres fonctionnaires, ne peuvent paralyser l'exécution des jugemens ; ils sont chargés au contraire de protéger cette exécution. D'ailleurs, les termes de la loi ne sont point facultatifs. Tel fut l'avis du conseil d'état lorsqu'il proposa cet article. C'est ce que j'ai établi , après une discussion réfléchie , dans mon Recueil général , pages 196 et suivantes du tome 2. *Voyez-le.*

REQUÊTE *suivie d'Ordonnance , pour l'Arrestation d'un Débiteur , à domicile.*

A. M. Le Juge de paix de....., P. V., marchand, demeurant à...., a l'honneur de requérir qu'il vous plaise , vu le jugement par corps , rendu à son profit contre..., par le tribunal de..., en date du... , enregistré le..., signé à l'expédition,.. greffier ; signifié avec commandement le..., par... , huissier, enregistré le... , et vu aussi les différentes pièces jointes audit jugement, autoriser le requérant à faire contraindre par corps, en son domicile, ledit... , par le premier huissier requis, en votre présence, les jour et heure qu'il vous plaira indiquer, et ferez justice. (*Signature.*)

Vu la requête , les jugement , commandement et autres pièces ci-dessus, nous autorisons le requérant à faire arrêter , dans son domicile, ledit..., par le premier huissier requis , ce qui sera fait le... de ce mois... , heures du..., en notre présence, suivant la loi (1).

____

(1) Si l'huissier pénétrait dans le domicile du débiteur avant le Juge

Fait à..., le,.. 1822. (*Signature du Juge.*)

Cette ordonnance ne se signifie point, mais elle est enregistrée avant l'arrestation. J'ai dit que cette mesure n'était point facultative, mais il y a peu de règles sans exceptions ; il en est deux dans la circonstance. La première est, lorsque le créancier a fait faire sur son débiteur, soit des saisies-arrêts, ou exécutions, soit une saisie immobilière dont les suites ne sont pas consommées ; la seconde est, lorsqu'il y a plus d'un an que le commandement a été fait, sans qu'il ait été renouvelé avant la contrainte, ainsi que le prescrit l'article 784 du code de procédure. Dans ces deux cas, on peut rendre une ordonnance suspensive en ces termes, au pied de la requête du créancier.

Vu la présente requête, les jugement, commandement et autres pièces y jointes ; attendu que des voies de contrainte sont commencées, et non suivies définitivement contre le débiteur, et que ces voies peuvent produire le payement total du requérant ; (*ou*), attendu que le commandement qui a été fait en vertu du jugement, n'a pas été renouvelé, quoiqu'il y ait plus d'un an expiré depuis sa date, nous disons qu'il n'y a lieu, quant à présent, d'autoriser l'arrestation à domicile dudit... Fait à..., le 1822. (*Signature du Juge.*)

Une telle Ordonnance est susceptible d'Appel, et si elle était infirmée, le juge devrait alors, sans hésiter, autoriser l'arrestation purement et simplement ; autrement il s'exposerait à la prise à partie, après les deux réquisitions prescrites en ce cas.

ASCENDANS. Pour ce qui concerne la tutelle des ascendans, *Voyez* CONSEIL DE FAMILLE.

AUDIENCE. *Voyez infra* IRRÉVÉRENCE et JUGEMENS DÉFINITIFS.

AUTEURS. *Voyez* BREVET D'INVENTION, avec la procédure qui suit.

AVIS DE PARENS. Toutes les espèces en sont prévues par des formules, à l'article Conseil de famille ci-après.

---

de paix, et sans avoir obtenu son ordonnance, quoique ce Magistrat s'y rendît immédiatement, l'arrestation serait nulle, et il y aurait lieu à la suspension de l'huissier. Arrêt du 22 juin 1809, Cour de Paris.

B.

BILLETS. Il peut arriver que l'écriture d'un billet dont le payement est demandé en justice de paix , soit déniée. Alors le Juge
de paix cesse d'être compétent (1) ; il doit se borner à parapher
la pièce *ne varietur* , et à renvoyer les parties devant juges compétens. On trouvera une formule du jugement qui se rend en
pareil cas , à l'article FAUX *infrà*. Voyez d'ailleurs le Recueil général de la Jurisprudence des Justices de paix , tome I.er , page 64.

BORNES (Déplacement de). *Voyez* ACTIONS POSSESSOIRES. Tout
ce qui se rattache au déplacement de bornes , y est établi. Je conseille à mes lecteurs de voir sur ce point le Recueil général de la Jurisprudence des justices de paix , aux articles POSSESSION ANNALE ,
ACTIONS POSSESSOIRES , ARBRES , COURS D'EAU , DÉPLACEMENT DE
BORNES , ENQUÊTE , VISITE DES LIEUX.

BREVET D'INVENTION. Le propriétaire d'un brevet d'invention peut poursuivre tout contrefacteur de son procédé, faire saisir
les objets contrefaits , et en demander la confiscation à son bénéfice , pendant la durée du privilége qui lui est accordé (2). J'ai
établi la compétence des Juges de paix sur ce point, avec la législation qui la détermine , page 74 de mon Recueil général. Comme
ces actions sont assez rares en Justice de paix et que les formes
n'en sont peut-être pas familières à tous ceux qui doivent les connaître, je vais tracer une procédure complette sur la saisie d'un
objet contrefait , avec les incidens qu'elle peut faire naître.

I.re FORMULE. *Saisie de l'Objet contrefait.*

Le... avril 1822,... heures du..., devant nous, Juge de
paix de.... , assisté de notre greffier, a comparu dans notre
prétoire, J. F., fabriquant ou inventeur de... , demeurant
à..., où il fait élection de domicile, et d'abondant dans la
commune de... (*celle du domicile du prévenu*) ; lequel a

---

(1) Article 14 code de procédure, imité de l'article 20 du titre premier de l'ordonnance de 1667 et de la déclaration du 15 mai 1703, particulière aux juges de commerce.
(2) Lois des 7 janvier 1791 et 23 mai même année. Les Juges de paix
connaissent en première instance et à des valeurs illimitées des contestations relatives aux brevets d'inventions.

dit : Que le... 1822 , il a obtenu un brevet d'invention , pour la confection de tel appareil , ou de tel procédé (*ou pour des améliorations et perfectionnemens à...*); qu'il est instruit que G. Y., demeurant à..., fabrique ou fait fabriquer des contrefaçons de son appareil (*ou procédé, ou améliorations*) , et voulant , ainsi qu'il en a le droit , faire saisir ces imitations frauduleuses, il requiert qu'il nous plaise ordonner notre transport dans l'atelier , ou magasin dudit G. Y. , pour y procéder aux vérifications et saisie qu'il appartiendra, et a signé... , etc.

Vu le brevet ci-dessus énoncé; l'article 12 de la loi du 7 janvier 1791 , portant que l'inventeur breveté jouira privativement de l'exercice de sa découverte , et qu'il pourra requérir la saisie des contrefaçons ; vu les articles 10 et 11 du titre II de la loi du 25 mai 1791 , autorisant les propriétaires de brevets d'inventions, troublés dans leurs jouissances , à se pourvoir devant les Juges de paix , qui ordonneront toutes les vérifications convenables ; vu aussi l'article Ier de la loi du 25 prairial an 3 , qui charge les Juges de paix de saisir tous objets de contrefaçons , dans les lieux où il n'y a pas de commissaire de police (1) , nous, Juge de paix, ordonnons notre transport tout présentement dans l'atelier, ou magasin de G. Y. , situé à... , dans lequel lieu , il n'y a pas de commissaire de police , pour y faire , en présence du requérant , les perquisitions , recherches , vérifications et saisies des contrefaçons dont il s'agit, s'il y a lieu. Ordonnons aussi qu'à ces opérations, nous serons assisté par...., par... et par.., demeurans à..., tous trois fabriquans en... (*la même partie que celle dont est cas*), afin de nous donner leur avis ; — En conséquence, après avoir mandé devant nous lesdits experts , qui ont déféré à notre ordre, et accepté la commission qui leur est conférée, nous leur avons fait jurer, par serment, de donner leur avis en leur âme et conscience, sur les vérifications qui vont être faites. Alors nous nous sommes transportés, avec les experts et le requérant, au domicile de G. Y. , où étant entrés dans un atelier , ou maga-

---

(1) Arrêt conforme , rendu par la Cour de cassation , le 9 messidor an 13.

sin, qui a son aspect sur... , et parlant à... , nous lui avons déclaré le sujet de notre transport. A quoi il a répondu, qu'il n'est point contrefacteur du procédé de... ; qu'il fait fabriquer, il est vrai, des objets qui tendent aux mêmes résultats que l'invention de... ; mais que c'est suivant un procédé, qui lui appartient, ainsi qu'il en justifiera. Et a signé *(ou a déclaré qu'il ne le sait)*. A quoi il a été répliqué, par le requérant, que les opérations dudit... sont absolument imitées et contrefaites de son procédé; ainsi que la vérification qu'il en demande, le prouvera. Et a signé... — Ayant requis ledit.., de nous représenter un ou plusieurs des appareils qu'il fabrique (*ou tel autre objet de son procédé*), il nous a, en effet, montré celui dont la désignation suit : « Cet appareil en cuivre (*ou de telle autre substance*) se compose de... (*en faire le détail très-exact*). — En comparant ledit appareil aux brevet et plan dudit... (*le requérant*), nous avons remarqué... (*ici les rapprochemens, comparaisons et ressemblances qu'il peut y avoir*). Sur quoi, nous avons requis les experts qui nous assistent, de comparer entre eux les procédés, ou appareils de G. Y., avec l'invention du requérant; ce qu'ils ont fait de suite, dans le plus grand détail ; et ensuite ils nous ont dit que... (*ici les remarques des experts, et si elles ne sont pas uniformes, il faut les exprimer séparément, sans nommer ni l'un ni l'autre.*)

Attendu qu'il résulte des vérifications et avis ci-dessus, qu'il y a prévention de contrefaçon, nous avons déclaré audit G. Y., la saisie provisoire de l'appareil dont il s'agit, que nous avons mise à cet effet sous la main de justice, en le laissant cependant à sa garde, pour en faire la représentation ainsi qu'il appartiendra. Et, voulant nous assurer s'il n'y a pas dans les dépendances de la maison dudit..., d'autres objets semblables à celui saisi, nous avons ordonné que perquisition serait faite dans toute ladite maison exactement ; ce qui a été fait de suite, en présence des parties ; mais nulle part nous n'avons rien trouvé de semblable. (*Ou dans le cas contraire, on dit*) *:* Etant entrés dans *telle pièce* de ladite maison, nous avons trouvé.... autres appareils semblables à celui saisi, ainsi qu'il a été reconnu par nous et les experts. En conséquence, nous avons saisi, et mis sous la main de justice , lesdits... autres appareils , que nous avons encore laissés à la garde dudit... ; pour en faire la représentation ainsi que de droit.

Fait et clos, le présent procès-verbal , les jour, mois et an que dessus ,... heures du... , et ont les parties et les experts signé (*ou déclaré qu'ils ne le savent*).

VARIATIONS *d'un tel Procès-verbal.*

I.   *Quand le Prévenu de Contrefaçon refuse l'Ouverture de ses Magasins.*

(Suivre le modèle précédent jusqu'à ces mots : Et parlant à..., nous lui avons déclaré le sujet de notre transport. Alors on ajoute:)

A quoi il a répondu qu'il ne souffrira point une telle visite, et au même instant , il a fermé promptement la porte de ses ateliers ou magasins, en disant de nous retirer. Attendu qu'il s'agit d'une contrefaçon dénoncée , et que toute contrefaçon est un délit (1) ; attendu que les officiers de police judiciaire doivent , sur la réquisition d'un chef de maison , faire les visites et perquisitions nécessaires pour la découverte des délits (2); que ces visites d'ailleurs nous sont encore confiées par les lois ci-devant énoncées ; attendu que, s'il était différé de faire ces perquisitions , il serait facile de faire disparaître les traces ou même le corps du délit , nous ordonnons que les portes du magasin dudit... , seront à l'instant ouvertes par le premier serrurier requis. A cet effet, nous avons mandé P., demeurant à... , lequel nous avons requis d'ouvrir les portes dont il s'agit : ce qu'il a effectué à l'instant *de telle manière*, et s'est retiré , en se réservant de demander taxe. Et il a signé au présent... (*ou a déclaré ne le savoir*). Etant entrés de suite dans ledit magasin , nous y avons trouvé un appareil en cuivre (*ou tout autre métal ou substance*) ; lequel se compose de... (*en faire ici un détail exact, et suivre le reste du procès-verbal précédent*).

2.me VARIATION. *Quant le Prévenu s'oppose à l'Ouverture, et à la Visite intérieure de l'Appareil.*)

____

(1) Article 425 et 427 code pénal.
(2) Article 49 du code d'instruction criminelle.

On se sert du modèle précédent jusqu'à ces mots : *Sur quoi nous avons requis les experts*, etc. Et on ajoute :

Après que lesdits experts ont eu fait leurs visite et examen, ils ont dit : Qu'il est indispensable, pour completter la vérification, d'ouvrir telle pièce de l'appareil, de la démonter, etc. A quoi ledit... (*le prévenu*) s'est opposé, et a soutenu que... (*ses motifs*) ; et par ledit... (*le requérant*), a été répondu, que... — Attendu que la vérification d'un objet prétendu contrefait, doit être pleine et entière ; attendu que la loi n'a pas borné les visites qu'elle permet, au simple extérieur des choses ; que souvent les ressemblances et les contrefaçons sont intérieures, nous ordonnons qu'aux risques et périls du requérant, ouverture et déplacement seront faits de telle pièce de l'appareil visité, par les experts qui nous assistent ; ce que ceux-ci ont fait à l'instant par des procédés de leur art, en présence des parties. Et visite intérieure, faite de la pièce détachée (*ou même de l'appareil*), les experts ont déclaré que... (*ici leur rapport très-exact*). Après quoi, les experts ont procédé à la fermeture et au rétablissement des pièces ouvertes ; et ils l'ont fait de manière à nous certifier que les choses sont dans le même état qu'auparavant.

Attendu qu'il résulte des vérifications ci-dessus qu'il y a prévention, etc. (*suivre le reste du procès-verbal*).

3.me V ARIATION. *S'il n'y a pas Imitation ou Contrefaçon.*

On se sert du même Modèle de procès-verbal ; mais, au lieu de comparaisons et de vérifications affirmatives, on exprime des examens et des avis négatifs. D'ailleurs on ne fait aucune saisie.

N.° 2. FORMULE DE CITATION *pour faire confisquer l'Objet saisi.*

Le... mai 1822, à la requête de J. F., fabricant, breveté pour..., demeurant à... où il fait élection de domicile (1), étant d'ailleurs pourvu de patente, en date du..., N.°..., de... classe, j'ai... (*immatricule de l'huissier*) à G. Y., marchand, fabriquant de..., demeurant à..., signifié, et

____

(1) Si le poursuivant ne demeure pas dans le lieu de la saisie, il doit y faire élection de domicile. (Code de procédure civile, art. 584.)

donné copie d'un brevet d'invention, délivré au requérant, par Son Exc. le ministre de l'intérieur, en date du..., signé ..., ensemble d'un procès-verbal de vérification, et saisie, dressé le..., par M. le Juge de paix de..., enregistré le..., le tout en forme, à ce que ledit G. Y., n'en ignore. En vertu desdites pièces, et à la même requête que ci-dessus, j'ai, huissier susdit et soussigné, donné citation audit G. Y., à comparaître devant M. le Juge de paix de..., le... de ce mois ,... heures du..., en son prétoire, audience tenante, pour voir ordonner que l'appareil (*ou tel autre objet*) saisi chez ledit G. Y. (*ou seulement les parties contrefaites*), sera déclaré confisqué au profit du requérant, comme étant une contrefaçon de l'invention (*ou procédé*) pour laquelle il est breveté; en conséquence, qu'il sera condamné à lui remettre les choses saisies dans trois jours, sinon condamné à lui payer la somme de... pour leur valeur; ce que G. Y, sera tenu d'opter; et il sera en outre, condamné pour dommages-intérêts à la somme de..., et aux dépens. Au surplus, sera le jugement à intervenir, exécutoire par provision, nonobstant appel, et sauf à donner caution, s'il y a lieu. Fait et délaissé copie du présent, avec celle du brevet et du procès-verbal y énoncés, au domicile dudit G. Y., en parlant à... Le coût du présent est de.....

Sur cette action, le défendeur comparaît ou ne comparaît pas. S'il fait défaut, il est jugé suivant les formules des jugemens par défaut ci-après, soit définitivement, soit préparatoirement. *Voyez* Jugemens par défaut. S'il comparaît, et qu'il excipe d'une garantie, sous prétexte que l'objet saisi lui aurait été vendu par un tiers, comme étant de son invention, on ordonne la mise en cause du garant. *Voyez* la formule n.º 13, à l'article Jugemens non-définitifs. Après quoi, on délivre une cédule pour notifier ce jugement au garant, lorsqu'il ne demeure pas dans l'étendue de la Justice de paix. *Voyez* le modèle nº 7, de Cédule.

Si, en comparaissant, le garant, ou même le défendeur, requiert une contre-visite de l'objet saisi, il faut l'ordonner par un interlocutoire, s'il y en a des causes suffisantes; notamment si la première visite n'est pas concluante, ou si les experts étaient divisés sur quelques points.

N.º 3. Modèle de Jugement *qui ordonne une Contre-visite.*

Entre..., demandeur, comparant en personne; Et...., défendeur au principal et demandeur en garantie, comparant aussi en personne; en présence de..., demeurant à..., appelé en garantie, et comparant en personne. Par procès-verbal du... (*celui de la visite*), il appert que... (*le sommaire très-bref*). En vertu de cette pièce, le demandeur a fait citer le défendeur devant le tribunal, pour voir ordonner la confiscation, etc. (*suivre les conclusions du demandeur*). La cause portée à l'audience du..., sur les exceptions du défendeur, il a été ordonné que ledit... serait appelé à sa garantie; ce qui a été fait par citation de..., huissier, en date du..., enregistrée le... (*ou par cédule du..., notifiée le..., etc.*)

Le garant a comparu, et a dit que.... (*énoncer ses moyens, surtout ceux qui motivent la contre-visite*). En conséquence, il a conclu à ce qu'avant de faire droit, il soit ordonné une contre-visite de l'appareil, etc. A quoi, il a été répondu par le demandeur principal, que... (*sa réponse brièvement*). Sur quoi, il est à décider : dans le fait.... etc. Dans le droit : une contre-visite est-elle nécessaire ? Cette opération, au contraire, serait-elle frustratoire ? — Parties ouïes; considérant que.... (*ici les motifs du juge en faveur de la nouvelle visite.*); le tribunal, sans rien préjuger, ordonne que, le... de ce mois,... heures du..., il sera fait, en présence des parties, une contre-visite de l'appareil saisi (*ou autre objet*), laquelle sera faite, par le Juge de paix, assisté de..., de..., et de..., demeurans à..., trois nouveaux experts, que le tribunal nomme d'office à cet effet, pour donner leur avis. Dépens réservés.

Fait et prononcé, par M...., Juge de paix de..., etc.

Nota. La Contre-visite se fait avec la même formule donnée pour la visite, n.° I.er Si les experts ne se rendent pas volontairement, on délivre une cédule pour les appeler. *Voyez* N.° 4, *verbo* CÉDULE.

N.° 4. FORMULE DE JUGEMENT *qui confisque l'Objet saisi, et fait droit sur la Garantie.*

Entre..., demeurant à..., breveté le..., pour (*l'objet de l'invention*), demandeur au principal, comparant en personne; Et...., demeurant à..., défendeur au principal, et demandeur en garantie, comparant aussi en personne ; et entre..., demeurant à..., appelé en garantie, comparant..., etc. Le demandeur, au principal, a conclu à ce que l'appareil (*ou tout autre objet*) saisi par procès-verbal du..., enregistré le..., dans le magasin, ou atelier de..., soit confisqué, au profit de lui demandeur, comme étant une contrefaçon formelle du procédé pour lequel il est breveté ; en conséquence... (*suivre le reste des conclusions de la citation*).

En expliquant et justifiant ses conclusions, le demandeur a dit... (*ici ses moyens.*)

Par ledit... défendeur au principal, il a été conclu, à ce que le demandeur principal soit déclaré non-recevable, en sa demande, et condamné en 1000 fr. de dommages-intérêts, résultant du tort que lui cause la saisie de son appareil (*ou machine*), et en outre, aux dépens, envers toutes les parties ; et, cependant, à ce qu'en tout événement, ledit... soit condamné à lui donner bonne et suffisante garantie ; ce faisant, de l'indemniser, et décharger de toutes condamnations principales et accessoires, s'il en était prononcé, au profit du demandeur principal ; et, en ce cas, que ledit... soit condamné en tous les dépens, sans exception. — Pour justifier ses conclusions, ledit... a exposé que... (*ici ses défenses, tant sur la demande principale que sur la garantie*). — Et par ledit... (*le garant*), il a été conclu, à ce qu'il lui soit donné acte de ce qu'il déclare garantir et prendre le fait et cause dudit..., et de ce qu'il conclut à ce que le demandeur principal soit déclaré non-recevable en sa demande, et condamné aux dépens envers toutes les parties.

Si le Garant refuse de donner la garantie qui lui est demandée, il établit autrement ses conclusions en ces termes :

Et par.., appelé en garantie, il a été conclu à ce que ledit.. soit déclaré non-recevable dans sa demande en garantie, et condamné aux dépens à son égard. — Pour établir ses conclusions, il a exposé que... (*ici ses défenses*).

La cause dans cet état a présenté les questions suivantes : dans le fait : y a-t-il imitation ou contrefaçon de l'appareil (*ou du procédé*), pour lequel le demandeur est breveté ?

Question de droit : est-il établi que les objets saisis sont véritablement contrefaits ? La confiscation en est-elle encourue ? En ce qui touche l'action récursoire, est-elle admissible ?—Parties ouïes : Attendu que le demandeur a justifié, par son brevet, du droit exclusif de faire fabriquer et vendre l'appareil dont il est inventeur (*ou telle autre découverte*) ; Attendu que la machine, décrite dans ses brevet et plan, se compose de... (*en faire le détail*) ; Attendu que l'objet saisi chez le défendeur principal, se compose des mêmes pièces, placées dans le même ordre, et dont les rapports sont absolument semblables ; Attendu que, d'après cela, il y a identité parfaite entre la machine de l'inventeur et celle saisie, et qu'ainsi cette dernière est une contrefaçon de la première ;

Le tribunal, jugeant en première instance (*ou en dernier ressort*), déclare bonne et valable, la saisie de l'appareil désigné par le procès-verbal fait ledit jour... ; en ordonne la confiscation au profit du demandeur ; en conséquence, condamne le défendeur à lui remettre ledit appareil dans trois jours ; faute de quoi, et ce délai passé, le condamne à lui payer la somme de... , pour la valeur de la chose saisie : ce que le défendeur sera tenu d'opter ; lequel est en outre, condamné, pour dommages et intérêts, à la somme de... et aux dépens, taxés à..., non compris les coût et levée du présent jugement, en quoi il est enfin condamné.

Faisant droit sur la demande en garantie : Considérant que le vendeur doit à son acquéreur, garantie pleine et entière de l'éviction (1) ;

Attendu que, le défendeur en garantie ne disconvenant pas d'avoir fabriqué la machine confisquée, il est dès-lors l'auteur de la contrefaçon, et partant responsable de l'éviction, le tribunal condamne ledit... à garantir et décharger le défendeur principal des condamnations contre lui prononcées ci-dessus, tant en principal qu'en tous accessoires ; le condamne en outre, aux dépens faits sur la demande en garantie, taxés à..., non-compris les coût et levée du présent jugement, en quoi il est aussi condamné ; ce qui sera exé-

____

(1) Articles 1625 , 1626 , 1628 , 1629 , 1650 du code civil.

cuté par provision, nonobstant appel, à la charge de donner caution (*ou sans caution, si les condamnations n'excè-dent pas 500 fr.* (1). Ainsi prononcé par M..., Juge de paix de..., etc.

Variations *de ce Jugement.*

I.ʳᵉ *Quand le Poursuivant de la Saisie est débouté de sa demande.*

(Suivez la formule qui vient de finir , jusqu'à *Parties ouïes* : et variez comme il suit) :

Parties ouïes : Attendu que le constat de l'appareil saisi provisoirement chez... (*le défendeur*), ne présente pas l'i-dentité suffisante pour être réputé une contrefaçon de celui inventé par le demandeur; attendu qu'en effet cette der-nière machine n'offre ni les mêmes formes , ni les mêmes rapports, ni les mêmes procédés, le tribunal, déboute le demandeur de sa demande, et le condamne à la somme de.., pour dommages-intérêts, et aux dépens, tant des causes principales qu'en garantie, lesquels sont taxés à..., etc., non compris les coût et levée du présent jugement, etc.

2.ᵐᵉ *Lorsque la Garantie est rejetée, quoique la De-mande principale soit admise.*

(La formule précédente sert jusqu'à ces mots , *Faisant droit sur la demande en garantie* , et l'on continue ainsi) :

Faisant droit sur la demande en garantie : Considérant que le vendeur ne doit de garantie à l'acquéreur, que lors-que ce dernier n'a pas connu le danger de l'éviction (*article* 1629 , *code civil*);

Attendu que l'appareil saisi a été vendu au défendeur à ses risques et périls, avec déclaration du fait qui a donné lieu à la confiscation ci-dessus prononcée ; le tribunal, dé-boute le demandeur de sa demande en garantie , et le con-damne aux dépens envers ledit... , mal à propos appelé comme garant; lesquels dépens, sont taxés à... , etc.

____

(1) Article 17 du code de procédure civile.

N.ᵉ 5. FORMULE DE JUGEMENT *qui décide si le Poursuivant doit commencer son Action par la saisie plutôt que par la simple citation, et s'il doit présenter Caution avant d'agir.*

Entre...., demeurant à..., demandeur comparant, etc. ; Et..., demeurant à..., défendeur, comparant par..., etc. Le demandeur a conclu à ce que... (*ses conclusions*). Expliquant sa demande, il a dit que... (*ses moyens*).

Le défendeur a répondu qu'il s'élève une double fin de non-recevoir contre la demande de... ; parce que, d'abord, suivant la loi de janvier 1791, tout breveté qui poursuit une saisie, doit donner caution ; parce qu'ensuite, la loi prescrit de procéder premièrement aux recherches et vérifications des choses prétendues contrefaites, afin de présenter une demande justifiée ; qu'au lieu de cela, le demandeur a introduit une action en confiscation, sans avoir rien saisi, ni même rien découvert qui en soit susceptible, et qu'ainsi sa demande n'est qu'une chimère, dont il doit être débouté.

A quoi il a été répliqué par..., que c'est une erreur de demander aujourd'hui une caution à un breveté, avant d'agir, parce que la loi du 25 mai 1791 a rapporté, dans ce point, celle de janvier précédent ; que, d'ailleurs, un breveté est libre de commencer son action, ou par une saisie, ou par la demande, parce qu'il est toujours dans le temps de faire les vérifications nécessaires, si le défendeur dénie la contrefaçon ; et que si, au contraire, il la confesse, on évite au contrefacteur les frais de la saisie. Par ces motifs, il a persisté en sa demande.

Dans cet état, la cause a présenté les questions suivantes : dans le fait, etc. Question de droit : La fin de non-recevoir proposée est-elle admissible ? — Parties ouïes : Attendu qu'il est certain que la loi du 25 mai 1791 rapporte celle de janvier précédent, sur le fait de la caution qui devait d'abord être fournie par le saisissant ;

Attendu que la loi ne prescrit pas à l'inventeur breveté, à peine de nullité ou de déchéance, de commencer ses poursuites par la vérification et la saisie de l'objet contrefait ; attendu d'ailleurs que, si cette opération était faite tardivement, après une demande en confiscation formée, ce serait la faute du poursuivant; le tribunal, sans s'arrêter ni avoir égard aux fins de non-recevoir proposées par le défendeur; ordonne qu'il accordera ou déniera, audience tenante, si l'appareil (*ou machine*), qu'il possède, désigné dans la demande, est, ou non, une contrefaçon du procédé inventé par le demandeur; sinon sera fait droit. Ainsi jugé, etc.

Si, après ce jugement prononcé, le défendeur refuse de défendre au fond, il faut ordonner la Vérification de l'objet prétendu contrefait, parce qu'une demande semblable ne peut s'adopter sans Vérification préalable. Pourquoi on a dit :

Et attendu que le défendeur a refusé de défendre au fond, le tribunal donne contre lui défaut faute de ce faire, et, pour le profit, attendu que nulle confiscation ne peut être prononcée sans une preuve matérielle, et qu'elle a été encourue, le tribunal, sans rien préjuger, ordonne que le... de ce mois,... heures du..., visite sera faite de la machine dont il s'agit, parties présentes ou appelées, etc. (*suivez la finale du modèle N.° 3.*)

Pareil jugement est rendu quand le défendeur dénie la contrefaçon; mais, quand il est par défaut, il faut le signifier avec sommation d'assister à la visite au jour indiqué. On trouve un modèle d'une telle notification, à l'article Actions possessoires.

BRIS-DE-SCELLÉS (1). Il appartient au Juge qui a apposé le scellé, d'en constater la rupture; mais alors il opère comme officier de police judiciaire. Si le Bris-de-scellé est découvert dans l'exercice des fonctions du Juge de paix, c'est en vertu de l'art. 29 du code d'instruction criminelle qu'il agit; en ce cas, il se borne à faire un simple procès-verbal, qu'il adresse au Procureur du Roi; mais, s'il est requis par un chef de maison, de constater un Bris-de-scellé, alors il opère en conformité de l'article 49 du même code d'instruction; il en agit de même lors du flagrant délit (2). Dans ces deux derniers cas, il ne se borne pas à faire un simple procès-verbal, il doit encore recevoir les déclarations des témoins; faire les visites et autres actes qui sont de la compétence

---

(1) Articles 249 à 253 du code pénal.
(2) Voyez à l'art. 41 du code d'instruction criminelle, quand le délit est flagrant.

des Procureurs du Roi (1).—Je donne plusieurs modèles pour constater un Bris-de-scellé. *Voyez* POLICE JUDICIAIRE, N.os 18 et 19. *Voyez* aussi le Recueil général de la Jurisprudence des Justices de paix, tome 2, pages 35 et suivantes.

C

CÉDULE. La Cédule était autrefois le seul acte par lequel on ajournait les parties devant un Juge de paix, pour y être jugées ou conciliées ; c'est la Citation qui la remplace aujourd'hui généralement. Le nouveau Code de procédure a cependant conservé la Cédule dans plusieurs circonstances ; elles se réduisent à neuf espèces principales, dont je vais donner successivement les formules.

I.ᵉ CÉDULE *pour abréger les Délais ordinaires* (2).

Nous, Juge de paix de..., sur ce qui nous a été exposé par..., propriétaire, demeurant à.., qu'il est créancier de.., demeurant à..., d'une somme de..., pour... (*exprimer les causes*) ; que ce débiteur est sur le point de quitter son domicile, et qu'il est urgent, pour l'exposant, d'obtenir contre son débiteur condamnation de ladite somme de..., à laquelle il a déclaré conclure, et aux dépens. — En vertu de l'article 6 du code de procédure civile, autorisons ledit.... à faire citer le ci-dessus nommé, à comparaître devant nous, ce jour, à., heures du... (*ou demain, à... heures du...*), pour répondre et procéder sur l'exposé, demande et conclusions ci-dessus énoncés. Sur quoi, il sera par nous prononcé ce que de droit. Donné en notre prétoire, à..., le... 1822.... (*Signature du Juge*).

Nota. On met au pied de cette Cédule, la Notification que je donnerai à la fin de la cinquième Cédule ci-après.

2.ᵐᵉ CÉDULE. *Pour faire estimer avant l'audience, par le Juge de paix, un Dommage réputé contravention.*

____

(1) Articles 31 à 46 du code d'instruction criminelle.
(2) Article 6 du code de procédure civile. Les délais pour toutes notifications de cédules sont les mêmes que pour les citations. *Voyez* CITATION.

Cette formule est placée à l'article PROCÉDURE EN MATIERES DE POLICE SIMPLE, dont elle fait essentiellement partie. *Voyez-la.*

3.me CÉDULE *contenant Nomination d'Experts après Jugement.*

Nous, Juge de paix de..., vu le jugement définitif (*ou interlocutoire*) par nous rendu le...., entre...., demeurant à..; Et.., demeurant à.., par lequel nous avons ordonné que l'indemnité adjugée audit... (*le demandeur*) , serait estimé par experts convenus ou nommés d'office dans trois jours ; sur la déclaration à nous faite ce jour et verbalement par ledit... (*le demandeur*), que les parties ne sont pas convenues d'experts; attendu que le délai fixé pour faire cette nomination à l'amiable est expiré, nous nommons d'office, pour faire l'estimation ordonnée par ledit jugement, les sieurs, 1°..., demeurant à... ; 2°..., demeurant à..., 3° et..., demeurant à... , lesquels procéderont en leur âme et conscience à l'opération qui leur est confiée; dont ils nous feront le rapport par écrit, et en affirmeront la sincérité à l'audience du... , le tout parties présentes ou appelées.

Donné au prétoire à... , le... 1822. (*Signature du juge.*)

Au pied d'une telle Cédule, on écrit la Notification suivante :

Notifié et donné copie de la présente Cédule, avec copie du présent, par moi... (*l'immatricule de l'huissier*), à la requête dudit..., demeurant à..., où il fait élection de domicile ; à chacun séparément de... (*la partie poursuivie*), demeurant à..., et de..., de... et de... (*les noms, qualités et demeures des trois experts*), chacun en son domicile, et parlant, savoir : chez ledit.., à sa personne ; chez ledit.., à son épouse, etc., etc. (1), à ce que les ci-dessus nommés n'en ignorent, et leur ai fait sommation de comparaître, le.. de ce mois.., heures du.., sur une pièce de..., située à.., paroisse de.., confrontant du levant à.., etc., aux fins de procéder chacun en ce qui le concerne, suivant

____

(1) *Voyez* pour les Variations du parlant à...., ACTIONS POSSESSOIRES et CITATION.

qu'il est ordonné par ladite Cédule. Le coût de la présente est de....

Fait par moi ce jour... 1822. (*Signature de l'huissier, enregistrement*).

4ᵐᵉ **Cédule** *pour appeler des Experts nommés par le Juge de paix pour faire une Visite avec lui, et pour appeler encore des Témoins.*

Voyez-en le modèle à l'article **Actions possessoires** , où il est placé. On se sert de la même formule pour appeler des témoins à l'audience , en faisant de légers changemens ; mais on supprime en entier ce qui concerne les experts. On peut plus simplement assigner les témoins à l'audience par une citation, dont la formule est donnée à l'article **Douanes** , N.° 13.

5ᵐᵉ **Cédule** *pour commettre un Huissier à la place de celui du juge, par Empêchement légal* (1).

Nous, Juge de paix de..., sur ce qui nous a été exposé par..., demeurant à..., qu'il a droit et intérêt de former une action contre..., demeurant à..., pour le faire condamner à... (*expliquer les causes et conclusions du demandeur*); mais que notre huissier est empêché de former cette action , pour cause de parenté au degré prescrit par la loi ,

Avons commis pour citer ledit..., à la requête de l'exposant, la personne de...,huissier près le tribunal de..., demeurant à..., auquel nous donnons l'autorisation nécessaire en pareil cas. Fait au prétoire à..., le... 1822 (2).

S'il s'agit de donner une Cédule en Conciliation, on varie ainsi :

Nous, Juge de paix de..., sur ce qui nous a été exposé par..., demeurant à..., qu'il est dans l'intention de former contre..., demeurant à..., une action devant juges compétens, tendante à..., (*expliquer les motifs et conclusions*); mais qu'il ne le peut sans avoir introduit auparavant devant

______

(1) Article 4 du code de procédure. L'huissier du Juge de paix ne pourra instrumenter pour ses parens en ligne directe , ni pour ses frères , sœurs et alliés au même degré.

(2) On se sert de cette Cédule quand le juge ne l'est pas du domicile du demandeur, mais seulement des lieux contentieux , en faisant de légers changemens.

nous, le préliminaire de la conciliation, et que, pour y parvenir, il requiert la nomination spéciale d'un huissier, attendu que le nôtre est empêché comme parent dudit..., au degré prohibé, Commettons pour citer ledit... (*le reste comme ci-devant*).

Au pied de l'une ou de l'autre Cédule, l'Huissier écrit la Notification suivante :

Le... mars 1822, à la requête dudit..., demeurant à..., où il fait élection de domicile, j'ai... (*immatricule de l'huissier*), et autorisé par la Cédule ci-dessus *ou* de l'autre part, audit..., demeurant à..., notifié et laissé copie de ladite Cédule et du présent acte, en son domicile en parlant à.., à ce qu'il n'en ignore ; et, à la même requête, lui ai donné citation à comparaître pardevant M. le Juge de paix de..., en son prétoire, le... de ce mois..., heures du.... audience tenante, pour se voir condamner (*ici les conclusions*), et aux dépens. Le coût du présent est de... (*Signature.*)

Cette Cédule sert encore, lorsque le Juge de paix n'est que juge du local contentieux, et non du domicile du défendeur ; auquel cas, on commet pour le citer, l'huissier de la Justice de paix de son domicile (1). La notification qui se met au pied, est semblable au modèle qui vient de finir, sauf le cas où il s'agit d'indemnités d'empiétement, de dommages, de constatation des lieux ; alors les conclusions seules sont changées, mais le reste de la Cédule et de la notification est le même. Au surplus, dans ces hypothèses, suivez les Conclusions d'une ACTION POSSESSOIRE.

6.me CÉDULE *pour opérer sur une Commission rogatoire donnée au Juge de paix.*

Ce sixième modèle est placé à l'article ENQUÊTE. *Voyez-le.*

7.me CÉDULE *pour appeler un Garant domicilié hors la Justice de paix, où l'action principale est pendante* (2).

Nous, Juge de paix de..., vu le jugement préparatoire

---

(1) Articles 3 et 4 du code de procédure.
(2) Articles 4 et 52 du code de procédure.

rendu par nous le...., enrégistré le..., entre...., demeurant
à..., et..., demeurant à..., par lequel nous avons ordonné
qu'*un tel* demeurant à.., serait appelé et mis en cause pour
l'audience du..., afin de procéder sur l'action en garantie
que D.. a déclaré être dans l'intention de former contre lui,
de la demande principale intentée par ledit..., et tendante
à... (*ici les conclusions*). — Attendu que le garant annoncé n'est pas domicilié en notre ressort, commettons
pour notifier l'action en garantie dont est cas, l'huissier de
la Justice de paix du domicile de... (*le garant*), auquel
huissier nous donnons pouvoir et mandement nécessaires.

Donné au prétoire, à..., le... 1822.

*Au pied de cette Cédule, l'Huissier commis écrit la No-
tification suivante.*

L'an 1822, le.... février, à la requête de..., demeurant à..., où il fait élection de domicile, j'ai... (*immatricule
de l'huissier*), dûment autorisé par la Cédule de l'autre
part, notifié et délaissé copie de ladite Cédule et du
présent acte au sieur..., demeurant à..., en son domicile,
en parlant à..., à ce qu'il n'en ignore; et je lui ai donné citation à comparaître devant M. le Juge de paix de..., le...
de ce mois,... heures du... (1), en son prétoire, audience
tenante, pour être condamné à se joindre au requérant pour
faire cesser l'action principale intentée contre lui par
ledit..., (*le demandeur principal*), laquelle tend à... (*répéter les conclusions de l'action principale*), faute de quoi,
ledit... (*le garant*) sera condamné à garantir et décharger
le réquérant des condamnations qui pourraient intervenir
contre lui, tant en principal qu'en tous accessoires au profit
dudit.., et être en outre condamné aux dépens. Les motifs de
la présente sont que... (*ici exposer les faits et les moyens,
c'est-à-dire libeller les conclusions*).

Délaissé comme ci-devant par moi huissier commis.
Le coût de mon exploit est de... (*Signature.*)

____

(1) Le délai est de même que pour les citations ordinaires (*articles* 5,
32 *et* 1033 , *code de procédure.* !

8.ᵐᵉ Cᴇᴅᴜʟᴇ *pour convoquer un Conseil de famille dans tous les cas autorisés, lorsqu'il refuse de s'assembler volontairement.*

Cette formule est donnée avec des variations à l'article Cᴏɴsᴇɪʟ ᴅᴇ ꜰᴀᴍɪʟʟᴇ, I.ᵉʳ Modèle.

N° 9. *Cédule pour commettre un Huissier, dans le cas où le Défendeur est domicilié dans une autre justice que celle du juge de paix devant lequel la cause est portée à raison de la situation des lieux contentieux.*

Sur l'exposé qui nous a été fait par N..., demeurant à..., que... (*ici l'exposé des faits soit possessoires, soit de quasi-délits, ou autres qui conduisent devant le juge des lieux*);

Mais que R..., auteur, ou responsable de ces faits, est domicilié dans la justice de paix de..., en laquelle notre huissier ne peut instrumenter; qu'en conséquence il y a lieu de commettre tel autre huissier compétent pour citer ledit R.... à comparaître devant nous les jour et heure qu'il nous plaira fixer, pour répondre aux conclusions qui seront prises par la citation, et les voir adjuger contre ledit R... avec dépens;

Vu l'article 3 du Code de procédure, nous, Juge de paix, comme Juge des lieux contentieux, commettons P..., huissier du Juge de paix de..., pour citer R..., à la requête dudit N..., à comparaître devant nous, le... de ce mois.... heures du matin, en notre prétoire, afin de répondre et procéder sur les demandes et conclusions que ledit N..., prendra par sa citation; sur quoi il sera par nous statué ce que de droit. Fait et donné en notre prétoire à..., le...,

(Signature du Juge).

Au pied de cette Cédule, l'huissier commis écrit une Notification ou Citation, qui peut se faire suivant le modèle donné à la suite de la Cédule N.° 5.

CITATION. C'est un acte d'ajournement, ou un exploit, par lequel on assigne devant le Juge de paix, les parties contre lesquelles on forme une demande. On définit les Actions, le droit

de poursuivre en justice le paiement de ce qui nous est dû (1).
C'est par la citation que les actions sont formées dans les Justices
de paix, au moyen des conclusions, des formes et des délais
prescrits par la loi (2); c'est encore par la citation que les concilia-
tions sont provoquées devant le Juge de paix.

Nous ne donnerons ici qu'une seule formule *entière* de citation;

1.º Parce que, dans toutes actions civiles, les formes de ces
actes sont les mêmes, excepté les conclusions et les libellés, dont
nous donnerons plusieurs modèles variés; 2.º parce que les citations en conciliation, en police, et sur plusieurs sujets extrajudiciaires, seront placées aux articles qui les produisent. Ainsi,
voyez CONCILIATION, CÉDULE, CONSEIL DE FAMILLE, ENQUÊTES,
ACTIONS POSSESSOIRES, BREVET D'INVENTION, LEVÉE DE SCELLÉS,
DESTITUTION DE LA TUTELLE, DISPENSE DE LA TUTELLE, PROCÉ-
DURES EN POLICE SIMPLE, etc., etc.

FORMULE DE CITATION *sur une Action pure personnelle et
mobilière.*

L'an 1822 et le..., à la requête de (*prénoms, nom
profession et demeure du requérant)*, où il fait élection de
domicile, j'ai... (*immatricule de l'huissier du Juge de paix*),
à..., (*noms, qualité et demeure du cité)*, donné citation

---

(1) *Actio nihil aliud est quam jus persequendi in judicio quod sibi de-
betur. Instit.*, lib. 4, tit. 6.

(2) Toute citation devant le Juge de paix contiendra la date des jour,
mois et an, les noms, profession et domicile du demandeur, les noms,
demeure et immatricule de l'huissier, les noms et demeure du défendeur;
elle énoncera sommairement l'objet et les moyens de la demande, et indiquera le Juge de paix qui doit en connaître, le jour et l'heure de la
comparution.

En matière purement personnelle ou mobilière, la citation sera donnée
devant le juge du domicile du défendeur; s'il n'a pas de domicile, devant le juge de sa résidence. — La citation sera donnée devant le juge de
la situation de l'objet litigieux, lorsqu'il s'agira, 1.º des actions pour
dommages aux champs, fruits et récoltes; 2.º des déplacemens de bornes,
des usurpations de terre, arbres, haies, fossés et autres clôtures, commis
dans l'année; des entreprises sur les cours d'eau, commises pareillement
dans l'année, et de toutes autres actions possessoires; 3.º des réparations
locatives; 4.º des indemnités prétendues par le fermier ou locataire pour
non-jouissance, lorsque le droit ne sera pas contesté, et des dégradations
alléguées par le propriétaire. — (*Articles* 1.er, 2 et 3 *du Code de procédure civile; imités de la loi d'octobre 1790, avec quelques variations.*)

6

à comparaître, le... de ce mois, heures du..., pardevant M. le Juge de paix de..., en son prétoire à...., rue de...., pour être condamné à payer au requérant la somme de..., pour.. (*exprimer les causes de la demande*), et être en outre condamné aux intérêts et aux dépens. Les motifs des présentes conclusions sont que... (*ici les faits et moyens du demandeur, ratione petendi*). Fait et délaissé copie de la présente citation, au domicile dudit..., en parlant à... Le coût de cet acte est de... (*Signature.*)

Si la copie est remise au cité lui-même, l'huissier écrit : « Parlant à sa personne ». S'il est au contraire absent de son domicile, l'huissier remet la copie à celui qui se trouve audit domicile, en le désignant clairement par les rapports qu'il peut avoir avec la partie citée. Exemples :

En parlant à la dame.... son épouse, de moi connue ; avec injonction d'en avertir son mari. — En parlant à un domestique salarié, habitant le domicile dudit...., aux injonctions de droit.

Mais il ne faut pas dire : *en parlant à une femme, ou à une domestique, à ce qu'elle m'a dit être*. Ces anciennes locutions insuffisantes et vagues emporteraient la nullité de la citation (1). S'il n'y avait personne au domicile de la partie citée, l'huissier laisserait sa copie au maire, ou à l'adjoint de la commune, lequel viserait l'original, et sans frais (2). Alors l'huissier terminerait sa citation en ces termes :

Fait et délaissé copie de la présente, dont le coût est de..., à M. le Maire de... (*ou à M. l'Adjoint du maire de.... celui-ci étant absent*), avec invitation d'en avertir ledit...; lequel ne s'est pas trouvé dans son domicile, situé audit lieu de..., dont les portes se sont trouvées fermées, et auxquelles j'ai frappé plusieurs fois sans que personne ait ouvert ni répondu. Et a ledit sieur Maire visé le présent acte. Fait par moi..., etc.

Le délai qui doit être observé sur les citations en jugement, est d'un jour au moins pour les parties domiciliées dans la distance de trois myriamètres. Ce délai est franc, c'est-à-dire que le jour de la citation et celui de l'audience ne sont pas comptés ; mais

---

(1) Article 61 du code de procédure, 2.me paragraphe ; Arrêts de la cour de cassation des 24 ventose an 11 et 4 novembre 1811.

(2) Article 4 du code de procédure, imité de l'article 5 du titre Ier de la loi d'octobre 1790.

si les parties demeurent à une distance de plus de trois myriamètres
du chef-lieu, on ajoute un jour par trois myriamètres excédans (1).
On observe le même délai sur les Cédules; mais, lorsqu'on cite
en conciliation, le délai est de trois jours au moins, ce qui en
comprend cinq. (*Article* 51 *du code de procédure, imité de l'article 6 de la loi du 26 ventose an IV.*)

La citation est toujours donnée par l'huissier de la Justice de
paix du domicile du défendeur, ou, en cas d'empêchement, par
celui qui est commis par le Juge. *Voyez* CÉDULE.

N.° Ier CONCLUSIONS D'UNE CITATION *pour contraindre un
Ouvrier à remplir ses Engagemens envers un Maître* (2).

Donné citation à comparaître le..., de ce mois,... heures
du..., pardevant M. le Juge de paix de..., etc., pour être
condamné à reprendre dans vingt-quatre heures les travaux
qu'il a entrepris du requérant à la journée (*ou à prix fait*), à
raison de.., lesquels travaux consistent dans.. (*les expliquer*),
ou dans différens ouvrages qui lui seront fournis par le requérant dans ses ateliers ou entreprises, pendant... mois, que
doivent durer les engagemens dudit... ; et, à faute par lui de
continuer ses travaux, il sera permis au requérant de le
faire remplacer à ses frais et dépens pendant le temps
ci-dessus (*ou de faire exécuter à ses risques la continuation
des ouvrages ci-devant désignés.*). En ce cas, il sera
condamné à lui rembourser ce qu'il lui en coûtera d'excédant des conventions faites avec lui, suivant les quittances
des ouvriers qui en seront rapportées. Au surplus, il sera
condamné à payer au requérant la somme de... ; pour dommages et intérêts résultant des retards qu'il lui a occasionnés, et aux dépens. Les motifs des présentes conclusions sont que... (*exprimer ici la convention*).

Fait et délaissé, etc.   (*Signature de l'Huissier*).

N.° 2. CONCLUSIONS D'UNE CITATION *donnée, par l'Apprenti
majeur ou émancipé, pour faire exécuter un Apprentissage par le Maître.*

Signifié et donné copie d'un contrat d'apprentissage sous
signature privée (*ou pardevant notaires*), en date du...,
enregistré le..., passé entre lui et le requérant en bonne

____

(1) Articles 5 et 1033 du code de procédure.
(2) Loi du 24 août 1790, titre 3, article 10, 5.me paragraphe.

forme, à ce qu'il n'en ignore. En conséquence, je lui ai donné
citation à comparaître le... de ce mois,... heures du... pardevant M. le Juge de paix de... en son prétoire, rue de...,
pour être condamné à remplir les engagemens par lui con-
tractés par ledit contrat; Ce faisant, de recevoir habituellement
le requérant en son domicile, dans son atelier (*boutique
ou magasin*), de lui enseigner journellement, sans rien
lui cacher, l'état de..., et de lui fournir le travail nécessaire;
comme aussi de le loger, nourrir, blanchir pendant... (*la
durée de l'apprentissage*), suivant que le tout a été convenu
par le contrat ci-devant daté, et, à défaut de le faire dans
trois jours, qu'il sera ordonné que le contrat dont il s'agit,
sera et demeurera résilié pour n'avoir aucun effet, et ledit...
condamné à 300 fr. de dommages intérêts envers le requérant, et en outre aux dépens. Les motifs de la présente
sont que... (*exprimer les faits et moyens*), etc.

Nota. Une pareille Citation se donne à la requête du père de
l'apprenti, lorsqu'il est mineur non-émancipé, ou de sa mère si
elle est survivante, ou enfin de son tuteur, lorsqu'il est orphelin.

La même Cédule s'applique aussi aux maîtres qui poursuivent
la rentrée de leurs apprentis; le léger changement qui suit est
suffisant.

N°. 3. Donné citation à comparaître, etc., pour être
condamné à reprendre dans vingt-quatre heures son travail
habituel, en qualité d'apprenti, chez le requérant, dans sa
boutique ou atelier, et d'y exécuter tout ce qui lui sera
commandé, tant pour son instruction dans l'état de..., que
pour le service journalier dudit atelier; aux offres de continuer, comme a déjà fait le requérant, de lui enseigner,
entièrement et avec douceur tout ce qui concerne l'art ou
métier dont il s'agit, moyennant le payement convenu par
le contrat ci-devant daté; et à faute de reprendre son apprentissage dans vingt-quatre heures, qu'il sera ordonné que
ledit contrat sera résilié faute d'exécution, et qu'alors ledit...
sera condamné à 400 fr. de dommages intérêts et aux
dépens, etc.

Nota On voit que cette variation est faite pour citer l'apprenti
lui-même; mais quand on cite ou son père, ou sa mère, ou son
tuteur, on change de locution, et on dit :

Pour être condamné à faire reprendre dans vingt-quatre heures le travail habituel de..., son fils (*ou son pupille*), en qualité d'apprenti, dans l'atelier du requérant, etc. ; et à faute de faire continuer ce travail ; que ledit..., au nom qu'il est appelé, et comme responsable des engagemens stipulés par le contrat, lequel sera déclaré résilié, sera condamné à la somme de..., pour dommages et intérêts, etc.

N.° 4. Conclusions *pour faire résilier un Bail à défaut de Paiement* (1).

Donné citation à comparaître, etc., pour être condamné à payer au requérant, en deniers ou quittances, la somme de..., pour (*une ou deux années*) du loyer de la maison qu'il occupe à titre de location verbale, appartenante au requérant, située à..., le dernier quartier étant échu de.(.; et à défaut de faire ce paiement dans trois jours, il sera ordonné que le bail de ladite maison sera et demeurera résilié ; qu'en conséquence ledit... sera coudamné à vider de corps et de biens la maison dont il s'agit, dans les trois autres jours suivans, sinon qu'il sera permis au requérant de l'y contraindre par toutes les voies de droit, notament par le jet de ses meubles hors de la maison, sur lesquels cependant le privilége du requérant sera conservé ; et qu'enfin, sera ledit... condamné aux dépens.

Les motifs de la présente citation sont que..., etc.

N.° 5. Conclusions *pour faire faire des Réparations locatives* (2).

Donné citation à comparaître, etc., pour entendre dire et ordonner que visite sera faite à l'amiable si faire se peut, sinon par M. le Juge de paix, ou par experts par lui nommés, des réparations locatives, et des dégradations commises (*s'il y en a*) à la maison *ou* domaine dont ledit..., a cessé la jouissance le..., et qu'il tenait à titre de location verbale (*ou sous seing-privé ou notariée*) ; lesquelles

____

(1) Le contrat de louage se résout par la perte de la chose louée, et par le défaut respectif du bailleur et du preneur de remplir leurs engagemeus (*article* 1741 , *code civil.*)

(2) Articles 1730, 1731 et 1732 du code civil. (*Voyez l'article* 1754 *pour le détail des Réparations locatives.*)

réparations ou dégradations ainsi constatées, ledit.... sera condamné à faire faire dans la huitaine de la signification du jugement à intervenir, faute de quoi, le requérant sera autorisé, passé ledit délai, à les faire exécuter aux frais et dépens dudit..., qui, en ce cas, sera condamné à rembourser au requérant ce qu'il lui en coûtera, suivant les quittances des ouvriers qui en seront rapportées, et en outre aux dépens.

Si les dégradations avaient causé des pertes au propriétaire, il pourrait demander des Dommages-intérêts, et en ce cas on ajouterait :

Sera en outre ledit... condamné à une indemnité envers le requérant, résultant du préjudice causé à la chose louée, par les dégradations; pourquoi il se restraint à la somme de...., si mieux il n'aime payer suivant l'estimation qui en sera faite, soit par experts convenus ou nommés d'office, soit par M. le Juge de paix lui-même; ce que ledit... sera tenu d'opter dans la huitaine, sinon déchu, etc.

N.° 6. Conclusions par citation, *pour être reçu Opposant à un Jugement par défaut* (1).

Donné citation à comparaître... etc. pour entendre dire et ordonner que le requérant sera reçu opposant au jugement par défaut contre lui rendu le..., par M. le Juge de paix de..., au profit dudit..., signifié le..., par..., huissier (*s'il a été levé*); attendu que ledit jugement, surpris à la religion du juge, condamne le requérant à... (*énoncer le sommaire de la condamnation*) ; tandis que... (*ici les moyens contre la condamnation*); de quoi le requérant offre de justifier testimonialement (*ou par écrit*). En conséquence sera le jugement par défaut ci-devant daté, dé-

___

(1) La partie condamnée par défaut pourra former opposition dans les trois jours de la signification faite par l'huissier du Juge de paix, ou autre qu'il aura commis. L'opposition contiendra sommairement les moyens de l'opposant, avec assignation au prochain jour d'audience, en observant toutefois les délais prescrits pour les citations.... *Article* 20 *du code de procédure.*) Les trois jours pour former opposition seront francs (*Article* 1033 *du même code*). *Voyez* le Recueil de la Jurisprudence des Justices de paix, *Verbo* Opposition.

claré non-avenu, et ledit.. déclaré non recevable en sa
demande, et condamné aux dépens.

Les motifs du présent sont que..., etc.

N.° 7. Conclusions *pour faire prononcer la Validité d'une
Saisie arrêt, lorsqu'il n'y a qu'un seul Saissisant. Voyez
le N.° 4 de* Saisie arrêt.

N.° 8. Conclusions *pour appeler un Garant domicilié
dans la Justice saisie de la cause principale ; auquel
cas, on ne délivre pas de cédule* (1).

L'an... 1822 et le..., etc., à la requête de, etc... j'ai
à...., etc., signifié et donné copie d'une citation donnée
le... de ce mois au requérant, à la requête de..., demeurant
à...., par..., huissier...., tendante à..., à ce qu'il n'en
ignore. En conséquence, je lui donné citation à comparaître
devant M. le Juge de paix de..., le... de ce mois,.... heures
du...., pour se joindre au requérant, afin de faire cesser la
demande dudit...., et de le faire condamner aux dépens ;
sinon, et dans le cas où il interviendrait quelques condamnations contre le requérant, sera ledit... (*le garant*)
condamné à garantir et décharger le requérant desdites
condamnations, tant en principal qu'en tous accessoires,
et condamné en outre aux dépens envers toutes les parties.

Les motifs de la présente citation sont que... (*expliquer
les causes et moyens de la garantie*).

Cette Formule est pour dénoncer l'action principale au garant,
avant la première audience, et pour l'y appeler lui-même ; mais,
si la cause a déjà été portée à une première audience, on fait
mention du jugement qui ordonne sa mise en cause sans le notifier. Voici la Variation qu'il convient de faire alors.

N.° 9. Signifié et laissé copie d'une citation donnée le...
de ce mois, etc. (*Comme ci-devant*), à ce qu'il n'en ignore,
sur laquelle citation le requérant a comparu à l'audience
du... de cedit mois, et à laquelle il a été ordonné, par jugement préparatoire, que ledit... (*le garant*) serait appelé

---

(1) Article 32 et 33 du code de procédure civile, dont les dispositions
sont prises des articles 9 et 10 du titre I.er de la loi d'octobre 1790.

et mis en cause pour l'audience du... En conséquence, et à la même requête que dessus, j'ai donné citation audit... à comparaitre, etc. (*le reste comme ci-devant*).

Nota. Quand le garant n'est pas domicilié dans le canton du juge saisi de la cause, *Voyez* CÉDULE, N.º 7. — Je pourrais facilement étendre ces formules de conclusions si cela était utile, d'ailleurs j'en présente beaucoup d'autres dans le cours de cet ouvrage.

COMMANDEMENT. C'est un acte ou exploit fait en conséquence d'un jugement définitif rendu par le Juge de paix, soit par défaut, soit contradictoirement, par lequel il est fait sommation de satisfaire aux condamnations qu'il prononce.

Les jugemens par défaut ne sont pas exécutés avant l'échéance du délai de l'opposition, qui est de trois jours francs à compter de celui de la signification du jugement. Cette signification dans les tribunaux ordinaires est spéciale, c'est-à-dire qu'elle se fait sans commandement, et pour faire courir seulement le délai de l'opposition (*Article* 155 *du code de procédure*). Mais il n'en est pas ainsi dans la justice de paix, le commandement se fait avec la signification du jugement par défaut, et, s'il y a opposition, le commandement est suspendu de plein droit jusqu'au jugement définitif.

MODÈLE DE COMMANDEMENT *pour tous les Jugemens dé-finitifs.*

L'an 1822 et le... avril, à la requête de... (*prénoms, nom, qualité et demeure du requérant*); Auquel lieu de sa demeure il fait élection de domicile et d'abondant en la maison de... demeurant à.... (*cette autre élection de domicile se fait dans le lieu où se fait le commandement.*) J'ai... (*immatricule de l'huissier*) soussigné, à..., demeurant à...., signifié et donné copie d'un jugement contre lui rendu le... de ce mois, par M. le juge de paix de..., enregistré le..., signé à l'expédition par M... greffier, et en bonne forme; à ce que ledit.... n'en ignore; et, en vertu dudit jugement et à la même requête que dessus, je lui ai fait sommation et commandement de par le Roi et de justice, de payer au requérant la somme de..,.., pour les condamnations principales portées audit jugement; plus celle de...,

pour les frais taxés par icelui; celle de..., pour les coût, levée
et enregistrement, et enfin les frais de mon présent commandement, qui sont de.... Faute de quoi je lui ai déclaré
qu'il y sera contraint par toutes les voies de droit.

Fait et délaissé copie du présent, avec celle du jugement
y énoncé, au domicile dudit...., en parlant à..., etc.

Ce commandement se fait dans tous les cas, par l'huissier du
Juge de paix (1).

COMMERCE. Les Juges de paix avaient jadis des attributions
assez étendues en matière de commerce; mais elles se réduisent
maintenant à un petit nombre d'actes isolés, dont la majeure
partie n'est exercée que par les Juges de paix des lieux où il n'y
a pas de tribunal de commerce. Nous allons donner les Formules
de ces actes particuliers.

Ire Requête et Ordonnance *pour vérifier l'état des
Marchandises sur lesquelles il y a Contestation ou Refus
de recevoir.*

A Monsieur le Juge de paix de....
A l'honneur de vous exposer P., voiturier, demeurant
à..., qu'il a été chargé le..., par le sieur..., négociant à...,
de dix balles de marchandises N.° 1 à 10, marquées B C,
déclarées contenir... (*la qualité des marchandises*), pour
les conduire en cette ville, à l'adresse du sieur..., marchand
y demeurant, dans... jours de route, à raison de six fr. du
quintal : lesdites balles pesant ensemble..., suivant qu'il
appert par la lettre de voiture jointe à la présente; qu'à son
arrivée il a fait présenter audit sieur..., ces dix balles, bien
conditionnées; mais qu'il a refusé de les recevoir; que
voulant être payé de sa voiture et être déchargé des marchandises réfusées, il requiert qu'il vous plaise, Monsieur,
nommer un ou trois experts, pour visiter et constater l'état
desdites marchandises, dont ils feront leur rapport, qu'ils
affirmeront devant vous, et qu'ils déposeront à votre greffe.
A laquelle visite il sera procédé le jour qu'il vous plaira fixer,
en présence dudit..., ou lui dûment appelé.

____

(1) Articles 16 et 20 code de procédure, imités de la loi d'octobre
1790.

Qu'il vous plaise aussi, Monsieur, ordonner qu'aux risques et périls de qui il appartiendra, lesdites balles seront déposées en tel lieu ou dépôt public convenable, moyennant quoi l'exposant en sera valablement déchargé ; et cependant, attendu le refus fait de payer la voiture de l'exposant, qu'il sera autorisé à faire vendre partie des marchandises contenues dans lesdites balles, par le premier commissaire priseur requis, ou à son défaut par tel fonctionnaire public qu'il appartiendra, jusqu'à la concurrence de ladite voiture, des frais de justice et de retard, tels qu'il vous plaira les fixer, et vous ferez justice. (*Signature.*)

Vu la requête ci-dessus, ensemble la lettre de voiture y jointe, en vertu de l'article 106 du code de commerce, nous, Juge de paix, nommons pour experts, aux fins de visiter et de constater l'état des marchandises dont il s'agit, les sieurs... (*noms, qualités et demeures des trois experts*), à quoi ils procéderont le..., en présence dudit... (*la personne refusante*) ou lui dûment appelé...; et sera le rapport des experts déposé à notre greffe, après avoir été par eux affirmé devant nous. Ordonnons qu'aussitôt la visite faite desdites marchandises, elles seront déposées à l'entrepôt public de cette ville (*ou dans tel magasin*), aux risques de qui il appartiendra, si ledit... persiste, lors de la visite, dans son refus de les recevoir. Ordonnons aussi que partie desdites marchandises sera vendue par M...., commissaire priseur (*ou greffier, ou huissier*) jusqu'à concurrence de la voiture due à l'exposant, des frais de justice, et de trois jours de retard, que nous accordons à l'exposant provisoirement. Donné au prétoire, à..., le... 1822.

(*Signature du Juge de paix.*)

N.º 2. AUTRE FORMULE DE REQUÊTE ET ORDONNANCE *pour constater l'état de Marchandises transportées par mer.*

A M. le Juge de paix de...

J. P..., négociant, demeurant à.., patenté, première classe, N.º.., le..., a l'honneur de vous exposer que, sur sa demande, il lui a été expédié le..., de..., sur le navire le..., capitaine P..., (*telles marchandises*), pesant ensemble..., à raison de..., (*le prix du frét par tonneau ou par quintal*); que ces marchandises ont été portées, ce jour, devant le magasin de l'exposant; mais qu'il s'est aperçu qu'une partie est avariée (*ou qu'il en manque deux caisses, etc.*); pourquoi il a refusé de les recevoir, sans en faire d'abord constater l'état : à cet effet, il requiert qu'il vous plaise, Monsieur, de nommer un ou plusieurs experts, pour visiter et vérifier lesdites marchandises, afin d'établir le déficit qu'il peut y avoir (*ou les avaries existantes*) ; le tout par comparaison avec le connaissement ci-joint, et ferez justice. (*Signature.*)

Vu la requête ci-dessus et le connaissement y attaché, nous, Juge de paix, à défaut de tribunal de commerce, nommons d'office, pour les vérifications et constatations requises ci-dessus, les sieurs... (*noms, qualités et demeures de trois experts*); à quoi ils procéderont le... , heures du... , en présence du capitaine P... , ou lui dûment appelé... ; et sera le rapport desdits experts affirmé par eux devant nous sincère et véritable, pour être ensuite déposé à notre greffe. Fait en notre prétoire, à... , le... 1822.

Cette Ordonnance, ainsi que la précédente, se notifient tant aux experts qu'au commerçant, au voiturier ou maître de navire, par un simple acte de notification, dont nous allons donner une formule, qui s'appliquera alternativement aux deux espèces prévues.

N.° 3. NOTIFICATION *à des Experts, Commerçant et Voiturier, d'une Ordonnance pour Vérification de Marchandises.*

L'an 1822 et le... à la requête de... (*celui qui a présenté l'une ou l'autre requête*), demeurant à... , où il fait élection de domicile, j'ai... (*immatricule de l'huissier*), à chacun séparément, de... (*les noms et demeure du commerçant si c'est le voiturier qui poursuit, sinon ceux du roulier ou du maître de barque, quand c'est le négociant qui se plaint*),

Et de... , de... , de... , demeurans à... (*les noms et demeures des trois experts*), signifié et donné copie d'une requête présentée par le requérant à M. le Juge de paix de... , au pied de laquelle est son ordonnance, en date de ce jour, enregistrée et en bonne forme, à ce que lesdits ci-dessus nommés n'en ignorent; et, en vertu de ladite ordonnance, je leur ai fait à chacun sommation de se trouver le.., heures du... , à.. (*lieu où sont déposées les marchandises*), pour, de la part des experts, procéder à la vérification et visite prescrites par ladite ordonnance, et en faire leur rapport; et de la part dudit... (*le commerçant, ou le roulier, ou le capitaine, suivant que l'un ou l'autre est cité*), assister si bon lui semble aux opérations des experts, à la rédaction de leur rapport, et au dépôt d'icelui, faute de quoi, il y sera procédé, tant en son absence que présence.

Fait et délaissé copie du présent, contenant en tête, copie de ladite requête et ordonnance, à chacun des ci-dessus nommés, en parlant à, savoir :... (*il faut distinguer les différens parlant à..., suivant qu'ils auront lieu*) etc.

Quand les experts ne savent signer ou l'un d'eux, leur rapport doit être rédigé par le greffier du Juge de paix; on trouvera un modèle pour cette circonstance à l'article Experts ci-après. On y trouvera aussi la formule du procès-verbal de l'affirmation des experts, et de dépôt de leur rapport.

En cas de nécessité de radoub et d'achat de victuailles, ou d'alimens, le capitaine d'un navire peut demander au Juge de paix, à défaut de tribunal de commerce, de l'autoriser à emprunter sur le corps et quille du vaisseau qu'il commande, à mettre en gage, ou vendre les marchandises chargées à bord du navire, jusqu'à concurrence de la somme qu'exigent les besoins, constatés par un *procès-verbal, signé* des principaux de l'équipage (1)

La loi n'indique ni le rédacteur, ni la forme du procès-verbal: deux auteurs prétendent qu'il doit être fait par le capitaine lui-même et son équipage, lorsque le navire aborde dans un lieu où il n'y a point d'autorité maritime ; mais qu'il doit être, dans le cas contraire, fait par le préposé ou officier qui a l'inspection du port, en présence et avec la signature du capitaine et de l'équipage. Je partage cet avis, et, par ce motif, je ne donnerai pas de formule d'un tel procès-verbal. Je passe à celles qui, sur ce point, concernent le Juge de paix seul.

N.º 4. Requête et ordonnance *autorisant un Emprunt sur corps et quille de Navire, dans deux circonstances.*

A Monsieur le Juge de paix de...

---

(1) Dispositions de l'article 234 du code de commerce.

P. R.., capitaine du navire nommé le..., du port de...,
armateur J. K.., demeurant à..., ledit navire amaré dans le
port de..., ou entré en rade de..,

A l'honneur de vous exposer que ledit navire étant parti
de..., pour la destination de..., a reçu en mer, par tel
degré de longitude..., etc., une avarie assez considérable, ou
voie d'eau qui l'a forcé de relâcher en ce port pour y être
radoubé, afin de continuer son voyage.

*(Et s'il s'agit de Vivres dont le Navire est dépourvu,
on varie ainsi)*:

A l'honneur de vous exposer que sondit navire étant
parti de..., pour la destination de..., depuis... jours, pendant lesquels il a battu les mers par les vents contraires, ou
pendant lesquels il a fait plusieurs relâches, ce qui a occasionné la consommation totale des vivres dont ledit navire
était approvisionné pour sa route.

*(Pour la première comme pour cette dernière circons-
tance, on continue)* :

Que ce fait est constaté par un procès-verbal, signé des
principaux de l'équipage ou fait en leur présence (*s'ils ne
savent signer*), le...., dont l'original est joint à la
présente.

En conséquence il requiert qu'il vous plaise, Monsieur,
l'autoriser à emprunter sur corps et quille de son navire, ou
mettre en gage, ou vendre des marchandises dont le navire
est chargé, jusqu'à la somme de..., estimée nécessaire par
ledit procès-verbal, pour le radoub du navire (*ou pour
l'achat des victuailles dont il a besoin pour continuer sa
route*), Et ferez justice..., à..., le... 1822.   (*Signature.*)

Vu la requête ci-dessus et le procès-verbal y joint...,
en vertu de l'article 234 du code de commerce, nous autorisons l'exposant à emprunter sur corps et quille du navire
le..., la somme de..., ou à vendre et mettre en gage des marchandises jusqu'à la concurrence de cette même somme,
pour subvenir aux besoins dont il s'agit; à la charge de
rendre compte de l'emploi à l'armateur ou aux afréteurs du
navire, et à tous autres qu'il appartiendra. Donné au
prétoire, le... mars 1822.   (*Signature du Juge de paix.*)

Dans les lieux où il n'y a pas de tribunal de commerce, le capitaine fait son rapport, et fait viser son registre par le Juge de paix, qui fait l'envoi du rapport, sans délai, au président du tribunal de commerce le plus voisin.

Ce rapport doit contenir le lieu et le temps du départ, la route qu'il a tenue, les hasards qu'il a courus, les désordres arrivés dans le navire, et toutes les circonstances remarquables de son voyage (1).

N.° 5. RAPPORT D'UN CAPITAINE DE NAVIRE *à son Arrivée, ou d'après Relâche forcée ou volontaire.*

Aujourd'hui... mars 1822, devant nous, Juge de paix de.., assisté de notre greffier, à comparu P. S..., capitaine du navire le..., du port de..., armé par..., jaugeant... tonneaux, lequel a déclaré qu'il est parti, le..., du port de.... pour la destination de...; qu'il a tenu telle route (*il faut l'expliquer particulièrement avec ses variations*); qu'il a couru tel danger (*s'il y en a eu*); qu'il est arrivé dans ce navire... (*exprimer les choses remarquables qui ont eu lieu pendant la traversée*); notamment qu'il a eu connaissance de tel navire ennemi, à telle hauteur, lequel faisait telle route, etc., enfin que le comparant est arrivé ce jour en ce port avec sondit navire, qui est en bon état, *ou* en tel état de réparation, etc. Duquel rapport, qui sera transmis incessamment au président du tribunal de commerce de..., nous avons rédigé le présent acte, que le capitaine a signé avec nous.

(*Signatures*).

Nota. L'envoi de ce rapport se fait par une simple lettre. On observe que cet acte doit précéder tout déchargement de marchandises du navire, sous peine de poursuites extraordinaires contre le capitaine (*article* 248, *code de commerce*), sauf le cas de péril imminent. Au surplus, le capitaine fait des déclarations particulières au bureau des douanes : ces différens actes n'ont aucune connexité.

N.° 6. AUTRE RAPPORT D'UN CAPITAINE *pour le cas de Naufrage* (2).

Aujourd'hui... mars 1822, devant nous, Juge de paix

____

(1) Dispositions des articles 242 et 243 du code de commerce.
(2) Articles 246 et 247 du code de commerce.

de..., assisté du greffier, a comparu en notre prétoire J. G...,
capitaine du navire nommé le..., du port de..., contenant... tonneaux, armé par..., lequel a dit qu'étant parti
le..., du port de..., pour la destination de..., il a été atteint
par une tempête le..., qui a désemparé son navire de...
(*tel grément, mât ou manœuvre*), ou qui lui a occasionné
telle avarie, et enfin l'a jeté à la côte de..., le... à...
heures du..., dans lequel lieu est maintenant ledit navire,
duquel il s'est sauvé avec tels et tels, faisant partie de
l'équipage ou étant passagers à bord; duquel rapport, etc.
(*suivre la finale du modèle précédent.*)

Si le Naufrage a eu lieu par une voie d'eau, par la violence des
courans, par fausse manœuvre du pilote, etc., on doit en varier
et expliquer les détails, tels que les faits ont eu lieu. Sur cette
déclaration, le Juge de paix ne doit pas se borner à en faire l'envoi
au président du tribunal, il doit encore interroger les gens de
l'équipage.

N.° 7. INTERROGATOIRE *des Gens de l'équipage d'un Navire
naufragé.*

Le... mars 1822, nous, Juge de paix de..., assisté de
notre greffier, avons mandé devant nous la personne ci-
après nommée, pour être, en vertu de l'article 247 du
code de commerce, interrogée sur le naufrage du navire
le..., capitaine J. S..; à quoi nous avons procédé comme
suit :

Interrogé le particulier mandé, de ses prénoms, nom,
âge, qualité et demeure ; a répondu se nommer V. A...,
lieutenant au maître d'équipage (*ou matelot du navire
naufragé*), être âgé de..., demeurant ordinairement à....
Interrogé quel jour est parti le navire le..., et quelle route il
a faite jusqu'à tel jour (*celui du naufrage*); a répondu que...
(*sa réponse circonstanciée.*)

Interrogé si, ce même jour, le navire a été atteint par une
tempête (*ou s'il a éprouvé une voie d'eau, ou s'il a touché
sur un écueil*), et ce qui s'en est suivi...; a répondu que...
(*sa réponse*).

Interrogé sur ce qui a eu lieu au moment du naufrage,
ou quelques instans auparavant ; a dit que..., etc.

Interrogé sur ce qui s'est passé après le naufrage, et s'il n'a rien été soustrait du navire ; a répondu que..., etc.

Fait et clos le présent interrogatoire, les jour, mois et an que dessus, et a ledit... signé (*ou déclaré qu'il ne le sait*).

Les autres interrogatoires se font de la même manière. Quant aux actes conservatoires pour les choses sauvées ou naufragées, tels que les scellés, inventaire, vente, ils appartiennent maintenant aux autorités maritimes. Néanmoins, dans les lieux où il n'y a point de tribunal de commerce, c'est au Juge de paix à constater les pertes et dommages éprouvés pendant la traversée du navire, soit par des avaries simples, soit par le jet en mer occasioné par la tempête, ou par la chasse de l'ennemi. Pour cet effet, le Juge de paix nomme des experts, lesquels estiment les pertes et avaries sur le lieu même où le navire est en déchargement (1). Cette opération se fait à la diligence du capitaine.

N.° 8. FORMULE *de Requête et Ordonnance pour Nomination d'Experts, afin d'estimer les Pertes maritimes, en cas de jet à la mer ou d'avaries.*

A Monsieur le Juge de paix de...

F. T..., capitaine du navire le.., du port de.., armateur.., étant à présent entré au port de...,

A l'honneur de vous exposer que, pour le salut de son navire poursuivi par l'ennemi, ou en danger par (*tel événement*), il a été obligé de jeter à la mer, le..., une partie de son chargement (*ou de couper ses mâts, ou d'abandonner ses ancres, etc.*), suivant qu'il appert par la délibération des principaux de son équipage, qu'il nous a représentée, dûment enregistrée ce jour ;

Que, désirant faire estimer la valeur de ces pertes et avaries, ainsi que la loi l'en charge, il requiert qu'il vous plaise, Monsieur, nommer trois experts à cet effet, et ferez justice. (*Signature.*)

Vu la requête ci-dessus et la délibération y jointe, nous nommons pour experts, afin d'estimer les pertes et dommages dont il est cas, les sieurs... (*noms, qualités et demeures des trois experts*), lesquels seront tenus préalablement de prêter serment avant d'opérer.

---

(1) Article 414 du code de commerce.

Ayant, à cet effet, fait comparaître volontairement et sans frais lesdits sieurs..., ils nous ont déclaré accepter leur commission, et nous ont juré par serment de la remplir avec fidélité ; de quoi leur avons donné acte ; et ils ont signé avec nous, ce... mars 1822. (*Signatures.*)

Nota. Le Rapport des experts, qui contient non-seulement l'estimation des pertes et dommages, mais encore leur répartition entre ceux qui doivent les supporter, est déposé au greffe du tribunal de commerce ; afin que cette répartition soit rendue exécutoire par le tribunal (1).

S'il n'est pas possible de réunir les experts volontairement, et au moment de leur nomination, ce qui est toujours désirable pour éviter des frais, il faut leur notifier la requête et l'ordonnance ; car ici, ils doivent prêter serment avant d'opérer : la loi y est positive.

N.° 9. NOTIFICATION AUX EXPERTS *de l'Ordonnance de leur Nomination.*

Notifié et délaissé copie de l'ordonnance ci-dessus et de la requête qui précède, à la requête dudit... (*le capitaine*), résidant à..., où il élit domicile, à chacun séparément de.., (*noms, qualités et demeures des trois experts*), en son domicile, en parlant à..., à ce que chacun d'eux n'en ignore ; sommant les uns et les autres de comparaître, le.. de ce mois,... heures du..., au prétoire et pardevant mondit sieur le Juge de paix de..., pour accepter la commission qui leur est conférée, et faire le serment au cas requis. Fait par moi... (*immatricule de l'huissier*), ce jour... mars 1822. Le coût du présent est de... (*Signatures.*)

N.° 10. PROCÈS-VERBAL *de Prestation de serment des Experts nommés en exécution de l'article 414 du Code de commerce.*

Aujourd'hui... mars 1822,.. heures du..., devant nous, Juge de paix de..., assisté de notre greffier, ont comparu en notre présence, 1°...; 2°...; 3°... (*les prénoms, noms, qualités et demeures des trois experts*), lesquels nous ont dit qu'ils acceptent la commission que nous leur avons

---

(1) Articles 415 et 416 du Code de commerce.

7

confiée , par notre ordonnance du..., enregistrée le..., qui leur a été notifiée le..., par..., huissier ; et qu'en conséquence, ils offrent de nous faire le serment prescrit par la loi en pareil cas, et ont signé.   (*Signatures*).

Nous avons donné acte aux comparans de leur acceptation, et leur avons fait jurer par serment, d'estimer en leur ame et conscience les pertes et dommages occasionnés au navire le....., capitaine...., et de répartir équitablement leur estimation entre ceux qui en sont tenus.

Fait et donné les jour, mois et an que dessus ; et ont lesdits experts signé, etc.

Nota. Dans le cas où les experts ne savent signer, ou l'un d'eux, le rapport est rédigé par le greffier du Juge de paix, comme en toute estimation (1). Je donnerai un modèle de ce rapport à l'article Experts. *Voyez-le.*

Les Juges de paix ont encore deux autres attributions dans les matières de commerce, l'apposition des scellés après faillite, et la levée de ces scellés avec assistance à l'inventaire. Je trace les modèles des procès-verbaux qui appartiennent à ces opérations, aux articles Apposition de Scellés après faillite, Levée de Scellés provisoire, N.° 6, Levée de Scelles definitive après faillite, N.° 7 ; *voyez* ces articles. Il est intéressant de voir aussi le Recueil général de la Jurisprudence des Justices de paix de France, tome I.er, page 83 et suivantes, et tome 2, page 38. ^

Voilà toutes les attributions des Juges de paix en matières de commerce. C'est une erreur grave de leur attribuer, comme le fait un de nos auteurs, la connaissance constante et absolue du contentieux entre les voituriers et commerçans : il y a un contrat de commerce entre ces personnes, c'est la lettre de voiture ; or, tout acte de ce genre est soumis aux tribunaux de commerce. La loi déclare formellement que tout transport par terre et par eau, est réputé un acte de commerce, ainsi les Juges de paix n'en peuvent connaître (*Voyez les articles* 101 , 631 et 632 du Code de commerce).

COMMISSIONS. Deux sortes de commissions se donnent aux Juges de paix, l'une par la loi, l'autre par les tribunaux. Celles

____

(1) Article 15 du réglement pour la taxe des dépens du 16 février 1807.

données par la loi sont : 1.º L'assistance aux saisies exécutions pour l'ouverture des portes des maisons ou des portes des meubles : à cet égard je n'ai aucun modèle à donner, puisque les Juges de paix ne dressent point d'acte de leur assistance ; ils signent seulement le procès-verbal de l'huissier ; mais s'il se trouve des papiers dans les meubles ouverts, le scellé doit être apposé, et en ce cas on se sert du modèle N.º 2 d'Apposition de scellés, en changeant ce qui doit l'être pour la circonstance.

2.º La nomination d'un gérent à l'exploitation des terres, en cas de saisies d'animaux et ustensiles. *Voyez* Gérent.

3.º La saisie d'un débiteur, à domicile, en vertu de l'article 781 du code de procédure. *Voyez* les formules convenables à l'article Arrestation d'un débiteur.

A l'égard des Commissions données par les tribunaux, ce sont, 1.º Les délégations en matière criminelle. *Voyez* Police judiciaire 11.me formule.

2.º Les interrogatoires sur faits et articles en vertu de l'article 326 du code de procédure. *Voyez* le même article Police judiciaire N.º 10.

3.º Pour recevoir un serment. *Voyez* la 16.me formule de Jugemens definitifs.

4.º Pour entendre des témoins à domicile. *Voyez* Enquête 4.me Variation.

COMPARUTION VOLONTAIRE. Les parties peuvent toujours se présenter volontairement devant un Juge de paix : auquel cas, il juge leur différend, *soit en dernier ressort, si les lois ou les parties l'y autorisent*, soit à charge d'appel, encore qu'il ne fût le juge naturel des parties, ni à raison du domicile, ni à raison de la situation des choses en litige. — La déclaration des parties qui demandent jugement, est signée par elles, ou mention est faite, si elles ne peuvent signer (1).

En vertu de ces dispositions, les Juges de paix peuvent prononcer sur toutes actions personnelles et mobilières, que les parties leur soumettent volontairement. Il faut en excepter cependant les causes pour dons et legs, logemens et vêtemens, les séparations d'entre mari et femme, questions d'état, et sur toutes contestations sujettes nécessairement à la communication au ministère public. Pour connaître ces dernières causes, *voyez* les articles 83 et

______

(1) Article 7, code de procédure ; Arrêts de la cour de Turin, du 29 ventôse an 12 ; Arrêt de la cour de cassation du 3 octobre 1808.

84 du code de procédure, et mon Recueil général de la Jurisprudence des Justices de paix, tome Ier, page 92.

FORMULE D'UNE DÉCLARATION *pour demander Jugement en première instance ou en dernier ressort, sur Comparution volontaire.*

Le... juin 1822, à... heures du..., devant nous, Juge de paix de..., assisté de notre greffier, ont comparu dans notre prétoire, 1° le sieur..., demeurant à...; 2° le sieur..., propriétaire, demeurant à...; lesquels ont dit qu'ils comparaissent volontairement devant nous, et demandent jugement en première instance (*ou en dernier ressort*), sur la contestation qui les divise, à raison d'une demande que ledit... (*le demandeur*) est dans l'intention de former contre ledit..., au sujet de... (*expliquer les causes de la demande*). De laquelle action ledit... (*le défendeur*) entend se défendre par tels moyens de fait et de droit qu'il déduira lors de notre jugement. En conséquence, les comparans ont déclaré qu'ils nous donnent autorisation pleine et entière pour prononcer sur ce différend en première instance (*ou en dernier ressort*); et ont signé, ou déclaré qu'ils ne le savent (*ou l'un d'eux seulement*).

Si le juge renvoie la cause à l'audience pour y faire droit, il écrit, au pied de cette déclaration, le simple renvoi qui suit:

Vu la déclaration ci-dessus et y déférant, nous, Juge de paix, renvoyons la cause et les parties à notre audience du..., pour être fait droit ainsi qu'il appartiendra. Donné au prétoire, le...

Si le juge au contraire est disposé à prononcer à l'instant de la déclaration, et si les parties déclarent être prêtes à plaider ou à produire leurs pièces justificatives, on rend un jugement définitif ou interlocutoire de cette manière, au pied de la déclaration.

FORMULE DE JUGEMENT SUR COMPARUTION VOLONTAIRE, *après Déclaration, en vertu de l'article 7 du Code de procédure.*

Vu la déclaration ci-dessus, de laquelle nous, Juge de paix, donnons acte aux parties, et y déférant, avons rendu le jugement suivant:

Le demandeur a conclu à ce qu'il nous plût condamner le défendeur à... (*énoncer ses conclusions*), et aux dépens.

En expliquant sa demande, il a dit que... (*ici les moyens, et la représentation des pièces, s'il y en a*). A quoi il a été répondu par le défendeur que... (*exprimer ses défenses sommairement*).

Dans cet état, la cause a présenté les questions suivantes : Dans le fait..., etc. Question de droit : La demande est-elle justifiée ?

Parties ouïes : considérant que... (*analyser les preuves qui résultent soit des moyens et défenses des parties, soit des pièces produites, soit enfin la décision de la loi quand la cause en dépend*), jugeant en première instance (*ou en dernier ressort, suivant la déclaration des parties*), nous, Juge de paix, condamnons le défendeur à... (*énoncer les condamnations principales*), en outre aux intérêts et aux dépens de la cause, taxés à la somme de..., non-compris les coût et levée du présent jugement, en quoi il est aussi condamné ; ce qui sera exécuté par provision, nonobstant appel, suivant la loi (*si la cause n'est pas jugée en dernier ressort*). Fait et prononcé aux parties, en notre prétoire, audience publique tenante, par nous, Juge de paix susdit, le... juin 1822. (*signature du Juge et du Greffier.*)

Si la demande n'est pas justifiée ou admissible, le juge déboute le demandeur, alors le Modèle qu'on vient de lire s'emploie jusqu'à ces mots : Nous, Juge de paix, condamnons etc. ; au lieu desquels on dit : *Nous déboutons le demandeur de sa demande, et le condamnons aux dépens, etc., etc.*

Dans le cas où la cause n'est pas en état de recevoir jugement définitif sur le champ, le juge ordonne tel préparatoire ou interlocutoire qu'il croit convenable, et alors il se sert de l'un des modèles, que je donne à l'article Jugemens non-definitifs. Je ne tracerai ici aucune de ces formules parce qu'elles sont les mêmes, soit que le Juge de paix décide sur la simple demande volontaire des parties, soit qu'il décide par la voie ordinaire. La loi n'établit aucune différence de procédure pour l'une ou l'autre juridiction, et il ne faut jamais aller plus loin que la loi : *ubi lex non distinguit, nec nos distinguere debemus.* C'est mon avis, malgré que l'un de mes devanciers ait trouvé convenable de faire une procédure à part pour la jurisdiction extraordinaire, même pour les causes en dernier ressort, à l'égard desquelles il supprimait fort légèrement tout ce que la loi ordonnait pour la rédaction des jugemens ; quoiqu'elle disposât en général et sans exception. Il est vrai que pour cela il a supposé que la simple déclaration des parties effaçait le ceractère du magistrat pour en faire un simple arbitre privé ; supposition étrange qui heurtait violemment tous les principes : c'est ce que j'ai trop bien établi pour y revenir. *Voyez* mon Recueil général de la jurisprudence des justices de paix, page 35 et suivantes, tome premier.

CONCILIATION. Je l'ai déjà dit, c'est la plus douce et la plus noble fonction d'un Juge de paix, mais ce n'est pas la plus facile. *Voyez* le Recueil général de la jurisprudence des justices de paix, tome premier, page 104.

La Conciliation est maintenant réduite à un cercle assez étroit, qui se ressère cependant encore très-souvent par les efforts de la chicane et de la mauvaise foi. Il est plusieurs manières d'opérer la conciliation, on va les parcourir sous différentes formules (1).

N.° I.ᵉʳ Procès-verbal *de Conciliation pure et simple.*

Aujourd'hui... mai 1822,... heures du,... audience tenante, devant nous, Juge de paix de..., assisté de notre greffier, a comparu en notre prétoire le sieur..., demeurant

______

(1) « Aucune demande principale entre parties capables de transiger, et sur des objets qui peuvent être la matière d'une transaction, ne sera reçue dans les tribunaux de première instance, que le défendeur n'ait préalablement été appelé devant le Juge de paix ou que le défendeur n'y ait volontairement comparu. (*Article 48, code de procédure.*)

Sont dispensées du préliminaire de la conciliation, — les demandes qui intéressent l'état et le domaine, les communes, les établissemens publics, les mineurs, les interdits, les curateurs aux successions vacantes ; — Les demandes qui requièrent célérité ; — les demandes en intervention ou en garantie ; — Les demandes en matière de commerce ;— les demandes de mise en liberté, en main levée de saisie ou opposition, en payemens de loyers, fermages ou arrérages de rentes ou pensions, celles des avoués en paiemens de frais ; — Les demandes formées contre plus de deux parties, encore qu'elles aient le même intérêt ; —celles en vérification d'écritures, en désaveu, en règlement de juges, en renvoi, en prise à partie ; — celles contre un tiers saisi et en général sur les saisies ; sur les offres réelles, la remise des titres, leur communication ; — sur les séparations de biens, les tutelles et curatelles ; et enfin toutes les causes exceptées par les lois ». (*Article 49, code de procédure.*)

à..., lequel a dit que, par citation de..., huissier, du..., enregistrée le..., il a fait appeler devant nous, à ces jour et heure, le sieur..., demeurant à..., pour se concilier, si faire se peut, sur l'action qu'il se propose de former contre lui devant juges compétens, pour le faire condamner à... (*énoncer les conclusions*), attendu que... (*ici les motifs, les faits, titres, etc.*). En conséquence, il a requis comparution de la part dudit..., sinon qu'il soit renvoyé à se pourvoir devant juges compétens; et a signé (*ou déclaré ne le savoir*).

A aussi comparu le sieur.. (*prénoms, nom, qualité et demeure du défendeur*) lequel a dit que... (*expliquer sommairement ses défenses;* et a signé (*ou déclaré ne le savoir, de ce enquis*).

En cet endroit, les parties s'étant rapprochées par notre médiation, sont convenues des articles suivans : — Article I.er... (*expliquer sommairement les points de la convention, par articles séparés*). Article... et dernier. — Au moyen des stipulations précédentes, toutes contestations entre les parties demeurent assoupies, pour n'avoir aucune suite, et les dépens compensés. Fait et clos le présent procès-verbal, les jour, mois et an que dessus, et ont les parties signé avec nous et le greffier.

N.º 2. Conciliation *terminée par un Compromis pour Arbitrage* (1).

On suit le Modèle précédent jusqu'à cet *alinéa* :

En cet endroit, les parties s'étant rapprochées par notre médiation, ont fait et arrêté le compromis suivant :

Article I.er Les parties sont convenues de faire régler leur différend par la voie de l'arbitrage, en dernier ressort (*ou en première instance*).

Article 2. Les parties nomment pour leur arbitres (*noms, professions et demeures des trois arbitres*), et, s'il n'en est nommé qu'un seul, on dit : Les parties nomment pour leur arbitre unique le sieur..., demeurant à..., auquel (*ou auxquels*) elles donnent les pouvoirs nécessaires pour les juger comme il est déjà dit.

---

(1) Voyez les articles 1003 à 1028 du code de procédure civile.

Article 3. Les arbitres seront tenus de prononcer leur jugement dans... mois, sous peine d'annullation du présent compromis. En conséquence, les parties promettent de remettre respectivement, dans quinzaine de ce jour, aux arbitres, leurs pièces et mémoires; faute de quoi, ils sont autorisés à juger sur la production d'une seule partie.

Article 4. Les arbitres suivront les formes prescrites par la loi sur l'arbitrage; *ou* ils sont dispensés d'observer aucune forme de justice, et ils pourront même juger comme amiables compositeurs, en dernier ressort.

De tout quoi, nous avons rédigé le présent pour valoir ce que de droit. Fait et clos, les jour, mois et an que dessus; et ont, les parties, signé, etc.

Nota. Le Compromis dont je viens de donner le modèle est le plus simple possible; mais on peut y établir plusieurs autres clauses qui forment à la fois la règle des parties et des arbitres. En voici les principales, autorisées par les lois et la jurisprudence.

Le Compromis doit d'abord contenir les noms, professions, qualités et demeures des parties et des arbitres; le point litigieux sur lequel il s'agit d'arbitrer, *ou toutes les contestations existantes entre les mêmes parties* (1); la fixation du pouvoir des arbitres, avec la distinction s'ils jugent en première instance ou en dernier ressort; la renonciation à l'appel; la désignation du tiers-arbitre, quand les parties n'en nomment que deux, ou l'autorisation aux arbitres de choisir un tiers-arbitre, ou la clause qu'il sera nommé d'office par un magistrat; le délai dans lequel doivent juger les arbitres; la déclaration si le compromis sera nul par l'expiration du délai fixé, dans le cas ou la sentence arbitrale ne serait pas alors rendue; s'il y aura lieu à une prorogation de délai; si, en cas de décès de l'un des arbitres, les autres pourront continuer l'arbitrage; si les arbitres jugeront sur tous incidens (*excepté les questions sur lesquelles on ne peut compromettre* (2)); si les arbitres sont dispensés de suivre les formes prescrites; s'ils peuvent juger comme amiables compositeurs; si l'un des arbitres peut être chargé de l'instruction sans le concours des autres; si enfin, en cas d'appel, il sera payé une somme de.... à telle partie (3).

---

(1) L. 21, paragraphe 6, **D.** *receptis.*

(2) Voyez les art. 1004 et 1006 du code de procédure.

(3) Articles 7 et 54, code de procédure.

N.° 3. Procès-verbal de conciliation *terminé par une Déclaration contenant Demande d'être jugé en dernier ressort, ou en première instance par le Juge de paix* (1).

Aujourd'hui... avril 1822, heures du..., devant nous, Juge de paix de..., assisté du greffier, a comparu dans notre prétoire, etc. (*comme au premier modèle de conciliation, jusqu'à*) :

En cet endroit, les parties s'étant rapprochées, nous ont respectivement demandé de les juger en dernier ressort (*ou en première instance*) sur la contestation qui les divise; déclarant qu'à cet effet, elles nous donnent tous les pouvoirs requis et nécessaires en pareil cas; et ont signé (*ou déclaré qu'elles ne le savent, ou l'une d'elles*).

Vu la déclaration ci-dessus, dont nous donnons acte aux parties, disons qu'elles seront par nous jugées, suivant leur déclaration et demande; et, pour leur être fait droit, renvoyons la cause à l'audience du..., à laquelle nous enjoignons aux parties de comparaître, sans citation préalable. — Fait et clos le présent, etc.

Si le Juge de paix veut décider de suite, il varie ainsi la Finale de son procès-verbal :

Et, pour leur être fait droit, disons qu'elles fourniront tout présentement leurs conclusions, moyens, défenses et pièces, si aucunes elles ont. Alors le demandeur a conclu... (*Suivre pour le reste la formule du jugement définitif*, que j'ai donnée en pareil cas à Comparution volontaire, *suprà*).

N.° 4. Procès-verbal de conciliation *portant Rectification de Conclusions* (2).

Aujourd'hui... le..., etc., est comparu, etc.; lequel a dit que, par citation de.., huissier, en date du.., il a fait appeler devant nous, à cette audience, le sieur..., demeurant à..., pour se concilier, si faire se peut, sur l'action qu'il entend former contre lui, devant juges compétens, pour le faire condamner à... (*expliquer les conclusions*); mais qu'il a

---

(1) Voyez les art. 1009 et suivans du même code.
(1) Article 54, code de procédure.

omis de dire par sa citation... (*ici dire la chose omise*); ou qu'il a demandé une somme trop forte, qu'il y a lieu de restreindre, parce que... (*les motifs*). En conséquence, et en rectifiant les précédentes conclusions, il a demandé conciliation avec ledit.., sur... (*établir la demande rectifiée*). Au surplns, il a requis comparution de la part dudit..., sinon qu'il soit renvoyé à se pourvoir devant juges compétens, etc. (*suivre le surplus du premier modèle de conciliation*).

VARIATIONS *d'un Procès-verbal de Conciliation.* — Ire *Quand le Demandeur défère le Serment au défendeur, qui le prête* (1).

Aujourd'hui, etc., lequel a dit que.... (*suivre le premier modèle jusqu'à : au surplus il a requis comparution, etc.; et ajouter*) : enfin, qu'il défère le serment au défendeur sur la légitimité de la somme qu'il lui doit; et a signé (*ou déclaré qu'il ne le sait*).

A aussi comparu ledit... (*prénoms, nom, qualité et demeure du défendeur*), lequel a dit qu'il ne doit point la somme démandée, parce que... (*les motifs de la dénégation*); et qu'il accepte de faire le serment qui lui est déféré; ce qu'il a signé, etc. — Nous avons donné acte aux parties de leurs comparutions, offres et acceptations; en conséquence, nous avons pris et reçu le serment de..., par lequel il a juré et affirmé qu'il ne doit point la somme qui lui est demandée. Fait et clos le présent, etc.

2.me VARIATION. *Quand c'est le Défendeur qui défère le Serment au demandeur.*

(Suivre le Modèle du premier procès-verbal de conciliation, jusqu'à la réponse du défendeur, et continuer ainsi :)

A aussi comparu ledit... (*le défendeur*), demeurant à..., lequel en réponse à la demande de..., a soutenu que... (*ses défenses*); qu'au surplus, il défère le serment décisoire au demandeur, sur la légitimité de sa demande; et a signé (*ou déclaré ne le savoir*). A quoi il a été répondu par le

---

(1) Article 55, code de procédure.

emandeur, qu'il est prêt à faire le serment qui lui est dé-
éré; et a signé (*ou déclaré qu'il ne le sait*). —Vu les consen-
emens, offre et acceptation ci-dessus, nous, Juge de paix,
vons fait promettre à…, par serment, la main-levée, que la
omme qu'il demande lui est due légitimement; et avons
los le présent, etc.

3.me **Variation.** *Quand la Partie à qui le Serment est
déféré, le refuse* (1).

Suivre l'un des Modèles précédens, suivant qu'il convient à la
circonstance, jusqu'à la réponse de la partie qui refuse le serment.
On continue ensuite :

A quoi il a été répondu par ledit…, qu'il ne peut faire
l'affirmation dont il s'agit, parce que… (*établir les causes
u refus*); et a signé (*ou déclaré ne le savoir de ce enquis*).
Nous, Juge de paix, donnons acte à…, de ce qu'il a déféré
e serment à…, et du refus que celui-ci a fait de le prêter.
n conséquence, nous renvoyons les parties à se pourvoir
devant juges compétens. Fait et clos le présent procès-
verbal, etc.

4.me **Variation.** **Procès-verbal** *de non-conciliation.*

On suit la première Formule de cet article jusqu'à *l'alinéa* :
En cet endroit, les parties s'étant rapprochées; et on écrit à la
place :

N'ayant pu concilier les parties, nous les avons renvoyées
à se pourvoir devant juges compétens. Fait et clos, etc.

5.me **Variation.** *Quand le Défendeur ne comparaît pas* (2).

On écrit sur le registre des audiences de la Justice de paix, la
Mention suivante :

Le sieur…, demeurant à…, par citation de…, huissier,
du…, enregistrée le…, a fait appeler à cette audience le
sieur…, demeurant à…, pour se concilier, si faire se peut,
sur… (*ici les causes de la demande*); mais ledit.. n'a comparu

____

(1) Article 55, code de procédure.
(2) Article 58, même code.

ni en personne ni par fondé de pouvoir, quoiqu'appelé par l'huissier de service. En foi de quoi cette mention a été faite, et il en a été donné attestation au pied de la citation. Fait ce jour... 1822.

Et sur l'original ou sur la copie, on écrit :

Nous, Juge de paix de..., déclarons que le sieur..., demeurant à..., a été inutilement appelé à notre audience de ce jour, et qu'il n'a comparu ni en personne ni par fondé de pouvoir. En témoin de quoi nous avons signé, ce... 1822.

(Mêmes formes quand le demandeur ne comparaît pas.)

N.° 5. MODÈLE DE CITATION *en Conciliation* (1).

Le... juin 1822, à la requête de..., propriétaire, demeurant à..., où il élit domicile, J'ai... (*immatricule de l'huissier*), à..., demeurant à..., donné citation à comparaître, le... de ce mois,... heures du..., devant M. le Juge de paix de..., en son prétoire, rue de..., pour se concilier, si faire se peut, sur l'action que le requérant se propose de former contre lui devant juges compétens, tendant à... (*les conclusions*), et, en outre, pour faire condamner ledit... aux dépens; protestant, en cas de non-comparution ou de non-conciliation, de se pourvoir ainsi que de droit. Les motifs de la présente sont que... (*libeller ici la citation*). Fait et délaissé copie de la présente au domicile dudit..., en parlant à... Le coût est de...

CONFLIT (2). *Voyez* ci-après le Modèle d'un Jugement qui élève le conflit entre un Juge de paix et l'Autorité administrative, *verbo* JUGEMENS NON-DÉFINITIFS N.° 12.

CONGE PAR DÉFAUT DE COMPARUTION. *Voyez* JUGEMENS PAR DÉFAUT.

____

(1) Le délai à donner sur cette citation est de trois jours au moins. La citation est donnée par un huissier de la justice de paix du défendeur; elle énonce sommairement l'objet de la conciliation... Les parties comparaissent en personne ; en cas d'empêchement, par un fondé de pouvoir. (*Articles* 51, 52, 53, *code de procédure.*)

2) Du latin *conflictus*, formé de *cum* avec, et de *fligere*, débattre.

CONGÉ SUR LOCATION. *Voyez* CITATIONS ET JUGEMENS DÉ-
FINITIFS.

CONSEIL DE FAMILLE. Je donne dans cet article tous les
Modèles de Procès-verbaux des Assemblées de famille dans tous les
cas prévus, tant pour les ascendans, père, mère, tuteurs ordinaires, subrogés-tuteurs, que pour les actes de leurs administra-
tions soumis à une autorisation quelconque. Il sera essentiel de
comparer avec ces nombreuses formules la législation et les principes sur la matière, tome premier du Recueil général de la
jurisprudence des justices de paix, pages 122 à 132, ainsi que les
articles du même recueil, AVIS DE PARENS, DISPENSE DE TUTELLE,
DESTITUTION DE TUTELLE, EMANCIPATION, SUBROGÉ TUTEUR,
TUTELLES DES CINQ ESPÈCES ET TUTEURS.

CÉDULE *pour convoquer tout Conseil de famille, lorsqu'il
ne se réunit pas volontairement* (1).

Nous, Juge de paix de..., sur ce qui nous a été exposé
par..., demeurant à..., parent des mineurs ci-après nommés,
que... (*exposer ici sommairement le fait qui donne lieu à
la convocation*),

Ordonnons que le conseil de famille des mineurs N..., enfans de... et de..., sera convoqué à comparaître devant
nous, le... de ce mois,... heures du..., en notre prétoire,
pour délibérer sous notre présidence, sur... (*dire le fait
dont il s'agit*). En conséquence, désignons pour former
ce conseil (*écrire ici les noms, qualités et demeures de
trois parens paternels les plus proches : et de trois parens
maternels aussi les plus proches ; et, s'il n'y a pas de parens
suffisans dans l'une ou l'autre ligne, désigner des amis
pour les remplacer*); Enjoignons auxdits parens (*ou amis*)
de comparaître, soit en personne, soit par fondé de pou-

____

(1) Le conseil est convoqué soit sur la réquisition et à la diligence
des parens du mineur, de ses créanciers, ou d'autres parties inter-
ressées, soit même *d'office à la poursuite du Juge de paix*, du domicile
du mineur. — Le délai pour comparaître est réglé par le Juge de
paix, à jour fixe, mais de manière qu'il y ait toujours entre la citation
notifiée et le jour de la réunion du conseil, un intervalle de trois jours,
au moins, quand les parens résident dans la distance de deux myriamètres, et s'il en est qui demeurent au-delà, le délai est augmenté d'un
jour, par trois myriamètres. (*Articles 406 et 411, code civil.*)

voir, sous les peines portées par la loi (1). Donné en notre prétoire, à..., le... 1822. (*Signature du Juge*).

Cette Cédule peut s'appliquer à tous les cas de convocation d'un conseil de famille, en faisant de légers changemens , surtout celui du fait qui nécessite la réunion du conseil. Elle est cependant susceptible de quelques variations, les voici :

Variations de la Cédule *qui convoque le Conseil de famille.*

Ire *Pour la nomination d'un Curateur à l'absence d'un Militaire.* Cette formule est donnée ci-devant, à l'article Absens, *Voyez-là.*

2.me Variation. *Convocation d'office d'un Conseil de famille, pour nommer un Tuteur à des Enfans orphelins.*

Nous, Juge de paix de..., informé par la déclaration du maire ou de l'adjoint de..., en date du... (*ou instruit par telle personne, ou enfin ayant connaissance par nous-même*), que tel et tel, vivans époux, demeurans à...,

---

(1) Les parens, alliés ou amis ainsi convoqués, seront tenus de se rendre en personne ou de se faire représenter par un mandataire spécial, qui ne pourra représenter qu'une seule personne. Tout non comparant encourra une amende qui ne pourra excéder 50 fr. , et sera prononcée sans appel, par le Juge de paix. S'il y a excuse suffisante, le juge ajourne l'assemblée, ou remplace le membre absent, suivant sa prudence. (*Articles* 412, 413 et 414 *du code civil*). — Le conseil de famille se compose de six parens ou alliés, non-compris le Juge de paix, qui en est le président et y a voix prépondérante en cas de partage. Ces parens ou alliés sont pris dans chaque ligne en nombre égal, tant dans la commune où la tutelle est ouverte, que dans la distance de deux myriamètres. Le parent est préféré à l'allié du même degré. Les frères germains et les maris des sœurs germaines sont tous appelés au conseil de famille, quelque soit leur nombre, les ascendans et les veuves d'ascendans sont appelés avec eux. Lorsque les parens ou alliés se trouvent en nombre insuffisant, sur les lieux ou dans la distance de deux myriamètres, des amis sont appelés pour les remplacer, par le Juge de paix. Ce magistrat peut, même lorsqu'il y aurait des parens en nombre suffisant, dans la distance prescrite, appeler d'autres parens plus proches ou à égal degré, à quelque distance qu'ils soient domiciliés, de manière cependant qu'en retranchant les parens dont le domicile est moins éloigné, il n'excède pas le nombre fixé pour la composition du conseil. (*Extraits des articles* 407, 408, 409 *et* 410 *du code civil.*)

ont décédés, et qu'ils laissent un ou plusieurs enfans mineurs dépourvus de tuteur et de subrogé tuteur, ordonnons, en vertu de l'article 406 du code civil, que le conseil le famille desdits mineurs sera convoqué; etc. (*suivre le rplus du premier modèle que je viens de donner*).

3.ᵐᵉ VARIATION. *Cédule pour faire nommer un Subrogé uteur, sur la négligence de l'époux survivant, soit d'office, soit la réquisition d'un parent ou créancier* (1).

Nous, Juge de paix de..., informé par..., que J. P..., lemeurant ci-devant à..., est décédé le...; que de son mariage avec N..., son époux survivant, il est issu... enfans mineurs, auxquels (*leur père ou mère*) n'a point fait nommer de subrogé tuteur, malgré qu'il se soit immiscé lans leur tutelle, et malgré qu'il en ait été requis par nous, ou par tel parent ou créancier.

Si on délivre la Cédule sur la demande d'un parent ou d'un créancier, on varie ainsi :

Sur ce qui nous a été exposé par..., demeurant à..., parent (*ou créancier des mineurs ci-après nommés*), que J. P..., demeurant ci-devant à..., est décédé le...; que de son mariage avec.., etc. (*continuer comme ci-dessus*), — Ordonnons qu'à la requête dudit, le conseil de famille des enfans mineurs de feu..., et de... sa veuve, sera convoqué devant nous, le... de ce mois,.. heures du..., pour nommer sous notre présidence un subrogé tuteur auxdits enfans mineurs, et pour retirer la tutelle audit... (*l'époux survivant*), s'il y a eu dol ou fraude dans la gestion qu'il a faite indûment. A cet effet il sera cité à comparaître les mêmes jour et heure, devant le conseil de famille, pour être entendu. Désignons pour composer ledit conseil... *Suivre le premier modèle de Cédule ci-devant*).

Cette variation s'applique aussi à la convocation d'un conseil le famille pour destituer un tuteur. Il suffit de changer les faits, comme on est obligé de le faire dans toutes formules; car il est impossible, dût-on se répéter cent fois, d'établir tous les faits particuliers qui se renouvellent sans cesse.

(1) Articles 420 et 421, code civil.

Au pied de chacune des cédules ci-dessus , l'huissier du Juge de paix écrit la notification qui convient. J'ai donné des modèles suffisans et variés de ces Notifications, *Voyez* ABSENS et CÉDULES *suprà*.

N.° Ier FORMULE *de Nomination d'un Curateur au ventre, sur la demande de la Veuve survivante* (1).

Aujourd'hui... avril 1822,... heures du.... devant nous, Juge de paix de.., assisté de notre greffier..., a comparu..., veuve de...; demeurant à..., laquelle a dit que son mari est décédé le..., et qu'elle est enceinte de.. mois; de quoi elle s'empresse de nous faire sa déclaration, afin de faire nommer un curateur à son ventre (*ou à sa grossesse*); qu'à cet effet elle a convoqué à l'amiable (*ou par cédule du..., etc.*) un conseil de famille composé de... (*écrire la composition du conseil*); réquérant qu'il nous plaise de recevoir les personnes convoquées, de dresser acte de la nomination qu'ils feront; et a signé (*ou déclaré ne le savoir*).

Sont ensuite comparus, 1°...	}	Prénoms, noms et qualités des trois parens paternels, avec leurs degrés de parenté, ou, à leur défaut, ceux des amis qui les remplacent.
2°...		
3°...		
4°...	}	De même pour les trois parens maternels, ou les amis qui les remplacent.
5°...		Le tout dans l'ordre établi dans les textes ci-devant rapportés.
6°...		

Lesquels nous ont dit : Qu'en déférant à la convocation de la veuve..., ils consentent à délibérer devant nous et avec nous, sur l'objet de leur réunion. En conséquence de ce consentement, nous avons fait promettre aux comparans de délibérer en leur âme et conscience sur la nomination qu'ils sont appelés à faire (2); ce qu'ayant fait individuellement, nous

____

(1) Article 393 , code civil.

(2) Il n'y a point de loi qui exige cette promesse ; mais je l'ai toujours fait faire, par suite de l'ancienne pratique, et pour pénétrer les délibérans de leur devoir.

les avons déclarés légalement constitués en conseil de famille sous notre présidence. Le conseil ainsi constitué, et,
après en avoir délibéré avec nous, a déclaré, à l'unanimité,
qu'il nomme pour curateur au ventre, ou à la grossesse de
ladite veuve..., la personne de..., l'un des délibérans; lequel
nous a déclaré accepter cette fonction, et nous a juré par
serment de la remplir fidèlement. Pourquoi nous disons que
ledit... est légalement élu dans les fonctions de curateur dont
il est cas, et qu'à la naissance de l'enfant, il en deviendra de
plein droit subrogé tuteur, sans autres formalités, la mère
étant tutrice de son enfant (1). Fait et clos le présent acte;
et ont, les délibérans, signé (*ou déclaré ne le savoir, ou
excepté tels et tels*).

Nota. Si la Délibération n'est pas unanime, il faudra rendre les
votes suivant qu'ils auront été portés, sans cependant dire *six
fois*, un tel a voté pour...., un tel a donné sa voix en faveur de..,
ce qui est une répétition au moins inutile; il suffit de réunir les
voix données au même individu, d'exprimer cette réunion et de
faire connaître la majorité qui opère la délibération du conseil.

N.° 2. **Modèle** *de Nomination d'un Subrogé tuteur dans
les Tutelles de père ou de mère survivant, ou d'ascendans* (2).

Aujourd'hui... juin 1822,... heures du..., devant nous,
Juge de paix de..., assisté de notre greffier, a comparu
dans notre prétoire J. P.., demeurant à... veuf de.. (*ou
veuve de..*); lequel *ou* laquelle nous a dit que son mari (*ou
son épouse*) est décédé le..., et que de leur mariage sont
issus (*prénoms, noms et âges des enfans mineurs*); que,
désirant exercer légalement la tutelle de sesdits enfans,
dont il (*ou elle*) nous déclare faire l'acceptation formelle,

____

(1) Code civil, art. 393.

(2) Dans toute tutelle, il y aura un subrogé tuteur nommé par le conseil de famille : ses fonctions consisteront à agir dans les intérêts des
mineurs lorsqu'ils seront en opposition avec ceux du tuteur.... Lorsque
le père ou la mère est appelé à la tutelle, il doit, avant d'entrer en fonctions, provoquer la nomination d'un subrogé tuteur; et, s'il s'ingère auparavant dans la tutelle, elle peut, s'il y a dol ou fraude, lui être retirée par
le conseil de famille. (*Extraits des articles* 420 *et* 421 *du code civil.*)
Voyez aussi l'article 402.

il a (*ou elle a*) convoqué à l'amiable (*ou par cédule du...,* *notifiée par.., huissier, le..*) le conseil de famille de ses enfans, composé comme il sera dit ci-après, pour leur nommer un subrogé tuteur, avec lequel il (*ou elle*) fera faire contradictoirement inventaire du mobilier de la succession de leur feu père (*ou mère*). De quoi elle (*ou il*) a requis qu'il nous plût lui donner acte, et a signé (*ou déclaré ne le* *savoir de ce enquis*). — (*Signature*).

Sont ensuite comparus, 1° (*établir les prénoms, noms,* *qualités . demeures et degrés de parenté de ceux qui com-* *posent le conseil, dans l'ordre établi dans la précédente* *formule*) ; lesquels nous ont dit qu'ils consentent à délibérer devant nous et avec nous, sur la nomination requise d'un subrogé tuteur aux enfans mineurs dudit feu... (*ou de* *la défunte*). En conséquence de ce consentement, nous avons fait promettre aux comparans de nommer, en leur âme et conscience, celui qu'ils croiront le plus digne d'être subrogé tuteur ; ce qu'ayant promis individuellement, nous les avons déclarés légalement constitués en conseil de famille sous notre présidence. Alors, le conseil délibérant avec nous, a déclaré, à l'unanimité, nommer pour subrogé tuteur desdits mineurs *un tel;* lequel présent nous a déclaré accepter cette fonction, et a juré par serment de la remplir fidèlement. De quoi nous avons dressé le présent procès-verbal les jour, mois et an que dessus ; et ont, les délibérans, signé (*ou* *déclaré qu'ils ne le savent*).

J'observe encore ici, et ce sera pour la dernière fois, que, lorsque la délibération n'est pas unanime, on établit les voix comme elles ont été portées. *Voyez* ce que j'ai dit sur la précédente Formule et ci-devant, à ABSENS.

VARIATIONS DE LA NOMINATION D'UN SUBROGÉ TUTEUR.

Ire *Quand l'Un des Membres du Conseil ne comparaît* *pas lorsqu'il est cité.*

(Suivre la Formule précédente jusqu'à la comparution des parens ou amis, dans laquelle on n'établit que les cinq parens présens, et on continue ainsi :)

Lesquels nous ont dit qu'ils consentent à délibérer avec nous, en conseil de famille sous notre présidence, sur l'objet

de leur convocation; de quoi nous leur avons donné acte.
Mais, attendu que le sieur..., demeurant à...., parent paternel (*ou maternel*) cité, n'a comparu ni en personne ni par fondé de pouvoir, quoique attendu une heure audelà de celle fixée par la cédule de convocation, nous avons contre lui donné défaut, et, pour le profit, l'avons condamné en l'amende de..., vu qu'il n'a fait parvenir aucune excuse; Ordonnons qu'il sera remplacé au présent conseil de famille, par le sieur..., demeurant à..., parent paternel (*ou maternel*) desdits mineurs...., et, pour cet effet, nous ajournons la délibération au.... de ce mois,... heures du..., pour lesquels jour et heure, ledit sieur...., remplaçant, sera cité, et auxquels les membres comparans promettent de comparaître volontairement.

Fait et clos, les jour, mois et an que dessus, etc.

2.ᵐᵉ VARIATION. *Quand le Parent défaillant fait parvenir des Excuses.*

(On suit encore ici la Formule du modèle N.º 2, jusqu'à la comparution des parens et amis présens, que l'on établit comme ci-devant; ensuite on continue :)

Lesquels nous ont dit, qu'en déférant à la citation qui leur a été donnée, ils consentent à délibérer devant nous, sur l'objet de leur convocation; de quoi nous leur avons donné acte. — Mais, attendu que le sieur..., demeurant à..., l'un des parens appelés, ne comparaît pas d'après un empêchement légitime, ainsi qu'il appert par tel certificat, délivré par..., en date du..., enregistré le..., qui sera annexé au présent; attendu qu'il est utile d'entendre et de recevoir l'avis dudit..., nous ajournons le conseil de famille à.... de ce mois,... heures du..., en notre prétoire, pour lesquels jour et heure, les comparans ont promis de comparaître sans citation, et pour lesquels encore ledit... sera cité, afin qu'il ne puisse ignorer le présent ajournement.

Fait et clos, les jour, mois et an que dessus, etc.

Nota. Ces deux variations s'appliquent à tout Conseil de famille, convoqué d'office, ou sur réquisition, dans quelque hypothèse que ce soit.

8*

N.º 3. **Formule de délibération** *pour retirer la Tutelle au Père ou à la Mère, ou à l'Ascendant qui n'a pas fait nommer de Subrogé tuteur, en cas de dot ou fraude* (1).

Aujourd'hui... mars 1822, heures du..., a comparu ..... (*prénoms, nom, qualité et demeure du parent ou créancier, qui a convoqué le conseil*), lequel a dit que feu sieur..., a laissé à son décès, arrivé le... dernier, deux enfans mineurs, nommés...., âgés de..., et une veuve nommée.. .; que, depuis, cette veuve n'a point fait nommer de subrogé tuteur à ses enfans, quoiqu'elle gère publiquement leur tutelle et même d'une manière frauduleuse; que notamment elle s'est permis... (*exprimer ici les faits de dot ou fraude*); que la preuve de ces faits résulte de telle pièce (*s'il y en a, ou autrement on dit*) : que ces faits sont dans le cas d'être prouvés testimonialement, et que, pour faire cesser cette conduite, il a fait notifier, le.... de ce mois, par..., huissier, la cédule que nous lui avons délivrée le..., enregistrée le..., tant à la veuve..., qu'aux parens et amis désignés dans ladite cédule, pour comparaître devant nous, ces jour et heure, afin de délibérer s'il y a lieu de retirer la tutelle à ladite veuve, et, dans tous les cas, pour nommer un subrogé tuteur à ses enfans; en conséquence le comparant a requis qu'il nous plût de recevoir le conseil convoqué, de dresser acte de sa délibération, et a signé.

Sont ensuite comparus : 1º... (*établir les prénoms, noms et qualités des personnes citées, comme ci-devant au modèle, N.º I.*"*);

Lesquels ont dit qu'ils consentent à delibérer devant nous et avec nous, sur l'objet de leur convocation, etc. (*comme au premier modèle*). Le conseil ainsi constitué a entendu ladite .., veuve de..., sur les faits qui lui sont imputés, dont il lui a été donné communication, ainsi que des pièces justificatives ; laquelle a répondu que.... (*sa réponse*) et a signé (*ou déclaré qu'elle ne le sait*) (2).—Et

____

(1) Article 421, code civil, dont le texte est rapporté ci-devant.

(2) Le tuteur destitué doit être appelé ou entendu à peine de nullité, (article 447, même code.)

ayant fait retirer ladite veuve..., le conseil délibérant avec nous, sous notre présidence; vu... (*les pièces s'il y en a*); considérant que... (*Ici dire les malversations, dol, ou soustractions, qui sont justifiés*); considérant que ces faits sont assez graves pour ôter toute confiance dans ladite veuve..., Le conseil, à l'unanimité, déclare retirer à la veuve... la tutelle de ses enfans, et lui interdit d'en faire aucun acte à compter de ce jour. —Alors le conseil ayant fait rentrer la veuve..., devant lui, nous, juge président, lui avons prononcé la décision du conseil, à quoi elle a déféré (*ou contre laquelle elle a déclaré protester, avec toutes réserves de droit*); et a signé, ou refusé de le faire.

Le conseil, procédant ensuite à la nomination d'un tuteur auxdits mineurs, a déclaré à l'unanimité qu'il nomme à cette fonction la personne de..., l'un des membres du conseil; lequel nous a déclaré accepter ladite qualité, et nous a juré par serment de la remplir fidèlement. Délibérant ensuite sur la nomination d'un subrogé tuteur, le conseil, aussi à l'unanimité, excepté le tuteur qui n'a pas voté (1), a nommé pour subrogé tuteur des mêmes mineurs, la personne de..., lequel présent a accepté cette fonction, et a juré par serment, la main levée, de la remplir fidèlement. De tout quoi nous avons dressé le présent acte, que les délibérans ont signé avec nous, etc.   (*Signatures.*)

Nota. Quand les faits imputés à l'époux survivant ne sont pas assez graves pour opérer la destitution de la tutelle, on déclare maintenir le tuteur, et on lui nomme de suite un subrogé tuteur comme ci-dessus.

N.º 4. FORMULE DE NOMINATION *d'un Tuteur provisoire à des Mineurs dont le père a disparu, et dont la mère est décédée* (2).

Aujourd'hui, etc. (*ici les prénoms, noms, qualités et demeures des six parens ou amis qui composent le conseil de famille*), lesquels ont dit que J. C..., demeurant à..., était marié à....., qui est décédée le.....; que de leur

____

(1) Dans aucun cas, le tuteur ne vote pour la nomination du subrogé tuteur, etc. (Article 423, code civil.)

(2) Article 142, même code.

mariage il est issu (*prénoms, noms et âges des enfans*), lesquels sont maintenant sans le secours et la protection de leur père, parce qu'il a disparu de son domicile depuis..., sans qu'on ait eu de ses nouvelles; que, dans cette circonstance, les comparans se sont réunis spontanément devant nous, dans les qualités ci-devant énoncées, pour être constitués en conseil de famille sous notre présidence, et pour nommer, s'il y a lieu, un tuteur provisoire à ces mineurs (*ou pour déférer leur tutelle à leur ascendant le plus proche*). En conséquence ils ont requis qu'il nous plût de les constituer en conseil de famille sous notre présidence, et ont signé, etc.

Vu la déclaration ci-dessus, et les articles 141, 142 et 143 du code civil, nous, Juge de paix, attendu que plus de six mois se sont écoulés depuis la disparition du père des mineurs, et qu'il est instant de pourvoir à la surveillance des personnes et des biens des mineurs (1), donnons acte aux parens et amis ci-dessus nommés de leurs comparutions et diligences, et, après leur avoir fait promettre de délibérer en leur âme et conscience, nous les avons déclarés légalement constitués en conseil de famille sous notre présidence. Alors, le conseil délibérant avec nous, a déclaré, à l'unanimité, qu'il défère la surveillance de la tutelle des mineurs ci-dessus nommés à..., demeurant à..., leur aïeul paternel (*ou maternel*), l'un des délibérans; lequel nous a déclaré accepter cette fonction, pour l'exercer jusqu'au retour du père disparu, et nous a juré par serment de s'en acquitter fidèlement.

S'il n'y a pas d'Aïeul, on dit :

Le conseil de famille, après en avoir délibéré avec nous, a déclaré à l'unanimité nommer pour tuteur provisoire des mineurs dont il s'agit, la personne de..., lequel nous a déclaré accepter cette qualité, et nous a juré par serment, etc. Procédant ensuite à la nomination d'un subrogé tuteur aux mêmes mineurs, etc. (*comme dans la formule* N.° 3).

---

(1) *Tutor enim defensor est, sicque appellatur à tuendo, quià personæ principaliter datur, rebus verò per consequentias.*

Si le Tuteur nommé n'est pas présent, ou s'il propose des excuses, il y a lieu de faire des variations dans le modèle. Nous les
donnerons avec les formules ci-après, N.º 10, 11, 12, 13 et 14.

N.º 5. MODÈLE DE NOMINANION *d'un Tuteur, sur le Refus
de la Mère d'accepter la tutelle de ses enfans* (1).

Aujourd'hui..., etc., etc., a comparu dans notre prétoire
la dame.., veuve de.., demeurant à.., laquelle a dit que, son
mari étant décédé le..., et laissant de leur mariage deux
enfans mineurs, dont la tutelle lui est déférée de droit, elle
nous déclare qu'elle ne peut exercer cette tutelle; parceque...
(*ici les motifs*). Pourquoi, et en abdiquant ladite tutelle,
elle a convoqué à comparaître ces jour et heure devant nous,
le conseil de famille de ses enfans, composé de..., afin de
leur nommer un tuteur pour la remplacer; Requérant qu'il
nous plaise de recevoir la délibération de ce conseil; et a
signé (*ou déclaré qu'elle ne le sait*).
    Sont ensuite comparus... (*tous les membres du conseil,
dans l'ordre établi ci-devant, par la formule N.º Ier*),
lesquels nous ont dit qu'ils consentent à délibérer devant
nous et avec nous, sur la déclaration de la mère des mineurs... En conséquence, et après leur avoir fait promettre
etc.
    Le conseil ainsi constitué, attendu que toute mère tutrice
est libre de refuser la tutelle de ses enfans, déclare à l'unanimité accepter l'abdication de ladite veuve; et, procédant
à son remplacement, le conseil a nommé aussi à l'unanimité, pour tuteur des mineurs..., la personne de..., demeurant à..., l'un des comparans, qui a déclaré accepter
etc., etc. (*comme dans la première formule pour le serment*). Délibérant ensuite sur la nomination d'un subrogé
tuteur, sur laquelle le tuteur n'a pas voté suivant la loi, le
conseil, toujours à l'unanimité, a déclaré nommer, etc., etc.
(*Comme dans la formule N.º 3*). De tout quoi nous avons
dressé le présent, etc...

---

(1) La mère n'est point tenue d'accepter la tutelle; en cas de refus, elle
doit cependant en remplir les devoirs jusqu'à ce qu'elle ait fait nommer
un tuteur. (*Article 394 code civil.*)

Quoique la loi ne permette pas textuellement au père d'abdiquer la tutelle, il doit être reçu à s'en démettre, lorsqu'il se déclare incapable, et que le conseil de famille reconnaît son incapacité. La loi autorise la destitution de tout tuteur incapable, sans en excepter le père (1).

N.º 6. FORMULE DE NOMINATION *d'un Conseil spécial à la Mère dans l'exercice de la Tutelle* (2).

Le... mars 1822,... heures du..., devant nous, Juge de paix de..., assisté de notre greffier, a comparu dans notre prétoire V. Z., demeurant à..., lequel a dit que, prévoyant le cas que M. N., son épouse lui survivra, et que son peu d'aptitude aux affaires (*ou la faiblesse de sa santé*), ne lui permettra que difficilement d'exercer la tutelle de... et de.., leurs enfans mineurs, il nomme pour conseil spécial de ladite M. N., son épouse, pour l'assister dans tous les actes de la tutelle de leursdits enfans, le sieur..., demeurant à..., lequel a promis au déclarant d'accepter cette mission. De laquelle nomination il a requis acte, que nous lui avons octroyé pour valoir et servir ce que de droit. Lecture faite audit... il a signé (*ou déclaré ne le savoir*).

N.º 7. FORMULE DE NOMINATION D'OFFICE *d'un Subrogé tuteur, sur la Négligence de l'Epoux survivant* (3), *quoiqu'il n'y ait pas fraude ou dol.*

Aujourd'hui... etc. Nous, Juge de paix de...., assisté de notre greffier, vu la cédule par nous délivrée le..., enregistrée le..., notifiée par..., huissier, le..., par laquelle nous avons convoqué *d'office*, à ces jour et heure, le conseil de famille des mineurs..., enfans de..., décédé, et de... leur père (*ou mère*) survivant, pour procéder sous notre présidence à la nomination d'un subrogé tuteur auxdits mi-

---

(1) Article 444 code civil; Arrêt de la cour de Besançon du 18 décembre 1806.

(2) Pourra le père nommer un conseil spécial à la mère, sans l'avis duquel elle ne pourra faire aucun acte relatif à la tutelle. Si le père n'établit le conseil que pour certains actes, la tutrice sera habile à faire seule tous les autres. (*Article 391 code civil.*)

(3) Article 421 du code civil.

neurs, attendu la négligence dudit... de faire faire cette nomination, malgré que nous l'en ayons requis,

Avons procédé à ladite nomination de la manière suivante : Sont comparus en exécution de notre dite cédule, 1°...; 2°...; 3°... (*prénoms, noms, qualités et demeures des parens paternels ou amis*); 4°...; 5°...; 6°... (*de même des parens maternels*), lesquels nous ont dit : Qu'en déférant à notre convocation, ils consentent a délibérer sur la nomination qu'il y a lieu de faire. En conséquence, nous avons fait promettre aux comparans de délibérer en leur âme et conscience, etc. (*Suivre pour la nomination, l'acceptation, le serment et la clôture, le modèle que j'ai donné pour la nomination pure et simple d'un subrogé tuteur, n° 2*).

VARIATION DE CETTE NOMINATION *quand elle est requise par un Parent.*

Il faut se servir de la Délibération N° 3, de laquelle on supprime tout ce qui est relatif au cas de dol ou de fraude.

N.° 8. FORMULE DE CONSERVATION DE LA TUTELLE, *à la Mère qui se remarie* (1).

Aujourd'hui.. etc. devant nous etc., a comparu (*les prénoms, nom et demeure de la veuve*), laquelle nous a dit, qu'au décès de son mari, elle a fait nommer un subrogé tuteur à... et à..., ses enfans mineurs, suivant notre procès verbal du..., enregistré le...; qu'elle a fait faire ensuite inventaire du mobilier qui dépendait de la succession de son mari, et de sa communauté avec lui, suivant acte reçu par..., et son collègue, notaires à..., enregistré le...; que, depuis, elle a convenablement administré la tutelle de ses enfans, mais que, étant sur le point de contracter un second

---

(1) Si la mère tutrice veut se remarire, elle devra, avant le nouveau mariage, faire décider, par le conseil de famille, si la tutelle lui sera conservée, à défaut de quoi, elle perdra la tutelle de *plein-droit*.... etc. Article 395, code civil ; Arrêts de la Cour de Nîmes, du 19 prairial an 13 ; de la cour de cassation du 24 fructidor, an 13, et de celle de Poitiers, du 15 février 1821.

mariage avec..., demeurant à..., elle désire auparavant obtenir la conservation de ladite tutelle, et, qu'à cet effet, elle a convoqué, à ces jour et heure, devant nous, le conseil de famille de ses enfans, tel qu'il était composé lors de la nomination du subrogé tuteur ; Requérant qu'il nous plaise de recevoir et présider ledit conseil, de dresser acte de sa délibération, et a signé (*ou déclaré ne le savoir*).

Sont ensuite comparus etc. (*comme à la formule N.° Ier*), lesquels nous ont dit qu'en déférant à la convocation de ladite veuve..., ils consentent, etc., etc. Le conseil ainsi constitué, et après en avoir délibéré avec nous; attendu que la requérante a rempli les formalités qui lui étaient prescrites par les lois, comme mère tutrice; attendu que son administration paraît sage et prudente, et qu'elle a manifesté constamment de la tendresse pour ses enfans; attendu que le second mari qu'elle se propose d'épouser, inspire de la confiance;

Déclare, à l'unanimité, maintenir ladite veuve de...; dans la tutelle des mineurs..., (*répéter leurs noms et prénoms*), pendant son futur mariage avec B., lequel le conseil lui adjoint pour co-tuteur. — En cet instant, B., demeurant, comme il est dit, à..., s'est présenté et a déclaré accepter cette co-tutelle, des suites de laquelle il s'engage solidairement avec la veuve.... à répondre après la célébration de son futur mariage. Fait et clos le présent procès verbal, etc., etc.

N.° 9. VARIATION. *Refus du Conseil de conserver la Tutelle à la Mère.*

(On suit la Formule qui vient de finir, jusqu'à ces mots :)

Le conseil ainsi constitué, et, après avoir délibéré avec nous, attendu que.. (*exprimer les motifs du refus, si le conseil le veut, autrement il n'y est pas tenu*), à l'unanimité, déclare qu'il ne peut maintenir la veuve...; dans la tutelle de ses enfans, pendant son futur mariage avec N.... En conséquence, et procédant à son remplacement, il a, à l'unanimité, nommé pour tuteur auxdits mineurs... (*Suivre pour le reste la formule N.° 3; et de même, s'il n'y avait pas de subrogé tuteur nommé ou vivant*).

N.ᶜ 10. **NOMINATIONS DE TUTEUR ET DE SUBROGÉ TUTEUR** *à des Mineurs qui n'ont ni père ni mère, sur la Réquisition d'un Parent.*

Aujourd'hui... mai 1822,... heures du..., devant nous, Juge de paix de..., assisté du greffier, a comparu en notre prétoire (*prénoms, nom, qualité et demeure du comparant*), lequel a dit que J. F. et M. P., vivans époux, et demeurant à..., sont décédés, savoir, le mari le..., et la femme le...; qu'ils ont laissé trois enfans, nommés..., âgés de...; qu'étant urgent de donner un tuteur et un subrogé tuteur à ces mineurs, il a convoqué à l'amiable devant nous, à ces jour et heure, etc. (*comme dans la formule* N.° I.ᵉʳ).

(Si le Conseil est convoqué judiciairement, on dit :)

Qu'étant urgent de pourvoir ces mineurs d'un tuteur et d'un subrogé tuteur, il a de nous obtenu cédule le..., qu'il a fait notifier le..., par..., huissier, dont l'acte est enregistré le..., par laquelle nous avons ordonné la convocation à ces jour, lieu et heure, devant nous, etc.
Sont ensuite comparus... (*prénoms, noms, qualités et demeures des parens, dans l'ordre établi par le modèle* N.° I.ᵉʳ *Mais on n'en établit que cinq, si le requérant s'adjoint au conseil pour le compléter, et alors on dit*) : auxquels cinq comparans ledit... (*le requérant*), demeurant comme dessus, s'est adjoint en qualité de... (1), lesquels nous ont dit, qu'ils consentent à procéder devant nous, aux nominations dont il s'agit, etc. Le conseil ainsi constitué, a déclaré à l'unanimité nommer pour tuteur aux trois enfans mineurs..., le sieur..., l'un des délibérans, lequel nous a déclaré accepter cette fonction et a juré par serment de la remplir fidèlement. Procédant ensuite à la nomination du subrogé tuteur, le conseil de famille, aussi à l'unanimité, (*à l'exception du tuteur qui n'a pas voté*), a nommé pour remplir cette qualité de subrogé tuteur le sieur..., l'un des membres du conseil, qui a consenti à accepter cette

---

(1) Tout parent qui requiert le conseil, peut y délibérer, excepté lorsqu'il s'agit d'interdiction, pourvu qu'avec lui il n'y ait que six votans.

fonction, et a juré par serment de la remplir fidèlement. De tout quoi nous avons fait et dressé le présent acte, etc.

Si la Délibération n'est pas unanime, *voyez* la fin du modèle n.° 1.er. S'il y a un membre absent, *voyez* les deux variations de la formule N.° 2. Si le tuteur nommé n'est pas présent, on ajoute aussitôt que la nomination est établie :

Et attendu que ledit..., tuteur nommé n'est pas présent, le conseil a commis le sieur..., demeurant à..., l'un de ses membres, pour notifier audit tuteur la présente délibération (1) aux fins de droit. Procédant ensuite à la nomination du subrogé tuteur, etc... (*On en fait de même si le subrogé tuteur est absent.*)

N.° 11. NOTIFICATION *au Tuteur de sa Nomination* (2).

Le... avril 1822, à la requête de..., demeurant à..., où il élit son domicile, étant commis par la délibération ci-après datée pour l'effet des présentes, j'ai (*immatricule de l'huissier*) soussigné, signifié et donné copie à..., demeurant à..., en parlant à..., d'un procès verbal fait devant M. le Juge de paix de..., le... de ce mois, enregistré le..., portant nomination dudit..., pour tuteur aux enfans mineurs de... et de..., en bonne forme ; à ce qu'il n'en ignore, et ait à s'y conformer, sous les peines de droit. Fait et délaissé copie du présent, avec celle de la délibération y énoncée, au domicile dudit..., en parlant comme est dit ci-dessus. Le coût du présent est de...   (*Signature de l'huissier.*)

Sur une telle notification, et si le tuteur accepte, on fait un simple procès verbal comme il suit :

N.° 12. ACCEPTATION DU TUTEUR ABSENT *lors de sa Nomination.*

Aujourd'hui le... 1822,... heures du...., devant nous, Juge de paix de..., etc., a comparu, etc., lequel a déclaré

---

(1) Article 882 du code de procédure. La notification se fait dans les trois jours de la délibération, outre un jour par trois myriamètres de distance du domicile du tuteur.

(2) Même article 882 du code de procédure.

qu'il accepte la qualité de tuteur des enfans mineurs de...
et de..., à laquelle il a été nommé par le conseil de famille
présidé par nous, le.. de ce mois, suivant le procès verbal
enregistré le..., offrant de faire le serment requis en pareil
cas, et a signé (*ou déclaré qu'il ne le sait*).

Vu notre procès verbal ci-devant daté et l'acceptation ci-
dessus, nous, Juge de paix, avons donné acte au comparant
de son acceptation, et lui avons fait promettre et jurer par
serment, la main-levée, de remplir fidèlement les fonctions qui lui sont confiées. Au moyen de quoi nous disons
que le comparant est définitivement tuteur desdits mineurs.
Fait et dressé le présent, etc.

Si, au contraire, le Tuteur refuse d'accepter, il doit proposer ses
excuses, et assembler le conseil de famille dans les trois jours
de la notification (1); sinon il est déchu de cette faculté et reste
tuteur.

N.° 13. Cédule *pour faire entendre les Excuses d'un Tuteur nommé en son absence.*

Nous, Juge de paix de..., sur la déclaration de..., demeurant à..., lequel a dit qu'il a été nommé tuteur de.., enfans
mineurs de... et de..., suivant notre procès-verbal du...,
enregistré le..., qui lui a été notifié par..., huissier, le...;
qu'il a des excuses valables à proposer contre cette nomination, qui sont que... (*ici sommairement les excuses*);
Qu'en conséquence il demande la convocation du conseil
qui l'a nommé, pour le jour et heure qu'il nous plaira de
fixer, et a signé...—Vu la déclaration ci-dessus, et l'article
439 du code civil; attendu que ledit..., est dans le délai
fixé par la loi; nous ordonnons que le conseil de famille des
mineurs... sera convoqué pour le... de ce mois,... heures
du..., à comparaître devant nous, en notre prétoire, afin
de délibérer sur les excuses dudit... Fait à..., le..., etc.

Au pied de cette cédule, l'huissier du Juge de paix écrit sa no-

---

(1) Article 439, code civil. Le tuteur proposera ses excuses, dans le délai
de trois jours de la notification qui lui aura été faite, sauf l'augmentation
d'un jour par trois myriamètres....

tification dans la forme que j'ai ci-devant donnée pour le modèle de cédule qui convoque un conseil de famille. *Voyez* cette formule.

Au jour fixé, le conseil délibère dans la forme ordinaire; il admet ou rejette les excuses. Si elles sont admises, on nomme un nouveau tuteur à la place de celui qui est excusé. Tout cela est fort simple à faire ; et, pour ne pas multiplier les formules, on choisira l'une des précédentes, en y insérant les faits convenables.

Si le tuteur est présent à la délibération qui le nomme, il doit, sous peine d'être déclaré non-recevable dans toute réclamation, proposer ses excuses sur-le-champ (1) , ce qui se fait ainsi :

N.º 14. **Excuses proposées** *par le Tuteur à l'instant de sa Nomination.*

On suit le procès verbal N.º 10 jusqu'à ces mots : *Lequel a déclaré accepter*, *etc.* Mais on dit au contraire :

Lequel a déclaré qu'il ne peut accepter cette qualité, attendu... (*ici on établit les causes de l'excuse*); Et il a signé, *ou* a dit ne le savoir, de ce enquis. — Sur quoi délibérant, le conseil de famille, après avoir reconnu la vérité et la validité des excuses proposées, déclare les admettre; et, procédant au remplacement dudit..., il a nommé à l'unanimité le sieur..., demeurant à..., pour tuteur desdits..., enfans mineurs de... et de..., lequel a consenti à accepter cette fonction, et a juré par serment de la remplir fidèlement, etc.

Si au contraire le Conseil rejette les excuses, il dit :

Sur quoi délibérant, le conseil de famille, considérant que... (*les motifs qui autorisent le rejet*); déclare à l'unanimité rejetter les excuses dudit... ; en conséquence ordonne qu'il sera tenu d'administrer la tutelle qui lui est conférée, et même provisoirement en cas de pourvoi contre la présente délibération, sous les peines de droit, etc. (2).

N.º 15. **Autorisation** *au Tuteur , pour accepter une Succession pour ses Mineurs.*

____

(1) Article 438 , code civil.
(2) Article 440 , code civil,

Aujourd'hui, etc., devant nous, etc., a comparu, etc., lequel nous a dit que, par le décès de..., père (*ou mère, ou autre parent*) des mineurs A. et B., dont il est tuteur, sa succession leur est échue en totalité (*ou en partie*); qu'il a été fait inventaire du mobilier de cette succession, le..., par M^e.. et son collègue, notaires à..., enregistré le..., par lequel acte il appert que..., (*établir ici la balance de l'inventaire*); que la succession se compose d'ailleurs de différens immeubles (*les indiquer sommairement s'il y en a, sinon on dit*) : que cette succession se compose uniquement de son mobilier; et, voulant être autorisé à l'accepter pour ses pupilles (1), il a convoqué à ces jour, lieu et heure, devant nous, le conseil de famille, etc. (*comme à la formule N.° 1.er*.

Sont ensuite comparus, etc., lesquels nous ont dit, etc. (*suivre toujours la même formule N.° 1.er*). — Le conseil ainsi constitué, après en avoir délibéré avec nous, vu l'inventaire ci-devant daté, a déclaré à l'unanimité qu'il autorise ledit..., tuteur, à accepter sous bénéfice d'inventaire, au greffe du tribunal de..., la succession de..., pour la totalité (*ou la part*) qui en est échue aux mineurs... De quoi nous avons dressé le présent, etc.

Variation, *quand le Conseil autorise à renoncer à la Succession.*

Le conseil ainsi constitué, après en avoir délibéré conjointement avec nous, a déclaré à l'unanimité autoriser le sieur..., tuteur desdits mineurs, à renoncer purement et simplement, pour ses pupilles, à la succession de..., et cela, au greffe du tribunal du lieu de l'ouverture de ladite succession; attendu qu'elle est plus onéreuse que profitable auxdits mineurs, suivant qu'il appert par l'inventaire ci-devant daté. De quoi nous avons dressé le présent, etc.

Le Mineur émancipé comme le mineur en tutelle, doit être autorisé par un conseil de famille à accepter ou renoncer aux successions, parce qu'il y a ici des dispositions immobilières qui n'ap-

---

(1) Article 461, 462 et 776, code civil.

partiennent jamais qu'au majeur, sans observer de formalités.

Quand le Mineur domicilié en France possèdera des biens dans les colonies, ou réciproquement, l'administration spéciale de ces biens sera donnée à un protuteur. En ce cas, le tuteur et le protuteur seront indépendans et non responsables l'un envers l'autre pour leur gestion respective. (*Article* 417 *code civil*).

N.° 16. Modèle de nomination *d'un Protuteur.*

Aujourd'hui... 1822,... heures du.., devant nous, etc., a comparu... (*prénoms, nom, profession et demeure du requérant*), lequel nous a dit que, le..., est décédé en cette ville le sieur..., demeurant rue de..., dont la succession est dévolue en totalité (*ou pour une partie*) à... et à.., enfans mineurs de... et de... ; que ces mineurs habitent à..., colonie française, ce qui ne permet pas de leur faire nommer en France, un tuteur ordinaire, mais seulement un protuteur, qui sera chargé d'administrer les biens qui leur sont échus par la succession dont il s'agit; que, pour y parvenir, et dans sa qualité de..., il a convoqué à ces jour, lieu et heure, devant nous, après en avoir pris notre agrément (*ou obtenu notre cédule*), un conseil de famille composé de personnes ci-après nommées, afin de nommer un protuteur auxdits mineurs. Pourquoi il a requis qu'il nous plût de recevoir ledit conseil, de dresser acte de la nomination qu'il fera, et a signé...   (*Signature.*)

Sont aussi comparus..., etc. — (*Comme à la formule* n°. 1.ᵉʳ), lesquels ont dit, etc. Le conseil ainsi constitué, après en avoir délibéré avec nous, a déclaré à l'unanimité nommer, comme de fait il nomme pour Protuteur des mineurs... le sieur..., l'un des délibérans, qui a accepté cette fonction, et a juré par serment de la remplir fidèlement. — Délibérant ensuite sur le choix d'un subrogé tuteur aux mêmes mineurs (*comme dans les formules précédentes*). Fait et clos, etc.

Voyez pour les Variations de cette Protutelle, celles des actes précédens, savoir : quand la délibération n'est pas unanime, suivez le modèle N.° I.ᵉʳ ; ou s'il y a un membre du conseil absent, prenez les variations de la formule N.° 2; et, quand c'est le Protuteur qui est absent, lors de sa nomination, ou qu'il propose des excuses, suivez les modèles N.ᵒˢ 11, 12, 13 et 14.

Voyez aussi l'article Pro-tuteur, du Recueil général et raisonné de la jurisprudence des justices de paix de France.

N.° 17. Formule *pour autoriser un Tuteur à former une Demande en Partage pour son Pupille* (1).

Aujourd'hui… juin 1822,… heures du…, devant nous, Juge de paix de…, a comparu…, etc., lequel a dit que, par délibération du…, reçue par M. le Juge de paix de…, enregistrée le…, il a été nommé tuteur de… et de…, enfans mineurs de feu… et de défunte…; que ces mineurs, comme héritiers de leur père (*ou mère, ou de tout autre parent*), sont propriétaires par indivis avec… (*prénoms et noms des co-propriétaires*), d'un domaine situé à.., consistant en….; qu'il serait avantageux aux mineurs de provoquer le partage de ce domaine, attendu que…, (*ici les motifs de l'avantage*); mais, comme une action de cette nature ne peut être introduite en justice sans une autorisation préalable, le comparant a convoqué à l'amiable (*ou suivant notre cédule du…*) à comparaître à ces jour et heure, devant nous, le conseil de famille de ses mineurs, afin de délibérer sur cette autorisation; pourquoi il requiert qu'il nous plaise de recevoir ledit conseil, de dresser acte de sa délibération, et a signé…

Sont ensuite comparus, etc., etc. (*comme au modèle N.° I.ᵉʳ*). Le conseil ainsi constitué délibérant avec nous; attendu que nul ne peut être forcé de demeurer dans l'indivision (2); attendu que tout partage fait avec des mineurs n'est que provisionnel, lorsqu'il n'est pas exécuté judiciairement (3); attendu enfin qu'il y a un avantage certain pour les mineurs à demander ledit partage, parce que… (*ici les motifs de l'avantage*).

Le conseil, à l'unanimité, autorise le sieur…, tuteur des mineurs…, à former en justice l'action en partage du do-

---

(1) Article 464, code civil. Aucun tuteur ne pourra introduire en justice une action relative aux droits immobiliers du mineur, ni acquiescer à une demande semblable, sans l'autorisation du conseil de famille.

(2) Article 815, code civil.

(3) Articles 838, 839, 840 du même code, et 984 du code de procédure.

maine de.., et d'y faire procéder dans les formes de droit.
De laquelle délibération nous avons, etc. , etc.

S'il y a plusieurs mineurs qui aient des intérêts opposés dans le
partage, et s'ils n'ont qu'un même tuteur, il doit leur être donné
à chacun un tuteur spécial et particulier. Cette formalité est de
rigueur, et son omission emporterait sinon la nullité du partage,
du moins le ferait réputer provisionnel.

Cette Nomination de Tuteur spécial se fait dans la même forme
que celle d'un tuteur ordinaire ; il suffit de changer les faits et
les motifs de la nomination. *Voyez* les modèles N.os 2 et 10.

Lors de l'entrée en exercice de toute tutelle, autre que celle
des père et mère, le conseil de famille règle, par aperçu et selon
l'importance des biens régis, la Dépense annuelle du mineur,
ainsi que celle d'administration de ses biens. Le même acte spé-
cifie si le tuteur est autorisé à s'aider dans sa gestion d'un ou
plusieurs administrateurs salariés. Le conseil détermine aussi la
somme à laquelle le tuteur est tenu d'employer l'excédant des
revenus sur la dépense (1).

N.º 18. Formule du règlement *de la Dépense annuelle et
de l'Administration des biens du Mineur.*

Aujourd'hui... etc. Devant nous, etc., a comparu...,
etc. , lequel nous a dit que, comme tuteur des mineurs...,
enfans de... et de..., il désire, pour se conformer à la loi,
faire régler la dépense annuelle de ses pupilles, les frais
d'administration de leur tutelle, et fixer la somme à laquelle
commencera pour lui l'obligation d'employer l'excédant des
revenus sur la dépense ; que, pour parvenir à ce règlement,
il a convoqué à ces jour, lieu et heure, devant nous, le
conseil de famille de ses pupilles, etc. (*comme dans les
modèles précédens*).

Sont ensuite comparus, etc. , etc. , lesquels nous ont
dit, etc. , etc. (*suivre pour le tout la formule N.° 1.er*).
Le conseil ainsi constitué délibérant avec nous : attendu
que le revenu des mineurs doit être évalué à..., attendu
que leur entretien ordinaire, les impositions et dépenses im-
prévues, ainsi que les frais de gestion peuvent s'élever à...,

____

(1) Articles 454, 455 et 456, code civil.

ce qui réduit le revenu à une somme nette de..., le conseil fixe et arrête la dépense annuelle des mineurs à la somme de..., pour chacun d'eux, tant pour leur nourriture, entretien, que pour leur éducation ; arrête aussi que les frais de la gestion du tuteur ne pourront excéder la somme de..., par année. *(S'il reste un excédant suffisant pour être placé après la dépense annuelle acquittée, on ajoute)*: Et, attendu que la somme nette des revenus présente, après la dépense annuelle acquittée, un excédant de..., qu'il est convenable de placer au profit desdits mineurs, le conseil arrête que le tuteur sera tenu de faire, chaque année et dans les six mois suivans au plus tard, le placement en capitaux de rentes, ou en immeubles, de la somme de..., que les revenus des mineurs présentent d'excédant sur la dépense ; faute de quoi le tuteur sera passible de l'intérêt des sommes non colloquées. *(Si la gestion de la tutelle était trop considérable pour un seul administrateur, on ajouterait encore)*: Au surplus le conseil de famille, considérant que l'administration des biens desdits mineurs, est considérable ; qu'elle demande les soins et l'activité de plusieurs gérens, afin d'être d'autant plus avantageuse, autorise à l'unanimité le sieur..., tuteur, à s'aider dans sa gestion d'un administrateur salarié par les mineurs, et gérant sous sa responsabilité ; en conséquence fixe le salaire de ce gérent à la somme de... De tout quoi, nous, Juge président, avons fait et dressé le présent acte, etc., etc.

Nota. C'est au Tuteur à nommer le Gérent, puisqu'il est responsable pour lui.

N.° 19. MODÈLE *d'Autorisation au Tuteur, pour vendre les Immeubles des Mineurs* (1).

Aujourd'hui... etc., devant nous, etc., a comparu, etc., lequel a dit, qu'il a été nommé tuteur de..., enfant mineur de... et de..., suivant notre procès-verbal du..., enregistré le... ; qu'aussitôt après cette nomination, il a fait

---

(1) Article 457, code civil. La vente ne peut jamais être autorisée que par deux motifs, en cas d'avantage évident, ou en cas de nécessité absolue.

lever les scellés qui avaient été apposés sur les meubles et effets de la succession du père (*ou de la mère*), de son pupille, fait faire inventaire de ce mobilier et vente d'icelui; mais que le produit de cette vente n'est que de..., tandis que les dettes passives de ladite succession s'élèvent à..., suivant l'inventaire; qu'à la vérité cet inventaire présente un actif en créances de..., qu'il faudra joindre, après la rentrée, au produit de la vente; mais que le total, qui ne sera que de..., sera encore fort au-dessous du passif, auquel il est instant de faire face, puisque déjà plusieurs créanciers exercent des poursuites, ainsi qu'il appert par... (*telles pièces représentées*); que, dans cette circonstance, il a convoqué à l'amiable (*ou suivant notre cédule du...*) le conseil de famille de son pupille, pour l'autoriser à vendre des immeubles ou à emprunter une somme convenable pour ledit mineur; — Qu'à cet effet, et pour satisfaire à l'article 457 du code civil, il nous présente le compte sommaire de sa gestion, pour être mis sous les yeux du conseil, avec l'inventaire et autres pièces ci-dessus; requérant qu'il nous plaise de recevoir ledit conseil de famille, de le présider, etc.

Sont ensuite comparus... etc., etc., lesquels nous ont dit etc. (*le tout comme au modele* N.° Ier). Etant ainsi constitué, le conseil délibérant conjointement avec nous, vu le compte sommaire du tuteur, l'inventaire, la vente et autres pièces représentées; considérant qu'il résulte de ces pièces une nécessité absolue de vendre partie des biens du mineur, ou d'emprunter une somme suffisante pour payer ses créanciers; considérant aussi que la voie de l'emprunt serait onéreuse et n'empêcherait pas la vente des biens par la suite, puisque, dans la circonstance, on ne peut espérer de faire des économies sur les revenus desdits mineurs;

Le conseil, à l'unanimité, autorise ledit sieur..., tuteur, à faire vendre, dans les formes de droit, le domaine de..., (*ou la maison de...*), lequel (*ou laquelle*) le conseil désigne spécialement pour être vendu de préférence, à condition que... (*ici désigner les conditions que le conseil croit utiles*); à la charge cependant que ledit.., tuteur, obtiendra l'homologation des présentes, par le tribunal de... De quoi nous, Juge président, avons dressé, etc. Lecture faite, etc.

N.° 20. Variation. *Quand le Conseil n'autorise qu'un Emprunt au lieu de la Vente.*

On suit le modèle qui vient de finir jusqu'à ces mots : *Le conseil étant constitué*, et on continue ainsi :

Après en avoir délibéré avec nous ; attendu que, s'il résulte des pièces produites , et notamment du compte sommaire, que le passif des mineurs excède leur actif mobilier, il en résulte aussi que leur revenu est assez considérable pour en espérer des économies annuelles, après avoir pourvu à leur nourriture , entretien et éducation ; parce qu'en pareil cas il est préférable d'emprunter que de vendre des immeubles :

Le conseil, à l'unanimité, autorise le tuteur des mineurs ...., à emprunter, au taux légal, une somme de..., pour le compte et au profit de ses pupilles, remboursable dans .... années, soit en partie, soit en totalité. Pour sûreté de laquelle somme il affectera et hypothèquera la maison de.... (*ou la cabane de...*), que le conseil désigne spécialement à cet effet; et sera la présente délibération homologuée par le tribunal de..., avant son exécution. De quoi nous, Juge président, avons dressé, etc.

N.° 21. Formule d'autorisation *à un Tuteur pour transiger* (1).

Aujourd'hui.... 1822 ,.... heures du...., devant nous , Juge de paix de..., assisté de..., a comparu (*prénoms, nom, demeure du tuteur et sa qualité*), lequel a dit que feu..., père du mineur..., son pupille, était engagé dans une contestation pendante au tribunal de..., au sujet de... (*expliquer ici le sujet de la contestation, les moyens ou défenses, et les pièces à l'appui, le tout très-sommairement*); que cette cause est de nature à donner de l'inquiétude à un tuteur zélé, et que, dans les intérêts de son pupille, il a fait des démarches auprès de son adversaire pour transiger, à quoi il a paru disposé (*ou que cet adver-*

____

(1) Article 467, code civil. Le tuteur ne pourra transiger au nom du mineur qu'après y avoir été autorisé par le conseil de famille et de l'avis de trois jurisconsultes désignés par le Procureur du Roi près le tribunal de première instance ; la transaction ne sera valable qu'après l'homologation.

saire a fait des tentatives pour assoupir cette affaire, etc.);
que, d'après ces dispositions, il a présenté requête à M. le
Procureur du Roi près le tribunal de..., pour obtenir la nomination de trois jurisconsultes pour donner leur avis sur la
question de savoir s'il est avantageux audit mineur... de
transiger; que, sur cette requête, M. le Procureur du Roi a
nommé... (*les noms et demeures des trois avocats*), auxquels le comparant a soumis les pièces de la cause, et qui
ont donné leur avis, portant que... (*ici le sommaire de la
consultation*); qu'ayant communiqué cet avis au sieur...
(*l'adversaire*), il y a donné son assentiment; de sorte qu'il
ne reste maintenant au comparant qu'à obtenir l'autorisation
du conseil de famille de son pupille, pour parvenir à la transaction proposée; pourquoi il a convoqué, à ces jour, lieu et
heure, devant nous, ledit conseil de famille, à l'amiable (*ou
en vertu de notre cédule du..., etc.*), requérant qu'il nous
plaise de le présider, de dresser acte de sa délibération; et
a signé (*ou déclaré qu'il ne le sait*).   (*Signature*).

    Sont ensuite comparus, etc., etc., (*comme aux modèles*
N.ºs 1er et 2). Le conseil ainsi constitué, après en avoir
délibéré conjointement avec nous; vu les pièces de la cause
dont il s'agit, et la consultation des jurisconsultes ci-devant
nommés; attendu que... (*les motifs sommaires*); attendu
que, d'après cela, il y a un avantage évident pour le mineur
... de conclure la transaction proposée, A l'unanimité; le
conseil de famille autorise le sieur...., tuteur, à traiter et
transiger pour son pupille avec le sieur... (*nom et demeure*
de l'adversaire), de la manière et aux conditions expliquées
dans la consultation; Et sera la présente, ainsi que le traité
qui s'ensuivra, présentée à l'homologation du tribunal de...
De laquelle délibération, nous, Juge président, avons dressé
le présent acte. dont lecture a été faite aux comparans, et
qu'ils ont signé, etc., etc.   (*Signatures.*)

    Le Tuteur ne peut acheter les biens du mineur, ni les prendre
à ferme, à moins que le Conseil de famille n'ait autorisé le Subrogé tuteur à lui en passer bail; il ne peut également accepter la
cession d'aucun droit ou créance contre son pupille (1).

---

(1) Article 450, code civil. Autrement, il y a nullité du bail, *ex de-*
fectu potestatis aut mandati.

N.° 22. Autorisation *au Subrogé tuteur de passer bail au Tuteur des biens de son Pupille.*

Aujourd'hui, etc., devant nous; etc., a comparu..., demeurant à...; tuteur de..., etc., lequel a dit qu'il désire prendre par bail à ferme les biens de son pupille, s'il se trouve le dernier enchérisseur lors de l'adjudication publique qu'il en poursuit dans les formes ordinaires, et qui aura lieu le...; mais qu'il ne peut obtenir cette adjudication que par le subrogé tuteur, préalablement autorisé à cet effet; et que, pour y parvenir, il a convoqué, à ce jour et heure, devant nous, le conseil de famille dudit..., mineur, requérant qu'il nous plaise de présider ledit conseil, de dresser acte de sa délibération; et a signé (*ou déclaré, etc.*)

Sont ensuite comparus, etc.; etc., etc., lesquels ont dit etc. : (*le tout comme au modèle* N.° 1.*er, et dans le même ordre*). Le conseil ainsi constitué, et, après en avoir délibéré avec nous, considérant qu'il est de l'intérêt du mineur... d'augmenter le nombre des enchérisseurs pour le bail de ses biens; attendu qu'il n'est pas interdit au tuteur de s'en rendre adjudicataire, mais qu'alors il ne doit agir qu'avec le contradicteur légal que la loi lui donne, et à la charge d'une autorisation préalable, le conseil de famille, à l'unanimité, autorise le sieur..., subrogé tuteur du mineur..., à consentir audit..., tuteur de ce mineur, l'adjudication du bail de ses biens, dans le cas toutefois où il serait, lors des enchères, le plus offrant et dernier enchérisseur ; à la charge de remplir comme tout autre adjudicataire les clauses, charges et conditions stipulées ou à stipuler dans le procès-verbal d'adjudication. Fait et clos le présent, etc. Lecture faite aux délibérans, ils ont signé (*ou déclaré qu'ils ne le savent*).

Lorsque la Vente des biens d'un mineur, poursuivie par un tuteur, d'après une délibération conforme au modèle ci-devant N.° 19, ne peut se faire au prix de l'estimation, attendu le défaut d'enchères suffisantes, on ne peut passer outre à l'adjudication sans un nouvel avis du conseil de famille, dont voici le Modèle :

N.° 23. Autorisation *à un Tuteur pour faire adjuger*

les Biens de son Pupille au-dessous du prix de l'estimation (1).

Aujourd'hui, etc., devant nous, etc., a comparu dans notre prétoire, etc., lequel a dit, que, par délibération du ..., enregistrée le..., il a été autorisé par le conseil de la famille de ses pupilles à faire vendre dans les formes de droit, et pour cause de nécessité absolue, le domaine de...; que ce domaine a été estimé par les experts nommés à cet effet par le tribunal de..., à la somme de...; mais que les enchères faites à la barre dudit tribunal ne se sont élevées qu'à..., ce qui a donné lieu à un jugement préparatoire rendu le.., enregistré le.., par lequel le tribunal a ordonné qu'il serait convoqué un conseil de famille, à l'effet de délibérér s'il y a lieu, ou non, de passer outre à l'adjudication du domaine de...; qu'en conséquence, il a convoqué à ces jour, lieu et heure, etc.—Sont ensuite comparus, etc., etc., lesquels ont dit qu'en déférant à la convocation, etc. (*le tout comme au modèle* N.° 1.ᵉʳ). Le conseil ainsi constitué, délibérant avec nous; attendu que la vente du domaine dont il s'agit, a été autorisée pour cause de nécessité absolue; attendu que cette cause subsiste toujours, et qu'elle peut même s'aggraver par les circonstances où se trouve le mineur; attendu que... (*les autres motifs particuliers s'il y en a*), à l'unanimité, le Conseil de famille autorise le sieur..., tuteur dudit mineur..., à faire passer outre à l'adjudication du domaine de..., à un prix inférieur à l'estimation qui en a été f..ite à la somme de... De quoi nous avons dressé le présent, etc., etc.

Ceux qui, postérieurement à l'acceptation d'une tutelle, auront accepté ou obtenu des fonctions qui en dispensent, pourront, s'ils ne veulent la continuer, convoquer dans un mois, un conseil de famille qui procédera à leur remplacement. — Tout individu atteint d'une infirmité grave et duement justifiée est dispensé de la tutelle. Il pourra même s'en faire décharger si cette infirmité est survenue depuis sa nomination, en convoquant le conseil de famille (2) On peut se servir de la Cédule N.° 13, donnée dans cet article, en changeant les faits.

---

(1) Article 964 du code de procédure civile.
(2) Articles 431 et 434 du code civil.

N.° 24. Modèle *de Remplacement de Tuteur, pour cause de Dispense survenue depuis la tutelle.*

Aujourd'hui, etc., devant nous, etc., a comparu, etc., lequel a dit que, le..., il a été nommé par un conseil de famille, présidé par nous, tuteur de..., fille mineure de..., et de...; que depuis il a géré convenablement cette tutelle, et fait faire tous les actes utiles et nécessaires; mais qu'il lui est survenu une infirmité grave qui ne lui permet plus d'exercer cette tutelle; de laquelle indisposition il a justifié par la représentation de... (*ici l'attestation légalisée et enregistrée de l'officier de santé.*)

Et s'il s'agit de Fonctions incompatibles avec la tutelle, on dit, après ces mots : « *actes utiles et nécessaires* » :

Mais qu'il lui a été conféré depuis..., *telle* fonction ou mission qui le dispense de continuer l'exercice de ladite tutelle; de quoi, il a justifié par la représentation de la commission qui lui a été délivrée par..., le... (*Dans l'un ou l'autre cas on continue ainsi*) : que, voulant faire admettre sa dispense, et procéder à son remplacement, il a convoqué, à ces jour, lieu et heure, devant nous, à l'amiable (*ou en vertu de notre cédule du..., etc.*), le conseil de famille des mineurs... De quoi il a requis acte, et signé, etc.

Sont ensuite comparus, etc., etc., lesquels nous ont dit qu'en déférant, etc. (*le tout comme au modèle N.° 1.er*) — Étant ainsi constitué, le conseil de famille délibérant avec nous sur les excuses dont il s'agit, et vu les pièces ci-dessus énoncées; attendu que les causes de la dispense sont justifiées, et que la dispense elle-même est autorisée par la loi en pareil cas, à l'unanimité, le conseil dispense le sieur... de continuer la tutelle desdits.... mineurs; à la charge par lui de rendre compte de son administration jusqu'à ce jour. Et, procédant à son remplacement, le conseil de famille, aussi à l'unanimité, a nommé pour tuteur auxdits mineurs la personne du sieur..., l'un des délibérans, lequel a déclaré accepter cette fonction, et nous a juré par serment d'en remplir fidèlement les devoirs. De quoi nous, juge président, avons dressé, etc., etc.

N.° 25. VARIATION. DÉLIBÉRATION DU CONSEIL DE FAMILLE *qui n'admet pas la Dispense de la Tutelle.*

Suivez le Modèle précédent jusqu'à :

Le conseil ainsi constitué, vu les pièces ci-dessus énoncées, et après en avoir délibéré avec nous ; attendu que les fonctions conférées n'emportent pas formellement la dispense de la tutelle... ; (*ou*) attendu que l'infirmité alléguée n'est pas grave, telle que la loi l'exige, ou n'est pas suffisamment justifiée, le conseil, à l'unanimité, déclare qu'il n'y a pas lieu de dispenser le tuteur dudit B...; mineur, de la continuation de la tutelle. De quoi nous avons, etc.

La formule N.° 24 et sa variation peuvent servir à l'acte de Remplacement d'un tuteur décédé ; il suffit de changer les faits, comme dans tout événement particulier. Je répète ici, qu'en cas d'absence, d'excuses, de notification à faire, il faut voir mes observations à la fin du modèle N.° 10, avec les N.ᵒˢ 11, 12, 13 et 14.

Tout Mineur peut être émancipé par son père ou sa mère survivant, lorsqu'il est âgé de quinze ans accomplis. Tout mineur resté sans père ni mère ne peut être émancipé qu'après 18 ans révolus, si le conseil de famille l'en juge capable (1).

N.° 26. FORMULE D'ÉMANCIPATION *par le Père ou la Mère survivant.*

Aujourd'hui, etc., devant nous, Juge de paix de, etc., a comparu en notre prétoire (*les prénoms, nom, qualité et demeure du père ou de la mère survivant*), lequel nous a dit que, de son mariage avec..., il est né le..., un fils nommé..., lequel a maintenant quinze ans accomplis, ainsi qu'il est justifié par son acte de naissance délivré par..., le... de ce mois, qu'il nous a représenté ; que, jugeant cet enfant dans le cas d'être émancipé, il déclare formellement lui conférer l'émancipation, ainsi que la loi le lui permet. Et, pour nommer un curateur aux causes à ce mineur, il nous a dit avoir convoqué à l'amiable, à ces jour et heure, un

---

(1) Articles 477, 478 et 479, code civil.

conseil de famille (1), qu'il nous invite à recevoir et à présider. Au surplus, il a requis acte de ses diligences, et a signé, etc.

Vu la déclaration ci-dessus, l'acte de naissance représenté, et l'article 477 du code civil, disons que..., fils de..., et de..., est maintenant émancipé, pour jouir des droits attachés à l'émancipation, à la charge toutefois de se conformer aux lois, notamment aux articles 481, 482, 483 et 484 du code civil, sous peine de rentrer en tutelle. — Cela fait, sont comparus... (*les parens qui composent le conseil, etc., etc., etc.*)

On établit leur délibération pour la Nomination du Curateur aux causes, de la même manière que celle d'un tuteur ou d'un subrogé tuteur. *Voyez la formule N.° 2.*

N.° 27. MODÈLE D'ÉMANCIPATION *par le Conseil de famille.*

Le tuteur doit faire ses diligences pour parvenir à l'émancipation du mineur âgé de 18 ans, sinon l'un des parens de ce mineur au degré de cousin-germain, ou plus proche, peut requérir le Juge de paix de convoquer le conseil de famille. Ce magistrat est tenu de déférer à cette réquisition.

Aujourd'hui, etc., devant nous, Juge de Paix de, etc., est comparu (*prénoms, nom et demeure du tuteur*), lequel a dit que B..., fils mineur de... et de..., dont il est tuteur, a maintenant atteint sa dix-huitième année, étant né le..., ainsi qu'il appert par son acte de naissance du...., délivré par..., dont il nous a fait la représentation; que, pour satisfaire à l'article 479 du Code Civil, il a convoqué, à ces jour, lieu et heure, le conseil de famille dudit mineur, afin de délibérer s'il y a lieu de l'émanciper. En conséquence, il a requis qu'il nous plût de recevoir ce conseil, de dresser acte de sa délibération, et a signé (*ou déclaré qu'il ne le sait.*)

Sont ensuite comparus, etc., etc., etc., lesquels ont dit que, etc., ((*le tout comme au modèle N.° 1.*er*).*

____

(1) Jugé par la cour de Caen, le 22 juillet 1812, que le droit de nommer un curateur au mineur émancipé appartient au conseil de famille, et non au père ou à la mère survivant.

Le conseil ainsi constitué, après en avoir délibéré avec nous, attendu que le mineur B... est, par sa bonne conduite et par ses connaissances, dans le cas de recevoir l'émancipation, le conseil, à l'unanimité, est d'avis que cette émancipation lui soit conférée. En conséquence, et en vertu de l'article 478 du Code Civil, nous, Juge de Paix, présidant le conseil, disons que ledit mineur B... est maintenant émancipé, pour jouir des droits attachés à l'émancipation, à la charge, etc. (*comme au précédent modèle*). Et procédant à la nomination d'un curateur aux causes au mineur émancipé, le conseil, à l'unanimité, a nommé, pour remplir cette fonction, le sieur..., demeurant à..., l'un des délibérans, lequel nous a déclaré accepter cette fonction, et nous a promis, par serment, de la remplir fidèlement. De tout quoi, avons dressé, etc.

Voyez mes observations sur le modèle n.° 10, avec les variations qui suivent. *Voyez* aussi le Recueil général de la Jurisprudence des Justices de paix, à l'article EMANCIPATION.

N.° 28. RÉVOCATION *de l'Émancipation, par le Père ou la Mère survivant* (1).

Aujourd'hui, etc., devant nous, Juge de Paix de, etc., est comparu, etc., lequel a dit que, par procès-verbal fait devant nous le..., enregistré le..., il a conféré l'émancipation à son fils... (*prénoms et nom du mineur*), étant persuadé alors qu'il se conduirait sagement ; mais qu'il a été bientôt désabusé par l'inconduite de son dit fils, lequel s'est permis notamment d'emprunter, d'hypothéquer ou de vendre tel domaine, sans observer aucunes formes prescrites, (*ou*) de contracter des engagemens excessifs ou inconsidérés au profit de L..., demeurant à..., par acte du.., mais que ces engagemens ont été réduits par jugement du tribunal de..., en date du..., enregistré le...; que, d'après cela, le comparant nous déclare révoquer formellement l'émancipation par lui conférée audit..., son fils. De quoi il a requis acte et signé.

Vu la déclaration ci-dessus, dont nous donnons acte au comparant, nous, Juge de Paix, disons, en vertu de l'arti-

______

(1) Articles 485 et 486 du code civil.

cle 486 du Code Civil, que ledit B..., mineur, est rentré dès ce jour en tutelle. Fait et donné par nous, etc., etc.

N.° 3o. VARIATION. *Autre Révocation de l'Émancipation par le Conseil de famille qui l'a conférée.*

Nota. Il faut suivre un procès-verbal ordinaire de délibération, dans lequel on change les faits et la décision. Le tuteur y expose les faits d'inconduite du mineur émancipé, avec les pièces qui les justifient, et le conseil délibère, révoque l'émancipation, et remet le mineur en tutelle comme précédemment.

N.° 31. FORMULE D'AUTORISATION *à un Mineur émancipé, pour faire le Commerce* (1).

Aujourd'hui, etc., devant nous, etc., est comparu, en notre prétoire, etc., P..., demeurant à..., mineur émancipé, assisté de..., demeurant à..., son curateur aux causes, lequel a dit qu'il est dans l'intention de faire le commerce de... (*exprimer si c'est en gros ou en détail, et la nature du commerce*); que, n'ayant ni père ni mère, il est obligé, avant de se livrer régulièrement à ce genre de commerce, d'en obtenir une autorisation spéciale du conseil de famille, qu'il a convoqué à l'amiable (*ou en vertu de notre cédule du..., notifiée le..., etc.*), à ces jour, lieu et heure devant nous; requérant qu'il nous plaise de recevoir et présider ledit conseil de famille, de dresser acte de sa délibération, et a signé, etc.

Sont ensuite comparus, etc., etc., lesquels nous ont dit, etc. (*le-tout comme au modèle N.° premier*). — Étant ainsi constitué, le conseil de famille, vu l'acte d'émancipation du mineur requérant, en date du..., enregistré le..., signé à l'expédition..., greffier; considérant que ce mineur a travaillé plusieurs années dans la partie du commerce qu'il veut embrasser; considérant que sa conduite et sa fortune permettent d'accorder l'autorisation demandée; à l'unanimité, le conseil autorise ledit..., mineur émancipé, à faire le commerce de..., en gros (*ou en détail*). Et sera le présent avis homologué par le tribunal de..., pour avoir son effet. De

---

(1) Art. 487, code civil, et article 2, code de commerce.

laquelle délibération nous avons rédigé le présent, etc. Lecture faite, etc.

N.° 32. Modèle d'autorisation *à un Tuteur pour faire réprimer l'Inconduite de son Pupille.*

Aujourd'hui, etc. Devant nous, etc. A comparu, etc., lequel a dit qu'il est tuteur de J..., âgé de... ans, fils de feu... et de défunte...; que ce mineur tient une conduite déréglée, et se permet des excès graves, notamment... (*ici détailler les faits*); que ces excès sont réitérés et fréquens, malgré tous les moyens possibles de persuasion que le requérant a employés; que, craignant des suites fâcheuses, et voulant les prévenir, il a convoqué, à ces jour, lieu et heure, devant nous, le conseil de famille dudit mineur à l'amiable, (*ou en vertu de notre cédule du...*), pour prendre telle délibération qu'il appartiendra, nous priant en conséquence de recevoir ledit conseil de famille, et a signé...

Sont aussi comparus..., etc., etc., etc., lesquels ont dit, etc. (*Comme au modèle* N.° I.er). — Le conseil ainsi constitué, délibérant avec nous; attendu que les faits exposés par le tuteur du mineur J...., sont certains; attendu que cette conduite licentieuse mérite une prompte répression, — à l'unanimité, le conseil autorise le tuteur dudit mineur à le faire détenir pendant un mois, en se conformant à l'article 376 du Code Civil. (*Article applicable au mineur âgé de moins de seize ans, et si le mineur est âgé de plus de seize ans, on varie ainsi*) : Le conseil autorise le tuteur dudit mineur à requérir sa détention, pendant six mois au plus, auprès de M. le président du tribunal de..., conformément à l'article 377 du Code Civil. De laquelle délibération nous, Juge de Paix, avons dressé le présent acte, etc., etc.

Un Mineur qui n'a ni père, ni mère, ni aïeul, ni aïeule, ou s'ils se trouvent tous dans l'impossibilité de manifester leur volonté, doit obtenir le consentement d'un conseil de famille avant de contracter Mariage.

N.° 33. Formule *d'une Autorisation au Mineur pour contracter Mariage.*

Aujourd'hui, etc. Devant nous, etc. A comparu (*prénoms, nom et demeure du mineur, s'il est émancipé, sinon ceux de son tuteur*), lequel a dit, qu'il est (*ou que son pupille est*) dans l'intention de contracter mariage avec..., demeurant à..., âgée de..., fille de... et de...; que ce mariage paraissant convenable et avantageux, il a convoqué à l'amiable le conseil de famille dudit mineur, à ces jour, lieu et heure, devant nous, pour délibérer sur ledit mariage, et l'autoriser; requérant qu'il nous plaise de recevoir ce conseil, etc.

Sont ensuite comparus, etc., etc., lesquels nous ont dit, etc. (*Le tout comme au modèle N.° I.er*). —Etant ainsi constitué et délibérant avec nous, le conseil de famille, attendu que le mariage projeté entre ledit...., mineur, et..., présente sous divers rapports les convenances et l'avantage que l'on doit en espérer, à l'unanimité déclare autoriser ledit..., à contracter ce mariage, à la charge d'observer les formalités prescrites par les lois : et, pour autoriser et assister le mineur dans les actes civils qui doivent le précéder, le conseil lui a nommé pour curateur *ad hoc* la personne de..., l'un des membres du conseil, lequel a déclaré accepter cette fonction et a juré par serment, etc., etc.

Nota. Le conseil de famille ne peut déterminer les conditions du contrat de mariage du mineur, ni encore moins assister en corps à la rédaction des clauses dont il peut être susceptible; il doit se borner, d'après l'article 160 du code civil, à autoriser le mariage, ou à refuser son autorisation; et, s'il y consent, il nomme un curateur *ad hoc* au mineur, afin de l'assister et autoriser dans tous les actes relatifs au mariage. C'est ce curateur qui donne son consentement aux conventions et donations, qui peuvent avoir lieu dans le contrat. D'ailleurs, on observera que l'article 1398 du code civil n'exige, pour la validité des stipulations du contrat de mariage d'un mineur, que l'assistance des personnes qui doivent l'autoriser, parce qu'il déclare habile à former ces stipulations, tout mineur habile à contracter mariage (1).

C'est dans ce sens et suivant l'esprit de l'article 935 du même code, que la Cour de cassation a jugé, le 11 juin 1816, en cassant un arrêt de la Cour de Dijon, que l'autorisation dont

____

(1) Habilis ad nuptias, habilis ad pacta omnia.

nous parlons, doit être donnée par un curateur *ad hoc*, à défaut de quoi l'acceptation du mineur est nulle. Telle était l'ancienne jurisprudence introduite par l'article 43 de l'ordonnance de Blois, et confirmée par l'article 1.er de celle de 1639.

N.° 34. *Avis de Parens sur une Interdiction* (1).

Aujourd'hui, etc. Devant nous, etc. A comparu... (*prénoms, nom et demeure de celui qui poursuit l'interdiction*), lequel a dit que, par jugement du tribunal de..., en date du..., enregistré le..., il a été ordonné que le conseil de famille du sieur..., demeurant à..., serait convoqué dans les formes, pour donner son avis sur l'état de la personne dudit...., attendu les faits de démence, d'imbécilité, etc., allégués contre lui, suivant qu'ils sont énoncés audit jugement; qu'en conséquence, et en vertu de la cédule que nous lui avons délivrée le... de ce mois, notifiée le...', par...., huissier, dont l'acte a été enregistré le..., il a fait appeler, à ces jour et heure, devant nous, les membres du conseil par nous désignés, requérant qu'il nous plaise de les présider, de dresser acte de leur délibération, et a signé, etc.—Sont ensuite comparus, etc., etc., etc., — lesquels nous ont dit... etc. (*Le tout comme au modèle* N.° I.er). — Le conseil ainsi constitué, délibérant avec nous, vu le jugement ci-dessus énoncé et les pièces de la procédure y jointes; attendu que.... (*les faits et les motifs qui doivent décider de l'interdiction*), le conseil est d'avis que l'état de la personne de... est tel, qu'il exige une interdiction pure et simple. De quoi nous avons dressé le présent acte, etc, etc.

Nota. Si l'état de celui dont on demande l'interdiction, n'offrait que de l'inconduite ou de la prodigalité, sans aliénation mentale, le conseil pourrait donner l'avis suivant :

Attendu que l'état du sieur..., ne présente ni démence,

---

(1) Article 494, code civil. Le tribunal ordonnera que le conseil de famille donnera son avis sur l'état de la personne dont l'interdiction est demandée.

Article 495. Celui qui provoque l'interdiction ne peut faire partie du conseil; cependant l'époux ou l'épouse, ou les enfans de la personne dont on demande l'interdiction, peuvent y assister, mais sans avoir voix délibérative.

ni fureur, ni imbécilité, mais bien une sorte de prodigalité, de légèreté, ou d'inconsidération singulière, le conseil est d'avis qu'il n'y a pas lieu de prononcer l'interdiction dudit ..., mais que, pour ses intérêts mêmes, il est convenable et qu'il est d'avis de lui interdire de plaider, de transiger, d'emprunter, de recevoir un capital mobilier, d'aliéner et de vendre ses biens, sans l'assistance d'un conseil (1). De quoi nous avons dressé, etc.

Quand le jugement d'interdiction est prononcé, et s'il n'y a pas d'appel, ou s'il est confirmé sur l'appel, on procède à la Nomination d'un tuteur et d'un subrogé tuteur à l'interdit, suivant le Modèle N.º 10. C'est celui qui poursuit l'interdiction qui requiert le conseil (2)

L'interdit est assimilé au mineur, pour sa personne et pour ses biens; ainsi, les lois et *les formules* sur la tutelle sont applicables à l'interdit (3)

Nul, à l'exception des époux, ascendans et descendans, n'est forcé de conserver la tutelle d'un interdit plus de dix ans. Après ce délai, le tuteur demande et obtient son Remplacement sans difficulté; ce qui peut se faire suivant la Formule N.º 24, en changeant les faits.

N.º 35. DESTITUTION DU TUTEUR, *incapable, infidèle ou immoral* (4).

Aujourd'hui, etc. Devant nous, etc. A comparu, etc. (*le Subrogé tuteur chargé de poursuivre la destitution*), lequel a dit... (*exposer sommairement les faits d'inconduite ou d'infidélité, et représenter les pièces s'il y en a*); que, par ces motifs, il a obtenu de nous cédule le..., notifiée par.., huissier, le..., tant aux parens et amis qui y sont désignés, qu'audit..., tuteur, avec sommation de comparaître devant nous, ces jour, lieu et heure, pour, de la part des parens, délibérer sur la destitution provoquée dudit..., tuteur, et

---

(1) Articles 499, 513 et 514, code civil.
(2) Article 505 du même code.
(3) Article 509 du même code.
(4) Articles 444 à 448, code civil. Le père ni la mère ne sont à l'abri de la destitution. Arrêt de la Cour de Besançon, du 18 décembre 1806. Autre arrêt de Bordeaux, du 15 pluviose an 13.

de la part de ce dernier, acquiescer ou défendre à cette destitution, ainsi qu'il l'avisera. En conséquence le comparant a requis qu'il nous plût, etc.

Sont ensuite comparus, etc.. etc, etc., lesquels nous ont dit , etc. (*Le tout comme à la formule* N.° 1.er). — Le conseil ainsi constitué a entendu le sieur..., tuteur, présent, lequel a dit... (*sa réponse aux faits qui lui sont imputés*), et a signé *ou* déclaré ne le savoir.

Sur quoi, le conseil de famille, délibérant avec nous, attendu que... (*les motifs qui décident la destitution*), ou attendu qu'il résulte de telle pièce que...; à l'unanimité, déclare que ledit..., est maintenant destitué de la tutelle du mineur...; et, procédant à son remplacement, le conseil, aussi à l'unanimité, a nommé... etc. (*Suivent la nomination, le serment et l'acceptation du nouveau tuteur*). En cet endroit, nous, Juge président, avons interpellé, ledit... (*le destitué*), de déclarer s'il adhère ou non, à la présente délibération. Il a répondu que.... (*sa réponse*). De tout quoi nous avons dressé, etc.

Si le Tuteur adhère à sa destitution, le nouveau tuteur entre de suite en fonctions, sinon le Subrogé tuteur poursuit l'homologation de la délibération devant le tribunal de première instance, qui prononce à la charge d'appel.

N.° 36. Délibération *qui règle la Dot ou autres Conventions du Mariage de l'Enfant d'un interdit.*

Aujourd'hui, etc. Devant nous , etc. A comparu, etc. (*Le tuteur de l'interdit*), lequel a dit que P., fils de..., en état d'interdiction et dont le comparant est tuteur, se propose de contracter mariage avec...; mais que, d'après l'article 511 du code civil, l'enfant d'un interdit ne peut contracter mariage, sans avoir fait régler par un conseil de famille la dot, l'avancement d'hoirie ou autres conventions matrimoniales; qu'à cet effet le comparant a convoqué devant nous, etc. (*Comme précédemment*).

Sont ensuite comparus, etc., etc., etc., lesquels ont dit etc. (*Le tout comme à la formule* N.° I.er) — Etant ainsi constitué, le conseil, délibérant avec nous, et considérant que... (*ici l'examen de la fortune, des moyens ou industrie de l'enfant*), arrête à l'unanimité les articles suivans : *Article premier*. Ledit P., ne pourra contracter mariage avec...., que sous le régime communal (*ou sous le régime dotal, etc.*) *Article deux*. Il lui sera constitué en dot, une somme de..., (*ou donné un avancement d'hoirie de...*). *Article trois*. (*Les autres conventions telles que le conseil les établit*); Et sera la présente délibération homologuée par le tribunal de... De tout quoi nous avons dressé, etc.

N.° 37. NOMINATION *d'un Tuteur par le dernier mourant des Père et Mère*.

Aujourd'hui, etc... Devant nous, Juge de Paix de..., assisté de notre greffier, est comparu..., demeurant à..., lequel a dit qu'il est veuf de..., décédée le... ; qu'après ce décès, il a fait nommer un subrogé tuteur à ses enfans, lesquels sont B..., âgé de..., et D..., âgée de.., ; qu'ensuite il a fait faire inventaire régulier du mobilier de sa communauté avec ladite... ; et que, prévoyant maintenant la proximité de sa mort, il veut auparavant nommer un tuteur à ses enfans, pour le remplacer aussitôt son décès. En conséquence, il nous a déclaré qu'il nomme à cette qualité de tuteur, le sieur..., demeurant à..., lequel il a invité d'accepter cette fonction après son décès, et a le déclarant signé, etc. — Vu les articles 392, 397 et 398 du Code Civil, nous, Juge de Paix, avons reçu la présente nomination, dont nous avons donné acte au comparant, pour valoir ce que de droit. Fait par nous, etc.

N.° 38. VARIATION. *Quand le Survivant est retenu au lit.*

Aujourd'hui, etc. Nous, Juge de Paix de..., assisté de notre greffier, sur la réquisition qui nous a été faite par..., demeurant à..., de nous transporter en son domicile pour y recevoir une déclaration qu'il désire nous faire à l'égard de la tutelle de ses enfans mineurs, nous sommes transportés dans la maison dudit..., située à..., rue de...., où étant entrés dans une chambre à coucher au premier étage, ayant aspect sur..., nous avons trouvé ledit..., retenu au lit pour cause de maladie ; mais ayant toute sa raison, ainsi qu'il nous est apparu, lequel nous a dit qu'il est veuf de... (*Suivre le modèle N.° 37*).

Nota. Si c'est une Mère remariée et maintenue dans la tutelle, qui nomme *in extremis*, un tuteur à ses enfans, ce choix n'est valable que lorsqu'il est confirmé par le conseil de famille, convoqué par le subrogé tuteur ou d'office par le Juge de paix.

N.° 39. *Variation générale applicable à tout Conseil de famille.*

C'est lorsque le Juge de paix convoque d'office, ce qu'il a le droit de faire, dans presque tous les cas. Alors *Voyez* la formule N.° 7, qui est faite pour une telle convocation. Elle peut servir à tout autre acte qui se fait aussi d'office. Je pourrais multiplier ces formules pour quelques cas particuliers, que je n'ai pas encore annoncés dans cette longue suite de modèles pour les conseils de famille ; mais, dans la crainte de fatiguer par des formules trop répétées, qui se rattachent souvent les unes aux autres par leur nature et leurs rapports, je me contenterai d'indiquer quelques espèces non prévues.

1.° Quand les parens appelés à un conseil de famille sont représentés par des fondés de pouvoirs, on établit leurs noms, prénoms et demeures, avec leurs degrés de parenté, et on ajoute :

Représentés par..., demeurant à..., profession de..., en vertu de pouvoir spécial, sous signature privée, en date du..., enregistré le... (*ou par acte notarié, reçu par..., notaire à..., le..., enregistré le...*).

On suit après cela le modèle propre à la circonstance pour laquelle on délibère, et que l'on trouve à CONSEIL DE FAMILLE.

2.° Lorsque deux bis aïeuls maternels (1) sont en concurrence pour la tutelle à défaut d'aïeuls ou d'aïeules, la tutelle est donnée exclusivement à l'un des deux, par le conseil de famille ; et alors on se sert d'une formule de tuteur ou de subrogé tuteur.

---

(1) Et non *deux aïeuls maternels*, comme l'enseigne M. Daubenton, dans son nouveau manuel des Juges de paix. Cet auteur aurait dû remarquer que les articles 402 et 403 du code civil règlent tout ce qui concerne la tutelle des aïeuls, et que, dès-lors, l'article 404 dont il parle, ne s'applique nommément qu'aux bisaïeuls.

2.º En cas de Tutelle officieuse, il faut convoquer un conseil de famille, pour accepter cette tutelle, lorsque le mineur n'a ni père ni mère ; alors la tutelle est consentie et acceptée par un simple procès-verbal du Juge de paix. *Voyez* les modèles de TUTELLE OFFICIEUSE.

4.º Pour autoriser un tuteur ou curateur à former opposition au mariage d'un mineur, dans les deux cas prévus par l'article 174 du code civil. *Voyez* cet article, avec les 160.me et 490.me

5.º Pour nommer un curateur spécial à un mineur qui a des intérêts contraires à débattre avec son père, lorsqu'il ne lui a pas été nommé de subrogé tuteur. Arrêt de la Cour de Turin, du 9 janvier 1811. Sirey, tome 11, deuxième partie, page 184.

CONTRAVENTIONS DE TOUTES ESPÈCES. *Voyez* PROCÉDURE EN POLICE SIMPLE.

D

DÉCLARATION DES PARTIES qui demandent Jugement. *Voyez* COMPARUTION VOLONTAIRE.

DÉCLARATION d'un tiers saisi. Quand le tiers saisi, c'est-à-dire celui entre les mains de qui la saisie est faite, ne demeure pas sur le lieu où est pendante l'instance en validité de saisie, il peut faire sa déclaration devant le Juge de paix de son domicile. Cette déclaration ainsi que l'affirmation qui s'ensuit, se fait aussi bien en personne que par fondé de pouvoir.

FORMULE *de Déclaration d'un Tiers saisi* (1).

Le... mai 1822, heures du...; devant nous; Juge de Paix de..., assisté de notre greffier, a comparu J. L...; demeurant à..., lequel a dit que T. F..., propriétaire, demeurant à..., par exploit de..., huissier, du..., a fait saisir entre ses mains tout ce qu'il peut devoir à G. K...;

Que, voulant profiter de la faculté que lui donne l'article 571 du code de procédure, de faire sa déclaration devant nous sur ladite saisie, il déclare qu'il doit à G. K... (*Ici exprimer le montant de la somme due, les paiemens à*

(1) Articles 571, 572, 573 et 574 du code de procédure civile.

*compte , si aucuns ont été faits , l'acte ou les causes de la
libération, les saisies, arrêts ou oppositions qui sont entre
les mains du déclarant, et l'énoncé des pièces justificatives , que l'on dépose au greffe).* Laquelle déclaration le
comparant nous a dit faire sans entendre élever aucune contestation , offrant de payer à qui par justice sera ordonné,
sous la déduction des frais par lui faits légitimement, et a
signé (*ou déclaré qu'il ne le sait*).

Nous avons donné acte audit J. L... de sa déclaration, et,
en vertu de la loi, nous lui avons fait jurer par serment, la
main-levée, que le contenu en cette déclaration est sincère
et véritable.

Fait et donné par nous, Juge de paix susdit, etc.

DECLINATOIRE. *Voyez* INCOMPÉTENCE.

DÉFAUTS. *Voyez* JUGEMENS PAR DÉFAUT de plusieurs sortes.

DÉLAIS. Je fais mention des délais qui s'observent en Justice
de paix, lorsque je donne des formules qui en exigent, comme CI-
TATION , CÉDULE, SOMMATION, NOTIFICATION , etc. Je n'ai qu'une
observation à faire ici, c'est que, dans les différens délais pour les
actes faits à personne ou domicile, on ne compte pas le jour de
l'échéance ou de la comparution, ni celui de l'acte. *Dies termini
non computantur in termino.* Ainsi un jour en emporte trois, et
trois en emportent cinq (1).

DÉNI DE JUSTICE. Le refus de répondre des requêtes, et la
négligence de juger les affaires en état, sont réputés déni de justice. Deux réquisitions doivent être faites pour le constater. *Voyez*
les articles 506, 507, 508 et 509 du code de procédure, et le Recueil général de Jurisprudence des Justices de paix, tome I.er,
page 175.

MODÈLE DE RÉQUISITION *pour constater le Déni de justice.*

Le... mars... 1822, à la requête du sieur..., demeurant
à..., où il élit son domicile, j'ai... (*immatricule de l'huissier*), à maître..., greffier de M. le Juge de paix de..., demeurant à..., en son domicile, en parlant à..., signifié et

----

(1) Article 6, titre 11 de l'ordonnance de 1667; article 1035, code de
procédure.

déclaré que ledit sieur... requiert respectueusement M. le Juge de paix de..., de répondre telle requête, etc., ou de juger à l'audience du... prochain, la cause pendante à son tribunal entre le requérant et le sieur...., demeurant à....; laquelle instance est en état d'être jugée. A ce que ledit M*..., greffier, n'en ignore, et ait à en avertir de suite M. le Juge de paix. Fait par moi huissier soussigné. Le coût du présent est de...

Trois jours francs après cette première réquisition, dont l'original est visé par le greffier, si le juge n'y a pas déféré, il en est fait une seconde dans la même forme; et si elle demeure sans effet, après un nouveau délai de trois jours, le juge peut être pris à partie. Néanmoins il faut en obtenir la permission préalable de la Cour royale du ressort (1).

DÉNÉGATION D'ÉCRITURE. *Voyez* FAUX.

DÉNONCIATIONS. *Voyez* POLICE JUDICIAIRE.

DESTITUTION DE LA TUTELLE. *Voyez* CONSEIL DE FAMILLE.

DESCRIPTION D'EFFETS. *Voyez ci - devant* APPOSITION DE SCELLÉS, modèle n.º 7. *Voyez* aussi le Recueil général de la Jurisprudence des Justices de paix de France, page 248, tome 2.

DISPENSE DE LA TUTELLE. *Voyez* CONSEIL DE FAMILLE.

DOMMAGES INTÉRÊTS. *Voyez* ESTIMATION , EXPERTS *infrà*.

DOUANES. Les Juges de paix ont, en matières de douanes, des attributions contentieuses et non contentieuses, qui peuvent donner lieu à des procédures sérieuses et compliquées. Il est essentiel de consulter à cet égard le Recueil général de la Jurisprudence des Justices de paix, aux articles DOUANES, PRÉPOSÉS et PROCÈS-VERBAUX,

Aucun auteur ne me paraît avoir donné les formules des actes qui sont, dans ces matières, de la compétence du Juge de paix. Je vais y procéder avec une attention particulière.

I.re AFFIRMATION *de tous Procès-verbaux de Préposés des Douanes.*

____

(1) Article 510, code de procédure.

Nous, Juge de paix de..., avons reçu des sieurs... le serment qu'ils ont fait devant nous de la sincérité des faits contenus au présent acte, dont nous leur avons d'abord fait lecture. Donné au prétoire à..., le... 1822. (*Signatures du Juge et des affirmans*).

Cette affirmation se fait dans les trois jours de la date du procès-verbal devant le Juge de paix du lieu de la saisie (1).

Les Juges de paix ne reçoivent plus le serment des préposés des douanes, pour leur installation, ainsi qu'ils l'avaient toujours fait.

2.me Formule. *Requête et Ordonnance pour la Vente d'Animaux saisis, servant au transport de la fraude.*

A M. le Juge de paix de...

C. A..., receveur des douanes du bureau de..., a l'honneur de vous exposer que, par procès-verbal du..., affirmé et enregistré le..., les préposés de la brigade de... ont saisi trois chevaux (*les désigner avec les harnois*) sur un délinquant inconnu, qui transportait en fraude... (*ici désigner les objets*). Attendu qu'il y a urgence de faire vendre lesdits trois chevaux, pour éviter les frais de nourriture et de fourrière, l'exposant requiert qu'il vous plaise ordonner de suite que lesdits chevaux seront vendus dans la forme prescrite, et vous ferez justice. (*Signature*).

Vu la présente requête, nous, Juge de paix, en vertu des lois (2), et attendu l'urgence, ordonnons qu'à la diligence de l'exposant, vente publique sera faite, dans les formes ordinaires, des chevaux saisis sur le délinquant inconnu, établi au procès-verbal dont il s'agit. Fait au prétoire, le.., etc.

3.me Modèle. *Jugement par défaut qui rejette un Procès-verbal de Préposés des Douanes, à défaut de Constatation suffisante de fraude.*

Entre..., receveur de la douane, au bureau de..., comparant en personne; Et..., demeurant à..., défendeur et défaillant faute de comparoir. Le receveur, demandeur, a dit que, par procès-verbal du..., dressé par..., préposés à..., il

____

(1) Décret du 1.er germinal an 13, article 25.
(2) Lois des 2e août 1791, 4 germinal an 2 et 14 fructidor an 3.

résulte que... (*analiser ce qui est constaté par le procès-verbal*). En conséquence il a conclu à ce que le défaillant fût condamné en l'amende de..., prononcée par la loi de...; à ce que les marchandises saisies, et les moyens de transport fussent confisqués, et en outre le délinquant condamné aux dépens. — Lecture faite du procès-verbal, et le défendeur ayant été appelé par l'huissier de service, il n'a comparu ni en personne, ni par fondé de pouvoir. Alors le receveur demandeur a requis défaut contre le défendeur, avec adjudication de ses conclusions.

Sur quoi il est à décider : dans le fait.. (*suivant la nature de la contravention*). Question de droit : Le prévenu est-il convaincu du fait imputé ? en jugeant par défaut même, la plainte peut-elle être rejetée lorsqu'elle n'est pas justifiée ? Ouï le demandeur : Attendu qu'il ne résulte pas du procès-verbal du..., des faits matériels procédant du prévenu, mais seulement des présomptions ou indices; attendu que des présomptions ne sont pas des preuves, le tribunal donne défaut faute de comparoir contre..., défaillant, et, pour le profit, sans s'arrêter, ni avoir égard au procès-verbal dont est question, déboute le demandeur de ses conclusions, et le condamne aux dépens. Ainsi prononcé par, etc. (*Voyez* la finale d'un jugement définitif, à l'article ACTIONS POSSESSOIRES, ou à JUGEMENS DÉFINITIFS, ci-après).

Si le procès-verbal contient des faits positifs et suffisans, le Prévenu qui fait défaut est condamné purement et simplement, suivant les conclusions du receveur. Pour cela, on suit le modèle qui vient de finir jusqu'à : *ouï le demandeur*, et ensuite par les motifs et les faits du procès-verbal, on adjuge les conclusions du receveur, suivant la formule N.º I.er de JUGEMENS PAR DÉFAUT. Mais, lorsque la cause se juge contradictoirement, on procède comme il suit :

N.º 4. MODÈLE. *Jugement définitif et contradictoire sur un Fait de Fraude.*

Entre... (*prénoms, nom, qualité et demeure du poursuivant*), comparant en personne; Et... (*nom et demeure du prévenu*), comparant aussi en personne. Par procès-verbal rédigé le..., par les employés de..., affirmé et enregistré.

il appert que... (*les faits constatés*). Pourquoi le prévenu a été cité à comparaître devant le tribunal, dans vingt-quatre heures, pour être condamné en l'amende de... (1) ; et pour entendre ordonner la confiscation des marchandises saisies, ainsi que de tous les objets de transport servant à la fraude ; enfin, pour être condamné aux dépens.

Le receveur de la douane, poursuivant, a dit que... (*ses moyens*). A quoi il a été répondu par le défendeur... (*ses défenses*).

Dans cet état, la cause présente les questions suivantes : Dans le fait, (*la question de fait s'établit suivant la nature de la contravention*). Question de droit : La fraude est-elle prouvée par le procès-verbal rapporté contre le prévenu ? y a-t-il contravention ? PARTIES OUÏES : Attendu que... (*Ce qui résulte du procès-verbal, à la charge du défendeur*) ; attendu que... (*ici la réfutation de ses défenses quand elles sont inadmissibles*) ; Le tribunal, jugeant en première instance, déclare le défendeur convaincu du fait constaté au procès-verbal dont il s'agit ; pour réparation de quoi, le condamne en l'amende de..., suivant la loi du..., article... ; ordonne la confiscation des marchandises, chevaux, voitures, navires et autres objets saisis, et condamne le défendeur aux dépens, taxés à la somme de..., non compris les coût et levée du présent jugement, en quoi il est aussi condamné.

Fait et donné publiquement, audience tenante, par M..., Juge de paix..., en son prétoire à..., le... 1822.

(Signatures).

5.me MODÈLE. *En cas de Récidive de Fraude* (2).

On suit le modèle qui vient de finir, jusqu'au prononcé du jugement que l'on varie ainsi :

Parties ouïes : Attendu que, par jugement du.., rendu par ce tribunal, le prévenu a déjà été condamné à.,.., pour....

---

(1) Les amendes varient depuis 100 fr. jusqu'à 500 fr. Lois des 22 août 1791, 4 germinal an 2, 14 fructidor an 3, 23 germinal et 28 floréal an 4, 17 décembre 1814, 28 avril 1816, 27 mars 1817 et 21 avril 1818.

(2) Article 18 de la loi du 17 décembre 1814.

(*rappeler les faits*); attendu que cette cause offre une connexité parfaite avec celle décidée par le jugement ci-dessus daté, et qu'une année n'est pas encore écoulée depuis cette époque, ce qui caractérise une récidive formelle, le tribunal se déclare incompétent, et renvoie la cause devant le tribunal correctionnel de..., dépens réservés. Fait et donné publiquement, etc.

Les Juges de paix ne peuvent connaître d'une inscription de faux dans les matières civiles; mais ils doivent les instruire et juger en matières de contraventions : c'est ce que la loi dit en termes formels (1). *Voyez* la dissertation sur ce sujet, au Recueil général de la Jurisprudence des Justices de paix, *verbo* DOUANES. Je dois donc donner la marche de la procédure sur une Inscription de faux, quoique cette voie soit très-rare et très-délicate. La voici :

On commence par sommer celui qui poursuit sur la pièce arguée de faux, de déclarer s'il veut s'en servir. Cette sommation se fait ou avant l'audience par acte extra-judiciaire, ou à la première comparution des parties. Le jugement qui intervient, contient, avec cette sommation, la réponse de celui qui fait usage de la pièce. Voici ce jugement :

6.me MODÈLE. *Jugement qui reçoit les Sommation et Réponse sur l'Exception de faux, et ordonne le Dépôt de la Pièce* (2).

Entre, etc., demandeur, comparant en personne, Et, etc., défendeur, comparant aussi en personne. Le demandeur a conclu à ce que... (*exprimer les conclusions*). Expliquant sa demande, il a dit que, par procès-verbal du..., dressé par..., il appert que..., etc.

A quoi il a été répondu par le défendeur, que ce procès-verbal est faux, parce que... (*préciser les faits faux*), et qu'il somme le demandeur de déclarer s'il veut s'en servir, par ce que, en cas d'affirmative, il s'inscrira en faux contre ledit procès-verbal.

____

(1) Article 459, code d'instruction criminelle. Si la partie déclare qu'elle entend se servir de la pièce, l'instruction sur le faux sera suivie devant la Cour, *ou le tribunal saisi de la cause principale.* — Arrêt de la Cour de cassation du 13 frimaire an 12, et 11 messidor an 13. Ils sont spéciaux pour les Juges de paix.

(2) Articles 448, 455, 458, 459, code d'instruction criminelle.

Et par le demandeur a été répliqué qu'il veut se servir de cette pièce. Sur quoi il s'agit de décider s'il y a lieu de surseoir au jugement de l'action principale, et de procéder sur l'inscription de faux annoncée.

Parties ouïes : Attendu que, si la pièce attaquée est fausse ou falsifiée, elle ne pourra servir de base à l'action du demandeur; attendu que, avant tout, la procédure sur le faux doit être incidemment instruite;

Le tribunal, sans rien préjuger, surseoit à faire droit sur l'action principale du demandeur; et, procédant sur l'incident, ordonne que le procès-verbal argué de faux sera déposé au greffe, dans trois jours, par le demandeur, dont acte de dépôt sera dressé par le greffier, qui paraphera et signera ledit procès-verbal à toutes le pages, avec le demandeur, et constatera l'état matériel de cette pièce, sous les peines de droit; ordonne aussi que ledit..., défendeur, fera son inscription de faux au greffe, dans trois jours, pour, sur le tout, en venir à l'audience du..., à laquelle le défendeur articulera les pièces, les faits et les preuves qu'il entend apporter pour justifier cette inscription de faux; sinon sera fait droit, dépens réservés. Fait et donné publiquement par N..., Juge de paix de..., le... 1822, audience tenante en son prétoire, etc.

Lorsque ce jugement se rend en matière de Douanes, il n'y a point de ministère public; mais, s'il est rendu au tribunal de police sur un procès-verbal de garde champêtre, d'ajoint, de maire, etc-, le commissaire de police qui exerce le ministère public près le Juge de paix, doit être entendu, ou, à son défaut, le maire qui le supplée, *à peine de nullité.* En ce cas, on varie ainsi le prononcé du jugement :

PARTIES OUÏES, ensemble M. le commissaire de police, (*ou M. le maire de...*), dans ses conclusions tendantes à... (*on les établit sommairement*).

7.me FORMULE. *Procès-verbal de Dépôt de la Pièce arguée de faux* (1).

----

(1) Article 448, code d'instruction criminelle, et 219, code de procédure.

Aujourd'hui... mars 1822,... heures du..., est comparu au greffe de la Justice de paix de... (*pour faits de douanes*), *ou* au greffe du tribunal de police de... (*si c'est pour contravention de police*), devant moi, greffier soussigné, le sieur.., demeurant à..., lequel, en vertu du jugement de ce tribunal, en date du..., a déposé entre mes mains une feuille de papier libre (*ou timbrée ou visée pour timbre*) de telle dimension, contenant un procès-verbal rapporté par..., en date du..., affirmé le..., enregistré le... : lequel acte commence par ces mots..., et finit par ceux-ci... Cette pièce, qui contient... pages, est écrite sans renvois, ratures ni interlignes (ou *contient tels renvois, telles ratures; et, s'il y a des observations à faire sur l'objet du faux, il ne faut pas les omettre*). Au surplus j'ai coté et signé ledit procès-verbal à chaque page, ce qui a été fait aussi par le déposant (ou *ce qui n'a pu être fait par le déposant, qui ne sait signer, suivant qu'il l'a déclaré, de quoi j'ai fait mention au bas desdites pages*). Fait et clos le présent acte., les jour, mois et an que dessus; et a, le comparant, signé après lecture, *ou* a déclaré, etc.

Nota. Si le Dépôt n'était pas fait dans les trois jours, le poursuivant en faux pourrait demander à l'audience à laquelle le jugement, n.° 6, a renvoyé la cause, que le demandeur principal fût déclaré non-recevable dans son action principale, et condamné aux dépens; ce qui se fait dans la forme de tout autre jugement portant débouté. Cependant, si par des motifs raisonnables, le dépôt n'avait pu être fait dans les trois jours, le demandeur principal pourrait demander une prorogation de délai, dont on trouve même un exemple dans l'article 220 du code de procédure.

8.me Modèle. *Déclaration contenant Inscription de faux.*

Aujourd'hui... mars 1822,... heures du..., devant moi, greffier de..., est comparu le sieur..., demeurant à...; lequel a dit qu'il s'inscrit en faux contre telle pièce (*il faut en faire la désignation la plus particulière, et, si elle a été déposée, en faire mention*); et cela pour... (*ici exprimer les causes et moyens du faux*). De laquelle déclaration, ainsi que des réserves qu'il a déclaré faire de poursuivre ainsi que de droit, il a demandé acte, que je lui ai octroyé, pour valoir. Fait au greffe de... Lecture faite, il a signé *ou* déclaré ne le savoir. (*Article* 218, *code de procédure.*)

Si cette Déclaration n'était pas faite et signifiée à la partie adverse dans les trois jours du jugement qui l'a ordonnée, le défendeur qui a soutenu le faux, pourrait en être débouté avec dépens; cependant il me semble qu'il ne pourrait y avoir lieu ni à l'amende ni à des dommages intérêts, puisque l'inscription de faux n'aurait pas eu lieu. (*Article* 248, *code de procédure.*)

Lorsque le défendeur est débouté de l'incident, il est jugé sur la demande principale, à l'audience suivante. En ce cas, il faut suivre deux modèles de jugemens différens, l'un sur le débouté, et l'autre qui est définitif. On en trouve des formules ci-après: *Voyez* à JUGEMENS DÉFINITIFS ou à PROCÉDURE EN POLICE SIMPLE.

9.me MODÈLE. *Jugement qui prépare l'Instruction sur le Faux, et ordonne l'Apport des Pièces de comparaison, etc.* (1).

Entre, etc., Et, etc., comparans en personne. Le sieur P.., défendeur au principal, et demandeur en faux, a dit que, en exécution du jugement préparatoire rendu par le tribunal de..., enregistré le.., il a fait au greffe son inscription de faux contre... (*désigner la pièce*); Et, attendu que cette pièce a été déposée au greffe par le demandeur principal, qui a ci-devant déclaré qu'il veut s'en servir, ledit sieur... (*le poursuivant du faux*) a conclu à ce que sadite inscription fût admise; à ce qu'il lui fût donné acte de ce qu'il présentait pour pièces de comparaison du faux (*ici désigner particulièrement les pièces*).

Si la Pièce de comparaison était chez un dépositaire public, on dirait :

Que cette pièce est déposée entre les mains de...., demeurant à..., et qu'il requiert que l'apport en soit fait au greffe du tribunal.

Si le Faux consistait dans une fausse écriture ou signature, on dirait :

---

(1) Articles 232 et 233, code de procédure civile.

Qu'il requiert que tel ou tels, auteurs du faux, soient tenus de se présenter devant le tribunal, les jour et heure qu'il lui plaira d'indiquer, pour former un corps d'écriture, et, en cas de refus, qu'il lui en soit donné acte; qu'au surplus il soit ordonné que vérification sera faite par trois experts de la pièce fausse, avec les pièces de comparaison, dont l'apport sera fait dans les formes ordinaires.

Si enfin la Preuve du Faux n'est entreprise que par la Voie testimoniale, on dit :

Que ledit sieur... pose en fait et offre de prouver en cas de déni, que la pièce maintenue fausse est telle, parce que... (*ou qu'elle contient un faux, attendu que...*)

A quoi il a été répondu par le sieur..., demandeur principal, et défendeur en faux, qu'il dénie les faits témérairement avancés par ledit...; qu'il soutient au contraire, que... (*exprimer sommairement les faits contraires*); que les pièces présentées sont inadmissibles, attendu que... (*les motifs allégués*); *ou* qu'il n'empêche l'examen desdites pièces, ni l'apport demandé de telle autre, etc. — Sur quoi il y a lieu de décider : dans le fait: l'inscription de faux est-elle déclarée au greffe? Questions de droit : les pièces et les faits offerts pour la vérification du faux, sont-ils admissibles? y a-t-il lieu de nommer des experts, et de faire former un corps d'écriture aux prévenus?

Parties ouïes : Attendu que les pièces présentées sont dans le cas d'être admises, et que la loi permet même d'admettre les écritures privées non contestées ; attendu que les faits proposés tendent à la justification du faux; attendu qu'il est utile d'ailleurs, pour parvenir à cette même justification, de faire vérifier la pièce arguée de faux, et de faire former à cet effet un ou plusieurs corps d'écriture;

Le tribunal, sans rien préjuger, ordonne que ledit... déposera présentement entre les mains du greffier, qui en dressera procès-verbal détaillé suivant la loi, les pièces de comparaison présentées; ordonne aussi qu'à la première audience (*ou à telle autre indiquée, suivant la distance du domicile des dépositaires*), il sera fait apport au greffe, de *telle pièce*, déposée entre les mains de..., notaire à.... (*ou autre dépositaire*); à quoi faire il sera contraint par corps, s'il y a lieu ;

Ordonne encore qu'à la même audience les prévenus de faux seront appelés pour former devant le tribunal tel corps d'écriture qu'il leur sera dicté, duquel vérification sera faite, ainsi que de toute autre pièce qu'il appartiendra, par les sieurs... (*noms, professions et demeures de trois experts*), que le tribunal nomme experts à cet effet ; ordonne enfin que ledit... (*celui qui poursuit le faux*) fera preuve par témoins, à la même audience, des faits par lui allégués, savoir : Que... (*le sommaire de ces faits*), la preuve contraire réservée au défendeur, et les dépens en définitif. Ainsi prononcé publiquement par M..., Juge de paix de..., etc.

Si la Preuve du Faux n'est entreprise que par une Enquête, il faut réduire cette formule à la partie qui concerne la preuve par témoins ; autrement, et à l'instant même de la prononciation du jugement, le greffier dresse procès-verbal du dépôt des pièces admises. *Voyez* la Formule n.º 7, qui peut servir ici.

L'exécution du Jugement que je viens de terminer, exige différens Actes. Nous allons les donner en entier, afin de compléter toutes les variations de la procédure, ainsi que nous l'avons promis.

10.me Modèle. *Ordonnance pour l'Apport des Pièces déposées chez un Dépositaire public* (1).

Nous, Juge de paix de... (*Si l'instruction se fait en police, on ajoute :* Président du tribunal de police de...*),

Vu le jugement interlocutoire rendu le..., entre...., et..., enregistré le..., ordonnons, en vertu de la loi, à..., demeurant à..., d'apporter au greffe du tribunal, le..., ou à l'audience du..., qui tiendra à..., heures du... (*telle Pièce qu'il faut énoncer particulièrement*), quoi faisant, il en sera déchargé, sinon il y sera contraint par corps (*et si c'est une minute, on ajoute*) : de laquelle pièce copie collationnée lui sera délivrée à l'instant par le greffier, pour être placée au rang de ses minutes jusqu'au renvoi de l'original.

---

(1) Articles 226 et 227, code de procédure ; articles 452, 453, 454 et 455 du code d'instruction criminelle.

(Si le dépositaire demeure hors la Justice de paix, on ajoute) : Et, pour notifier la présente ordonnance, nous avons commis..., huissier, demeurant à... Donné au prétoire à..., le...   (*Signature du Juge de paix.*)

Au pied de cette cédule, l'huissier du Juge de paix ou autre commis, met une simple notification au dépositaire, dans la forme de celles que j'ai données *suprà* à CÉDULE. *Voyez-les.* Il faut ensuite délivrer une autre ordonnance pour appeler les experts. La voici :

N.º 11. *Ordonnance pour appeler les Experts.*

Nous, Juge de paix de.... président du tribunal de police de..., (*si la cause est en police simple*), vu le jugement, etc. (*comme ci-dessus n.º* 10), ordonnous que les sieurs... (*noms, professions et demeures des trois experts*), nommés par ledit jugement, seront appelés à notre audience du..., pour, après serment par eux fait de remplir fidèlement la mission qui leur est confiée, procéder à telles vérifications d'écritures qu'il appartiendra. Donné au prétoire, à..., le...
(*Signature du Juge*).

On met au pied une Notification telle qu'il convient. *Voyez* CÉDULE.

N.º 12. SOMMATION *à l'Auteur de la pièce soutenue fausse, de comparaître pour former un Corps d'écriture.*

L'an 1822 et le..., à la requête de..., demeurant à..., où il fait élection de domicile, j'ai.. (*immatricule de l'huissier*), à..., demeurant à..., signifié et donné copie d'un jugement interlocutoire rendu au tribunal de..., entre... Et.., en date du..., enregistré le..., et en forme, à ce que ledit... n'en ignore ; Et, en vertu de ce jugement, je lui ai fait sommation de comparaître le..., par-devant M. le Juge de paix de..., en son prétoire..., heures du..., audience tenante, pour répondre et procéder en ce qui le concerne suivant les fins dudit jugement, faute de quoi il sera passé outre, tant en son absence que présence, ainsi que de droit. Fait et délaissé copie du présent, avec celle du jugement y énoncé, au domicile dudit..., en parlant à... Le coût de cet acte est de...   (*Signature de l'huissier.*)

N.° 13. CITATION *à Témoins pour déposer sur les Faits du Faux.*

L'an 1822, et le..., à la requête de.., demeurant à.., où il fait élection de domicile, j'ai... (*immatricule de l'huissier*), à chacun séparément, 1.° de J. G.., demeurant à... en son domicile, et parlant à..; 2.° (*de même pour le second témoin et autres s'il y en a*), donné citation à comparaître le.., heures de.., par-devant M. le Juge de paix de.., en son prétoire, pour déposer et dire vérité sur les faits dont ils seront enquis relativement à l'inscription de faux, formée par le requérant contre (*telle piece*), leur enjoignant d'obéir, sous les peines de droit; aux offres de leur payer salaires suffisans, et suivant la taxe. Fait et délaissé une copie du présent à chacun des témoins ci-devant nommés, en son domicile, en parlant comme dit est par moi. Le coût du présent est de.....

Nota. Les Délais à observer sur ces quatre dernières formules, doivent être de trois jours francs, outre un jour par trois myriamètres de distance, quand les personnes appelées ou l'une d'elles demeurent au-delà, (*Article* 1033 *du code de procédure*).

N.° 14. FORMULE *de Procès-verbal de Dépôt des Pièces de comparaison.*

Aujourd'hui... mars 1822, devant moi greffier de..., est comparu.., demeurant à.., etc. (*Suivre le modèle du procès-verbal,* 7.me *Formule. Cependant si des minutes sont déposées, on met la finale suivante*) :

Desquelles minutes, moi dit greffier, ai fait et collationné copie en présence du déposant, auquel j'ai remis ladite copie, ainsi qu'il le reconnaît, signée de lui et de moi. Fait et clos, etc.

15.me FORMULE. *Enquête sur les Faits admis pour la Preuve du Faux.*

Si l'inscription de faux n'est faite et admise que sur un *alibi*, ou sur des faits contraires à ceux constatés, alors il n'est fait qu'une simple enquête comme procédure extraordinaire; elle a lieu dans la forme ordinaire, dont je donne un modèle ci-après. *Voyez* ENQUÊTE.

Lorsqu'un ou plusieurs témoins refusent de comparaître, soit une première fois, soit une seconde, *voyez* les Modèles de jugemens et autres, pour les contraindre, à PROCÉDURES EN POLICE SIMPLE, et à ENQUÊTE.

Quand l'enquête est close, on procède, s'il y a lieu, aux autres opérations ordonnées, c'est-à-dire à la formation d'un corps d'écriture par les prévenus, et à la vérification des pièces par les experts. En voici l'acte :

16.me MODÈLE. *Procès-verbal de Formation d'un Corps d'écriture et de Vérification d'Experts.*

Aujourd'hui... 1822 ,... heures du..., audience publique tenante, s'est présenté en notre prétoire, devant nous, Juge de paix de..., président du tribunal de police de..., assisté du Greffier, et présent M. le Commissaire de police de... (*s'il y a lieu, c'est-à-dire quand la cause n'est pas pour faits de douanes*), le sieur... (*prénoms, nom et demeure de celui qui poursuit le faux*), lequel a dit que, en persistant dans son inscription de faux, faite le..., contre (*telle pièce*), il requiert qu'il nous plaise de procéder aux opérations ordonnées par notre jugement du...; et a signé.

Est aussi comparu (*celui qui est prévenu du faux*), lequel a dit que, pour obéir à la justice, il se présente à cette audience, et notamment pour satisfaire à notre dit jugement, qui a ordonné qu'il formerait, sous notre dictée, un ou plusieurs corps d'écriture, afin de servir de pièces de comparaison s'il y échoit; ce qu'il a déclaré être prêt de faire, ainsi que nous lui ordonnerons ; et a signé (*ou déclaré ne le savoir, ou refusé de le faire*).   (*Signature*).

Sont aussi comparus... (*prénoms, noms, qualités et demeures des trois experts*), lesquels ont dit qu'ils offrent de satisfaire, en ce qui les concerne, à notre jugement, c'est-à-dire de procéder devant nous à telle vérification d'écritures qu'il appartiendra, et ont signé.   (*Signatures*).

Enfin est comparu N., demeurant à..., défendeur à l'inscription de faux, lequel, en persistant à soutenir la validité de la pièce arguée de faux, a dit qu'il n'empêche les vérifications dont il s'agit, et qu'il offre d'y assister, et a signé.   (*Signature*).

Nous avons donné acte aux différens comparans, de leurs

déclarations et consentemens ; en conséquence, et sur ce, ouï le ministère public, avons fait jurer et promettre auxdits... (*les experts*), la main levée devant nous, de vérifier, en leur âme et conscience, les pièces qui leur seront présentées, et de donner de même leur avis. Alors nous avons ordonné audit... (*le prévenu*) de se placer assis, devant la table du greffier, et d'y écrire ce que nous allons lui dicter. A quoi obéissant, il lui a été présenté par le greffier, une feuille de papier libre (*de telle dimension*), sur laquelle, avec la plume qui lui a été fournie, il a écrit ce qui suit, que nous lui avons dicté... (*suit le corps d'écriture*).

Si on le croit nécessaire, on fait changer de plume et de caractère au prévenu, et alors on dit :

Ce premier corps d'écriture fini, nous avons fait donner audit..., une autre plume, taillée de telle manière (*pour la demi-grosse, la fine, la ronde, etc.*) ; nous lui avons fait changer d'encre, et nous lui avons dicté ce qui suit : (*faire le second corps d'écriture qui est dicté*). Cela étant terminé, nous avons fait dater et signer audit..., les phrases qu'il vient d'écrire ; nous les avons ensuite signées *ne varientur*, ainsi que M. le commissaire de police et le greffier, et avons ordonné qu'elles seront jointes aux pièces de comparaison ; ce qui a été fait.

Alors, le prévenu s'étant retiré à la barre, les experts se sont placés à la table du greffier, qui leur a présenté, d'après notre ordre, 1.° la pièce arguée de faux ; 2.° les pièces de comparaison, qui consistent dans..., suivant qu'elles sont détaillées par le procès-verbal de dépôt, en date du... ; 3.° et la feuille sur laquelle ledit... vient de former plusieurs corps d'écriture. Nous avons dit aux experts de faire les vérifications qui sont ordonnées, et de donner sur icelles leur avis. A quoi lesdits experts ont procédé de suite, en présence du tribunal et des parties.

Si l'Avis des Experts est unanime, on dit :

Et ayant terminé leurs opérations, lesdits experts ont déclaré qu'ils estiment en leur âme et conscience que... (*exprimer ici les remarques, les vérifications, les présomptions même, et l'avis des experts*).

S'ils sont divisés d'opinion, on exprime les deux Avis ainsi :

Et ayant terminé leurs opérations, lesdits experts ont déclaré qu'ils sont divisés d'opinion, savoir : que deux d'entr'eux
estiment en leur âme et conscience que..., et que l'autre est
d'avis au contraire, que..., etc.

Lorsque les Experts ne peuvent terminer ou se décider dans la
même Audience, on dit :

Attendu qu'il est.... heures du..., et qu'en ce moment les
experts nous ont déclaré qu'ils ont besoin d'une autre séance
pour finir leurs vérifications, et former leur avis, nous
avons, du consentement de M. le commissaire de police,
faisant les fonctions du ministère public, renvoyé la continuation du présent procés-verbal à.... de ce mois, ... heures
du.., en notre prétoire, pour lesquels jour et heure, les
parties et les experts ont promis de comparaitre ; et ils ont
signé, etc., etc.

Quand il n'y a point de renvoi à un autre jour, on écrit la
simple Clôture qui suit :

De tout quoi nous avons dressé le présent procès-verbal, et
disons qu'il sera fait droit à l'instant aux parties par jugement
séparé du présent, ou à l'audience du..., à laquelle nous
ordonnons auxdites parties de comparaître.

Lecture faite, elles ont signé (*ou refusé, ou dit qu'elles
ne le savent faire*).

N.° 17. Procès-verbal *quand les Experts sont récusés.*

Aujourd'hui,... mars 1822, ... heures du..., devant nous,
Juge de paix de..., assisté de M. le commissaire de police de
cette ville, exerçant près de nous le ministère public, assisté
aussi du greffier, est comparu... (*la partie qui poursuit le
faux*), lequel nous a dit, etc. (*comme au modèle précédent n.° 16, jusqu'à la comparution du défendeur sur l'incident, laquelle comparution on change ainsi*). Est aussi
comparu ledit..., demeurant à..., défendeur à l'inscription
de faux, lequel a dit que, en persistant à soutenir la validité
de la pièce arguée de faux, il récuse le sieur..., l'un des

experts nommés (*ou les trois s'il y a lieu*), attendu que..,
(*ici écrire les motifs de la récusation*) *;* protestant de tout
ce qui se peut et doit protester en pareil cas, s'il est passé
outre à sa récusation; et a signé (*ou déclaré qu'il ne le sait*).
A quoi il a été répondu par... (*le poursuivant du faux*),
que... (*ici sa réponse*).

Sont ensuite comparus... (*les prénoms, noms et demeures
des experts*) lesquels ont dit... (*écrire leur comparution et
acceptation comme ci-devant*). Nous, Juge de paix, statuant
sur la récusation, après avoir ouï M. le commissaire de police dans ses conclusions, tendantes aux dispositions ci-après,
ou à... (*si elles sont différentes*); — Attendu que, dans le
fait, il s'agit de... ; que, dans le droit, il est à décider si la
récusation est légitime et admissible ; attendu que... (*ici les
moyens, et les lois qui autorisent la récusation*), nous déclarons que tel expert (*ou les trois*) est (*ou sont*) valablement récusés; en conséquence ordonnons qu'il sera (*ou
seront*) remplacés. A cet effet, nous nommons d'office le
sieur... (*ou les sieurs...*), demeurant à..., auxquels la présente nomination sera notifiée, avec citation à comparaître à
notre audience du..., de ce mois, ... heures du..., à laquelle
les parties présentes, les autres experts, et ledit... (*prévenu
du faux*), seront tenus de comparaître sans autre citation,
sous les peines de droit. Fait et clos le présent, en notre prétoire, etc.

Si la Récusation est inadmissible, on dit, après la comparution
des experts :

Nous, Juge de paix, statuant sur la récusation, après avoir
ouï M. le commissaire de police dans ses conclusions tendantes à... Question de fait, etc. Question de droit : Les
motifs de la récusation sont-ils justifiés ou autorisés par les
lois ? Considérant que les faits sur lesquels cette récusation
est basée ne sont nullement justifiés ; (*ou*) considérant que
les causes de la récusation sont vagues et non autorisées, —
Nous déboutons ledit... de son exception, et, sans y avoir
égard, ordonnons qu'il sera passé outre aux vérifications
prescrites, par les experts ci-dessus comparans. En conséquence, nous avons fait jurer et promettre auxdits experts,

la main-levée, etc. (*suivre le surplus du précédent modèle, n.° 16*).

Lorsque la Récusation est reçue, et que l'un des experts est remplacé, ou même les trois, on les appelle pour opérer à l'audience indiquée, et on se sert de l'ordonnance ci-devant n° 11. L'opération de ces nouveaux experts se fait dans la forme du modèle n° 16.

N.° 18. MODÈLE *de Jugement définitif prononçant la Validité de l'Inscription de Faux.*

Entre..., demeurant à..., défendeur principal et demandeur en inscription de faux, comparant en personne; Et..., demeurant à..., défendeur à ladite inscription, et demandeur au principal suivant citation de..., huissier, du..., enregistrée le..., comparant en personne...; en présence de..., demeurant à..., prévenu d'être l'auteur du faux.

Le demandeur a conclu à ce que l'inscription de faux par lui faite au greffe de ce tribunal, le..., enregistrée le..., contre... (*telle pièce, la désigner*), soit déclarée légalement instruite et valable au fond; en conséquence qu'il soit dit et ordonné que ladite pièce sera rejetée de la cause pour n'y avoir aucun égard en jugeant le principal, et que ledit... sera condamné en tous les dépens de l'incident, sauf au ministère public à demander, et au tribunal à ordonner telle lacération ou radiation de la pièce fausse, ou même telles poursuites extraordinaires qu'il appartiendra (1).

S'il n'y a qu'une Partie de la pièce qui soit arguée de faux, ou reconnue telle, on varie ainsi les conclusions :

Le demandeur en inscription de faux a conclu à ce que, etc. (*comme ci-dessus*); en conséquence qu'il soit ordonné que le passage contenant... lignes, page... de ladite pièce, commençant par ces mots... et finissant par ceux-ci..., dans lequel passage il est dit que..., sera supprimé ou réformé; attendu que... (*les motifs du faux*), et suivant les preuves et vérifications établies; enfin, à ce que,

____

(1) Articles 462, 463 et 464, code d'instruction criminelle; articles 239 à 251, code de procédure civile.

ledit...... soit condamné aux dépens, sauf au ministère public, etc. (*comme ci-devant*).

Pour justifier ses conclusions, le demandeur incident a dit que... (*ici analiser les moyens et les preuves du faux, résultant de l'instruction*).

A quoi le défendeur à l'incident, et ledit..., prévenu d'être l'auteur du faux, ont répondu qu'ils concluent à ce que le demandeur soit déclaré non recevable dans l'inscription de faux par lui témérairement faite, laquelle sera déclarée injurieuse et vexatoire; en conséquence qu'il sera condamné a leur payer la somme de 2000 fr., pour dommages et intérêts et en tous les dépens, sauf au ministère public à réclamer l'application de l'amende prescrite par la loi en pareil cas (1); au surplus, à ce qu'il soit dit et ordonné que la pièce arguée de faux sera remise à qui de droit, afin que les poursuites commencées en vertu d'icelle soient suivies.

Expliquant leurs conclusions, le défendeur et le prévenu de faux, ont dit que.... (*exprimer ici leurs défenses sommairement*).

Dans cet état, la cause a présenté les questions suivantes : (*Elles naissent souvent de la discussion et des faits, cependant il faut toujours établir celle qui suit*) :

Question de droit; la preuve matérielle du faux est-elle établie par les pièces de comparaison ou par l'instruction de la cause?

Parties ouïes, ensemble M. le commissaire de police, faisant les fonctions du ministère public, lequel a résumé l'affaire et donné ses conclusions conformes aux dispositions ci-après, (*ou tendantes à... si elles sont contraires*); — Considérant que... (*établir les faits matériels prouvés par l'enquête, les vérifications, les comparaisons, etc.*); considérant que ces faits (*ou ces élémens*) caractérisent un faux matériel et absolu; (*ou s'il s'agit d'un alibi*); considérant que *l'alibi* est pleinement justifié par... (*l'enquête ou les pièces*); considérant que toute pièce reconnue fausse doit être lacérée ou supprimée, ou seulement réformée lorsqu'elle n'est falsifiée qu'en partie; considérant enfin que,

---

(1) Articles 246, 247 et 248, code de procédure civile.

lorsque l'auteur du faux est vivant et la poursuite du crime non éteinte par la prescription, il doit être poursuivi extraordinairemeut; — Le tribunal, jugeant en première instance, déclare bonne et valable l'inscription de faux, faite par..., au greffe, le..., contre la pièce dont il s'agit; ordonne qu'elle sera supprimée et lacérée comme étant matériellement fausse, ce qui sera fait par le greffier, après l'expiration des délais pour se pourvoir par appel, requête civile, ou cassation, si plus tôt ledit... n'a formellement acquiescé au présent jugement (1); ordonne en outre que les pièces de comparaison déposées et autres apportées au greffe, pendant l'instruction, seront remises aux dépositaires par le greffier, auquel il est enjoint de faire ses diligences à cet effet, après toutefois que les délais précédemment expliqués seront écoulés, sous les peines de droit (2); ordonne enfin qu'il sera présentement décerné par le président (3) un mandat d'amener devant M. le Procureur du Roi, près le tribunal de..., contre ledit..., prévenu d'être l'auteur du faux vérifié, pour être procédé ainsi que de droit, à l'effet de quoi copies du présent jugement et de l'instruction qui l'a précédé, seront adressées audit sieur procureur du Roi; enfin, le tribunal condamne ledit..., défendeur à l'inscription de faux, en tous les dépens de l'incident, taxés à la somme de..., non compris les coût et levée du présent jugement, en quoi le défendeur est aussi condamné; ce qui sera exécuté suivant la loi; et, pour être fait droit sur l'action principale relative à la contravention imputée audit..., le tribunal ordonne que les parties comparaîtront à l'audience du.., tous dépens et droits réservés à cet égard. Ainsi prononcé publiquement par, etc.

On trouvera la formule du Mandat d'amener ci-après, à l'article POLICE JUDICIAIRE, *voyez-le*. Mais, comme, dans l'espèce, le délit n'est pas flagrant et que ce n'est que pour obéir à la lettre de la loi

---

(1) Article 241, code de procédure civile, et 465 du code d'instruction criminelle.

(2) Article 244, code de procédure, qui prononce l'interdiction, 100 f. d'amende et des dommages-intérêts contre le greffier.

(3) Article 239, même code, qui prescrit au président de faire alors les fonctions d'officier de police judiciaire.

que le mandat est décerné (1), le Juge de paix ne fait point d'autres instructions criminelles, lesquelles appartiennent en ce cas au Procureur du Roi et au juge d'instruction. Si l'un ou l'autre de ces magistrats requiert l'envoi de la pièce fausse et des pièces de comparaison, le greffier du Juge de paix en fait la remise et en dresse procès-verbal pour sa décharge, qu'il fait signer au magistrat requérant les pièces.

19.ᵐᵉ ET DERNIER MODÈLE. *Jugement définitif qui rejette une Inscription de Faux non justifiée.*

Entre, etc. Et, etc. En présence de..., etc. Le demandeur en inscription de faux a conclu à ce que.... (*le tout comme au dernier modèle n° 18*). Pour justifier sa demande, il a dit que... (*ici ces moyens*). A quoi le défendeur et le prévenu ont répondu que... (*leurs défenses*). En conséquence ils ont conclu à ce que... (*leurs conclusions comme au précédent modèle*). Sur quoi la cause présente à juger les questions suivantes : Question de fait, etc, Question de droit, etc. (*de même qu'à la formule dernière*). Parties ouïes, ensemble M. le commissaire de police près le tribunal, dans ses conclusions tendantes à..., etc.; considérant que ni les pièces de comparaison fournies par..., ni l'enquête et la vérification d'écritures n'ont prouvé d'une manière positive la falsification de la pièce attaquée par l'inscription de faux;

Considérant en effet que... (*analiser ce qui résulte de l'instruction de la cause*), — le tribunal déclare le demandeur incident non recevable dans la poursuite du faux; ordonne qu'il sera passé outre au jugement de l'action principale, à l'audience du..., à laquelle les parties comparaîtront sans citation préalable; condamne ledit... (*le demandeur en inscription de faux*) en 1,000 fr. de dommages intérêts envers le demandeur principal et ledit..., auquel l'imputation de faux a été injustement faite; condamne en outre... (*celui qui a fait l'inscription*), en 300 fr. d'amende envers l'état et aux dépens, taxés à..., non compris les coût et levée, etc.; ordonne que les pièces déposées se

---

ront remises à qui de droit par le greffier, après que les délais pour l'appel, la requête civile ou la cassation, seront expirés. Ce qui a été prononcé par M..., Juge de paix de..., etc., etc.

Il ne reste plus, après cette longue procédure, qu'à poursuivre le jugement sur la demande principale. Pour cela les parties se présentent à l'audience indiquée par le jugement définitif sur le faux; alors la contravention est jugée soit négativement, soit affirmativement. Si l'on procède en tribunal de police, on choisit la formule qui convient à l'espèce présentée, à l'article PROCÉDURES EN SIMPLE POLICE, et si c'est une affaire de douanes, on prend le modèle qui convient à la circonstance, dans les formules de JUGEMENS PAR DÉFAUT OU DÉFINITIFS CONTRADICTOIRES, suivant que la cause est jugée.

E.

EMANCIPATION. *Voyez* les diverses Formules relatives aux émancipations et à leurs révocations, à l'article CONSEIL DE FAMILLE ci-dessus. Il n'y a point d'Émancipation valable, si elle n'est accompagnée ou suivie de la nomination d'un curateur aux causes pour surveiller la conduite du mineur dans l'administration de ses biens, dans l'emploi de ses capitaux; pour l'assister en justice, et l'autoriser à plaider sur des actions immobilières, mobilières; *curator datur bonis, non personæ. Voyez* le Recueil général de la jurisprudence des justices de paix, tome premier, page 202.

ENQUÊTES. Il en est de plusieurs sortes; mais toutes tendent à établir la preuve testimoniale. Elles ont lieu en matières civiles et de simple police. Au civil, on distingue trois espèces d'enquêtes, I. celles qui ont lieu dans les ACTIONS POSSESSOIRES: *Voyez suprà* cet article, on y trouve deux modèles d'enquêtes variés; 2.º celles qui s'ordonnent sur des faits purement civils, et sur lesquels les parties sont contraires; 3.º celles qui se font sur commission rogatoire des autres tribunaux. Nous allons donner ces trois Variations, avec les citations et cédules qui les suivent. Quant aux enquêtes qui ont lieu en police, elles sont toujours contenues dans le jugement définitif ou interlocutoire: on en trouvera une formule ci-après, à PROCÉDURE EN POLICE. Au surplus, *Voyez* le Recueil général de la jurisprudence des justices de paix, tome premier, pages 204 et suivantes.

; ꞌLorsque l'enquête se fait sur les lieux avec une autre opération, on délivre une Cédule pour appeler les témoins et les experts. *Voyez* cet acte à l'article ACTIONS POSSESSOIRES. Dans les autres cas où l'enquête se fait à l'audience, *suivez*, pour la Citation à témoins, le modèle N.° 13 de l'article DOUANES.

PROCÈS-VERBAL *d'Enquête et Contre-enquête, dans une Cause en première instance sur Action personnelle ou mobilière avec Reproches contre des Témoins* (1).

Aujourd'hui... avril 1822, ... heures du..., devant nous, Juge de paix de..., assisté de..., est comparu dans notre prétoire, audience tenante, le sieur P., propriétaire, demeurant à..., lequel a dit que, par jugement du... (2), rendu par nous entre lui et J., rentier, demeurant à..., nous avons, avant de faire droit, et sans rien préjuger, ordonné que le comparant ferait preuve par témoins à cette audience que... (*ici le sommaire des faits à prouver*) ; qu'à cet effet il a fait citer pour être entendus présentement, des témoins dignes de foi, au nombre de..., desquels il requiert l'audition, soit en présence, soit en l'absence dudit... (*le défendeur*) ; et a signé (*ou déclaré ne le savoir*).

(Signature).

Est aussi comparu ledit sieur..., rentier, demeurant à..., lequel a dit qu'il n'empêche l'audition des témoins du demandeur, offrant d'y assister, sous toutes réserves de droit. (*Et si le défendeur a entrepris la preuve contraire, on ajoute :* Qu'au surplus, pour opérer la preuve contraire des faits faussement soutenus par ledit..., il a fait citer à cette audience cinq témoins à décharge, dont il demande l'audition ; et a signé (*ou déclaré qu'il ne le sait*). (*Signature.*)

Vu le jugement ci-devant daté, la cédule délivrée le..., notifiée par..., huissier, le.., enregistrée le..., (*ou*) les citations de.., huissier, etc., nous, Juge de paix, en donnant acte aux parties de leurs diligences, avons procédé aux auditions des témoins à charge et à décharge, de la manière suivante :

---

(1) Articles 34 à 39, code de procédure.

(2) *Voyez* un Modèle d'un tel interlocutoire, à JUGEMENS NON-DÉFINITIFS ci-après.

Nous avons fait introduire séparément l'un après l'autre en l'audience, les témoins à charge, auxquels il a été donné lecture du jugement interlocutoire par le greffier; chacun d'eux a déclaré ses nom, prénoms, âge, qualité et demeure, tels qu'ils sont ci-après établis ; chacun a déclaré aussi, qu'il n'est parent, ni allié, ni domestique de l'une ou de l'autre partie; et chacun, enfin, a fait individuellement le serment de déposer vérité. Après quoi ont été entendus dans leur déposition séparée, le tout en présence des parties, savoir : le premier témoin, Louis M..., cultivateur, demeurant à..., âgé de... ans, a déposé que (*écrire ici sa déposition*); Qui est tout ce qu'il a déclaré. Lecture à lui faite de sa déposition, il y a persisté, et a signé (*ou a dit qu'il ne le sait*).

2.me témoin J. R..., doreur, âgé de... ans, demeurant à.., a été reproché par le défendeur, parce que, a-t-il dit... (*ici le reproche avec les détails ou les preuves*). A quoi le demandeur a répondu que... (*exprimer la réponse aux reproches*). Interrogé le témoin, sur la vérité du reproche, il a dit que... (*écrivez sa déclaration*). Sur quoi, attendu que la loi prescrit d'entendre tout témoin reproché, quelque soit le mérite du reproche (1), nous, Juge de paix, sans rien préjuger, joignons les reproches au fond, et ordonnons que le témoin reproché sera entendu, sauf à avoir, en jugeant, tel égard que de droit à sa déposition. Alors ledit témoin, après avoir fait les déclarations et sermens prescrits par la loi, a déposé que... (*ici sa déposition*); qui est tout ce qu'il a déclaré. Lecture faite de sa déclaration, il y a persisté, et a signé (*ou déclaré qu'il ne le sait*).

3.me témoin (*comme au premier, s'il n'y a pas de reproches ; sinon se modeler sur le deuxième ; et ainsi pour les autres témoins s'il y en a*).

Tous les témoins à charge ayant été entendus, nous avons procédé à la contre-enquête de même que ci-dessus ; c'est-à-dire que les témoins à décharge ont été introduits séparément, qu'il a été fait lecture du jugement interlocutoire, qu'ils ont fait individuellement les déclarations et serment prescrits par la loi. Après quoi, ils ont déposé en présence

---

(1) Article 284, code de procédure civile.

des parties ; savoir : le premier témoin , J. B..., artiste vété-
rinaire , âgé de..., demeurant à..., a déclaré que..., (*ici sa*
déposition). Lecture à lui faite de sa déclaration, il y a persisté , et signé.

Le 2.me témoin , B. K..., peintre, âgé de..., demeurant
à.., a déposé que... (*comme ci-dessus ; et, s'il est reproché,*
suivre ce qui est dit pour le deuxième témoin à charge).

Le 3.me témoin, de même, etc. Lecture faite, etc. Fait et
clos le présent procès-verbal, les jour, mois et an que dessus. Au surplus, disons qu'il sera , par acte séparé, donné
jugement aux parties; ce qui sera fait à l'instant, ou à notre
audience du..., à laquelle les parties seront tenues de comparaître sans citation préalable, sinon sera fait droit; et avons
signé avec le greffier.   (*Signatures*).

On observera que les reproches contre les témoins ne peuvent
être reçus après la déposition commencée, à moins qu'ils ne soient
justifiés par écrit. (*Article* 36 , *code de procédure.*)

On observera aussi de faire mention des interpellations que le
juge peut faire à chaque témoin après sa déposition, et des réponses. (*Article* 37 *ibidem.*)

Variations *d'un tel Procès-verbal.*

Ier *Quand un Témoin ne comparaît pas, mais se fait*
excuser (1),

Il faut suivre la Formule précédente jusqu'à la clôture , avant
laquelle on dit :

Comme J. A..., demeurant à... , l'un des témoins appelés
par... , n'a point comparu, et qu'il a fait adresser au tribunal
un certificat délivré par..., le..., enregistré le..., portant que... (*ici le fait de l'excuse* ; — attendu que ce
motif excuse valablement le témoin, nous disons qu'il sera
passé outre, sans sa déposition, au jugement de la cause,
lequel sera prononcé maintenant , ou à l'audience du..., à
laquelle nous renvoyons les parties. Fait et clos, etc.

Cette formule est pour le cas où la Cause est suffisamment instruite; mais, s'il est nécessaire d'entendre le témoin, on varie ainsi :

____

(1) Articles 265 et 266 , code de procédure civile.

Attendu que le fait constaté excuse valablement le témoin; mais, attendu que sa déposition est nécessaire, nous ordonnons qu'il sera réassigné pour comparaître à l'audience du..., à laquelle nous renvoyons la cause et les parties. Fait et clos le présent procès-verbal, etc.

Si le Témoin est malade ou infirme, on dit, comme ci-dessus:

Attendu que le fait constaté est une excuse suffisante, mais qu'il est convenable d'entendre le témoin, nous ordonnons que son audition sera par nous reçue à son domicile, auquel nous nous transporterons, le... de ce mois, ... heures du... Enjoignons aux parties d'y comparaître. Fait et clos, etc.

2.ᵐᵉ Variation. *Quand un Témoin ou plusieurs ne comparaissent pas, et ne se font pas excuser* (1).

Le Procès-verbal d'Enquête dans cette circonstance est le même que précédemment pour la comparution des parties et pour l'audition des témoins présens; mais, avant de mettre la finale *fait et clos*, on dit:

Attendu que..., demeurant à..., témoin appelé à la requête de..., n'a point comparu, ni fait parvenir d'excuse, nous, Juge de paix, le condamnons en 10 fr. d'amende, et ordonnons qu'il sera réassigné, à ses frais, à comparaître à l'audience du..., à laquelle nous renvoyons la cause et les parties. Fait et clos, etc.

Nota. La Réassignation qui a lieu en vertu de ce modèle, est semblable à la Citation à témoins donnée à l'article DOUANES, n° 13, excepté qu'on y fait mention du jugement sans le signifier.

3.ᵐᵉ Variation. *Procès-verbal d'un second Refus de comparaître contre un Témoin* (2).

Le... avril 1822,... heures du..., audience tenante, devant nous..., etc., est comparu... (*prénoms, nom et de-*

---

(1) Article 263, code de procédure.

(2) Article 264, code de procédure, qui prononce 100 fr. d'amende contre le témoin, et autorise le mandat d'amener.

meure du demandeur), lequel a dit que, pour satisfaire à notre jugement préparatoire du..., il a fait réassigner par acte de..., huissier, enregistré le..., Pierre, cultivateur à.., témoin par lui ci-devant appelé, et qui a refusé de comparaître ledit jour..., suivant qu'il appert par notredit jugement. En conséquence, il a requis la comparution du témoin réassigné, sinon qu'il soit prononcé contre lui ce que de droit; et a signé, etc.

Est aussi comparu L... (*le défendeur*), lequel a dit que, sous la reserve de tous ses droits, il n'empêche l'audition du témoin réassigné ; et a signé (*ou déclaré, etc.*)

Nous avons donné acte aux parties de leurs comparutions, et, après avoir attendu plus d'une heure au-delà de celle fixée par la nouvelle citation, sans que le témoin Pierre ait comparu, ni personne pour l'excuser, nous avons donné défaut contre lui; et, pour le profit, l'avons condamné en cent fr. d'amende, et aux dépens frustratoires qu'il occasionne, faits et à faire ; lesquels seront taxés après l'instruction terminée ; et, attendu que la déposition du témoin est indispensable dans la cause, nous disons qu'il sera par nous décerné un mandat d'amener contre lui, afin de le contraindre à faire sa déposition, à l'audience du..., à laquelle nous renvoyons la cause et les parties. Fait et clos le présent, etc.

On trouve le Mandat d'amener ci-après à POLICE JUDICIAIRE. Lorsque le Témoin est amené, on procède à son audition dans la forme du premier procès-verbal d'enquête, en changeant ce qui convient dans la circonstance; et on termine le procès-verbal ainsi :

Cette déposition terminée, le demandeur a dit : Que la conduite illégale du témoin a occasioné beaucoup de frais, qu'il doit supporter, et qu'il demande contre lui condamnation : ce qui a été aussi demandé par le défendeur, qui a soutenu que ces frais sont frustratoires. A quoi le témoin contraint a répondu que... (*sa réponse; et si elle est non-valable, on dit*) : Sur quoi il s'agit de décider; dans le fait, etc. Dans le droit. Y a-t-il des frais frustratoires, et par qui doivent-ils être supportés ? Parties ouies : Attendu que le témoin n'a obéi qu'à la force armée; attendu que ses réponses ou excuses sont mal fondées ou insuffisantes, — Le tribunal condamne ledit..., témoin, aux frais frustratoires par lui occasionés, taxés à la somme de..., non compris les coût et levée du présent jugement, en quoi, il est aussi condamné. Fait et donné par nous, Juge de paix de..., etc.

4.me VARIATION. *Procès-verbal d'Audition d'un Témoin à domicile, après Excuses admises par le même Juge de paix qui se transporte* (1)

Aujourd'hui, etc. Nous, Juge de paix de..., vu notre procès-verbal d'enquête du..., fait entre C..., demeurant à..., et D..., demeurant à..., témoin appelé à la requête dudit.., avons ordonné que nous l'entendrions dans son domicile, ce jour, en présence des parties, auxquelles nous avons enjoint d'y comparaître. A cet effet, nous nous sommes transportés, à la requête dudit... (*le demandeur*), assistés de notre greffier, au domicile du témoin, situé à..., rue de.., où étant entrés dans une chambre, au rez-de-chaussée, ayant aspect sur..., nous avons trouvé ledit..., témoin, auquel nous avons fait part du sujet de notre transport, et lequel a répondu qu'il est prêt d'obéir à justice. Se sont alors présentés le..., demandeur, et le..., défendeur, lesquels ont dit, savoir : Le premier, qu'en persistant dans sa demande, il requiert l'audition du témoin dont il s'agit, sous toutes réserves de droit; et le défendeur, qu'il n'empêche cette audition, offrant d'y assister, sans rien approuver de préjudiciable à ses droits; et ils ont signé (*ou déclaré qu'ils ne le savent*).

Alors nous avons procédé, en présence des parties, à l'audition du témoin; lequel a déclaré se nommer P. J..., propriétaire, demeurant dans le lieu où nous sommes, être âgé de..., et n'être parent, ni allié, ni domestique des parties; et, après serment par lui fait de dire la vérité, il a déposé que... (*écrire sa déposition ici*); qui est tout ce qu'il a déclaré. Lecture à lui faite de sa déposition, il y a persisté et signé (*ou déclaré qu'il ne le sait*).—De quoi nous avons

____

(1) Article 266, code de procédure.

dressé le présent acte pour servir et valoir ce que de raison;
Et, pour être fait droit aux parties, nous les avons renvoyées à l'audience du..., à laquelle elles seront tenues de
comparaître sans citation préalable; et nous avons signé.

Enquête *dans une Cause en dernier Ressort.*

On ne dresse point de procès-verbal d'enquête dans les causes
en dernier ressort; mais le jugement énonce les noms, âges, professions et demeures des témoins; leur serment, leur déclaration;
s'ils sont parens, alliés ou domestiques des parties; les reproches et
le résultat des dépositions (1). — Je donne un modèle d'un tel jugement à l'article ci-après JUGEMENS DÉFINITIFS : j'en ai déjà donné
un autre à ACTIONS POSSESSOIRES. *Voyez-les.* Si, dans les enquêtes
en dernier ressort, il y a lieu de faire réassigner, soit une première
fois, soit une seconde, des témoins non-comparans, on suit les
Formules des trois Variations précédentes; mais, au lieu d'en faire
un procès-verbal, on les insère dans le jugement même avec l'enquête.

Cédule *pour faire Enquête en vertu d'une Commission rogatoire* (2).

Nous, Juge de paix de..., vu le jugement rendu par le
tribunal de..., le.... signé à l'expédition..., greffier, enregistré le..., par lequel nous sommes commis pour procéder
à l'enquête ordonnée par ce jugement, rendu entre... (demeurant à... Et..., demeurant à...,
Sur la réquisition dudit... (*celui qui poursuit l'en-*
quête), ordonnons qu'il sera procédé par nous, le... de ce
mois,... heures du..., en notre prétoire, à l'enquête dont
il s'agit; à cet effet, ordonnons que les témoins et ledit...
(*le défendeur*) seront cités pour comparaître lesdits jour
et heure, pour, de la part des témoins, faire leurs dépositions sur les faits dont ils seront enquis par nous; leur enjoignant de comparaître sous les peines de droit; Et, pour
ce qui concerne ledit... (*le défendeur*), assister, si bon lui
semble, à l'audition des témoins; sinon il y sera procédé,

---

(1) Texte de l'article 40 du code de procédure civile.
(2) Articles 266 et 1035 du même code.

et passé outre tant en son absence que présence. Donné au prétoire à..., le... (*Signature.*)

Au pied de cette formule, l'huissier du Juge de paix écrit sa Notification, conformément à la formule mise au pied de la cédule donnée à Actions possessoires, en changeant seulement ce qui est relatif aux experts, que l'on remplace ici par les nom et demeure du défendeur. Il y a aussi différens modèles de notifications à Cédule.

Procès-verbal d'enquête *sur une Commission rogatoire, etc.*

Aujourd'hui... mai 1822,.. heures du.., par-devant nous, Juge de paix de..., assisté de notre greffier, étant en notre prétoire, d'après le jugement rendu par le tribunal de.., le.., enregistré le.. , entre, demeurant à... et... , demeurant à..., par lequel il est ordonné que.. ledit.. fera preuve par témoins par-devant nous que.. (*énoncer ici l'objet de la preuve*), sauf à.. (*le défendeur*) à faire la preuve contraire ;—Sur notre cédule délivrée le... de ce mois, notifiée par..., huissier, enregistrée le... , par laquelle nous avons ordonné que les parties et les témoins seraient appelés à ces jour et heure, pour être procédé à ladite enquête, ainsi que de droit, Est comparu ledit... (*le demandeur*), lequel, en persistant dans sa demande et dans les faits par lui soutenus, a requis qu'il nous plût de recevoir l'audition des six témoins qu'il a fait appeler, et a signé sous la réserve de tous ses droits (*ou déclaré qu'il ne le sait, de ce enquis suivant la loi*). — Est aussi comparu le... (*le défendeur*), demeurant à..., lequel a déclaré qu'il n'empêche l'audition des témoins du demandeur, sauf à lui, dans le cours de l'enquête, à dire et requérir ce que de droit; au surplus, il a dit que de son côté il a fait citer devant nous, à ces jour et heure, cinq témoins à décharge, pour opérer la preuve contraire, requérant leur audition; et a signé (*ou, etc.*).

Nous, Juge de paix, en donnant acte aux parties de leurs diligences, avons procédé aux auditions des témoins à charge et à décharge de la manière suivante... (*suivre le reste de la première formule d'un procès-verbal d'enquête que j'ai ci-devant donnée*).

Autre procès-verbal *en vertu de Commission rogatoire, pour l'Audition d'un seul Témoin à domicile.*

Aujourd'hui.. avril 1822,... heures du..., nous, Juge de paix de..., assisté de...; vu le jugement rendu par le tribunal de... (*comme ci-dessus*); vu aussi la cédule délivrée le..., notifiée par..., huissier, enregistrée le..., par laquelle nous avons ordonné que, ces jour et heure, il serait procédé par nous, en vertu du jugement ci-devant daté, à l'audition à domicile du sieur..., demeurant à..., témoin appelé et excusé dans la cause existante entre les parties ci-dessus nommées, sur les faits qui les divisent, ainsi qu'il appert du tout par ledit jugement, nous sommes transportés à cet effet... (*Suivre pour le reste, le modèle 4.*^me *Variation ci-devant, de l'audition d'un témoin excusé par le même juge qui reçoit sa déposition.*)

On peut rédiger dans la même forme du premier modèle de cet article, les Réceptions de serment et autres actes qui se font sur commission rogatoire, d'après l'article 1035 du code de procédure. Cependant il faut une Formule particulière pour les interrogatoires sur faits et articles. *Voyez-la* ci-après, sous son nom. Au surplus, dans tous les délais qu'exigent ces différens actes, il faut observer ceux qui sont prescrits par les articles 5 et 1033 du code de procédure.

ESTIMATION DE DOMMAGES. En général elle doit être faite par les Juges de paix eux-mêmes, l'article 41 du code de procédure le prescrit impérieusement; mais le 148.me du code d'instruction criminelle permet à ces magistrats de faire estimer les dommages qualifiés contraventions, avant l'audience; je donnerai à l'article PROCÉDURES EN SIMPLE POLICE, un double Modèle de ces estimations. Quant aux dommages qui n'emportent pas contraventions, ils sont estimés par le Juge, soit d'office, soit sur l'alternative laissée par un demandeur de payer une somme de..., ou la valeur des dégâts d'après une estimation. C'est l'esprit et la lettre de l'article 41 déjà cité. On trouve des Formules de ces alternatives au N.º 4 de JUGEMENS DÉFINITIFS. On trouve encore des Estimations pour réparations locatives à VISITE DES LIEUX. Au surplus, *Voyez* ci-dessous EXPERT et le Recueil général de la Jurisprudence des justices de paix, tome premier, par 214.

EXÉCUTOIRE. Les Juges paix sont compétens pour délivrer des exécutoires au profit des Notaires, pour les remboursemens

des droits d'enregistrement perçus sur leurs actes. Cependant, ces
juges ne sont pas compétens pour connaître des Actions formées par
les notaires pour le payement de leurs honoraires , lors même que
les déboursés y sont joints, et que le tout n'excède pas 100 fr.; ce
qui semble impliquer une sorte de contradiction ; mais la loi est
positive (1).

MODÈLE *d'un Exécutoire au profit d'un Notaire.*

Nous, Juge de paix de..., sur la réquisition de maître...,
notaire à..., y demeurant; vu l'acte par lui rapporté le...,
enregistré le... , portant vente (*ou transaction ou partage*),
entre..., demeurant à..., et, demeurant à...; duquel il appert que ledit maître a déboursé une somme de..., pour
les droits d'enregistrement perçus sur ledit acte ;

Mandons au premier huissier sur ce requis, de contraindre, par les voies ordinaires, ledit..., demeurant comme dit
est à..., au paiement et remboursement de ladite somme
de..., pour l'avance des droits d'enregistrement ci-dessus.
Donné au prétoire à..., le... 1822. (*Signature.*)

On ne peut mettre une pareille ordonnance à exécution , qu'en
la faisant rédiger en forme exécutoire, c'est-à-dire qu'il en faut
obtenir une Expédition qui commence par la formule LOUIS
par la grâce de Dieu , etc., et finit par cette autre : *Mandons et
ordonnons*, etc.

EXÉCUTION PROVISOIRE DES JUGEMENS. Les jugemens
des Justices de paix jusqu'à concurrence de 300 fr. , sont exécutoires par provision, nonobstant l'appel, et sans qu'il soit besoin
de fournir caution. Les Juges de paix peuvent, dans les autres cas,
ordonner l'exécution provisoire de leurs jugemens , mais à la
charge de donner caution (2). La Formule par laquelle on ordonne
cette exécution, se met à la fin du jugement, en ces termes : *Ce
qui sera exécuté par* PROVISION , *nonobstant appel*, sans donner
caution, ou à la charge de donner caution, suivant les cas prévus
par l'article 17 du code de procédure.
C'est un principe général et constant qu'à tout juge appartient
la connaissance des suites de son jugement. *De quibus rebus ad*

____

(1) Loi sur l'enregistrement, du 22 frimaire an 7, art. 30. *Voyez* par
comparaison l'article 60 du code de procédure, et l'article 173 du règlement du 16 février 1807.
(2) Texte de l'article 17 du code de procédure.

eumdem judicem agatur, et ne causæ continentia dividatur. Un arrêt de la cour de cassation du 27 avril 1814 confirmant cette ancienne maxime, a décidé que le Juge de paix est compétent *pour régler les suites de sa décision* (1). Je donne donc sans crainte des Formules pour l'exécution provisoire des jugemens au-dessus de 300 fr. rendus en Justice de paix.

CITATION *pour la Réception d'une Caution.*

Le... avril 1822 , à la requête de... (*prénoms, nom, qualité et demeure de celui qui fait exécute..'e jugement*), auquel lieu de sa demeure il fait élection de domicile, j'ai... (*immatricule de l'huissier du Juge de paix*), à... (*prénoms, nom, qualité et demeure de la partie condamnée*), en parlant à..., signifié et déclaré que le requérant est dans l'intention de faire exécuter par provision le jugement rendu à son profit contre ledit..., par M. le Juge de paix de..., le..., enregistré le..., signifié avec commandement par..., huissier, le..., dont l'exploit a été enregistré le..; duquel jugement ledit... a fait inconsidérément appel, par acte de..., huissier, du... En conséquence , j'ai donné citation à... (*l'appelant*) , à comparaître devant M. le Juge de paix de... , en son prétoire..., heures du..., pour entendre donner acte au requérant de la présentation qu'il fera de la personne du sieur... , demeurant à... , pour caution de l'exécution provisoire dudit jugement ; laquelle caution sera reçue à cet effet, et fera sa soumission au greffe dans les vingt-quatre heures de sa réception ; Et seront les dépens de l'incident supportés par ledit... , comme une suite du jugement dont l'exécution provisoire est poursuivie. Fait et délaissé copie du présent , dont le coût est de... , au domicile dudit... , en parlant, comme est dit ci-dessus , à...

FORMULE *de Jugement de Réception de Caution.*

Entre , etc. (*le demandeur*), Et, etc. (*le défendeur*), lesdits tous deux comparans en personne (*ou par fondé de pouvoirs*). — Le demandeur a conclu à ce qu'il plût au tribunal lui donner acte de ce qu'il offrait pour caution de l'exécution provisoire du jugement rendu par le tribunal le..., enregistré le... , le sieur... , demeurant à... ; lequel serait en

---

(1) Sirey, tome 14 , première partie , page 294.

conséquence reçu, à la charge de faire sa soumission au greffe dans les vingt-quatre heures : au surplus, il a conclu à ce que ledit... fût condamné aux dépens de l'incident. Le défendeur a comparu et a dit que... (*ici sa réponse*).

S'il ne conteste pas la Solvabilité de la Caution, elle est reçue sans difficulté ; si, au contraire, elle est contestée, le demandeur réplique ainsi :

A quoi le demandeur a répondu que la fortune de la caution offerte, est suffisante pour répondre du principal et des frais dont il s'agit ; que, d'ailleurs, pour en justifier, il produit... (*ici les titres de propriétés de la caution*). Partant, il a persisté dans ses conclusions. — Sur quoi la cause présente à décider les questions suivantes : *Dans le fait*, le jugement du... est-il susceptible d'exécution provisoire en donnant caution ? *Question de droit :* La caution présentée doit-elle être reçue ? — Parties ouïes ; attendu que l'exécution provisoire est ordonnée et autorisée ; attendu que la solvabilité de la caution présentée est connue et justifiée par titres ; — Le tribunal reçoit..., demeurant à..., pour caution de l'exécution provisoire de son jugement du... ; ordonne qu'il fera sa soumission au greffe dans vingt-quatre heures de ce jour, et condamne ledit..., appelant, aux dépens de l'incident, taxés à..., non compris les coût et levée du présent jugement, qui sera exécuté aussi par provision et nonobstant appel. Donné et prononcé par M..., Juge de paix de..., etc.

Nota. Si l'appelant ne comparaît pas, les Conclusions du demandeur sont adjugées par défaut et la Caution reçue, ce qui se fait dans la forme de tout autre jugement. *Voyez* ci-après à JUGEMENT PAR DÉFAUT.

MODÈLE *de Soumission au greffe par la Caution reçue.*

Aujourd'hui le... avril 1822,... heures du..., devant moi, greffier du Juge de paix de..., a comparu au greffe... (*prénoms, nom, qualité et demeure de la caution*), lequel a déclaré qu'il se soumet comme caution et répondant de toutes les suites de l'exécution provisoire du jugement rendu par M. le Juge de paix de..., en date du..., au profit de...,

Contre... ; de laquelle soumission j'ai dressé le présent acte, qui a été signé par le comparant et par moi dit greffier.

Cette Soumission et le Jugement qui l'autorise, sont signifiés à l'appelant avant de passer outre à l'exécution provisoire.
Si la Caution était rejetée, il faudrait en présenter une autre plus solvable. Voici la formule nécessaire en pareil cas.

JUGEMENT *qui rejette une Caution.*

Entre..., etc., demandeur, Et, etc., défendeur...., (*Suivre la précédente formule jusqu'à*) :
Parties ouïes : attendu que la solvabilité de la caution offerte n'est ni connue ni justifiée suffisamment, — Le tribunal déclare que ladite caution ne peut être admise, et condamne le demandeur aux dépens de l'incident, sauf à lui à se pourvoir pour une nouvelle présentation. Ainsi prononcé, etc.

EXPERTS. D'après ce que j'ai dit sur l'article 41 du code de procédure, on voit que des experts ne sont pas souvent employés dans les Justices de paix. Cependant, il est un certain nombre de circonstances où il sont nécessaires : 1.º Quand l'objet de la contestation exige des connaissances qui sont étrangères au juge, il nomme des experts qui font la visite avec lui. A cet égard *voyez* ACTIONS POSSESSOIRES : on y trouve le jugement qui nomme les experts, la Cédule pour les appeler, et le procès-verbal de leur visite fait de concert avec le juge. *Voyez* aussi BREVET D'INVENTION et VISITE DES LIEUX.

2.º Lorsqu'il y a lieu d'estimer un dommage avant l'audience, pour un fait de Contravention de police, quand le Juge de paix ne veut pas estimer lui-même : *voyez*, comme je l'ai déjà dit *suprà*, PROCÉDURES EN SIMPLE POLICE.

3.º On nomme des Experts pour une vérification d'écritures. *Voyez* DOUANES.

4.º Il appartient aux Juges de paix de recevoir les nominations et sermens des Experts que le conjoint survivant, les héritiers et autres sont appelés à nommer pour procéder à un inventaire. *Voyez* les modèles de LEVÉE DE SCELLÉS.

5.º Le juge de paix nomme encore des Experts pour estimer des salaires d'ouvrages contestés comme excessifs. *Voyez* la Formule n.º 4, à JUGEMENS DÉFINITIFS, avec les observations qui la suivent.

6° Les père et mère, tant qu'ils ont la jouissance propre et légale des biens du mineur, sont dispensés de vendre les meubles s'ils préfèrent de les garder pour les remettre en nature. En ce cas ils en font faire une Estimation par un Expert, qui prête serment devant le juge paix. Voici cette Formule :

NOMINATION D'EXPERT *par le Subrogé tuteur, dans le cas de l'article* 453 *du Code civil* (1).

Aujourd'hui... juin 1822, heures du..., devant nous, Juge de paix de..., assisté de notre greffier, est comparu en notre prétoire P.., demeurant à...; lequel a dit : Que, par procès-verbal fait devant nous, ce jour (*ou le..*), il a été nommé subrogé tuteur de..., enfant mineur de.... décédé, et de..., survivante (*ou son veuf*) ; que, désirant remplir les devoirs que cette qualité lui impose, il nous déclare nommer pour expert, aux fins d'estimer les meubles et effets dépendans de la communauté dudit feu..., la personne de..., demeurant à..., lequel il nous présente pour accepter cette commission ; et a le comparant signé (*ou déclaré qu'il ne le sait*).

Est aussi comparu ledit... (*prénoms, nom, qualité et demeure de l'expert*), lequel a déclaré accepter la commission d'expert qui lui est conférée ; et a offert de faire à l'instant le serment prescrit en pareil cas ; et a signé (*ou déclaré ne le savoir, de ce enquis*). — Vu les nomination et acceptation ci-dessus, nous avons pris et reçu dudit..., (*expert*), le serment, par lequel il nous a juré et promis, la main levée, d'estimer à juste valeur, en son âme et conscience, les meubles et effets de la communauté qui a existé entre.... (*le décédé*), et son époux survivant. De quoi nous avons donné acte, et dressé le présent pour valoir, les jour, mois et an que dessus. (*Signatures.*)

7°. Lorsqu'un jugement condamne à payer une somme de......, pour indemnité, restitution, salaires, etc. avec option de payer suivant une estimation par experts, on doit, pour éviter des frais en Justice de paix, au lieu de citer les parties pour nommer ces

____

(1) Cette nomination d'experts n'a lieu que dans les cantons où il n'y a pas de commissaire-priseur.

experts, appeler ceux-ci avec les parties, pour accepter leur nomination, et faire le serment d'opérer avec équité. Au lieu de citer encore les experts sur le lieu pour faire les opérations ordonnées, et dresser ensuite un procès-verbal de dépôt de leur rapport, comme le tout se pratique dans les tribunaux ordinaires, on doit, dis-je, faire nommer les experts par les parties, par le même jugement, et les autoriser à opérer immédiatement, ou à des jour et heure indiqués, sans autre formalité que d'affirmer la sincérité de leur rapport en le déposant. Cette marche simple est suffisante, parce que la loi ne prescrit rien sur ce point dans les Justices de paix, à peine de nullité. *Voyez* la Formule n.º 4 des JUGEMENS DÉFINITIFS. Cependant, si on oubliait de faire fixer le jour et l'heure de l'opération des experts par le jugement qui les nommerait, il serait alors nécessaire de citer la partie et les experts sur le lieu. En ce cas on se servirait de la Formule n.º 3, à l'article COMMERCE, avec de légers changemens; (*ou*) des notifications qui sont au pied des modèles numéros 7 et 8 de l'article PROCÉDURES EN SIMPLE POLICE.

FORMULE *d'un Rapport d'Experts, rédigé par le Greffier du Juge de paix, lorsqu'ils ne savent signer, ou l'un d'eux* (1).

L'an 1822 et le.. júin, sur les.. heures du.., moi N.., greffier du Juge de paix de..., arrondissement de..., département de..., sur la réquisition de... (*prénoms, noms, qualités et demeures des experts*), lesquels ont été nommés par jugement du tribunal de..., en date du..., enregistré le... (*ou par ordonnance de M..., en date du..., etc.*), pour estimer ou vérifier... (*ici on précise l'opération et les faits qui s'y rattachent*), — Me suis transporté à... (*désigner et confronter le local sur lequel on opère*), où étant, lesdits experts sont comparus et m'ont requis, attendu qu'ils ne savent écrire (*ou l'un d'eux*) de rédiger leur rapport de l'opération qu'ils entendent faire tout présentement pour l'exécution du jugement ci-dessus daté. — A quoi déférant, j'ai d'abord reçu la comparution des parties comme il suit :

S'est présenté, 1º (*prénoms, nom, qualité et demeure*

---

(1) Article 317, code de procédure, et article 15 du règlement des dépens du 16 février 1807.

de la partie qui poursuit), lequel a dit qu'il requiert lesdits sieurs experts de procéder à l'opération dont il s'agit, tant en présence qu'en absence de... (*le défendeur*), attendu qu'il a été dûment appelé par sommation de..., huissier du..., enregistré le... Au surplus, le comparant a dit qu'il se réserve tous ses droits contre ledit...; et a signé (*ou déclaré, etc.*).

2.° S'est aussi présenté le sieur... (*prénoms, nom, qualité et demeure du défendeur*), lequel a dit que... (*écrire ses dires, consentement ou protestations et réserves*); et a signé (*ou déclaré ne le savoir*).

Si le Défendeur ne comparaît pas, on dit :

Et, après avoir attendu une heure au-delà de celle fixée par la sommation ci-devant datée, sans que ledit... ait comparu, ni personne pour lui, les experts ont passé outre, en son absence, au fait de leur mission, et ont procédé comme il suit : Premièrement... (*on exprime avec un détail particulier, les remarques, observations, avis et esmations des experts ; et, s'ils ne sont pas de même avis, on exprime le Partage des Opinions, tel que le tout a lieu, mais sans faire connaître l'avis particulier de chaque expert.*) (*Article 318, code de procédure*). De tout quoi j'ai dressé le présent repport, pour valoir ; duquel les experts m'ont déclaré qu'ils affirmeraient la sincérité devant M. le Juge de paix de..., ce jour à,... heures du... (*ou demain à..., heures du...*), en présence des parties qu'ils ont requises de comparaître devant ledit sieur juge, et qui ont promis de s'y rendre, pour être ledit rapport déposé ensuite entre mes mains. Fait et clos les jour, mois et an que dessus, sur l'heure de...; et ont tels et tels signé. Quant audit... (*ou auxdits..*), ils ont déclaré ne le savoir, comme ci-devant.

Un tel Rapport sert pour l'exécution de tous jugemens qui ordonnent des opérations civiles d'experts ; mais, lorsque le jugement est rendu par un tribunal de première instance d'arrondissement, le Rapport fait par le greffier n'est pas dans le cas d'être affirmé véritable par les experts, parce qu'ils ont déjà fait serment d'opérer en leur âme et conscience ; ils ne doivent point en faire d'autre. (*Article 219, code de procédure.*) En ce cas, il faut varier la Finale du rapport de cette manière :

De tout quoi j'ai rédigé le présent rapport, qui sera par lesdits experts déposé en minute au greffe du tribunal de première instance de..., dans vingt-quatre heures; et ont lesdits... signé; et quant auxdits..., ils ont déclaré ne le savoir de ce enquis. Clos sur.... heures de... (*Signatures.*)

PROCÈS-VERBAL *d'Affirmation et de Dépôt d'un Rapport d'Experts devant le Juge de paix.*

Aujourd'hui... avril 1822,... heures du..., devant nous, Juge de paix de...., assisté du greffier, ont comparu dans notre prétoire (*prénoms, noms, qualités et demeures des trois experts*), lesquels nous ont présenté le rapport qu'ils ont dressé (*ou fait rédiger par notre greffier*), le.. de ce mois, portant... (*ici exprimer l'opération*), duquel ils offrent de nous affirmer la sincérité; et ont signé (*ou déclaré, etc.*).

Nous avons donné acte aux experts de leur comparution et exhibition, et, après leur avoir fait donner lecture par le greffier du rapport présenté, nous leur avons fait jurer et affirmer par serment, la main levée, que ce rapport est sincère et véritable. Alors il est resté aux mains du greffier. En témoin de quoi il a signé le présent, etc. (*Signatures.*)

F.

FAUX. Les Juges de paix sont incompétens pour connaître de toutes inscriptions de faux principal ; mais ils peuvent connaître du faux incident. *Voyez* DOUANES et PROCÉDURES EN SIMPLE POLICE. En matières civiles, lorsqu'une des parties déclare qu'elle veut s'inscrire en faux, ou qu'elle dénie l'écriture, le Juge de paix paraphe la pièce, et renvoie les parties devant les Juges qui en doivent connaître (1). *Voyez* le Recueil général de la Jurisprudence des Justices de paix, tome premier, page 233.

MODÈLE *de Jugement qui déclare l'Incompétence en cas de Dénégation d'écritures, ou d'Inscription de faux.*

____

(1) Article 14 du code de procédure civile.

Entre, etc. , demandeur, Et, etc., défendeur, comparans l'un et l'autre en personne. Le demandeur a conclu à ce que le défendeur fût condamné à lui payer la somme de..., pour le montant d'un billet qu'il lui a consenti, le..., enregistré le..., lequel n'a pas été acquitté. Au surplus il a conclu aux dépens. Expliquant sa demande, le demandeur a dit que (*ici ses moyens*). Par le défendeur a été dit qu'il ne reconnaît ni la signature, ni l'écriture de ce prétendu billet; (*ou*) que ce billet est une pièce fausse et supposée, contre laquelle il veut s'inscrire en faux; (*ou encore*) qu'il dénie la signature apposée au bas du billet dont il s'agit. — A quoi le demandeur a répondu qu'il soutient la validité et la sincérité de cette pièce, et qu'il offre d'en faire faire les vérifications convenables, s'il y a lieu. *Question de fait :* L'écriture du billet est-elle méconnue ? *Question de droit :* Le tribunal est-il compétent pour prononcer sur l'incident ? — Parties ouïes : Attendu que la loi prescrit aux Juges de paix de s'abstenir de passer outre sur les incidens qui tendent aux dénégations d'écritures ou inscriptions de faux en matières civiles, le tribunal renvoie la cause et les parties devant juges compétens; et cependant, pour satisfaire à la loi, le Juge de paix, en présence des parties, a paraphé *ne varietur* le billet ci-devant daté, qui a été remis au demandeur. Ainsi prononcé par, etc.

FRANCISATION. Il est nécessaire et indispensable pour tout Armateur français de faire naturaliser ses navires, barques, bateaux, c'est-à-dire de les faire reconnaître de construction française, de les attacher à un port français, etc. Les Juges de paix concourent à ces formalités par un simple Acte dont voici le Modèle (1) :

Aujourd'hui... mai 1822,... heures du..., devant nous, Juge de paix de..., est comparu dans notre prétoire V. A..., armateur, patenté de première classe, le..., n.°..., demeurant à..., lequel nous a dit qu'il a fait construire au mois de..., un navire marchand, auquel il a donné le nom de...; qu'il a fait procéder à son jaugeage.. par..., jaugeur-

____

(1) Loi du 21 septembre 1795.

juré à... , dont il nous représente l'attestation vérifiée et approuvée par les contrôleur et visiteur des douanes de..., en date du..., enregistrée le...; que, voulant être reconnu armateur de ce navire, et le faire naviguer tant au petit et grand cabotage qu'au long cours *(ou l'une de ces choses seulement)*, et sous pavillon français, il nous demande de le recevoir à la prestation de serment prescrite en pareil cas. Et a signé. (*Signature.*)

Vu le certificat ci-dessus daté et représenté, lequel est ainsi conçu : (*on le copie littéralement, la loi l'exige*), au pied duquel certificat est écrite l'approbation suivante : Les soussignés, contrôleur et visiteur, etc. (*suivre et copier encore l'approbation*),

Nous, Juge de paix, attendu qu'il est constant que le sieur V. A., est citoyen français, nous avons pris et reçu de lui le serment qu'il a présentement fait devant nous, la main levée, d'être fidèle au Roi, d'obéir à la Charte, et de se conformer aux lois sur les armemens. Au surplus, il a juré que son navire est de construction française. De quoi nous avons dressé le présent, pour valoir les jour, mois et an que dessus; et avons signé avec le greffier (*Signatures*).

VARIATION *d'Acte de Francisation, lorsque les premières Lettres sont perdues ou détruites.*

Aujourd'hui, mai 1822,... heures du.., devant nous, etc., a comparu, etc. (*comme ci-devant*), lequel a dit : Qu'il est propriétaire du navire le..., du port de..., jaugeant. tonneaux, pour lequel il avait obtenu les passeports nécessaires pour le faire naviguer au grand et au petit cabotage (*ou au long cours*), en vertu d'un acte de francisation dressé par M. le Juge de paix de..., le...; mais que, par des avaries majeures éprouvées par ce navire (*ou tout autre événement*), tous ses papiers et passeports ont été perdus, ce qui oblige le comparant à faire franciser de nouveau sondit navire; pourquoi il l'a fait jauger le..., par..., dont le certificat, qu'il nous représente, est approuvé par les visiteur et contrôleur de la douane de..., ainsi qu'il appert par leur attestation au pied dudit certificat, qui est enregistré à..., le... En conséquence, et en représentant cette pièce, le comparant a requis qu'il nous plût de le recevoir à la prestation du serment prescrit en pareil cas; et a signé.

(Signature).

Vu le certificat ci-dessus daté et réprésenté, etc. (*Suivre le surplus du précédent modèle.*)

G

GARANTIES. Les Formules qu'exigent les Actions en garantie, ont trouvé naturellement leurs places, savoir : celle du jugement qui ordonne la mise en cause d'un garant, est insérée à l'article JUGEMENS NON DÉFINITIFS ;

Celle de la Cédule pour appeler le garant domicilié hors de l'étendue des Justices de paix où est pendante l'action principale, est placée *verbo* CÉDULE ;

La Citation pour appeler un garant qui réside dans la Justice de paix saisie de la cause principale (car alors il ne faut pas de cédule), est placée au mot CITATION ;

Une formule de Jugement qui statue sur l'action principale en état et surseoit à prononcer sur la demande en garantie non instruite, se trouve à l'article JUGEMENS DÉFINITIFS ;

Enfin un Modèle de Jugement qui statue sur la demande en garantie en même temps que sur l'action principale, est aussi placé à JUGEMENS DÉFINITIFS.

GARDIENS DE SCELLÉS. *Voyez* APPOSITION DE SCELLÉS, *suprà.*

GARDES-CHAMPÊTRES. Les Juges de paix reçoivent le Serment des Gardes-champêtres lors de leur installation ; ils reçoivent aussi les affirmations des procès-verbaux de ces gardes, qui doivent être faites dans les vingt-quatre heures de la clôture, à peine de nullité. *Voyez* sur le tout, le Recueil général de la jurisprudence des Justices de paix de France, tome premier, pages 247 et suivantes.

PROCÈS-VERBAL *de Serment d'un Garde-champêtre, lors de son Installation* (1).

____

(1) Lois des 5 janvier et 22 juillet 1791.

Aujourd'hui... avril 1822,.. heures du..., devant nous, Juge de paix de... , assisté de notre greffier, a comparu en notre prétoire N.. , demeurant à.. , lequel nous a dit qu'il a obtenu de M. le Préfet de... une commission de garde-champêtre de la commune de,.. , laquelle il nous a représentée, et a requis qu'il nous plût de le recevoir au serment prescrit, avant d'exercer ses fonctions ; et a signé... (*Signature.*)

Vu la commission représentée, en date du..., signée..., avons pris et reçu dudit... , le serment, par lequel il a juré et promis, la main levée, devant nous, fidélité au Roi, obéissance à la Charte, soumission aux lois du royaume, et de remplir fidèlement les fonctions qui lui sont confiées. De quoi nous lui avons donné acte, pour valoir, etc. ; Et avons signé avec le greffier.   (*Signatures*).

FORMULE *d'Affirmation d'un Procès-verbal de Garde-champêtre* (1).

Vu le procès-verbal ci-dessus, dont nous avons donné lecture au garde y dénommé, nous lui avons fait jurer par serment que le contenu audit acte est sincère et véritable. Donné au prétoire de la Justice de paix de..., le... ; et a, l'affirmant, signé avec nous.   (*Signatures.*)

On sait qne cette Affirmation se met au pied des procès-verbaux des gardes. Ceux qui désirent connaître les fonctions de ces agens dans toute leur étendue, peuvent consulter mon Commentaire sur la législation de simple police ; ils y trouveront même les formules au nombre de douze.

GÉRENT. En cas de saisie d'animaux et d'ustensiles servant à l'exploitation des terres, le Juge de paix pourra, sur la demande du saisissant, le propriétaire entendu ou appelé, établir un gérent à l'exploitation. (*Disposition textuelle de l'article* 594 *du code de procédure*). Voici les formules :

CITATION A LA PARTIE SAISIE, *pour comparaître à la Nomination du Gérent.*

---

(1) Lois des 5 janvier et 22 juillet 1791 ; Arrêt de la cour de cassation, du 2 messidor an 13.

L'an 1822 et le.. juin, à la requête de Pierre B..., demeurant à..., où il fait élection du domicile, j'ai... (*imma-*
tricule de l'huissier), à..., demeurant à..., donné citation
à comparaître devant M. le Juge de paix de..., en son prétoire, le.. de ce mois,.. heures du.., pour voir nommer un
gérent à l'exploitation des terres, animaux et ustensiles
saisis à la requête du requérant, sur ledit..., par acte de...,
huissier, en date du..., enregistré le...; attendu qu'il y a
nécessité et urgence de pourvoir à ladite exploitation dans
les intérêts de toutes les parties; et seront les dépens à cet
égard compris avec ceux de la saisie. Fait et délaissé copie
de la présente au domicile dudit..., en parlant à... Le coût
du présent est de...

JUGEMENT *qui nomme le Gérent.*

Entre.... (*prénoms, nom et demeure du saisissant*),
demandeur, comparant en personne (*ou par..., demeu-*
rant à... son fondé de pouvoir spécial suivant sa procu-
ration du..., etc.). Et.. (*nom et demeure de la partie*
saisie), défendeur, comparant en personne, ou par..., etc.
Le demandeur a conclu à ce qu'il soit présentement
nommé par le tribunal un gérent à l'exploitation des terres,
animaux et ustensiles saisis à la requête de lui dit demandeur, sur le défendeur, par acte du..., etc. etc.; attendu... (*dire les motifs qui nécessitent le gérent*). — Le
défendeur a répondu que... (*exprimer ici sa réponse*).
Sur quoi il s'agit de décider, dans le droit, si le besoin
de l'exploitation des choses saisies demande l'établissement
d'un gérent. — Parties ouïes : Attendu que.... (*donner les*
motifs sommaires qui exigent la nomination), le tribunal
nomme pour gérent de l'exploitation des domaines, animaux
et ustensiles saisis, la personne de..., demeurant à..., auquel
il est prescrit de commencer sa gestion sur la notification du
présent jugement; et seront les frais faits et à faire à cet
égard compris dans ceux des poursuites de la saisie dont il
s'agit. Donné et prononcé par M. S..., Juge de paix de...,
le... 1822.   (*Signatures*).

NOTIFICATION *au Gérent de sa Nomination.*

L'an 1822, le.. juin, à la requête de..., demeurant à...,

où il fait élection de domicile, j'ai... (*immatricule de l'huissier*), à..., demeurant à..., signifié et dorné copie d'un jugément rendu par M. le Juge de paix de..., en date du..., enregistré le..., portant nomination dudit... pour gérent à l'exploitation de... (*exprimer les choses saisies*), le tout saisi sur..., demeurant à..., par procès-verbal de..., huissier, en date du..., enregistré le..; à ce que ledit... (*le gérent*) n'en ignore; le sommant de commencer sans délai sa gestion, aux offres de lui payer salaire suffisant, suivant la taxe qui en sera faite. Délaissé copie du présent, dont le coût est de..., audit...., en son domicile en parlant à...

GROSSESSE. *Voyez* OFFICIER DE L'ÉTAT CIVIL.

H

HAIES et FOSSÉS. Ils donnent lieu à l'Action possessoire, même quand ils sont mitoyens (1) *Voyez supra* à ACTIONS POSSESSOIRES et le Recueil général de la Jurisprudence des justices de paix de France, tome premier, pages 256 et 257.

I

IMPÔTS INDIRECTS. Les Juges de paix n'ont que des attributions extrajudiciaires en ces matières. *Voyez*, pour la législation, mon Recueil général de la jurisprudence, tome premier, page 264, et tome 2, page 133. Quant aux actes des Juges de paix en fait d'impôts indirects, en voici les formules :

PROCÈS-VERBAL *de Prestation de Serment d'un Employé pour sa Réception* (2).

Aujourd'hui... mai 1822,... heures du..., devant nous, Juge de paix de..., assisté du greffier, a comparu (*prénoms,*

---

(1) Arrêts de la Cour de cassation des 8 vendémiaire an 14 et 21 novembre 1807.

(2) Article 10 du décret du premier germinal an 13.

nom et demeure de l'employé), lequel nous a dit qu'il a obtenu de M..., une commission de... (*désigner l'emploi*); que, voulant être installé dans ses fonctions et les exercer légalement, il requiert qu'il nous plaise de l'admettre au serment prescrit par la loi en pareil cas; et a signé...

Vu la commission délivrée le..., par..., enregistrée le..., nous avons pris et reçu du comparant le serment qu'il a fait devant nous, la main levée, de fidélité au Roi, d'obéissance à la Charte, de soumission aux lois du royaume, et de remplir fidèlement ses fonctions. De quoi nous avons donné acte et dressé le présent, pour valoir ce que de droit.
(*Signatures du juge et du greffier.*)

Les Juges de paix reçoivent les Affirmations que les Employés des impôts indirects sont tenus de faire de la sincérité de leurs procès-verbaux, dans les trois jours de la saisie, devant le Juge du lieu du délit ou de la contravention, à peine de nullité (1). *Voyez* le modèle de ces affirmations à l'article Douanes.

Autre Formule *pour rendre une Contrainte exécutoire* (2).

Vu par nous, Juge de paix de.., la présente contrainte, pour être exécutée suivant sa forme et teneur. Fait à..., le..., 1822. (*Signature du Juge.*)

Modèle *pour coter et parapher le Livret d'un Débitant.*

Le présent livret, contenant... feuillets, a été coté et paraphé par nous, Juge de paix de....., à chacun desdits feuillets, pour servir à constater les exercices des employés de l'administration des contributions indirectes, chez le sieur..., débitant de..., demeurant à..., en conformité de la loi du 28 avril 1816. Fait à..., le... 1822.

Cette Formule est la même que l'on emploie à coter et parapher les livres et portatifs des employés où elle est imprimée.

Requête et Ordonnance *qui nomme un Expert pour vérifier le Jaugeage des Commis.*

---

(1) Articles 25 et 26 du décret du premier germinal an 13.
(2) Loi du 22 frimaire an 7, article 64.

A. M. le Juge de paix de...

C. P..., demeurant à..., débitant de..., a l'honneur de vous exposer que les sieurs..., employés de l'administration des contributions indirectes, ont procédé dans sa boutique (*cave ou magasin*), le.. de ce mois, au jaugeage de... (*exprimer la quantité des liquides jaugés, leurs qualités, leurs enveloppes*), lesquels ils ont établi sur leurs portatifs à .. hectolitres et... litres; ce qui est assurément excessif, puisque... (*dire le motif de l'excès*).

En conséquence, l'exposant requiert qu'il vous plaise, Monsieur, nommer un expert pour vérifier et rectifier le jaugeage des employés; et vous ferez justice. (*Signature*).

Vu la présente requête, ensemble l'article 146 de la loi du 28 avril 1816, nous avons nommé P..., tonnelier (*ou jaugeur juré*), demeurant à..., pour expert aux fins de procéder, sur la réquisition qui lui en sera faite, à la vérification ou contre-jaugeage des liquides dont il s'agit, après avoir prêté serment devant nous. Fait en notre prétoire, à.., le... 1822.

FORMULE DE PRESTATION *de Serment d'un tel Expert.*

Aujourd'hui.. mai 1822,... heures du..., devant nous, Juge de paix, etc., assisté du greffier, a comparu P..., demeurant à..., lequel nous a dit que, par notre ordonnance du..., qui lui a été communiquée sans frais, il a été nommé expert pour procéder à...; qu'il accepte cette commission, et nous offre de faire le serment prescrit. Ce qu'il a signé (*ou déclaré ne le savoir*).

Nous avons donné acte au comparant de son acceptation; en conséquence nous lui avons fait jurer et promettre par serment, la main levée, devant nous, de remplir fidèlement la commission qui lui est déléguée. Fait au prétoire, le.. mai 1822.

Les Juges de paix apposent les Scellés sur les papiers d'un Comptable, lorsqu'il y a lieu, sur la réquisition d'un employé principal de la régie (1). *Voyez* APPOSITION DE SCELLÉS, pour la Formule particulière à cette espèce.

____

(1) Article 40 du décret du premier germinal an 13.

Il n'y a pas lieu de dresser de procès-verbal quand les Juges de paix assistent aux visites et perquisitions que les directeurs des impôts indirects ordonnent chez des particuliers soupçonnés de faire la fraude ; mais ces magistrats signent les procès-verbaux des Agens qui font les visites.

IMPRESSION. *Voyez* le Recueil général de la jurisprudence, tome premier, page 267. Quant aux formules par lesquelles les Juges de paix ordonnent l'impression de leurs jugemens, *Voyez* ci-après Irrévérence et Procédures en simple police.

INCOMPÉTENCE. Les Questions de droit sur l'incompétence, sont traitées ci-après, par des formules particulières, après Jugemens non définitifs. *Voyez-les*, avec mon Recueil général de jurisprudence, tome premier, pages 170 et 272.

INJONCTIONS. Les Juges de paix peuvent et doivent donner différentes injonctions, dont je vais établir les Formules.

Requête et Ordonnance *pour enjoindre à un Receveur de l'enregistrement de délivrer un Extrait de ses Registres à un Tiers qui n'est pas partie dans l'acte enregistré* (1).

A. M. le Juge de paix de...
N. P... a l'honneur de vous exposer que, désirant former une action contre..., demeurant à..., il lui est utile de connaitre auparavant si un acte portant..., passé entre... et.., demeurant à..., contient (*telle clause... On peut exposer tout autre motif convenable et licite*);
Et, pour obtenir ces renseignemens, il requiert qu'il vous plaise, Monsieur, enjoindre à M. le Receveur de l'enregistrement de..., de lui délivrer, dans vingt-quatre heures, moyennant salaire suffisant, copie en forme de l'extrait inséré sur ses registres, de l'acte dont il est question ; Et vous ferez justice. (*Signature*).
Vu la présente requête et l'article 58 de la loi du 22 frimaire an 7, enjoignons au receveur de l'enregistrement de..., de délivrer, dans vingt-quatre heures, copie de l'extrait ci-dessus requis, de lui certifié et signé, moyen-

---

(1) Loi du 22 frimaire an 7, article 58.

nant salaire suffisant, sous les peines de droit. Fait au prétoire, etc.

INJONCTION *à un Huissier de Juge de paix, pour le contraindre à faire des Actes de son ministère.*

Nous, Juge de paix de..., enjoignons au sieur..., l'un de nos huissiers, de faire, dans vingt-quatre heures de l'exhibition de la présente ordonnance, la citation (*ou notification ou commandement*) pour laquelle il est requis par..., demeurant à..., et à sa requête, contre..., demeurant à..., suivant les formes de droit, sous peines d'amende, et de tous dépens dommages intérêts. Donné en notre prétoire, à..., le... 1822.

DESTITUTION *d'un Huissier qui persiste dans son Refus d'exercer pour ou contre une Partie.*

Nous, Juge de paix de..., vu notre ordonnance du..., enregistrée le..., par laquelle nous avons enjoint à...., huissier, de faire, dans vingt-quatre heures (*exprimer les causes de l'injonction*). Attendu que cet acte n'a point été fait, et que nous sommes assurés de la continuation du refus dudit..., nous révoquons la commisssion d'huissier par nous accordée audit..., et lui interdisons de faire à l'avenir aucune fonction près de nous; réservons à... (*le demandeur*) à se pourvoir par les voies de droit contre l'huissier interdit, pour le faire condamner en telle indemnité qu'il appartiendra; et sera la présente ordonnance communiquée par simple avis audit... Fait au prétoire, à..., le...

FORMULE *d'Injonction au Greffier du Juge de paix, refusant de délivrer des Expéditions, ou de faire d'autres Actes de son ministère.*

Nous, Juge de paix de..., sur l'exposé fait par..., demeurant à..., que le sieur...., notre greffier, refuse de... (*énoncer l'objet du refus*),

Enjoignons à notre dit greffier, de délivrer, dans vingt-quatre heures, moyennant salaire suffisant, expédition en

forme de... (*exprimer l'acte demandé*), faute de quoi,
permis audit..., de poursuivre, ainsi que de droit, ledit
sieur greffier.

Fait en notre prétoire, à..., le... 1822.   (*Signature*).

Nota. En cas de refus d'obéir à une pareille injonction, les
Greffiers peuvent être poursuivis de suite, par la voie extraordinaire, sans autorisation de l'autorité supérieure, n'étant pas
considérés comme officiers du gouvernement (*Arrêt de la Cour de
cassation du 26 décembre 1807*). *Voyez* mon Recueil général,
verbo Greffiers

INTERVENTION (1). C'est une voie par laquelle un tiers, qui
n'est pas partie dans une cause, s'y présente pour contester ou
approuver l'action principale, ou même un incident lorsqu'il y a
un intérêt fondé. L'intervention a ordinairement lieu pour prévenir une demande en garantie. Elle se fait par requête dans les tribunaux ordinaires, mais, en justice de paix, elle se fait verbalement à l'audience. *Voyez-en le Modèle* ci-après à Jugemens non-
définitifs, N.° 3. On peut cependant intervenir hors l'audience,
par une simple citation, avant ou après un interlocutoire.

Formule *d'Intervention hors de l'Audience.*

L'an 1822 et le..., à la requête de... (*prénoms, nom,
qualité et demeure de l'intervenant*), auquel lieu de sa
demeure il fait élection de domicile, j'ai... (*immatricule de
l'huissier*), à chacun séparément de... (*nom, profession
et demeure du demandeur dans la cause où l'on intervient*)
et de... (*nom, qualité et demeure du défendeur dans la
même cause*), signifié et déclaré que, attendu que... (*établissez ici les causes et moyens de l'intervention*). Par
ces motifs j'ai huissier susdit et soussigné déclaré que le
requérant intervient par ces présentes dans la cause pendante
devant M. le Juge de paix de.... entre.. et..., sur la demande formée par..., tendante à... En conséquence, et pour
avoir acte de son intervention, le requérant comparaîtra
devant mondit sieur le Juge de paix de..., à l'audience du....
de ce mois,... heures du..., à laquelle la cause dont il s'agit
sera appelée sur la citation donnée par..., huissier, le...

---

(1) Du latin *intervenire* (*venire-inter.*)

Et s'il a déjà été rendu un Jugement non définitif, on dit :

A laquelle audience la cause sera appelée en vertu du jugement rendu le..., qui ordonne... (*ici le dispositif du jugement*). Au surplus, j'ai, à la même requête, et en cas de besoin, donné citation auxdits... et..., à comparaître à l'audience ci-dessus indiquée, devant mondit sieur le Juge de paix, en son prétoire, pour procéder sur la présente intervention, dont acte sera donné au requérant, et de ce qu'il conclut à ce que... (*ici les conclusions de l'intervenant*).

Fait et délaissé copie du présent acte, dont le coût est de..., à chacun desdits... et..., en leurs domiciles séparément, et en parlant à..., etc., etc.

Si, lors d'une pareille intervention, il avait déjà été fait une Enquête principale, cela n'empêcherait pas que l'intervenant fût autorisé à faire la sienne, s'il y avait lieu. *Voyez* mon Recueil général de jurisprudence, à l'article INTERVENTION.

INTERROGATOIRE SUR FAITS ET ARTICLES. C'est un acte ou procès-verbal qui contient les demandes du Juge et les réponses de la partie interrogée. Mais cet acte est particulier aux tribunaux ordinaires : il n'a pas lieu en justice de paix, car les parties y comparaissent en personne, volontairement, ou par ordre du Juge, et les interrogations qui leur sont faites, sont toutes verbales. Cependant, en cas d'éloignement de la partie qui doit être interrogée, le tribunal saisi de la cause peut commettre le Juge de paix du domicile de cette partie (1). Voici les Formules d'Actes qui peuvent avoir lieu pour ces Interrogatoires.

ORDONNANCE *qui fixe le jour et l'heure de l'Interrogatoire, et qui se met au pied de la Commission donnée au Juge de paix sans autre acte* (2).

Vu l'ordonnance (*ou commission*) rogatoire ci-dessus, disons qu'il sera par nous procédé, le . de ce mois,... heures du.., en notre prétoire, à l'interrogatoire sur faits et articles du sieur... demeurant à..., relativement aux points

---

(1) *Voyez* articles 327, 328, 329, 330, 331, 332, 333 et 334 du code de procédure.
(2) Article 327, même code.

de la contestation existante entre lui et..., demeurant à...,
suivant qu'il est expliqué en ladite commission. A cet effet,
sera ledit... cité à comparaître aux jour et heure indiqués
par nous. Fait en notre prétoire, etc. etc.

NOTIFICATION *de l'Ordonnance ci-dessus, avec Cita-tion* (1).

L'an 1822 et le..., à la requête de..., demeurant à...,
où il fait élection de domicile, j'ai... (*immatricule de
l'huissier*), à..., demeurant à..., signifié et donné copie
d'un jugement (*ou ordonnance*) rendu par le tribunal
de..., *ou* par M. le Président du tribunal de..., en date
du..., enregistré le..., portant commission rogatoire à
M. le Juge de paix de..., de procéder à l'interrogatoire
sur faits et articles dudit..., sur la matière de la contestation
expliquée audit jugement... (*ou ordonnance*), au pied
duquel est l'ordonnance de mondit sieur le Juge de paix,
qui désigne les jour, lieu et heure auxquels il sera par lui
procédé audit interrogatoire, à ce que ledit..., n'en ignore,
et je lui ai, à la même requête, donné citation à comparaître
le... de ce mois,... heures du..., dévant M. le Juge de paix
de.... en son prétoire, pour y subir l'interrogatoire dont il
s'agit, faute de quoi les faits soutenus par le requérant seront
tenus pour certains. Fait et délaissé copie du présent audit...,
en son domicile, en parlant à... Le coût est de...

FORMULE D'INTERROGATOIRE *sur Faits et Articles.*

Aujourd'hui... juin 1822,.. heures du...; nous, Juge de
paix de..., assisté de notre greffier, étant dans notre prétoire, en vertu du jugement (*ou ordonnance*) rendu par...,
en date du..., enregistré le..., lequel nous commet, d'après
l'article 326 du code de procédure, pour procéder à l'interrogatoire sur faits et articles du sieur..., demeurant à...,
relativement aux faits expliqués audit jugement; — Vu notre

____

(1) Article 329, code de procédure. Il doit y avoir au moins vingt-
quatre heures franches entre cette citation et l'interrogatoire.

ordonnance au pied d'icelui, en date du, notifiée par citation de..., huissier, enregistrée le...,

Avons procédé audit interrogatoire de la manière suivante : Interrogé la partie citée et présente maintenant devant nous , de ses prénoms, nom , âge, qualité et demeure; a répondu qu'elle se nomme J. P...; qu'elle est propriétaire sans profession, âgée de... ans, et domiciliée à...

Interrogé si.. (*On fait successivement à l'interrogé autant de demandes qu'il y a de faits et articles soutenus; et, après chaque demande, on établit la réponse particulière. Si une ou plusieurs réponses, exigent des questions non prévues, le Juge peut les faire. On termine ensuite l'acte ainsi*) : Lecture faite à... du présent interrogatoire et de ses réponses, avec interpellation de déclarer s'il a dit la vérité, il a répondu qu'il persiste dans ses réponses, qu'il a dit être sincères et véritables; et a signé (*ou déclaré qu'il ne le sait, de ce enquis*).   (*Signature*)

Si , à la lecture des réponses, l'interrogé ajoute ou varie, on écrit à la suite de la clôture, ou en marge vis-à-vis des réponses, les Changemens qu'il y a faits; et on lui donne lecture de ces additions, avec la même interpellation s'il a dit la vérité, en le requérant de signer les variations , ou de déclarer qu'il ne le sait : *cela est de rigueur.* Dans tous les cas, celui qui a requis l'interrogatoire ne peut y assister; l'interrogé de son coté doit répondre par sa bouche , sans défenseur , ni même sans lire aucun écrit.

Variations de l'Interrogatoire sur Faits et Articles.

I.ʳᵉ Quand l'interrogé est empêché légitimement, le Juge commis se transporte dans son domicile. Pour cette circonstance, on peut se servir du Modèle de procès-verbal d'audition à domicile d'un seul témoin , *voyez-le* à Enquête. Cependant il faut y faire deux changemens remarquables : d'abord , supprimer la comparution de celui qui a requis l'interrogatoire, puisqu'il n'y peut paraître , et ensuite, au lieu d'une déposition, en former interrogatoire comme ci-devant.

2.ᵐᵉ Variation. *Quand la Personne citée ne se présente pas psur subir l'Interrogatoire ordonné, on fait l'Acte sommaire qui suit* (1)

____

(1) Article 330, code de procédure : Si l'assigné ne comparaît pas, les faits seront tenus pour avérés.

Aujourd'hui... juin 1822,... heures du..., nous, Juge de paix de..., assisté de notre greffier, étant en notre prétoire, vu le jugement rendu par le tribunal de..., en date du..., enregistré le..., qui nous commet, d'après l'article 326 du code de procédure, pour procéder à l'interrogatoire sur faits et articles du sieur..., demeurant à..., sur les faits expliqués audit jugement;

Vu aussi notre ordonnance du..., étant au pied de ce jugement, notifiée par citation de..., huissier..., du... de ce mois, enregistrée le..., déclarons avoir attendu ledit..., en notre prétoire, depuis l'heure fixée par notre dite ordonnance et la citation qui a suivi, jusqu'à... heures sonnées, sans qu'il ait comparu en personne pour subir interrogatoire, ni fait présenter un mandataire pour justifier d'un empêchement légitime; en témoin de quoi, nous avons rédigé le présent, pour valoir ce que de droit, et avons signé avec le greffier.

Nota. Je pense que le Juge doit, en ce cas, attendre pendant deux heures la personne citée.

IRRÉVERENCE. Les parties doivent s'expliquer avec modération devant le Juge de pàix et garder en tout le respect qui est dû à la justice. Si elles y manquent, le Juge les y rappellera d'abord par un avertissement; en cas de récidive, elles pourront être condamnées à une amende de dix francs au plus, avec affiches du jugement, dont le nombre n'excèdera pas celui des communes du canton (1), *Voyez* un Modèle d'une semblable Décision à JUGEMENS DÉFINITIFS, N.° 31.

Si le Juge de paix est insulté ou menacé dans l'exercice de ses fonctions, il en dresse procès-verbal comme officier de police judiciaire, et il adresse cet acte au procureur du Roi, qui poursuit la punition du coupable par la voie correctionnelle. Le Juge de paix ne peut plus, pour ces faits, condamner à un emprisonnement de trois jours, comme l'article 11 du code de procédure l'a permis pendant quelque temps; le code pénal, postérieur au premier, prononce des peines correctionnelles contre les auteurs d'injures, d'outrages, de menaces faites à tout magistrat dans

____

(1) Disposition de l'article 10 du code de procédure, imité de la loi d'octobre 1790.

l'exercice de ses fonctions ou à l'occasion de cet exercice (1). Je donne à l'article POLICE JUDICIAIRE, un Modèle de Procès-verbal pour constater de semblables Violences. *Voyez-le*, ainsi que mon Recueil général de jurisprudence, tome premier, pages 48 et suivantes.

INVENTAIRES DE PLUSIEURS SORTES. Tout ce que les Juges de paix ont droit de faire à l'égard de ces Actes, est établi ci-après à LEVÉE DES SCELLÉS. *Voyez* cet article et mon Recueil général de la jurisprudence, tome premier, pages 284 et suivantes.

J

JUGEMENS. Il en est de quatre sortes dans les justices de paix, mais dont les Variations se multiplient suivant les circonstances, les incidens et les opérations qui s'y rattachent. Tous jugemens doivent être inscrits sur la feuille d'audience (ou registre plumitif de la justice de paix), dans les vingt-quatre heures de sa prononciation (2). On peut les transcrire tels que j'en donne les Modèles ; mais on ne peut les expédier lorsqu'ils en sont susceptibles, sans que les formules exécutoires soient placées en tête et à la fin de chaque jugement ; on ne peut encore les expédier si la minute n'est inscrite sur le registre plumitif et signé du Juge, à peine de faux et d'amende contre les greffiers.

FORMULE EXÉCUTOIRE *d'un Jugement* (3).

Louis, par la grâce de Dieu, Roi de France et de Navarre, à tous présens et à venir, savoir faisons que le tribunal de paix de..., (*ou le Juge de paix de...*), a rendu le jugement suivant, Entre..., demeurant à..., demandeur etc. Et.... (*suit le jugement, à la fin duquel on dit*) : Mandons et ordonnons à tous huissiers sur ce requis de mettre le présent jugement à exécution, à nos procureurs généraux et à nos procureurs près les tribunaux de première instance, d'y

____

(1) Articles 222, 223, du code pénal.

(2) Article 18, code de procédure, contraire à l'article 7 titre 8 de la loi d'octobre 1790.

(3) Art. 146 du code de procédure, et Ordonnance du Roi, du 30 août 1815.

tenir la main, et à tous commandans et officiers de la force
publique de prêter main-forte, lorsqu'ils en seront légà-
lement requis; en foi de quoi, le présent jugement a été
signé par le Juge de paix et par le greffier. La minute est
signée... enregistrée le,.. etc. Pour expédition, N. Greffier.

Je ne dois donner ici que les FORMULES des différens Jugemens
qui peuvent se rendre dans les justices de paix ; à l'égard du droit
ou de la jurisprudence, on voudra bien consulter mon Recueil
général des justices de paix de France, tome 2, pages 18 et suivantes. Cependant, en donnant mes formules, je présenterai, ainsi
que je l'ai promis, des Décisions sur différentes questions de droit ;
et, pour procéder avec ordre, je vais diviser les Modèles de Juge-
gemens en trois articles. Dans le premier, seront placés les Jugemens par défaut, avec leurs variations ; dans le second, les Jugemens non définitifs, ensuite les questions d'incompétence ; et,
dans le troisième, seront les Jugemens définitifs en toutes matières, sauf pour la police simple dont je donnerai *infrà* une procédure particulière et complète.

JUGEMENS PAR DÉFAUT. *Modèle N.º I.*er *contre
un Défendeur non-comparant, sur une Action en dernier
ressort.*

Entre..., demeurant à..., demandeur suivant citation
de..., huissier, du... de ce mois, enregistrée le..., comparant en personne ; Et..., demeurant à..., défendeur
et défaillant faute de comparoir.

Par sa citation, le demandeur a conclu à ce que le défendeur fût condamné à lui payer la somme de cinquante
francs, qu'il lui doit pour... (*exprimer les causes*), suivant
qu'il appert par le mémoire, timbré et enregistré le..., qui
sera représenté (*ou suivant que le demandeur offre d'en
justifier en cas de besoin, ou encore par tout autre
motif ou pièces probatives*). Le demandeur a en outre
conclu aux dépens. A l'appui de ses conclusions, le demandeur a exposé que... (*ici ses moyens*). Le défendeur
ayant été appelé plusieurs fois et n'ayant comparu ni en
personne ni par fondé de pouvoir, alors le demandeur a
requis défaut, avec adjudication de ses conclusions.

Sur quoi il s'agit de décider, dans le fait... (*établissez la question suivant la nature du fait*). Dans le droit : la demande est-elle justifiée et admissible? Ouï le demandeur; Considérant que... (*ici les motifs ou l'analise des pièces qui permettent d'adjuger la demande*) ; Considérant d'ailleurs que la loi prescrit de juger la cause par défaut et que la non-comparution du défendeur doit être regardée comme un aveu tacite;

Le tribunal, jugeant en dernier ressort, donne défaut faute de comparoir contre le défendeur, et, pour le profit, le condamne à payer au demandeur la somme de..., pour... (*énoncer les causes*); le condamne en outre aux intérêts et aux dépens, taxés à..., non compris les coût et levée du présent jugement, auxquels le défendeur est aussi condamné. Ainsi jugé et prononcé par N...., Juge de paix de..., audience publique tenante, en son prétoire, à..., le... 1822.   (*Signatures du juge et du greffier*).

2.mo Formule. *Jugement par défaut en première instance, avec Exécution provisoire* (1) *lorsqu'il y a un Billet ou Promesse.*

Entre... etc. , demandeur , Et .. etc. , défendeur. Le demandeur, par sa citation, a conclu à ce que, etc. Expliquant ses conclusions, le demandeur a exposé que.... etc. (*suivre en tout la précédente formule jusqu'à*) : Le tribunal, jugeant en première instance, donne défaut faute de comparoir contre le défendeur et pour le profit le condamne à payer au demandeur la somme de..., pour... (*énoncer les causes*) ; le condamne en outre aux intérêts et aux dépens taxés à..., non compris les coût et levée du présent jugement, en quoi le défendeur est aussi condamné; ce qui sera exécuté par provision, nonobstant appel, sans donner caution (*si la somme est de 300 fr ou au-dessous, autrement on dit*) : ce qui sera exécuté par provision, nonobstant appel, en donnant caution. Ainsi jugé et prononcé publiquement par M..., Juge de paix, etc. (*La suite comme au premier modèle*).

____

(1) Articles 17 et 19, code de procédure , imités de la loi des 24 août et 18 octobre 1790.

Nota. Les Jugemens par défaut faute de comparaître sont réputés non avenus s'ils ne sont exécutés dans les six mois de leur date. (*Articles* 156 *et* 159, *code de procédure.*) Cependant un arrêt de la Cour de cassation du 18 septembre 1809, a décidé que l'article 156, ne s'applique pas aux jugemens par défaut des Juges de paix. Cela me paraît conforme au texte du code qui ne parle que des jugemens rendus lorsqu'il n'y a point eu d'avoué constitué.

3.me Formule. *Jugement par défaut contre un Défendeur qui a comparu à une première audience et qui est Défaillant à la seconde.*

Entre..., demeurant à..., demandeur, comparant en personne, *ou* par..., demeurant à..., son fondé de pouvoir, suivant acte du..., enregistré le.., Et.., demeurant à...., qui a ci-devant comparu et qui est maintenant défaillant. Le demandeur a conclu... (*ici ses conclusions*). Expliquant sa demande, il a dit que... (*analiser ses moyens et pièces*). La cause portée à l'audience du..., le défendeur comparut et dit que... (*énoncer sa réponse*); au surplus, il demanda le renvoi de la cause à cette présente audience, ce qui fut ordonné par jugement préparatoire dudit jour. En conséquence, le demandeur a comparu et a dit qu'il persistait en sa demande; mais le défendeur n'a comparu ni en personne ni par fondé de pouvoir; alors le demandeur a requis défaut avec adjudication de ses conclusions. Sur quoi, la cause présente à juger les questions suivantes : dans le fait, (*suivant la nature de la chose demandée*); dans le droit; la demande est-elle admissible? Y a-t-il lieu de prononcer par défaut? Ouï le demandeur, attendu que... (*établir les motifs ou les pièces qui justifient l'action*); attendu, d'ailleurs, que le défendeur a comparu à la première audience et n'a pas constesté la demande qui lui est faite, ce qui doit être regardé comme une reconnaissance de sa légitimité, Le tribunal, jugeant en première instance (*ou en dernier ressort*), donne défaut faute de comparoir contre le défendeur, et pour le profit, le condamne à payer.... etc. (*Suivre le surplus de la formule du défaut N.° Ier*).

Si le Défendeur réside dans un lieu qui est hors de l'étendue de la justice de paix, comme il arrive dans plusieurs actions possessoires et autres, on ajoute aux formules du jugement par défaut, avant de dire, *ainsi prononcé et jugé, etc.*, ce qui suit :

Et, pour mettre le présent jugement à exécution, le tribunal commet N. , huissier du Juge de paix de.... (*celui du domicile du condamné*).

On en fait de même quand l'huissier ordinaire est empêché.

4.me Formule. *Jugement par défaut en dernier ressort, contre un Défendeur, ordonnant néanmoins la Vérification de la demande.*

Entre... etc. Et... etc. (*Suivre le premier modèle de jugement par défaut jusqu'à ce qui suit*) : Ouï le demandeur; attendu que les termes et les motifs de la demande sont dépourvus de justification et même vagues; attendu que le premier devoir des magistrats est de n'admettre que des demandes justifiées, autrement de les rejeter *ipso jure*; attendu cependant qu'il doit être laissé à un demandeur le temps et les moyens de prouver son action, le tribunal, en donnant défaut contre le défendeur, ordonne, sans rien préjuger, que le demandeur justifiera sa demande, soit par écrit, soit par témoins (1), à la première audience, sinon sera fait droit, dépens réservés. Ainsi jugé et prononcé, etc. , etc.

Ce jugement s'expédie, parce qu'il n'est pas prononcé en présence des deux parties ; il se signifie au défendeur au moins vingt-quatre heures franches, avant l'audience indiquée, avec sommation d'assister à la preuve que le demandeur veut entreprendre. *Voyez* une Formule de cette Notification à Actions possessoires. Si le défendeur comparaît à la seconde audience, alors la cause est jugée contradictoirement, et on suit une des formules ci-après de Jugemens définitifs.

5.me Formule *de Jugement par défaut, contenant Enquête sur une Action en dernier ressort* (2).

Entre..., demeurant à.,., demandeur, etc. Et..., demeurant à..., défendeur, etc. Le demandeur, par sa ci-

____

(1) La preuve par témoins n'est pas admissible lorsqu'il y a plus de 150 francs. Article 1341, code civil.

(2) Articles 35 à 41 du code de procédure civile.

tation, a conclu à ce que.. (*ici les conclusions*), et en outre
aux intérêts et aux dépens. La cause portée à l'audience
du..., sur les exceptions et moyens des parties, le tribunal,
avant de faire droit, et sans rien préjuger, ordonna qu'à
cette audience il serait fait preuve testimoniale, par le demandeur, que... (*énoncer les faits qu'il faut prouver*),
la preuve contraire réservée au défendeur et les dépens en
définitif. En exécution de ce jugement, le demandeur a
comparu et a dit, que, par citation de..., huissier, du...,
enregistrée le... (*ou par cédule du..., notifiée par...,*
huissier, le... etc.), il a fait appeler, à ces jour, lieu et
heure, des témoins au nombre de... pour déposer sur les
faits par lui soutenus; desquels témoins il a requis l'audition.

Le défendeur alors a été appelé plusieurs fois, par l'huissier de service; mais il n'a comparu ni en personne ni par
fondé de pouvoir; pourquoi le demandeur a requis défaut et
qu'il fût passé outre à l'enquête ordonnée. Sur quoi, vu le
jugement et la citation ci-devant datés, le tribunal donne
défaut contre le défendeur, et, pour le profit, ordonne que
les témoins seront entendus; ce qui a été fait comme il
suit :

Il a été donné lecture aux témoins réunis du jugement
interlocutoire dont il s'agit; après quoi ils se sont retirés,
et ils ont été introduits séparément les uns des autres en
l'audience, où ils ont déclaré leurs prénoms, noms, âges,
qualités et demeures; qu'ils ne sont ni parens, ni alliés,
ni domestiques des parties; ensuite ils ont prêté le serment
de dire vérité, et déposé comme il suit, le tout séparément, comme il est déjà dit, mais en présence du demandeur.

Le 1.er témoin, J. G., cultivateur, âgé de..., demeurant
à.,., a déposé que... (*écrire ici sa déposition*).

Le 2.me témoin... (*même Forme que le premier, et ainsi*
pour les autres témoins). (1).

____

(1) Dans les enquêtes faites par jugemens en dernier ressort, on ne
fait mention ni de la lecture de la déposition, ni de la signature des témoins ; la loi ne l'exige que dans les procès-verbaux d'enquêtes pour les
causes en première instance.

Cette audition terminée, le demandeur ayant été entendu, a demandé l'adjudication de ses conclusions. — Le tribunal, considérant que la cause présente les questions qui suivent : dans le fait,... dans le droit,... etc. ; Considérant qu'il résulte des dépositions des témoins entendus, que... (*dire l'ensemble des dépositions*); considérant que, d'après cela, la preuve offerte par le demandeur est établie, jugeant en dernier ressort, donne défaut faute de comparoir contre le défendeur, et, pour le profit, le condamne, etc. (*La suite comme au premier modèle de jugement par défaut*).

VARIATION. 6.me MODÈLE. *Quand le Jugement qui précède est rendu dans une Cause en première instance.*

On suit la Formule qui vient de finir jusqu'à ces mots : Sur quoi, vu le jugement et la citation ci-devant datés ; et l'on continue ainsi :

Le tribunal donne défaut faute de comparoir contre le défendeur, et, pour le profit, ordonne que les témoins appelés seront entendus ; ce qui a été fait en présence du demandeur et par procès-verbal séparé, suivant la loi (1). — L'enquête terminée et le procès-verbal clos, le demandeur a été entendu dans ses moyens et conclusions, dont il a demandé l'adjudication. Sur quoi la cause a présenté les questions suivantes : dans le fait,... etc., dans le droit,... Considérant que.... (*Suivre la finale du dernier modèle, 5.me*).

Si, au lieu d'une enquête, il avait été ordonné une autre Opération, notamment une Visite des lieux, on trouverait les modèles convenables avec les variations, à l'article ACTIONS POSSESSOIRES.

7.me MODÈLE. *Défaut congé contre un Demandeur.* (2)

---

(1) On trouve le modèle du procès-verbal, à ENQUÊTE.
(2) Article 19, code de procédure ; article 2, titre 3, loi du 14 octobre 1790.

Entre..., demeurant à..., demandeur, non comparant
ni en personne ni par fondé de pouvoir; Et..., demeurant
à..., défendeur, comparant en personne.

Par citation de.., huissier, en date du..., enregistrée le...,
le demandeur a fait citer le défendeur devant le tribunal,
pour être condamné à... (*exprimer ici les conclusions*).

Le défendeur a comparu et a dit que la demande formée
contre lui est illégitime et mal fondée, parce que... (*dire
les motifs*). Alors le demandeur a été appelé plusieurs fois
par l'huissier de service, mais il n'a comparu ni en personne, ni par fondé de pouvoir. Pourquoi le défendeur a
requis défaut, et, pour le profit, qu'il soit renvoyé de l'action
contre lui formée, sans dépens. Sur cela il est à décider, dans
le fait.. etc.; dans le droit : la demande est-elle admissible, et
en conséquence y a-t-il lieu de donner congé ? Ouï le
défendeur; attendu que toute demande doit être justifiée
pour être admise ; attendu que celle dont il s'agit est
repoussée par le défendeur et que le demandeur ne se
présente pas pour la soutenir et la justifier; le tribunal
donne défaut congé contre..., demandeur, et, pour le
profit, le déboute de sa demande et le condamne aux dépens
envers le défendeur, taxés à..., non compris les coût et levée
du présent jugement, en quoi le demandeur est aussi condamné. Ainsi jugé et prononcé par, etc.

8.ᵐᵉ Modèle. *Jugement par défaut contre un Défendeur
débouté de son Opposition à un premier Défaut* (1).

Entre..., demeurant à..., demandeur au principal, suivant citation de..., huissier, du... de ce mois, enregistrée
le..., et défendeur en opposition, comparant en personne;
Et..., demeurant à..., défendeur au principal et demandeur
en opposition au jugement par défaut rendu contre lui en
ce tribunal, le..., enregistré le..., signifié par..., huissier,
le..., dont le commandement est enregistré le..., lequel
dit opposant est non comparant ni en personne, ni par fondé
de pouvoir.

___

(1) Article 22, même code; article 4, titre 3, même loi du 14 octobre 1790.

Par le jugement ci-devant daté, le défendeur a été condamné par défaut, à... (*le sommaire des condamnations*). Mais, par opposition du..., de ce mois, de... huissier, enregistrée le..., le défendeur a conclu a être reçu opposant audit jugement, attendu que... (*les motifs donnés par l'opposition*). En conséquence il a demandé que ce jugement fût déclaré non avenu (*ou s'il y a lieu, nul et irrégulier*), ainsi que tout ce qui s'en est ensuivi, et que partant le demandeur fût déclaré non-recevable en sa demande et condamné aux dépens. Pour faire prononcer sur cette opposition, il a appelé le demandeur à la présente audience, mais lui-même n'a point comparu, quoique appelé plusieurs fois. Au contraire, le demandeur s'est présenté et a dit, que l'opposition de..., ne tend qu'à éluder les condamnations prononcées contre lui, parce que les causes de cette opposition sont fausses (*ou injustes*), attendu que... (*ici les moyens contre l'opposition*); pourquoi le demandeur a conclu à ce que, sans avoir égard à l'opposition de..., dont il sera débouté, le jugement par défaut dudit jour..., soit maintenu pour être exécuté suivant sa forme et teneur, et le défendeur condamné aux dépens de l'incident.

Sur quoi il est à décider, dans le fait... etc., dans le droit: l'opposition doit-elle être rejetée et le premier jugement maintenu ? Ouï le demandeur principal : attendu que tout opposant doit être prêt à soutenir son opposition et qu'il doit d'ailleurs en justifier les causes; attendu que l'opposant ne se présente pas pour prouver la validité de son opposition; le tribunal donne défaut faute de comparoir contre l'opposant, et, pour le profit, le déboute de son opposition; ordonne l'exécution pure et simple du jugement par défaut, du..., et condamne ledit opposant aux dépens de l'incident, taxés à..., non compris les coût et levée du présent jugement, en quoi il est aussi condamné, etc., etc.

9.ᵐᵉ Formule. *Défaut contre un Demandeur qui ne vient pas plaider sur l'Opposition du Défendeur.*

Entre..., demeurant à.... défendeur au principal et demandeur en opposition au jugement par défaut contre lui rendu le..., enregistré le..., qui lui a été signifié avec commandement, par..., huissier, le..., dont l'acte est enregistré le..., comparant en personne; Et..., demeurant à..., demandeur au principal suivant citation du..., de..., huissier, enregistrée le..., et défendeur en opposition, défaillant et non comparant. Par le jugement ci-devant daté, le demandeur au principal a obtenu condamnation contre l'opposant pour... (*énoncer les motifs de la somme*). A quoi ledit... a formé opposition, par la citation ci-devant datée, contenant ajournement au demandeur, à cette audience, pour être reçu opposant audit jugement; dont il a demandé le rapport, comme non avenu, ainsi que de tout ce qui s'est ensuivi, et en conséquence que le demandeur serait débouté de sa demande et condamné aux dépens.

· L'opposant poursuivant la validité de son opposition; a comparu, et a dit que... (*établir ses moyens*). — Alors le demandeur principal a été appelé plusieurs fois, mais il n'a comparu ni en personne, ni par fondé de pouvoir, et l'opposant a demandé défaut contre lui, avec adjudication de ses conclusions. Sur cela, les questions suivantes sont à décider : L'opposition est-elle recevable? Au fond, la demande doit-elle être rejetée?

Ouï l'opposant : attendu qu'il a établi que... (*les motifs qui appuient l'opposition*) ; Attendu d'ailleurs que le demandeur principal ne se présente point pour répondre à l'opposition et soutenir sa demande; le tribunal, jugeant en dernier ressort (*ou en première instance*), reçoit le défendeur opposant au jugement par défaut contre lui rendu le..., déclare ledit jugement non avenu, déboute le demandeur de son action principale, et le condamne aux dépens, taxés à..., non compris les coût et levée, etc.

10.ᵐᵉ *et dernière Formule de Jugement par défaut, qui ordonne la Réassignation d'un Défendeur* (1).

Entre..., demeurant à..., demandeur, comparant en

___

(1) Articles 5 et 1033 du code de procédure.

personne ; Et... , demeurant à..., défendeur et défaillant
faute de comparoir. Par citation du..., enregistrée le...,
le demandeur a conclu... etc. (*suivre le premier modèle
de jugement par défaut jusqu'à :* ouï le demandeur, *et
on varie ainsi*) :

Ouï le demandeur : Attendu que la citation sur laquelle
il s'agit de prononcer, est du..., et que le défendeur est domicilié à... ; Attendu que les délais prescrits par la loi ne
sont pas observés, le tribunal donne défaut faute de comparoir contre le défendeur, et, pour le profit, ordonne qu'il
sera réassigné pour l'audience du... , en observant les délais
établis en pareil cas, et seront les frais de la première citation supportés par le demandeur. Ainsi jugé et prononcé
par, etc.

Telles sont les différentes Formules de Jugemens par défaut,
qui se prononcent en justice de paix. Le Défaut faute de défendre ne s'y donne que dans un seul cas, c'est lorsque, par un
interlocutoire, un incident est vidé, et qu'il est ordonné de défendre au fond, séance tenante. Si le défendeur refuse de le faire,
on doit alors donner défaut faute de défendre, et, pour le profit,
adjuger les conclusions du demandeur. Je placerai ce défaut ci-
après, en terminant la première formule de jugement sur une
exception d'incompétence.

JUGEMENS NON-DÉFINITIFS. Ce sont en général des jugemens préparatoires et des interlocutoires, qui se rendent pour
l'instruction des causes, afin de parvenir aux jugemens définitifs.
Les Formules des uns sont celles des autres, à peu de choses près;
je vais en donner les différentes espèces. *Voyez*, pour la législation
et la jurisprudence sur ces points, mon Recueil général, tome
premier, page 29, et, tome 2, pages 18 et suivantes.

1.re FORMULE. *Jugement qui ordonne une Preuve testimoniale pure et simple* (1).

Entre... (*prénoms, nom, qualité et demeure du demandeur*), comparant en personne; Et... (*prénoms,*

---

(1) Article 1341, code civil ; article 34 du code de procédure, imité
des articles 1.er et 2 de la loi d'octobre 1790.

nom et demeure du défendeur), comparant aussi en personne, *ou* par N. , demeurant à... , son fondé de pouvoir , suivant acte du... , etc.

Par citation du... , de ce mois, de... , huissier , enregistrée le... , le demandeur a conclu à ce que... (*énoncer les conclusions*).

A quoi il a été répondu par le défendeur que... (*dire sa réponse*), et qu'au surplus il dénie les faits allégués par le demandeur.

Et par ledit demandeur a été répliqué, qu'il n'hésite pas à offrir la preuve testimoniale des faits par lui avancés dans sa citation ; qu'il est en effet constant que... (*ici on rappelle les faits*). Dans cet état , la cause présente les questions suivantes : dans le fait... etc. Question de droit : la preuve testimoniale est-elle admissible , dans la circonstance ? PARTIES OUÏES : Attendu que tous les faits, conventions licites, actes ou obligations, qui n'excèdent pas 150 francs, peuvent se prouver testimonialement (1); Attendu que les faits allégués sont positifs, qu'ils conduisent à la vérification de la demande, et que la preuve en est offerte *après dénégation* (2), le tribunal, avant de faire droit , sans nuire ni préjudicier aux droits et moyens des parties, ordonne que le demandeur fera preuve à la première audience, que.. (*ici on répète les faits* (3) *pour la seconde fois*); réserve la preuve contraire au défendeur, et les dépens en définitif. Ainsi jugé et prononcé par M. , Juge de paix de... , audience publique tenante, en son prétoire, le... 1822. (*Signatures.*)

Un tel Jugement s'exécute par les cédule, citation et procès-verbaux, dont j'ai donné les Formules ci-devant à ENQUÊTE et à ACTIONS POSSESSOIRES.

---

(1) L'article 1341 du code civil embrasse aussi-bien les paiemens que les obligations. (*Arrêt de la Cour de Colmar du 18 avril* 1806.)

(2) Article 253, code de procédure civile.

(3) Les faits à prouver doivent être précisés par le jugement. Articles 34 et 255, même code, imités des ordonnances de Blois et de 1667. La preuve testimoniale est toujours facultative pour le Juge. (*Arrêt de la Cour de cassation du 9 novembre* 1814.)

2.ᵐᵉ Formule. *Jugement qui rejette la Preuve testimoniale , parce que les Faits ne sont pas pertinens.*

Entre..., demandeur, etc. Et..., défendeur, etc. (*Suivez la précédente formule jusqu'à ce dispositif*) Parties ouïes : Attendu que les faits allégués par le demandeur et dont il offre la preuve, ne sont pas péremptoires, en ce qu'ils ne se rattachent pas positivement à la justification de la demande, en faveur de laquelle ils ne pourraient conduire qu'à des présomptions; Attendu qu'il est de principe constant, que la preuve testimoniale n'est autorisée que lorsqu'elle peut établir les seuls faits qui conduisent à la décision de la cause (1), le tribunal, sans avoir égard à la preuve offerte par le demandeur, dont il est débouté, ordonne qu'il justifiera sa demande, à la première audience, par tels autres moyens de fait ou de droit qu'il appartiendra, dépens réservés. Ainsi jugé et prononcé par M..., etc. (*La finale comme à la première formule de jugement non-définitif.*)

3.ᵐᵉ Formule. *Autre Rejet de la Preuve testimoniale offerte pour une Convention au-dessus de 150 francs.*

Entre... , demeurant à..,, etc. Et..., défendeur, etc. (*Suivre la première formule de jugement non-définitif, jusqu'au dispositif suivant*) : Parties ouïes : Attendu que la convention alléguée par le demandeur excède 150 francs, au-dessus de laquelle la preuve testimoniale est prohibée (2); Attendu que, quoique les faits dont le demandeur offre la preuve, ne soient pas positivement ceux du pacte sur lequel il s'agit de prononcer, ils ne tendent pas moins à établir une reconnaissance testimoniale en faveur d'une obligation qui excède 150 francs, le tribunal, sans avoir égard à l'exception du demandeur, dont il est débouté, ordonne qu'à la première audience, il justifiera sa demande par tels autres moyens légaux qu'il y aura lieu, sinon sera fait droit. Ainsi prononcé, etc.

---

(1) *Nam frustrà probatur , quod probatum nihil revelat. L. ad probat.*, cod. de probat. (Articles 34 et 253 du code de procédure civile.)

(2) Article 1341 , code civil , déjà cité dans la première formule.

Si le juge, en rejetant la preuve testimoniale, est en état de prononcer sur la demande en même temps, il est libre de le faire, alors il faut varier ainsi :

On suit la Formule jusqu'à ces mots : *Le tribunal sans avoir égard*, etc., et on continue :

Le tribunal, sans avoir égard à l'exception du demandeur, dont il est débouté, le déclare non-recevable en sa demande, et le condamne aux dépens envers le défendeur. Ainsi jugé et prononcé, etc.

4.me Formule. *Autre Rejet de la Preuve testimoniale offerte contre et outre le Contenu dans un Acte.*

Entre... etc. Et... etc., comparans l'un et l'autre en personne. Le demandeur a conclu à ce que le défendeur fût condamné à lui payer la somme de 100 francs, qu'il lui doit, pour une demi-année du prix de fermage d'un jardin, situé à...., qu'il lui a loué par acte sous signature privée du.., enregistré le...; il a en outre conclu aux intérêts et aux dépens. — Expliquant sa demande, il a exposé que... (*ici ses moyens*). Le défendeur a répondu qu'il ne disconvient pas de devoir la demi-année de fermage dont il s'agit, mais qu'elle doit être réduite à 70 francs, parce qu'il fut convenu entre lui et le demandeur, au moment où le sous-seing privé fut signé, qu'il lui serait fait une déduction de 5o francs, pour la non-jouissance qu'il éprouverait pendant quelque temps dudit jardin, attendu l'état inculte dans lequel il était alors; que cette convention, il est vrai, fut omise dans le bail, mais qu'il en offre la preuve en cas de déni.

A quoi le demandeur a répondu qu'il soutient cette prétendue convention fausse, et que d'ailleurs la preuve testimoniale qui en est offerte, est inadmissible : partant il a persisté en sa demande. Question de fait : une demi-année du bail en question est-elle échue ? Question de droit : une réduction doit-elle être faite sur la première demi-année ? La preuve par témoins est-elle recevable dans la circonstance ? Parties ouïes : Attendu que la loi prohibe la preuve testimoniale contre le contenu aux actes publics et privés

synallagmatiques, même contre ce qui serait allégué avoir
été dit, lors, avant ou depuis les actes (1), le tribunal, sans
s'arrêter à l'offre de la preuve testimoniale du défendeur, le
condamne à payer au demandeur la somme de 100 francs,
pour la demi-année de prix de fermage dont il s'agit, le
condamne en outre aux intérêts et aux dépens taxés à...,
non compris les coût et levée, etc. , etc.

Ce jugement est *définitif* sur l'incident et sur la demande ; j'ai
dû cependant l'établir avec les jugemens non-définitifs parce qu'il
fait une variation dans les cas de rejets de la preuve par témoins.
A cet égard, comme dans toute hypothèse sur la preuve testimoniale, le lecteur voudra bien consulter le Recueil général de la
jurisprudence des justices de paix, tome 2, pages 144 et suivantes.

5.me Formule. *Jugement qui admet la Preuve testimoniale sur un Fait particulier, malgré que la Demande
excède 150 francs.*

Entre, etc. Et, etc. Le demandeur a conclu à ce que le
défendeur soit condamné à... (*Suivre le modèle N.° Ier des
Jugemens non définitifs, jusqu'aux questions*).

Sur quoi la cause présente les questions suivantes : dans
le fait, etc. ; dans le droit : La preuve testimoniale est-elle
admissible pour une exception qui se rattache à une demande excédant 150 francs et au-dessus? Parties ouïes :
Attendu que, si la preuve testimoniale ne peut être admise
pour la légitimité ou l'existence d'un pacte, promesse ou
obligation excédant 150 francs, il n'en est pas ainsi d'un fait
qui n'ajoute rien ni à la valeur du pacte ou convention (2),
ni à son existence ; attendu que la preuve offerte par le demandeur tend essentiellement à prouver un consentement
qui a pu être donné indépendamment de la convention

---

(1) Article 1341 , code civil, imité de l'ordonnance de 1667, avec ex-
tension. — Un grand nombre de Cours ont décidé suivant l'esprit de cet
article. Deux exceptions ont été faites par un arrêt de la Cour de cassation
du 20 octobre 1810 : la première est lorsqu'il y a un commencement de
preuve écrite ; la seconde est si le créancier n'a pu se procurer de preuve
littérale de l'obligation souscrite envers lui.

(2) Arrêts de la Cour de cassation des 3 prairial an 9 , 7 ventose an 11 ,
17 germinal an 13 et 9 juillet 1806.

faite entre les parties, le tribunal, sans rien préjuger, ordonne que le défendeur fera preuve, à la première audience,
que... (*ici on répète les faits soutenus*), etc., etc.

6.me FORMULE. *Jugement préparatoire qui ordonne que
le Défendeur accordera ou déniera les Faits articulés
contre lui.*

Entre, etc. Et, etc. (*Suivre la première formule du
précédent jugement jusqu'à*) : le défendeur a répondu que
...., et par le demandeur a été dit que... etc.

Dans cet état, les questions à décider sont : dans le fait...
(*suivant la nature de la demande*). Questions de droit :
Les faits articulés par le demandeur, sont-ils pertinens et
admissibles? Le défendeur doit-il les discuter ou accorder ?
PARTIES OUÏES : Attendu que les faits posés par le demandeur
s'appliquent directement à sa demande; qu'étant prouvés,
il en résulterait que..., ce qui serait une justification de la
chose contestée; attendu que, d'après cela, il est nécessaire
d'en venir à la vérification des faits articulés, le tribunal,
sans rien préjuger, ordonne, avant de faire droit, qu'à la
première audience, le défendeur accordera ou déniera les
faits articulés par le demandeur, sinon qu'ils seront reconnus constans (1), et qu'il sera statué au fond ce que de
droit, dépens réservés, etc., etc.

Nota. Si le Défendeur refuse encore d'entrer dans les faits , ils
sont tenus pour avérés et la demande est adjugée, soit qu'il com-
paraisse ou non. S'il comparaît, le jugement est contradictoire,
et, en ce cas, on se sert du Modèle de jugement définitif que l'on
veut choisir parmi ceux ci-après. S'il ne comparaît pas , on le condamne par défaut ; alors on se sert de la 3.me Formule établie à
JUGEMENS PAR DÉFAUT.

7.me FORMULE. *Préparatoire qui ordonne la Comparution
personnelle d'une Partie.*

Entre, etc. Et, etc., représenté par..., en vertu de pou-

____

(1) Article 252 , code de procédure, deuxième paragraphe, imité de
l'article premier , du titre 20 de l'ordonnance de 1667, qui était conforme aux articles 42 , 43 et 44, de celle de 1539.

voir du..... etc. Par sa citation, le demandeur a conclu à ce
que le défendeur fût condamné à.. etc. Le défendeur représenté par son mandataire, a dit que... Le demandeur a
répondu que... Sur quoi les questions à décider sont : dans
le fait... ; dans le droit : ... PARTIES OUÏES : Attendu que le
mandataire du défendeur (*ou du demandeur*), ne répond
pas d'une manière positive aux exceptions de son adversaire;

Attendu que la présence personnelle de la partie représentée est nécessaire, pour expliquer plus clairement les
faits; (*ou*) attendu que la comparution personnelle de... est
requise par..., et qu'il est convenable de l'ordonner, le tribunal, sans rien préjuger, ordonne qu'à la première audience, le défendeur comparaîtra en personne, pour continuer les derniers erremens de l'instruction, sinon sera fait
droit, dépens réservés. Ainsi jugé et prononcé, etc. , etc.

8.me FORMULE. *Autre Préparatoire qui ordonne de faire
timbrer et enregistrer des Pièces dont on fait Usage* (1).

Entre..., etc. Et..., etc. (*Suivez le premier modèle
jusqu'aux motifs et dispositifs*). PARTIES OUÏES : Attendu
que le demandeur (*ou le défendeur*) excipe d'un acte sous
signature privée (*ou d'un mémoire, ou d'un billet*) qui
n'est ni timbré ni enregistré; attendu qu'il ne peut être statué
sur de telles pièces, à peine de nullité, et même de responsabilité contre le juge, si elles ne sont d'abord revêtues de la
formalité de l'enregistrement (2),

Le tribunal, sans nuire ni préjudicier aux droits et moyens
des parties, ordonne que ledit... fera timbrer et enregistrer
... (*énoncer les pièces*), et cela dans trois jours, pour en
venir à l'audience du..., à laquelle le tribunal renvoie la
cause et les parties, dépens réservés. Ainsi jugé, etc.

9.me FORMULE. *Interlocutoire qui ordonne la Visite des
Lieux, malgré une Enquête faite à la même Audience.*

Entre..., etc. Et..., etc., comparans l'un et l'autre en

____

(1) Lois des 9 vendémiaire an 6, 22 frimaire an 7 et 19 décembre 1790.
(2) Article 49 de la loi du 22 frimaire ; Arrêts de la Cour de cassation
des premier pluviose et 25 prairial an 10.

personne. Le demandeur, par sa citation, a conclu à ce que...
(*ici les conclusions*)

La cause portée à l'audience du..., il a été ordonné, avant de faire droit, que le demandeur ferait preuve par témoins à cette audience, que... (*énoncer les faits*), la preuve contraire réservée au défendeur, et les dépens en définitif. En exécution de ce jugement, les parties comparantes ont dit : Qu'elles ont fait appeler différens témoins à cette audience, desquels elles ont réclamé l'audition ; à quoi il a été procédé dans les formes voulues par la loi, par procès-verbal séparé. (*Si la cause est en première instance, sinon on dit*) : A quoi il a été procédé de la manière suivante : (*Alors suivez l'une des Formules de jugement contenant enquête, que je donne aux articles* ACTIONS POSSESSOIRES, ENQUÊTES *et* JUGEMENS DÉFINITIFS, *jusqu'à ce qui suit :*)

Ces auditions de témoins à charge et à décharge étant terminées, la cause a présenté les questions suivantes : Dans le fait... Question de droit : L'empiètement allégué est-il justifié par les enquêtes ? Au contraire, les lieux existent-ils dans leur même état qu'avant le trouble ? Parties ouïes : Attendu que les dépositions des témoins sont peu précises, qu'elles offrent au contraire des variations sensibles et des contradictions probables ; attendu qu'il est difficile de se fixer sur de pareilles dépositions, et qu'en ce cas l'inspection du local est nécessaire pour y appliquer, vérifier ou corriger les dépositions (1), le tribunal, avant de faire droit, et sans rien préjuger, ordonne que... prochain de ce mois... heures du..., visite judiciaire sera faite de... (*désigner l'objet*), pour constater que... (*énoncer les faits de l'action*); ordonne aux parties de comparaître sur le local, les jour et heure ci-dessus, sous les peines de droit, dépens réservés. Ainsi jugé et prononcé..., etc.

10.me FORMULE. *Interlocutoire qui décide si l'Exception d'une Servitude suspend la Poursuite de l'Action possessoire.*

---

(1) Article 5, du titre 4, de la loi du 14 octobre 1790.

Entre , etc. Et..., etc. , comparans l'un et l'autre en personne.

Le demandeur a conclu à ce qu'il fût maintenu et gardé dans la possession annale dans laquelle il est... (*Suivez les conclusions de la citation.*)

Le défendeur a comparu et a dit : Que, s'il a abattu deux sillons du champ dont il est question , c'est qu'il a droit de passage à pied et à cheval sur le terrain où ces deux sillons avaient été formés, ainsi qu'il offre de le prouver par titres et par possession en cas de déni ; que le demandeur n'a point eu le droit d'obstruer son passage par l'élévation des deux sillons abattus ; qu'ainsi il doit être débouté de sa demande et condamné aux dépens. — A quoi le demandeur a répondu que la prétendue servitude réclamée par le défendeur est fausse et supposée pour le besoin de sa cause; qu'il lui dénie toute possession à cet égard, et qu'il offre même de faire la preuve contraire, c'est-à-dire, que lui demandeur a toujours joui *animo domini* du terrain qui formaient les deux sillons abattus. Sur quoi la cause présente à juger : dans le fait : un trouble formel a-t-il été commis par le défendeur sur le terrain possédé par le demandeur? Question de droit : Doit-il être procédé par enquête sur l'exception de servitude ? Au contraire cette exception suspend-elle l'action possessoire quand elle est faite par une servitude discontinue ?

Parties ouïes : Considérant qu'un droit de passage est une servitude discontinue (*article* 688 *du code civil, deuxième paragraphe*); considérant qu'une telle servitude ne peut s'établir que par titres et non par possession (*article* 691 *même code*); considérant qu'ordonner une enquête sur la possession de cette servitude, ce serait évidemment cumuler le possessoire avec le pétitoire : ce que la loi réprouve (1); considérant enfin qu'avant de statuer sur l'action principale, il doit être décidé s'il y a servitude ou non acquise au défendeur sur le terrain dont il est cas, le tri-

---

(1) Article 26 du code de procédure ; article 5 du titre 18 de l'ordonnance de 1667. Il existe sur cette jurisprudence corstante beaucoup d'arrêts tant des cours que des parlemens. Les ordonnances de 1453 et de 1535 y sont conformes.

bunal, avant de faire droit, sans nuire ni préjudicier aux droits et moyens des parties, ordonne que le défendeur se pourvoira devant juges compétens pour faire statuer sur la servitude dont il excipe ; laquelle action il sera tenu de diriger dans quinzaine, sinon sera fait droit à la première audience qui suivra l'expiration de ce délai. En conséquence, le tribunal surseoit à faire droit sur la demande principale jusqu'à la décision de l'incident, s'il est poursuivi, dépens réservés. Ainsi jugé et prononcé par, etc.

11.ᵐᵉ Formule. *Interlocutoire qui décide s'il y a lieu à la Complainte pour la Mitoyenneté d'un Banc d'église.*

Entre..., etc. Et..., etc. Par sa citation, ainsi qu'en l'audience, le demandeur a conclu à ce qu'il fût maintenu et gardé dans la possession annale en laquelle il est de la mitoyenneté d'un banc à quatre places, situé dans l'église de.., confrontant à..., etc. (*Suivez le reste des conclusions.*)
Le défendeur a dit : Que le tribunal n'est pas compétent pour connaître de la demande qui lui est soumise, parce qu'il n'y a pas lieu à la complainte pour un banc d'église, qui appartient à une fabrique ; que celui dont la mitoyenneté est réclamée, quoique sans droit ni possession valable, appartient à la fabrique de..., et que tout contentieux des biens des fabriques doit être jugé par les conseils de préfecture ; que d'ailleurs la complainte n'est pas admise pour de simples meubles tels que le banc dont il s'agit. — A quoi il a été répondu par le demandeur : Qu'il ne s'agit pas ici de la propriété d'une fabrique, mais de la possession acquise par deux particuliers d'un objet mitoyen entre eux, lequel est un véritable immeuble par destination ; qu'ainsi le conseil de préfecture n'a aucune attribution dans la circonstance ; partant, le demandeur a persisté en sa demande. Dans cet état, la cause a présenté les questions suivantes : Le tribunal est-il compétent ? y a-t-il lieu à la complainte ? Parties ouïes : Attendu que le banc dont il s'agit est un immeuble fictif par la disposition de la loi, et que la complainte est autorisée pour de tels immeubles (1) ; attendu

____

(1) Article 524, code civil ; article 90 de la coutume de Paris. *Voyez* Brodeau sur cet article.

que toute chose immobilière indivise donne lieu à l'action possessoire (1) ; attendu que lorsqu'un litige n'est qu'entre co-partageans, les tribunaux doivent en connaître exclusivement aux conseils de préfecture (2) ; attendu, enfin, que la fabrique de... n'a aucun droit à la possession dont est cas, le tribunal, sans s'arrêter à l'exception d'incompétence, dont le défendeur est débouté, ordonne qu'il défendra au fond, à la première audience , sinon sera fait droit, dépens réservés. Ainsi jugé et prononcé, etc. , etc.

12.me Formule. *Interlocutoire qui élève un Conflit entre le Juge de paix et l'Autorité administrative, en décidant une Exception de Compétence.*

Entre, etc., demandeur; Et..., etc. , défendeur. Par sa citation , le demandeur a conclu à ce que le défendeur fût condamné à réparer le trouble qu'il a apporté dans sa possession annale de la mitoyenneté d'un terrain en forme de cul-de-sac, situé à..., confrontant..., à l'entrée duquel le défendeur s'est permis le... , de faire placer deux bornes qui empêchent de jouir librement dudit terrain ; en conséquence, à ce que le défendeur fût condamné... , etc.

Expliquant sa demande, le demandeur a dit que... , etc. A quoi le défendeur a répondu que le terrain dont il s'agit est une voie publique , quoique les parties seules en jouissent ; que la complainte n'est point admissible pour une voie publique ; et que d'ailleurs les bornes dont il se plaint ont été placées là où elles sont par arrêté du maire de..., en date du..., dont expédition a été représentée ; pourquoi le défendeur a requis qu'il plût au tribunal de se déclarer incompétent.

Et par le demandeur a été dit : Qu'il demande acte de ce que le défendeur reconnaît la mitoyenneté du terrain contentieux entre les parties, parce qu'il s'ensuit que la complainte est admissible, comme elle l'est pour toute chose indivise ; que, d'ailleurs, il offre de prouver tant par titres

---

(1) Arrêts des 8 vendémiaire an 14 et 21 octobre 1807 , Cour de cassation.

(2) Avis du conseil d'état du 18 juin 1809.

que par témoins, que ce cul-de-sac est véritablement mitoyen, et que l'aspect seul du local prouve qu'il est l'unique
et indispensable communication des parties, pour jouir de
leurs maison et magasin ; qu'à l'égard de l'arrêté du maire,
il n'autorise qu'à poser des bornes et non à fermer le passage commun ; et que, dans tous les cas, l'action en placement de bornes est exclusivement de la compétence des tribunaux. Partant, il a persisté dans sa demande.

Sur quoi il s'agit de décider : dans le fait : Le demandeur a-t-il été troublé dans la possession mitoyenne dont il
s'agit ? Question de droit : L'action possessoire est-elle légalement formée ? y a-t-il lieu d'élever le conflit.

Parties ouïes : Attendu que la mitoyenneté du terrain ou
cul-de-sac dont il s'agit, est reconnue ; attendu que cette
mitoyenneté est réclamée en vertu de titre et de possession
annale, et que dès-lors l'action est possessoire (1) ; attendu
que les contestations sur la mitoyenneté et ses effets ne donnent lieu qu'à des actions entre particuliers, qui sont de la
compétence des tribunaux, même lorsqu'il s'agit de droits
publics et communs, ainsi qu'il en est décidé par décret du
7 février 1809 et par avis du conseil d'état du 18 juin même
année ; attendu, d'ailleurs, que les Juges de paix sont compétens pour connaître des contraventions pour dépôts, exca-
vations, entreprises et détériorations de la voie publique, et
non l'autorité municipale (2) ; le tribunal se déclare compétent ; et néanmoins, attendu que l'autorité judiciaire ne peut
annuler un acte administratif, le tribunal déclare élever le
conflit sur l'arrêté du maire de......, en date du....., portant
autorisation de placer des bornes sur le terrain dont il s'agit ;
ordonne que les parties se pourvoiront en règlement de juges
dans le temps de la loi. Ainsi jugé et prononcé par..., etc., etc.

13.me Formule. *Préparatoire qui ordonne la Mise en cause
d'un Garant* (3).

---

(1) Loi du 24 août 1790 ; arrêts de la cour de cassation, du 8 vendémiaire an 14, 24 janvier 1810 et 21 octobre 1807.

(2) Loi du 19 juillet 1791, article 15 ; loi du 16 août 1790, article premier ; articles 605 du code du 3 brumaire an 4, et 471 du code pénal ;
Arrêt de la cour de cassation du 30 janvier 1807.

(3) Article 32 du code de procédure, conforme au neuvième du titre
premier de la loi d'octobre 1790.

.. Entre,.., etc. Et... etc. Par citation du..., de..., huissier, enregistrée le..., le demandeur a conclu à ce que le défendeur fût condamné à... (*ici rappeler les conclusions*). — A quoi il a été répondu par le défendeur, que.. (*sa défense particulière*); que, d'ailleurs, le sieur..., demeurant à..., lui doit à tout événement une garantie pure et simple de l'action dudit..., parce que .. (*on détaille ici les moyens sur lesquels se fonde la garantie*). En conséquence le défendeur a requis qu'il plût au tribunal d'ordonner, avant de faire droit, que ledit sieur..., son garant, serait appelé et mis en cause, soit pour faire cesser la demande principale, soit pour répondre et procéder sur l'action en garantie, que le répondant déclare vouloir former contre lui.

A quoi il a été répondu par le demandeur, qu'il ne s'oppose point à ce que le défendeur appelle son prétendu garant, mais qu'il n'en persiste pas moins dans sa demande, attendu que... (*exprimer ici ses moyens très-sommairement*).

Sur quoi il s'agit de décider : dans le fait..., etc. Dans le droit : le garant annoncé doit-il être mis en cause avant de statuer au fond?

Parties ouïes : Attendu que le défendeur est autorisé à demander à la première comparution, la mise en cause d'un garant, et qu'alors le jugement du fond se diffère par l'instruction sur la garantie ; attendu aussi que le demandeur a déclaré qu'il ne s'oppose pas à la mise en cause du garant;

Le tribunal, avant de faire droit, sans nuire ni préjudicier aux droits et moyens des parties, ordonne que le défendeur appellera, pour l'audience du..., le garant par lui annoncé, sinon sera fait droit, dépens réservés. Ainsi jugé et prononcé par..., etc.

Nota. Le Délai pour appeler le Garant doit être donné à raison de la distance du domicile du défendeur, c'est-à-dire suivant les articles 5 et 1033 du code de procédure. Pour exécuter la mise en cause, *Voyez* CÉDULE et GARANTIE *suprà*, et, quant au jugement de la garantie, *voyez* JUGEMENS DÉFINITIFS *infrà*.

14.ᵐᵉ FORMULE. *Interlocutoire qui, en Matière possessoire, ordonne la Visite des Lieux avec Enquête.*

Ce Modèle a dû naturellement être placé à l'article ACTIONS POSSESSOIRES. *Voyez-le*, ci-devant.

15.me FORMULE. *Préparatoire qui ordonne un Délibéré, et que des Pièces seront produites ou déposées.*

Entre..., etc., Et..., etc., (*Établissez les conclusions du demandeur, les défenses du défendeur, la réponse de son adversaire, les questions de fait et de droit; et terminez comme il suit*). Parties ouïes : Attendu que ledit... excipe de *telles* pièces, dont le contenu doit être examiné et médité avant de statuer définitivement; (*ou*) attendu qu'il s'agit de vérifier les comptes et mémoires respectifs dont les parties excipent, ce qui exige des opérations arithmétiques, et un travail préliminaire, le tribunal ordonne que ledit..., produira et déposera au greffe, dans vingt-quatre heures, les pièces dont il excipe, (*ou*) que les parties remettront leurs comptes et mémoires respectifs au greffe dans vingt-quatre heures, pour être délibéré sur le contenu de ces pièces, et prononcé ce que de droit, à l'audience du...., à laquelle le tribunal ordonne aux parties de comparaître. Ainsi jugé et prononcé, etc.

Nota. Lorsque le Juge n'a pas son opinion formée après la plaidoirie des parties ou de leurs défenseurs, et malgré qu'il n'y ait aucune pièce à examiner, il peut prononcer simplement et sans déduire ses motifs, ce qui suit.

Le tribunal ordonne qu'il en sera délibéré, pour être fait droit, à l'audience du....., à laquelle il est enjoint aux parties de comparaître. Ainsi jugé et prononcé par M... etc.

N.° 16. MODÈLE *général d'un Interlocutoire qui rejette une Exception de Nullité, et ordonne de défendre au Fond.*

Entre..., etc. Et... etc. Par citation du... de ce mois, de..., huissier, enregistrée le..., le demandeur a conclu à ce que le défendeur fût condamné à..., (*les conclusions*). Expliquant sa demande, le demandeur a dit que... A quoi le défendeur a répondu que la citation qui lui a été donnée est nulle, parce que... (*établir la cause de la nullité*). Le demandeur a répliqué que... Sur quoi il s'agit de décider : dans le fait... ; dans le droit..... Parties ouïes : Attendu que les nullités de forme sont de rigueur; qu'elles ne peuvent se suppléer, et que, pour être admises, il faut que la loi les prononce textuellement (1), ce qui ne se rencontre pas dans la circonstance actuelle; attendu en effet que..... (*Ici le motif particulier à l'espèce*) ; le tribunal, sans s'arrêter à l'exception de nullité, dont le défendeur est débouté, ordonne qu'il défendra au fond, à la première audience, sinon sera fait droit, dépens réservés. Ainsi jugé et prononcé par... etc.

Pour la Variation de ce Modèle, je donnerai ici la Formule d'un jugement qui admet une nullité, quoiqu'il dût être placé à *jugemens définitifs* ; mais je considère qu'il conviendra mieux à mes lecteurs de trouver réunies les Formules affirmatives et négatives sur le même point de droit.

N.° 17. *Modèle d'un Jugement définitif qui admet une Nullité.*

Entre... etc. Et... etc. (*servez-vous du modèle qui vient de finir jusqu'à ce qui suit*) : Parties ouïes : Attendu que la citation attaquée ne contient véritablement pas... (*ici l'omission fatale*); attendu que la loi... (*il faut la citer*) prononce textuellement la nullité des actes ou citations qui ne contiendront pas... (*répéter la forme omise*); attendu enfin qu'aucune nullité établie par les lois n'est comminatoire, le tribunal déclare nulle la citation du..., donnée à la requête de..., pour n'avoir aucun effet, et condamne le demandeur aux dépens; sauf son recours contre l'huissier rédacteur de l'acte annulé, ainsi que de droit et suivant l'article 71 du code de procédure. Ainsi jugé par M... etc.

Les Nullités de formes qui s'appliquent en justice de paix, sont celles portées aux articles 61, 66, 68, 69, 70, 260, 262 et 344 du code de procédure, et celles portées aux articles 146, 154, 155, 159 et 163 du code d'instruction criminelle. Toute nullité d'exploit ou d'acte de procédure est couverte par les défenses au fond; il en est ainsi des fins de non-recevoir. Voici un Modèle de Jugement établi sur ce point.

---

(1) *Voyez* les articles 173, 1029 et 1030 du code de procédure civile.

N.° 18. *Formule de Jugement qui rejette une Nullité couverte par les Défenses au fond (ou une Fin de non-recevoir).*

Entre..., etc. Et... etc. Par sa citation , le demandeur a conclu à ce que..., etc. Le défendeur a dit : Que cette demande est mal fondée, parce que... (*Ici les défenses au fond*); qu'au surplus la citation est nulle, parce qu'elle ne contient pas , ainsi que la loi le prescrit... (*ici l'omission qui emporte nullité*); *ou* que, d'ailleurs, il y a fin de non-recevoir contre cette action, attendu que... (*on place ici cette fin de non-recevoir*). A quoi il a été répondu par le demandeur, que les défenses au fond proposées par le défendeur couvrent nécessairement la prétendue nullité (*ou fin de non-recevoir*), dont il excipe subsidiairement ; qu'ainsi il y a lieu de l'en débouter. Et à l'égard du principal , le demandeur a répliqué que... (*ses moyens sur le fond*). Sur quoi il s'agit de décider : dans le fait... Dans le droit...' Parties ouïes : Attendu qu'il est de règle constante, fondée sur les lois et la jurisprudence, que toute nullité, fin de non-recevoir, ou autre exception dilatoire, se couvrent par les défenses au fond (1) ; le tribunal déboute le défendeur de son exception ; et, faisant droit au principal, considérant que... (*le reste comme dans tout jugement définitif, si toutefois la cause est instruite sur la demande, sinon on termine ainsi*) : et, pour être fait droit aux parties sur la demande du demandeur, le tribunal continue la cause à la première audience... Ainsi prononcé, etc.

Quant aux Modèles de Jugemens qui reçoivent des fins de non-recevoir, on se servira des Formules qui admettent des nullités, en faisant les changemens convenables dans les faits et dans le droit.

On ne perdra pas de vue que je ne parle pas ici des Nullités substantielles ou de droit , qui ne peuvent se couvrir par aucune défense et qui sont proposables en tout état de cause. *Voyez* à cet égard mon Recueil général de la Jurisprudence des justices de paix de France, tome 2, page 57.

Je crois avoir donné maintenant tous les modèles d'Interlocutoires qui conviennent aux Justices de paix. Je ne me suis pas

---

(1) Article 173 du code de procédure , déjà cité. *Voyez* mes observations sur la formule n.° 17 , qui précède.

borné à des cadres généraux, puisque j'ai donné des espèces particulières. Il s'agit maintenant de traiter des Incompétences.

JUGEMENS SUR DES EXCEPTIONS D'INCOMPÉTENCE. Ces exceptions sont fréquentes dans les Justices de paix ; leurs compétences et leurs attributions isolées, mais nombreuses, que l'intérêt ou la chicane s'efforçent si souvent de restreindre, donnent lieu plus que jamais à des déclinatoires. Je ne me contenterai donc pas de donner des formules générales, mais j'y ajouterai des Variations et des Questions particulières, décidées par des modèles différens. *Voyez*, pour la législation et la jurisprudence, mon Recueil général, aux articles DÉCLINATOIRE, INCOMPÉTENCE.

1.re FORMULE. *Jugement en Thèse générale pour toute Incompétence proposée en temps utile* (1).

Entre..., etc. Et..., etc. Le demandeur a conclu à ce que... (*exprimez les conclusions*). Le défendeur a dit : Qu'il a été mal et incompétemment appelé devant le tribunal, parce qu'il s'agit d'une cause... (*exposer la nature de la cause, et pourquoi elle n'est pas de la compétence du juge*). En conséquence, ledit défendeur a requis qu'il plût au tribunal de se déclarer incompétent. —A quoi il a été répondu par le demandeur, que... (*ses moyens contre l'exception d'incompétence*).

Sur quoi il est à décider : Dans le fait... Dans le droit... Parties ouïes : Attendu que... (*ici les motifs de fait et de droit pour ou contre l'incompétence*), Le tribunal se déclare incompétent. Ainsi jugé et prononcé, etc.

Si, au contraire, l'Incompétence est rejetée, on dit :

Le tribunal, sans avoir égard à l'exception déclinatoire, dont le défendeur est débouté, ordonne qu'il défendra au fond, audience tenante, ou à la première audience, à laquelle le tribunal continue la cause ; sinon sera fait droit ; dépens réservés. Ainsi prononcé, etc.

Quand il est ordonné que le défendeur plaidera au fond au-

____

(1) Le Déclinatoire se propose avant toute défense au fond, à peine de rejet, excepté l'incompétence *rations materiæ*, qui ne se couvre pas. Articles 168, 169, 170, code de procédure ; arrêts de la cour de cassation des 25 mars 1808 et 7 juin 1810.

dience tenante , s'il refuse de le faire , on peut de suite procéder
au jugement du principal , ce qui se fait ainsi :

Et, attendu que le défendeur a refusé de défendre à la
demande qui lui est faite, le tribunal donne défaut faute de
défendre contre lui ; et, pour le profit, considérant que,
dans le fait, il s'agit de savoir... ; que, dans le droit, il est à
décider si... Ouï le demandeur, qui, en persistant dans sa
demande, en a requis l'adjudication ; et attendu que... (*Ici
les motifs pour adopter les conclusions du demandeur*);
Le tribunal, jugeant en première instance (*ou en dernier
ressort*), condamne le défendeur à... , et en outre aux
dépens taxés à... Ainsi prononcé, etc.

2.me FORMULE. *Rejet d'une Incompétence* ratione personæ aut domicilii, *couverte par les Défenses au fond.*

Entre... , etc. Et... , etc. Le demandeur a conclu à ce
que... etc. Le défendeur a comparu et a dit que la demande
formée contre lui est illégitime, parce que... (*ici ses défenses*); que, d'ailleurs, le tribunal est incompétent pour
connaître de la cause, attendu que...
À quoi le demandeur a répondu que le défendeur n'est
pas recevable à attaquer la compétence du tribunal, parce
qu'il vient de la reconnaître par ses défenses au fond ; qu'à
l'égard de sa demande, elle est admissible, parce que...
(*ici ses moyens*). Sur quoi il s'agit de décider, dans le
fait... , etc. Dans le droit : Le défendeur a-t-il couvert l'incompétence ? au fond : la demande est-elle vérifiée et
admissible ? Parties ouïes : Attendu que les exceptions
déclinatoires de la nature de celle qui est proposée, doivent être fournies *in limine litis ;* attendu que le défendeur
a défendu au fond, et qu'ainsi il a couvert la prétendue incompétence (1); attendu d'ailleurs... (*ici les motifs particuliers lorsqu'il y en a*); Le tribunal, sans s'arrêter à
l'exception du défendeur, dont il est débouté, se déclare
compétent ; et, statuant au fond, considérant que... , etc. ;
condamne... etc. , ou déclare non-recevable, etc.

---

(1) Articles 169 et 424 du code de procédure.

3.me Formule. *L'Incompétence* Ratione materiæ *admise après les Défenses au fond* (1).

Entre..., etc. Et..., etc. Le demandeur a conclu à ce que... etc. Sur les défenses proposées par le défendeur à l'audience du..., à laquelle la cause a été portée, le tribunal a ordonné qu'il serait fait droit à cette audience. En exécution de ce renvoi ou de cet interlocutoire, les parties ont comparu et ont dit, savoir : le défendeur, que le tribunal est incompétent pour décider de la contestation à raison de la matière, parce qu'il s'agit de... (*telle cause*), dont la connaissance est attribuée exclusivement aux tribunaux ordinaires; qu'ainsi il soutient que l'on ne peut passer outre à aucun acte d'instruction de la cause, et que le tribunal doit au contraire se déclarer incompétent.

A quoi le demandeur a répondu que... (*sa réponse*). Sur quoi il s'agit de décider : dans le fait... Dans le droit : L'incompétence *Ratione materiæ* est-elle admissible en tout état de cause? Parties ouïes : Attendu que l'action soumise au tribunal est de sa nature réelle ou mixte, et qu'elle est réservée aux juges ordinaires; attendu que ni la défense au fond, ni les jugemens non définitifs, ne couvrent l'incompétence à raison de la matière; attendu que la loi, en pareil cas, prescrit aux juges de renvoyer les causes d'office ,

Le tribunal se déclare incompétent. Ainsi jugé et prononcé, etc.

4.me Formule *qui déclare le Juge de paix incompétent pour connaître d'une Demande en Paiement d'Honoraires d'un Notaire.*

Entre..., etc. Et..., etc. Le demandeur a conclu à ce que... (*ici les conclusions du demandeur*). Le défendeur a comparu et a dit : Qu'il est illégalement appelé devant le tribunal, qui est incompétent pour connaître des actions pour les salaires ou honoraires d'un notaire, puisqu'en cas

____

(1) Art. 170 et 424, code de procédure. *Voyez* la note sur la formule précédente. L'incompétence à raison de la matière se déclare même après un premier jugement. Ainsi jugé par arrêts de la cour de cassation des 25 ventose an 11, et 4 février 1806.

contestation, la taxe doit en être faite par le président du tribunal civil d'arrondissement. Partant, le défendeur a requis qu'il plût au tribunal de se déclarer incompétent. A quoi le demandeur a répondu que sa demande n'est qu'une action pure personnelle au-dessous de 100 fr., dont les Juges de paix connaissent exclusivement; que ces magistrats sont tellement compétens pour connaître des actions pour les droits des notaires, que la loi de frimaire an 7 les autorise même à délivrer des exécutoires à leur profit, sans citation préalable. Sur quoi il s'agit de décider, dans le droit, si le tribunal est compétent. Parties ouïes : Attendu que l'article 60 du code de procédure statue que les demandes pour frais faits par les officiers ministériels seront portées devant les tribunaux où ils ont été faits; attendu que les notaires sont des officiers ministériels, qui ont serment devant les juges ordinaires; attendu que la taxe de leurs droits est réservée à d'autres magistrats que les Juges de paix (1); attendu que, si ces derniers délivrent des exécutoires au profit des notaires, c'est seulement pour leurs déboursés des droits d'enregistrement, pour lesquels il ne peut y avoir de litige,

Le tribunal se déclare incompétent, etc.

5.me Formule. *Incompétence admise en Justice de paix, sur une Action contre un Tiers-détenteur, pour une Action au-dessous de 100 francs.*

Entre..., etc. Et..., etc., défendeur. Le demandeur a conclu à ce que..., etc. — Expliquant sa demande, il a dit que..., etc.

Le défendeur a comparu et a dit : Qu'il ne peut ni ne doit contester quant à présent l'inscription judiciaire (*ou conventionnelle*) dont excipe le demandeur; mais qu'il soutient être mal et incompétemment appelé devant le Juge de paix, quoique la demande soit au-dessous de cent francs, parce que les actions qui peuvent être exercées contre des tiers-acquéreurs, sont de la compétence des juges ordinaires. Partant, il a demandé que le tribunal se déclarât incompétent.

____

(1) Article 13 du règlement du premier février 1807.

A quoi il a été répondu par le demandeur que sa créance est pure personnelle, puisqu'il s'agit d'un acte fait pour argent prêté, entre lui et le premier débiteur à la place duquel est le défendeur. En conséquence il a persisté en sa demande. Sur quoi il est à décider : dans le fait... Dans le droit ; Le tribunal est-il compétent ? Parties ouïes : Attendu que la créance du demandeur, qui était, dans son origine, pure personnelle, est devenue hypothéquaire par les actes et inscriptions qui s'en sont suivis ; attendu que l'action contre un tiers-détenteur est à la fois réelle et hypothé-quaire (1),

Le Tribunal se déclare incompétent. Ainsi jugé et prononcé, etc.

6.me FORMULE. *Incompétence rejetée sur une Demande principale et admise sur un Incident pour lequel il est ordonné de procéder en Conciliation.*

Entre..., etc. Et..., etc. Le demandeur a conclu à ce que..., etc. — A quoi le défendeur a répondu qu'il doit en effet les 100 francs pour les salaires qui sont l'objet de la demande ; mais que, de son côté, le demandeur lui doit trois cents francs pour argent prêté ; que, partant, le demandeur, loin d'être son créancier, reste son débiteur de la somme de 200 francs ; mais que, ne pouvant demander au juge de paix condamnation de cette somme contre le demandeur, il conclut à ce que le juge de paix se déclare incompétent tant sur le principal que sur l'incident, et, comme trouvant le demandeur en cause, il requiert qu'il soit présentement procédé entre eux, si faire se peut, en conciliation. — A quoi le demandeur a répondu que l'exception du défendeur est imaginée par l'esprit de chicane, et pour occasionner de grands frais, parce qu'il sait que les moyens du répondant ne lui permettent pas d'en faire ; qu'il est faux que ledit... lui ait jamais rien prêté, et qu'il le défie d'en administrer aucune preuve ; qu'au reste il y a lieu de statuer sur la demande principale, puisque la légitimité en est reconnue ; que, si l'on s'arrêtait à une aussi singu-

______

(1) Articles 50 et 59 du code de procédure ; articles 2166, 2167 et suivans du code civil.

lière exception que celle qui est proposée, les Justices de paix
resteraient sans compétence ni pouvoir, puisqu'il suffirait
à tout débiteur de mauvaise foi ou processif, de se prétendre
incidemment créancier d'un demandeur d'une somme excédant la compétence de ces Justices, pour leur enlever la
décision de toutes actions principales, dont elles seraient
régulièrement saisies.

Sur quoi la cause présente les questions suivantes : Dans
le fait..., etc., dans le droit : Le tribunal est-il compétent
pour statuer sur l'action principale? Au contraire, est-il
incompétent pour prononcer sur le principal comme sur
l'incident? Y a-t-il lieu de procéder en conciliation et
comment? Parties ouïes : Attendu que l'action principale
est de sa nature pure personnelle ; attendu que le Juge de
paix peut et doit décider sur une telle demande, dès qu'elle
est dans les bornes de sa compétence, malgré un incident
qui excède cette même compétence; à moins que la cause
principale et l'incident ne fussent connexes ou dérivassent
d'un même fait ou d'un même titre (1); attendu, d'ailleurs,
que l'objet de l'incident n'est pas justifié par écrit, ni ne
peut l'être testimonialement; qu'ainsi aucune compensation
ne peut s'opérer de plein droit avec l'action principale ;
attendu qu'admettre l'exception du demandeur, ce serait
violer le principe fondamental des deux degrés de juridiction, établis en France dans les matières civiles ; attendu
enfin que, si l'on adoptait cette exception par la règle *qui
potest majus, potest minus*, on pourrait anéantir habituellement les attributions des Justices de paix en matières
personnelles et mobilières, le tribunal déboute le défendeur
de son exception d'incompétence, en ce qu'elle touche l'action principale ; et, faisant droit sur cette demande, considérant que les causes en sont justifiées, condamne le
défendeur à payer au demandeur la somme de 100 fr., etc.
— En ce qui touche l'Incident, attendu que les parties sont
maintenant comparantes devant le médiateur légal, ordonne
qu'elles seront entendues présentement, pour être conciliées,

______

(1) Jugé ainsi par arrêt de la Cour de cassation, du 8 août 1807. *Voyez*
l'article 171 du code de procédure.

si faire se peut sur l'incident dudit... De quoi il sera dressé procès-verbal séparé, pour y être donné telle suite que le défendeur avisera bon être. Ainsi jugé et prononcé, etc.

Cette espèce est susceptible de deux Exceptions, 1.º lorsque le demandeur principal reconnaît devoir la somme qui lui est réclamée incidemment; 2º lorsque le défendeur représente un titre de la créance qu'il demande par l'incident. Alors, dans ces deux cas, la compensation s'opère de plein droit, et le Juge de paix peut débouter le demandeur, sauf à lui réserver l'imputation où la compensation devant qui de droit.

7.me Formule. *L'Exception d'Incompétence* Ratione personæ *ne peut être proposée après une Exception de Nullité rejetée* (1).

Entre..., demandeur, comparant en personne; Et..., défendeur, comparant aussi en personne. Le demandeur a conclu à ce que..., etc. Le défendeur a dit que l'exploit qui lui a été donné est nul, parce que... En conséquence il a demandé que cette nullité fût prononcée. A quoi le demandeur a répondu que..., etc., Sur quoi il s'agit de décider : dans le fait..., dans le droit : La nullité est-elle formelle et prononcée par la loi? Parties ouïes : Attendu que les nullités sont de rigueur, et que l'observation de la formalité dont il est cas, n'est pas prescrite à peine de nullité, le tribunal, sans avoir égard à l'exception du défendeur, dont il est débouté, ordonne qu'il défendra au fond. Alors le défendeur a dit que le tribunal est incompétent pour connaître de la cause, parce que... (*ici l'exception soit à raison du domicile ou de la situation des lieux*). Partant, il a demandé que le tribunal se déclarât incompétent.

A quoi le demandeur a répliqué que l'incompétence à raison des personnes ou du domicile se couvre par les défenses au fond, ou par toute autre exception préalable, parce qu'alors on a approuvé la juridiction du Juge; que le défendeur l'a fait ainsi, en proposant une nullité : partant, il a persisté en sa demande. Sur le nouvel incident, il s'agit de décider : dans le fait..., dans le droit : l'incom-

---

(1) Arrêt de la Cour de cassation du 14 octobre 1806.

pétence, lors même qu'elle serait certaine, est-elle couverte dans la circonstance? Parties ouïes : Considérant que l'incompétence *Ratione personœ aut domicilii* se couvre par toute exception préalable, aussi-bien que par les défenses au fond, parce qu'elle doit rigoureusement se proposer *in limine litis* (1); considérant que, d'après cela, le défendeur a couvert l'incompétence, soit qu'elle existe ou non, par son exception de nullité, le tribunal, sans avoir égard au nouvel incident, dont le défendeur est aussi débouté, ordonne qu'il défendra au fond, sinon sera fait droit. Ainsi jugé, etc.

8.ᵐᵉ Formule. *Incompétence du Juge de paix comme Juge civil en matière de Contraventions relatives aux Octrois.*

Entre..., etc. Et... (*Établissez les conclusions, l'exception du défendeur, la réponse du demandeur et les questions de fait et de droit*). Parties ouïes : Attendu que, si la loi du 7 frimaire an 8 a ordonné que les contestations qui pourraient s'élever sur l'application des droits du tarif, ou sur la quotité des droits exigés, seraient portées devant le Juge de paix, sans dire comme Juge de police, elle n'a établi évidemment cette compétence que pour le contentieux des droits perçus et à percevoir, ainsi que la législation postérieure la confirmé (2); attendu que, quand même le Juge de paix comme juge civil, aurait été compétent pour connaître des contraventions en matière d'octroi, lors et depuis la loi de frimaire an 8, il cesserait de l'être maintenant, puisque l'article 78 de l'ordonnance du 9 décembre 1814 décide positivement que l'action résultante des procès-verbaux en matière d'octroi, sera de la compétence exclusive des tribunaux de simple police ou du tribunal correctionnel du lieu de la rédaction du procès-verbal, suivant la quotité de l'amende encourue; attendu que, d'après cela, les compétences des Juges de paix sont rigoureusement

____

(1) Article 169, code de procédure ; Arrêt de la Cour de cassation, du 14 octobre 1806.
(2) Loi du 6 ventose an 12 ; Décret du 22 décembre 1812.

tracées, savoir : au civil, pour la perception des droits, et en police pour les contraventions ; qu'ainsi c'est illégalement que l'on a cité pour la contravention dont il est cas, devant le Juge de paix comme juge civil, quoiqu'il soit le même qui soit appelé à en juger au tribunal de police, le tribunal se déclare incompétent, etc.

9.me Formule. *Incompétence rejetée sur ce qu'un Jardinier pépiniériste n'est pas réputé Commerçant.*

Entre..., etc. Et..., etc. (*Etablir les conclusions, l'exception d'incompétence, la réponse, et la question de fait et de droit*). Parties ouïes : Attendu que, s'il est constant dans la cause qu'il y a eu vente et revente des arbres dont il est question, il ne s'ensuit pas de là que le premier vendeur soit nécessairement commerçant ; attendu en effet qu'un jardinier pépiniériste tel que ledit..., est uniquement un propriétaire, soit à raison du sol qu'il cultive, soit à raison des productions qu'il en retire (1) ; attendu que tout propriétaire ou cultivateur n'est point justiciable des tribunaux de commerce, pour les actions qui sont intentées contre lui relativement à la vente de ses denrées et récoltes (2), le tribunal se déclare compétent, ordonne que le défendeur plaidera au fond, sinon sera fait droit. Ainsi jugé.... etc.

JUGEMENS DÉFINITIFS. On se rappellera ce que j'ai dit *suprà*, à l'article JUGEMENS, qu'il ne peut en être expédié aucun sans y établir les formules exécutoires que j'ai données, et que l'on connaît généralement.

Je commence ici à établir les Modèles généraux de Jugemens définitifs, soit pour l'adoption des demandes ou pour leur rejet, soit sur plusieurs chefs principaux ou incidens, soit enfin sur des interventions et garanties. J'établirai ensuite des modèles de décisions sur différentes questions de droit.

1.er Modèle de Jugement définitif *et contradictoire sur un seul Chef de Demande qui est adjugé* (3).

---

(1) Arrêt de la Cour de cassation du 17 juin 1809.

(2) Article 638, code de commerce.

(3) La Rédaction des jugemens contiendra les noms des Juges, les noms, professions et demeures des parties, leurs conclusions, l'expo-

Entre...., demeurant à...., demandeur suivant citation de..., huissier, du..., enregistrée le..., comparant en personne (*ou par N... son fondé de pouvoir suivant acte...,* *etc.*). Et..., demeurant à..., défendeur, comparant aussi en personne. — Le demandeur, par sa citation, a conclu à ce que le défendeur fût condamné à... (*ici les conclusions*). Pour justifier sa demande, le demandeur a dit que... (*ses moyens*). — A quoi le défendeur a répondu que... (*ici ses défenses*). Pourquoi il a demandé qu'il fût renvoyé de l'action contre lui formée, sans dépens. Et par le demandeur a été répliqué que... Dans cet état, il s'agit de décider : dans le fait... Question de droit... Parties ouïes : Attendu que... (*les motifs du jugement puisés dans les preuves ou dans le droit.*) Le tribunal, jugeant en première instance (*ou en dernier ressort*), condamne le défendeur à... (*exprimer les condamnations*), en outre, aux intérêts et aux dépens, taxés à..., non compris les coût et levée du présent jugement, en quoi il est aussi condamné. Ainsi jugé et prononcé par..., Juge de paix de..., en son prétoire, audience publique tenante, le... 1822, etc.   (*Signatures.*)

Nota. Cette Formule varie quand le demandeur est débouté de sa demande. On la suit cependant jusqu'au dispositif, et on continue ainsi :

Parties ouïes : Attendu que toute demande qui n'est pas justifiée doit être rejetée purement et simplement ; attendu que celle du demandeur est dépourvue de justification suffisante ; attendu en effet... (*ici les motifs particuliers qui la font rejeter*), le tribunal déclare le demandeur purement et simplement non-recevable en sa demande, et le condamne aux dépens, etc. Ainsi jugé, etc.

2.ᵐᵉ FORMULE. *Jugement sur plusieurs Chefs de Demande principale, et sur une Demande incidente, tous adoptés.*

Entre..., etc. Et..., etc. (*Suivez le modèle précédent*

tition sommaire des points de fait et de droit, les motifs et le dispositif des jugemens. (*Texte abrégé de l'article* 141 *du code de procédure*)*; Voyez* le Recueil général de la jurisprudence des Justices de paix, tome 2, page 21.

jusqu'à) : Le demandeur a conclu par sa citation, et en l'audience, à ce que le défendeur fût condamné, 1° à lui payer la somme de 5o fr. pour... (*énoncer les causes*); 2° à lui payer celle de 45 fr. qu'il lui doit pour... (*énoncer encore les causes*); il a en outre conclu aux intérêts de ces deux sommes et aux dépens.

Expliquant ses conclusions, il a dit, sur le premier chef, que...; et, à l'égard du second chef, il a exposé que... A quoi il a été répondu par le défendeur, savoir : relativement à la somme de 5o fr., que... Et, en ce qui touche le second chef, que.. Au surplus, il a ajouté qu'il est créancier du demandeur d'une somme de 6o fr. pour *telle* cause, au paiement de laquelle il a déclaré conclure incidemment.—Et par le demandeur a été répliqué que... (*Sa défense tant sur le principal que sur l'incident*). La cause dans cet état a présenté les questions suivantes : dans le fait... (*établissez suivant la nature des trois chefs les premières questions*). Dans le droit : les demandes principales sont-elles également admissibles et justifiées? la demande incidente est-elle recevable? Parties ouïes : Faisant droit sur le premier chef principal; considérant que... (*les motifs pour l'admettre*), le tribunal, jugeant en première instance, condamne le défendeur à... (*ici les condamnations*). — En ce qui touche le second chef de la demande principale, attendu que... (*les motifs de fait et de droit pour l'adopter*); jugeant en dernier ressort, le tribunal condamne le défendeur à..., aux intérêts et aux dépens, taxés à..., non compris les coût et levée..., etc. — Faisant droit sur l'incident; considérant que... (*ici les causes pour l'admettre*), le tribunal condamne le demandeur principal à payer audit... la somme de... pour... En conséquence ordonne que compensation sera faite jusqu'à due concurrence entre les condamnations ci-dessus prononcées. Ainsi jugé..., etc.

VARIATION *de cette Formule quand le Demandeur est débouté, ou que la Demande incidente est rejetée.*

On suit le Modèle précédent jusqu'au dispositif, qui est conçu ainsi :

Parties ouïes : Considérant, sur le premier chef, que...

(*les motifs du rejet*) ; considérant, sur le second chef, que...,
le tribunal déclare le demandeur non-recevable dans ses
deux chefs de demande et le condamne aux dépens; et,
statuant sur l'incident, attendu que... etc., déboute le
défendeur de ses conclusions incidentes, etc. Ainsi jugé,
etc.

Lorsque l'un des chefs est seulement rejeté et l'autre
admis, on prend ce qui convient dans le modèle affirmatif
pour le chef adjugé, et, dans les variations, ce qui est propre
au rejet.

3.me Formule. *Jugement sur une Intervention qui fait
droit sur le Principal et sur l'Incident.*

Entre..., etc. Et..., etc. En présence de..., demeurant
à..., intervenant, comparant tous en personnes. — Par citation du.., le demandeur a conclu à ce que... (*ses conclusions*). Exposant sa demande, il a dit que... — A quoi le défendeur a répondu que... (*ses défenses*). En conséquence
il a conclu à ce que le demandeur fût débouté de sa demande
et condamné aux dépens.

Alors ledit... (*l'intervenant*), demeurant à..., a dit
qu'il déclare intervenir dans la cause, parce qu'il y
a un intérêt direct et personnel, en ce que... (*établir
les motifs de l'intervention*); pourquoi il a conclu à être
reçu partie intervenante; à ce qu'il lui soit donné acte de
ce qu'il se joint au défendeur, et de ce qu'il prend ses garantie, fait et cause contre le demandeur, qui sera débouté
de sa demande et condamné aux dépens.

Si l'Intervenant se joint au Demandeur, on varie ainsi :

Pourquoi il a conclu à être reçu partie intervenante et à ce
qu'il lui fût donné acte de ce qu'il se joignait au demandeur
pour faire valider sa demande ; et à cet effet que le défendeur serait condamné à..., etc.

A quoi le défendeur *ou* le demandeur a répondu à cette
intervention que... (*ses défenses*). Dans cet état, la cause
a présenté les questions suivantes : Dans le fait... Dans le
droit... Parties ouïes : Faisant droit sur la demande principale, et ensemble sur l'intervention; considérant que...

(*les motifs qui justifient la demande*); considérant que l'intervention... (*les moyens qui lui sont contraires*), Le tribunal, jugeant en dernier ressort, condamne le défendeur à... etc., et aux dépens taxés à... etc.; déboute l'intervenant de son intervention, et le condamne aux dépens ; (*ou*) condamne ledit... (*l'intervenant*) à garantir et décharger le défendeur des condamnations contre lui prononcées ci-dessus, tant en principal qu'intérêts et frais.

Si au contraire l'Intervention est admise, on dit :

Le tribunal reçoit L..., partie intervenante, et faisant droit sur son intervention, déclare le demandeur non-recevable en sa demande, et le condamne aux dépens.

Et si l'Intervenant s'est joint au Demandeur contre le Défendeur, on varie ainsi :

Le tribunal reçoit partie intervenante ledit..., le déclare valablement joint au demandeur; en conséquence, condamne le défendeur à payer, tant au demandeur qu'à l'intervenant, solidairement (*s'il y a lieu*) la somme de... (*Et en cas de non-solidarité, on dit*) : Condamne à payer, savoir : à l'intervenant la somme de..., et au demandeur la somme de..; en outre aux intérêts et aux dépens. Ainsi jugé, etc.

N.° 4. FORMULE *générale d'un Jugement qui condamne à payer suivant une Estimation à faire, dont l'Alternative est laissée par le Demandeur.*

Entre..., etc. Et..., etc. Le demandeur a conclu à ce que le défendeur fût condamné à lui payer la somme de..., pour... (*exprimez les causes, ou à lui rendre et restituer tels effets qu'il lui a prêtés, ou dont il est dépositaire*), si mieux il n'aimait en payer la valeur suivant l'estimation qui en serait faite par experts convenus ou nommés d'office, ce qu'il serait tenu d'opter dans trois jours de la signification du jugement à intervenir, sinon déchu, et l'option déférée au demandeur, lequel a conclu en outre aux intérêts et aux dépens. Expliquant sa demande, le demandeur a dit que...

Le défendeur a comparu et a répondu que... (*ses défenses*). Sur quoi il s'agit de décider, dans le fait...? Dans le droit... ? Parties ouïes : Attendu que... (*analysez les faits et les preuves qui justifient la demande*); attendu que... (*ici les moyens de droit s'il en est en faveur de l'action*); attendu encore que l'alternative offerte de payer suivant une estimation, est juste et conforme à la jurisprudence, Le tribunal, jugeant en première instance (*ou en dernier ressort*), condamne le défendeur à... (*énoncer la condamnation*), si mieux il n'aime payer suivant l'estimation qui en sera faite par experts convenus ou nommés d'office; ce qu'il sera tenu d'opter dans trois jours, sinon déchu; condamne en outre le défendeur aux dépens, taxés à..., non compris les coût et levée, etc

Ce Modèle peut et doit servir pour toutes les Actions résultantes de salaires dont la valeur est contestée comme excessive, et de dommages faits par les hommes ou les animaux aux champs, fruits, récoltes, non qualifiés Contraventions par la loi; lesquels ne donnent lieu qu'à une action civile (1).

Quand le défendeur acquiesce au jugement, il est convenable de faire nommer un *ou* trois experts par le même acte; ce qui se fait en ces termes :

Et à l'instant de la prononciation du présent jugement, les parties ont nommé pour leurs experts, 1.º le sieur..., demeurant à...; 2.º le sieur..., demeurant à...; 3.º le sieur..., demeurant à... De quoi le tribunal leur donne acte, et ordonne qu'ils procèderont, sans affirmation préalable, au fait de leur commission, à la charge d'en déposer le rapport au greffe, et d'en affirmer la sincérité. Ainsi jugé, etc.

On trouvera les Formules d'un Rapport d'experts, du Procès - verbal d'affirmation et de citation, à l'article EXPERTS ci-devant.

On peut se servir encore de cette Formule pour un jugement qui ordonne de visiter des ouvrages ou travaux non acceptés comme mal faits ou frauduleusement confectionnés : les légers changemens qui sont à faire dans cette hypothèse, se présentent d'eux-mêmes.

N.º 5. MODÈLE *d'un Jugement qui fait droit en général sur une Garantie, avec une Variation pour la rejeter.*

---

(1) Loi du 24 août 1790, article 9 du titre 3 ; code de procédure, article 3.

Voyez ces formules à l'article BREVET D'INVENTION ci-devant. Elles peuvent s'appliquer facilement à toute action de la compétence des Juges de paix, en changeant les faits.

N.° 6. FORMULE *d'un Jugement qui fait droit sur une Action principale en état, indépendamment de la Demande en Garantie qui n'est pas instruite* (1).

Entre..., etc. Et..., etc. En présence de..., demeurant à..., appelé en garantie. Le demandeur au principal a conclu à ce que... Exposant les motifs de cette action, il a dit que... (*ses moyens*). A quoi le défendeur au principal a répondu que...; et, en ce quj touche la garantie par lui dirigée contre..., il a soutenu que..., avec offre de justifier son exception par écrit (*ou testimonialement*). Pourquoi il a conclu contre... (*le garant*), à ce que... (*les conclusions*). — Et par ledit... (*appelé en garantie*), il a été répondu que... D'après cela il a conclu à...

De son côté, le demandeur principal a dit : Que sa demande est en état d'être jugée, et qu'elle est justifiée par...; qu'il n'est point obligé d'attendre l'instruction et les événemens qui peuvent avoir lieu entre le défendeur principal et l'appelé en garantie, d'après les contestations qui s'élévent entre eux; que, d'ailleurs, le défendeur n'a pas appelé son prétendu garant dans le délai qui lui avait été prescrit. Pourquoi le demandeur a requis l'adjudication de ses conclusions présentement.

Sur quoi il s'agit de décider : dans le fait..., etc? Dans le droit : l'action principale est-elle admissible quant à présent, malgré que l'action en garantie ne soit pas instruite?

Parties ouïes : Attendu que, lorsque la mise en cause du garant n'est pas demandée dès la première audience, ou si le garant n'est pas appelé dans le délai fixé, il doit être procédé sans délai au jugement de l'action principale, sauf à statuer séparément sur l'action en garantie; attendu que le défendeur au principal se trouve dans cette circonstance, et que, d'ailleurs, la demande principale est instruite et justifiée.

____

(1) Article 33, code de procédure civile, imité de l'article 16 du titre premier de la loi d'octobre 1790.

Le tribunal, jugeant en dernier ressort (*ou en première instance*), condamne le défendeur principal à...,
pour... ; en outre, aux intérêts et aux dépens, taxés à...,
non compris, etc.

En ce qui touche l'action récursoire, attendu que, dans
le droit, il s'agit de décider si...; attendu que... (*les
moyens de fait et de droit qui nécessitent ou un interlocutoire, ou toute autre mesure d'instruction*), Le tribunal, avant de faire droit et sans rien préjuger, ordonne
que..., etc., dépens réservés en définitif. Ainsi jugé et
prononcé publiquement, etc.

N.° 7. Modèle d'un Jugement *en dernier Ressort rendu
sur une Action personnelle ou mobilière, après Enquête,
Contre-Enquête et Reproches de Témoins, contenus au
même Jugement.*

Entre..., etc. Et..., etc. Les conclusions du demandeur
tendent à ce que le défendeur soit condamné à... La cause
portée à l'audience du..., le tribunal, sur les exceptions des
parties, ordonna, avant de faire droit, qu'elles feraient
preuve à cette audience des faits par elles soutenus et déniés, lesquels sont que... (*exprimez ces faits*). — En exécution de ce jugement, le demandeur a fait appeler trois
témoins dont il a demandé l'audition. De son côté, le défendeur a fait assigner quatre témoins dont il a requis aussi
l'audition. — En conséquence, il a été procédé à l'enquête
de la manière suivante : Lecture a été faite aux témoins
réunis en l'audience, du jugement interlocutoire sur lequel
ils ont à déposer; ensuite, ils se sont retirés et ont été introduits séparément les uns des autres; chacun a déclaré
ses prénoms, noms, âge, qualité et demeure, tels qu'ils
sont ci-après écrits; chacun aussi a déclaré qu'il n'est parent, allié ni domestique de l'une ou de l'autre partie, sauf
le..., qui a dit que... (*s'il y a parenté déclarée par un
témoin*); enfin, chaque témoin a juré et promis par serment de dire vérité, et a fait sa déposition comme ci-après,
le tout en présence des parties et séparément des autres
témoins ; savoir : premier témoin à charge, Louis P...,

demeurant à..., tailleur de pierres, âgé de..., a déposé
que... (*écrivez ici sa déposition*) (1);

Deuxième témoin, Jacques L..., architecte, demeurant
à..., âgé de..., lequel a été reproché par le défendeur,
parce que (a-t-il dit)... (*ici les motifs du reproche*).
— A quoi le demandeur a répondu que... Et le témoin,
interpellé sur ce reproche, a dit que... Ouï les parties et
le témoin sur l'incident; attendu que, quel que soit le mérite du reproche, la loi prescrit d'entendre provisoirement
le témoin reproché (2), sauf à rejeter sa déposition s'il y a
lieu, Le tribunal ordonne que le témoin reproché fera sa
déposition ; ce qu'il a fait en ces termes : Que... (*énoncez
sa déposition, etc.*)

Troisième témoin... (*Suivez la forme du premier témoin
s'il n'est pas reproché ; dans le cas contraire suivez celle
du deuxième témoin*). Il a été ensuite procédé à l'audition
des témoins à décharge, de la même manière qu'à celle des
autres témoins, séparément entre eux, et après qu'ils ont
eu fait les déclarations et serment prescrits par la loi; savoir:
le premier témoin, S. A..., âgé de..., demeurant à...,
exerçant la profession de..., a déposé que ..

Deuxième témoin... (*comme au premier, et s'il y a des
reproches fournis, suivez la formule précédente pour le
deuxième témoin à charge*).

L'enquête terminée, les parties ont été respectivement
entendues dans leurs moyens et défenses; savoir : Le demandeur a dit que,... A quoi le défendeur a répondu que...
Dans cet état, la cause a présenté les questions suivantes :
Dans le fait...? Dans le droit : Les reproches fournis contre
tel témoin, sont-ils admissibles ? les faits soutenus par le
demandeur sont-ils prouvés par l'enquête ? Parties ouïes :
Faisant droit sur les reproches : attendu que la loi auto-

____

(1) On ne fait signer au témoin sa déposition que lorsqu'il y a procès-
verbal d'enquête, lequel n'a lieu que dans les causes en I.re instance,
comme je l'ai déjà dit. *Voyez* l'article 40 du code de procédure, avec
les articles Actions possessoires et Enquête ci-devant. Il a même été
jugé par la cour de cassation, le 18 avril 1810, que la mention des
noms, demeures et dépositions des témoins, n'est pas une nullité sub-
stantielle.

(2) Article 284, code de procédure, modifié par l'article 291.

rise (1) la nature du reproche fourni contre...., témoin à charge (*ou à décharge*) ; attendu que ce reproche est justifié *ou* par l'aveu du témoin , *ou* par la reconnaissance des parties, le tribunal déclare ledit témoin valablement reproché, ordonne que sa déposition sera réputée non-avenue. Faisant droit au fond : attendu qu'il résulte de l'audition des témoins à charge, que... (*analysez l'ensemble de ces dépositions*) ; attendu que, d'après cela, on peut regarder la demande justifiée ; attendu, d'ailleurs, que la preuve contraire, entreprise par le défendeur, n'est pas acquise (*dire pourquoi*) , Le tribunal condamne le défendeur à..., etc.

VARIATION DE CE JUGEMENT *quand le Demandeur succombe sur les Reproches dans l'Enquête et dans sa Demande.*

Suivez la Formule qui vient de finir, jusqu'au dispositif que voici :

Parties ouïes : Faisant droit sur les reproches proposés contre... : considérant que le motif de ce reproche ne se trouve pas établi parmi ceux autorisés par la loi ; (*ou*) considérant que ce reproche est vague et non justifié, le tribunal rejette ledit reproche, et, sans y avoir égard, fait droit au fond. — Attendu que la preuve offerte par le demandeur n'est point établie par les dépositions des témoins entendus ; attendu en effet que.... (*ici l'ensemble offert par l'enquête*), Le tribunal déclare le demandeur non-recevable en sa demande, et le condamne aux dépens. Ainsi jugé, etc.

Il est une autre sorte de Jugement qui se rend sur enquêtes respectives ; c'est celui qui se porte en première instance, et pour lequel la loi ordonne de dresser un procès-verbal d'enquête séparé : ce qui exige une formule un peu différente de celle qui vient d'être donnée. J'ai déjà établi cette différence , par deux modèles pour les Actions possessoires. Voici celle qui convient aux jugemens sur les Actions personnelles ou mobilières en première instance.

---

(1) Le juge ne doit admettre que les reproches autorisés par la loi. *Voyez* l'article 283 du code de procédure, imité, avec quelques variations, des ordonnances de 1667, de 1525 et de 1585. *Voyez* aussi mon Recueil général de jurisprudence , tome 2, page 204.

N.º 8. JUGEMENT *dans une Cause sujette à Appel, personnelle ou mobilière, sur Enquête et Reproches, après procès-verbal séparé* (1).

Entre..., etc. Et..., etc. (*Suivez le modèle n.º 7 jusqu'à : En conséquence il a été procédé à l'enquête; et variez comme il suit*) :

Il a été procédé à l'audition des témoins à charge et à décharge séparément entre eux, après avoir reçu leurs déclarations et serment prescrits par la loi, qu'ils ont fait individuellement ; suivant que le tout est constaté par procès-verbal séparé, fait présentement en l'audience, en présence des parties. — Il est aussi constaté que (*tel ou tels*), témoins, ont été reprochés par..., à cause que... (*Ici les faits du reproche*), lesquels faits ont été confessés (*ou déniés*) par..., et par les témoins reprochés. Sur quoi le tribunal a ordonné, conformément à la loi, que lesdits témoins feraient leurs dépositions, sauf à y avoir en jugeant tel égard que de droit; ce qui a été fait ainsi qu'il est consigné audit procès-verbal, lequel étant clos, les parties ont été respectivement entendues dans leurs moyens et défenses sur le mérite des reproches et sur l'enquête; savoir :

Le demandeur a dit que l'enquête est concluante et décisive sur les faits par lui soutenus ; qu'il est en effet prouvé que..., etc. — A quoi il a été répondu par le défendeur que... Sur quoi il s'agit de décider dans le fait... ? Question de droit... (*Suivez le surplus du jugement qui précède n.º 7, ou sa variation dans le cas où elle a lieu.*)

N.º 9. FORMULE DE JUGEMENT *pour accorder des Délais à un Débiteur de bonne foi.*

Entre... etc. Et... etc. Le demandeur a conclu à ce que... Expliquant sa demande, il a dit que... — Le défendeur a répondu qu'il doit la somme demandée, mais qu'il est hors d'état de la payer maintenant, parce que... (*dire les*

---

(1) Article 39, code de procédure, conforme à l'article 4 du titre 4 de la loi du 18 octobre 1790. *Voyez* aussi l'article 478 du même code.

motifs). Pourquoi il a requis qu'il lui soit accordé un délai de... mois pour se libérer. A quoi il a été répondu par le demandeur que... (*exprimez son consentement* ou *refus du délai demandé*). Sur quoi il est à décider, dans le fait, si la somme réclamée est légitime ? Dans le droit, s'il y a lieu d'accorder le délai demandé ?

Parties ouïes : Attendu que le débiteur reconnaît la validité de la demande ; attendu que la loi permet de venir au secours du débiteur de bonne foi (1) ; attendu cependant que les délais qui sont accordés aux débiteurs, doivent l'être avec prudence pour ne pas nuire aux droits du créancier, Le tribunal, jugeant en première instance (*ou en dernier ressort*), condamne le défendeur à payer au demandeur... etc., en outre aux intérêts et aux dépens, etc. ; Cependant surseoit à l'exécution du présent jugement pendant... mois (*ou... jours*), toutes choses demeurant en état, et permis au demandeur de faire des actes conservatoires, s'il y a lieu, pendant les sursis. Ainsi jugé, etc.

Nota. Il faut observer quatre choses sur un pareil Jugement : 1º que le sursis doit être pur et simple, sans autorisation des actes conservatoires, lorsque la solvabilité du débiteur est connue ; 2º qu'il ne faut jamais accorder de délai au plaideur de mauvaise foi : il en est indigne devant la loi et devant la société ; 3º que le sursis peut encore être refusé à celui qui a déjà obtenu un premier délai suffisant, soit de son créancier, soit de la justice ; 4º que le sursis ne s'accorde point en cas d'urgence, ou de péril en la demeure.

Nº. 10. **Formule de Jugement** *sur des Offres faites et réalisées à l'Audience, pour les déclarer valables.*

Entre..., etc. Et..., etc. Le demandeur a conclu... etc.

---

(1) Article 1244, code civil. Le débiteur ne peut forcer, etc... Néanmoins les juges peuvent, en considération de la position du débiteur, et en usant de ce pouvoir avec une grande réserve, accorder des délais modérés pour le paiement, et surseoir à l'exécution des poursuites, toutes choses demeurant en état. — Ce sursis peut être accordé lors même que la dette résulte d'un acte authentique non contesté. Arrêts de la cour de Bordeaux, du 28 février 1814, et de celle d'Aix du 17 décembre 1813. — Encore accordé malgré que le créancier soit dans le besoin, si le débiteur a éprouvé des revers. Arrêt de la cour de Paris du 18 décembre 1806.

Pour justifier sa demande, il a dit que..., etc. Le défendeur a comparu et a observé qu'il ne doit au demandeur que la somme de..., au lieu de celle qu'il réclame, parce que... (*expliquez les causes de la différence alléguée*). En conséquence, le défendeur a demandé acte des offres qu'il fait de ladite somme; lesquelles il a réalisées sur la table du greffier, en espèces de... (*les désigner*); après quoi il a requis d'être renvoyé du surplus de l'action contre lui formée, sans dépens. —A quoi il a été répondu par le demandeur, qu'il refuse les offres du défendeur, parce que... (*énoncer les motifs du refus*); qu'au surplus sa demande est légitime et justifiée par...; pour quoi il a persisté dans ses conclusions. —Dans cet état, la cause a présenté les questions suivantes : Dans le fait... ? Question de droit : La demande est-elle vérifiée et admissible en totalité? y a-t-il lieu au contraire de la réduire et de valider les offres du défendeur ? Parties ouïes : Attendu que... (*Ici les moyens de fait ou de droit qui justifient la demande en entier*), Le tribunal, sans avoir égard aux offres faites par..., qui sont déclarées nulles et insuffisantes, condamne ledit... à payer au demandeur la somme de... pour.., et en outre, aux intérêts et aux dépens, taxés à.. etc.,etc.

Si au contraire les Offres sont valables, on fait la Variation suivante:

Parties ouïes : Attendu que la demande n'est justifiée que jusqu'à concurrence de l'aveu du défendeur, et suivant ses offres; attendu que cet aveu est indivisible (1); *ou* attendu que la demande est excessive à raison de..., et que les offres sont suffisantes, parce que..., le tribunal donne acte au défendeur desdites offres, les déclare bonnes et valables, et lui permet de les consigner, sur le refus du demandeur de les accepter (2); déclare le demandeur non-recevable dans le surplus de sa demande, et condamne le défendeur aux dépens faits jusqu'à ses offres; lesquels sont taxés à.., non compris, etc.

On voit que les *dix* Formules de Jugemens définitifs que je

_____

(1) Article 1356, code civil; Arrêt de la cour de cassation, du 17 mai 1808.

(2) *Voyez* les articles 1238, 1259, 1260, 1261, 1262, 1263 et 1264, code civil.

viens de donner, sont des cadres généraux, qui peuvent s'appliquer à toutes Actions pures personnelles et mobilières. On trouvera de semblables Jugemens sur d'autres points, de la compétence
des Juges de paix, aux articles ACTIONS POSSESSOIRES, BREVET
D'INVENTION, COMPARUTION VOLONTAIRE, DOUANES, PROCÉDURES
EN SIMPLE POLICE, REQUÉTE CIVILE, TIERCE OPPOSITION, etc.
Je dois donner maintenant des Formules sur des Questions particulières.

N.° 11. *Jugement qui décide si un Bail verbal peut
être résolu autrement que par le Concours des deux Parties
qui ont contracté, lorsqu'il y a eu Exécution.*

Entre..., etc. Et..., etc. Le demandeur a conclu à ce que
le défendeur fût condamné à lui payer la somme de..., pour
une année du bail verbal de... etc. A quoi le défendeur a
répondu qu'il ne disconvient pas d'avoir pris à titre de loyer
du demandeur, la maison dont il s'agit, mais que, peu après,
il la céda à G., aux mêmes conditions auxquelles il la tenait
du demandeur, lequel a accepté cette cession, en recevant,
pendant deux ans, dudit G., les loyers, à mesure de leurs
échéances; et, pour justifier de ce dernier fait, il a représenté trois quittances données à G., par le demandeur.

A quoi ce dernier a répondu qu'il ignore la cession dont
parle le défendeur, et qu'il n'y a point été appelé, loin d'y
avoir donné son consentement; que, s'il a reçu ses loyers de
la main de G..., c'est qu'il le regardait comme sous-locataire
du défendeur, et qu'en cette qualité il pouvait et devait recevoir de lui; mais que, par les quittances qu'il a données à
G..., il ne l'a point reconnu au lieu et place du défendeur,
contre lequel seul il a action. Partant, le demandeur a persisté
dans sa demande. Sur quoi il s'agit de décider : dans le
fait :...? Dans le droit : La location verbale dont est cas,
est-elle résolue par une prétendue acceptation ? Parties ouïes :
Attendu que cette location n'a été faite qu'entre les parties
uniquement, et que, dès-lors, pour son exécution, elles
n'ont d'action que l'une envers l'autre et respectivement (1);
attendu qu'une résiliation d'un tel pacte ne s'opère que par
le concours des mêmes volontés qui l'ont formé (2); que ce

____

(1) *Res inter alios acta nec prodest alteri, nec nocet.*
(2) Article 1134, code civil.

concours n'est point établi par les quittances produites, et que, d'ailleurs, le demandeur a pu recevoir des mains d'un tiers à l'acquit du principal obligé; attendu enfin, que les conventions obligent à toutes les suites que l'équité, l'usage ou la loi, leur donnent suivant leur nature (1), et qu'ici le défendeur est engagé pour toute la durée et pour tous les effets de la location, le tribunal condamne le défendeur, etc.

12.me Modèle. *La Prescription annale rejetée quoique acquise.*

Entre..., etc. Et..., etc. Par sa citation, le demandeur a conclu à ce que le défendeur fût condamné à lui payer la somme de 5o fr. pour honoraires de visites et médicamens qu'il lui a faits et fournis..., etc. — Expliquant ses conclusions, le demandeur a dit que... etc. — A quoi le défendeur a répondu qu'il ne doit rien au demandeur, parce qu'il l'a payé; que, d'ailleurs, son action est périe et prescrite par une année, et par quatre autres écoulées depuis l'époque des visites et médicamens dont il s'agit; qu'il offre d'affirmer par serment la vérité du paiement qu'il a fait au demandeur. En conséquence, il a demandé d'être renvoyé de l'action contre lui formée, sans dépens. Et par le demandeur a été répliqué qu'il y a défaut de mémoire, ou mauvaise foi de la part du défendeur, qui ne l'a aucunement payé, malgré qu'il en ait été souvent prié; que, s'il avait fait ce paiement, il en représenterait la quittance que le répondant lui aurait donnée; mais que son affirmation est inadmissible, parce qu'il a reconnu devoir la somme demandée, il y a environ trois mois; de quoi il offre de faire la preuve en cas de déni. — Le défendeur a soutenu que cette prétendue reconnaissance est fausse, mais qu'il ne doit ni ne veut entrer dans ce fait, parce que la fin de non-recevoir qu'il oppose est un moyen de droit supérieur à une exception de fait — Dans cet état, la cause a présenté les questions suivantes : Dans le fait : le demandeur a-t-il fait et fourni des visites et médicamens au demandeur? Dans le droit : la prescription annale est-elle

---

(1) Article 1135, code civil. La jurisprudence étend cet article jusqu'au logement des militaires. Arrêt de la cour de Paris du 19 décembre 1815.

admissible malgré des faits rocognitifs ou prétendus tels? Parties ouïes : Attendu que les prescriptions *brevis temporis*, ne sont que des présomptions générales établies par la loi (1); attendu que toute présomption cesse devant une présomption plus forte, telle qu'une reconnaissance positive de la dette, ainsi que peut être celle alléguée; attendu que la prescription annale n'est pas d'ailleurs admissible lorsqu'il y reconnaissance d'une manière quelconque de la part du débiteur sur l'existence de sa dette (2), Le tribunal, sans avoir égard à l'exception du défendeur quant à présent, ordonne qu'à la première audience il accordera ou déniera la reconnaissance qui lui est imputée de la légitimité des causes de la demande, sinon sera fait droit, dépens réservés. Ainsi jugé, etc.

13.ᵐᵉ MODÈLE. *La Prescription annale admise sous Condition du Serment décisoire.*

Entre..., etc. Et..., etc., comparant l'un et l'autre en personne. Le demandeur par citation du..., de..., huissier, enregistrée le..., a conclu à ce que etc. — A quoi le défendeur a répondu qu'il ne doit pas la somme demandée, parce que... (*exprimer les motifs*); que, d'ailleurs, cette demande est prescrite, puisque les causes en remontent à..., et que, depuis, le temps de la prescription s'est écoulé et au-delà; qu'au surplus il offre d'affirmer par serment qu'il a payé le demandeur. — A quoi ce dernier a répondu que sa demande est légitime, et qu'il offre d'en affirmer la sincérité; qu'au surplus l'exception du défendeur est une marque de sa mauvaise foi, mais qu'elle ne peut être admise, parce que les faits qui ont donné lieu à son action ne sont pas contestés. Dans cet état, la cause a présenté les questions suivantes : Dans le fait... ? Dans le droit : la prescription annale est-elle acquise et recevable? — Parties ouïes : Attendu qu'il est de principe généralement respecté, que tout demandeur doit justifier sa demande, à peine d'en être débouté *ipso facto;* attendu que des faits qui ont donné lieu à une dette,

---

(1) Tellement que celui qui oppose la prescription est tenu, s'il en est requis, d'affirmer par serment qu'il a véritablement payé la chose demandée. (Article 2275, code civil.)

(2) Arrêt de la cour de Paris, du 20 juillet 1808.

à un quasi contrat, peuvent être reconnus ou non contestés, sans établir que le paiement de la dette n'a pas eu lieu depuis; attendu qu'il ne résulte de là, ni présomption, ni semi-preuve en faveur de la demande, et que, sans cette semi-preuve, l'affirmation n'est pas déférable au demandeur (1); attendu au contraire que celui qui oppose la prescription annale est recevable à affirmer qu'il a payé son créancier, si celui-ci n'établit pas, ou ne demande pas à prouver la mauvaise foi de la prescription, Le tribunal déboute le demandeur de sa demande, et le condamne aux dépens, en affirmant toutefois par le défendeur qu'il a véritablement payé la somme demandée. Ainsi jugé, etc.

14 ᵐᵉ MODÈLE. *Jugement qui décide que le Bail verbal dont la Durée est d'une année, se renouvelle pour le même temps, s'il n'y a Congé donné en temps utile.*

Entre..., etc. Et..., etc. Par sa citation, le demandeur a conclu à ce que... etc. Le défendeur a dit qu'il jouit verbalement de la maison dont il est cas, depuis près de trois années, dont la première a commencé le..., et dont la dernière finira à pareille époque prochaine, c'est-à-dire dans un mois; que la demande tendante à l'expulsion de sa location est prématurée, parce qu'elle devait être précédée d'un congé donné en temps utile suivant l'usage des lieux, auquel la loi renvoie en ce cas; qne ce congé n'a point été donné au moins trois mois d'avance, et qu'ainsi il est bien fondé à continuer sa location pendant une 4.ᵐᵉ année. — A quoi le demandeur a répondu que, si un bail verbal est de la durée d'une année, il ne peut se renouveler quand même il ne serait pas donné de congé, parce qu'un tel bail doit cesser le jour de son échéance; que même, après la première année échue, on peut donner congé de trimestre en trimestre suivant l'usage; qu'ainsi celui qu'il a donné, il y a environ un mois, au défendeur, est valable, du moins pour le second terme qui suivra celui qui expire dans un mois, et pour lequel il déclare maintenant donner congé au défen-

---

(1) Article 1367, code civil. Les aveux faits par les parties à l'audience qui établissent des présomptions ou probabilités, peuvent être regardés comme semi-preuves. (Arrêt de la cour de cassation du 5 juillet 1808.)

deur. Pour quoi, et en rectifiant ses conclusions, il a demandé que ledit défendeur fût condamné à vider de corps et de biens le..., etc.

Dans cet état, la cause présente à juger les questions suivantes : Dans le fait... etc. ? Dans le droit : un bail verbal cesse-t-il de plein droit au jour de son échéance, ou, au contraire, se renouvelle-t-il tacitement à défaut de congé donné trois mois avant l'échéance? ce congé est-il valablement donné pour une partie du cours de l'année? Parties ouïes : Attendu que, lorsque le bail cesse de plein droit à son expiration, c'est quand il est fait par écrit (*article 1737 du code civil*); attendu que, lorsque le bail est fait sans écrit, l'une des parties ne peut donner congé à l'autre qu'en observant les délais fixés par l'usage des lieux, lesquels sont de trois mois. (*Article 1736 code civil*) (1); Attendu qu'à défaut d'un congé donné en temps utile, le preneur est réputé laissé en jouissance, et qu'en ce cas il s'ensuit un nouveau bail dont la durée n'est que d'une année (2); attendu enfin qu'aucune loi, aucun usage ou règlement, n'autorisent à donner congé pour interrompre le cours d'un bail verbal, c'est-à-dire de trois mois en trois mois, sauf les cas de non-paiement ou d'inexécution, Le tribunal déclare le demandeur non-recevable en sa demande, et le condamne aux dépens.

15.ᵐᵉ Formule. *Jugement qui décide si une Partie peut retirer un Aveu judiciaire, lors même qu'il se rattache à une Garantie dont elle s'est désistée.*

Entre..., etc. Et..., etc. Par sa citation ci-devant datée, le demandeur a conclu à ce que..., etc. La cause portée à l'audience du..., le défendeur, en convenant que la somme demandée était due, requit un délai pour mettre un prétendu garant en cause, afin de se joindre à lui pour faire cesser la demande principale ou de lui en porter ga-

____

(1) Arrêt de la Cour de Bruxelles, du 13 vendémiaire an 13.

(2) Articles 1738, 1759 du code civil; Arrêt de la cour de cassation du 25 octobre 1813, qui décide que le bail verbal recommence à l'expiration de chaque année, par l'effet de la tacite réconduction annale.

rantie. Sur cela le tribunal ordonna que le garant serait
appelé à cette présente audience, à laquelle les parties com-
paraîtraient.

Le demandeur, comparaissant d'après ce renvoi, a dit
qu'il persiste dans sa demande, et en a requis l'adjudication
avec dépens. Le défendeur a aussi comparu, mais il a dit
qu'il n'a point appelé de garant, parce qu'il renonce à
exercer une action récursoire, et qu'il veut se défendre seul
de la demande principale; à cet égard il a soutenu qu'il
ne doit pas la somme demandée, laquelle a été payée par
lui au demandeur; que, d'ailleurs, ce dernier doit justifier sa demande, soit par titres, soit par témoins; sinon
qu'il en doit être débouté et condamné aux dépens.

A quoi le demandeur a répondu que, si une partie peut
renoncer à une garantie par elle dirigée, ou qu'elle a voulu
diriger, il n'en est pas ainsi d'un aveu formel par elle judiciairement fait, parce que cet aveu est irrévocable;
qu'ainsi le défendeur étant convenu à la première audience
de la légitimité de la somme réclamée, il est sans difficulté
qu'il doit être condamné à la payer. Et par le défendeur a
été répliqué que cet aveu était fait pour étayer l'action en
garantie proposée, laquelle n'ayant pas lieu, emporte l'a-
néantissement de l'aveu. — Dans cet état, la cause présente
les questions suivantes : dans le fait... ? Question de droit:
l'aveu judiciaire sur un fait principal, pour en déduire une
action récursoire, ne se rattache-t-il qu'à l'incident ? Ou le
fait avoué reste-t-il pour constant après l'incident cessé ?
Parties ouïes : Attendu que l'aveu fait par le défendeur à la
première audience est positif sur la légitimité de la demande; que dès-lors il n'appartient pas uniquement à l'action en garantie proposée et abandonnée, mais qu'il reste
entier pour l'action subsistante ; attendu que l'aveu pur et
simple fait pleine foi contre celui qui la fait; qu'il ne peut,
d'ailleurs, être révoqué, sinon par une erreur de fait, qui ne
se rencontre pas dans la circonstance (1).

____

(1) Article 1356, code civil.—La simple reconnaissance faite en conciliation, constitue même un aveu judiciaire. Arrêt de la Cour de Turin,
du 6 décembre 1806.

Le tribunal condamne le défendeur à....., etc. Ainsi jugé..., etc.

16.ᵐᵉ **Formule.** *Jugement qui sur une Commission rogatoire reçoit le Serment déféré à une Partie.*

Entre P..., etc. Et L..., etc. — Par citation de..., huissier, du..., enregistrée le..., P... a fait citer L... devant le tribunal pour assister à son serment sur... (*exprimer le fait de l'affirmation*); lequel serment lui a été déféré par jugement rendu le... (enregistré le..), par le tribunal civil d'arrondissement de..., contre ledit L... (*ou par jugement du Juge de paix de..., en date du..., etc.*); par lequel jugement, commission a été délivrée au Juge de paix de ce tribunal, à l'effet de recevoir le serment déféré; duquel jugement P. a présenté expédition en forme, et a requis qu'il plût au tribunal de recevoir son serment sur le fait dont il est question.

L... a comparu, et a dit que... (*sa réponse*). Vu le jugement ci-devant daté, et acceptant la commission rogatoire qu'il contient, sans s'arrêter ni avoir égard à l'opposition de L. (*s'il y en a*), le Juge de paix a fait jurer par serment, la main levée, audit P., que... (*répéter le fait du serment*), de quoi il lui a donné acte aux fins de droit. Ainsi fait et prononcé..., etc.

Si la Personne appelée pour voir juger, ne s'oppose pas à l'affirmation, on fait cette Variation :

Le Juge de paix, du consentement de..., a reçu de..., le serment qu'il a présentement fait, la main levée, que..., etc.

Et, si Celui qui doit voir prêter le Serment ne comparaît pas, on Varie de cette manière :

Vu le jugement ci-devant daté, et acceptant la commission rogatoire qu'il contient, le Juge de paix, attendu que L. n'a comparu ni en personne, ni par fondé de pouvoir, a donné défaut faute de comparoir contre lui, et, pour le profit, a reçu de P. le serment qu'il a présentement fait, la main levée, que... etc.

17

17.me Formule. *La Représentation d'un Livre journal, rejetée entre des Parties non-commerçantes, malgré le Serment offert sur la sincérité du Livre.*

Entre..., etc. Et..., etc. Le demandeur a conclu à ce que... Expliquant sa demande, il a dit que les causes en sont justifiées par son registre journal, qu'il offre de représenter et dont il offre aussi d'affirmer la sincérité. — A quoi il a été répondu par le défendeur, que le demandeur ne peut se créer un titre à lui-même, ce qu'il ferait si son registre était suffisant pour faire admettre sa demande; qu'au surplus il a payé la somme demandée et qu'il offre de l'affirmer, en cas de besoin. Sur quoi il est à décider : dans le fait... ? Dans le droit : la représentation du registre du demandeur doit-elle être ordonnée? Ce journal peut-il faire foi entre les parties? Parties ouïes : Attendu que les registres privés ne font foi et n'obligent qu'entre commerçans, et pour des faits de commerce, dont il n'est pas question en la cause (1); attendu que les livres d'individus non marchands ne font foi que contre ceux qui les écrivent au profit des tiers (2); attendu que le demandeur ne justifie ni n'offre de justifier sa demande autrement que par son livre journal, Le tribunal déboute..., etc.

18.me Formule. *Jugement qui déclare nulle une Citation donnée à un Jour qui était expiré.*

Entre..., etc. Et..., etc. Par citation du..., le demandeur a conclu à ce que... etc. Le défendeur a dit que la citation du demandeur est nulle, attendu qu'elle contient ajournement à comparaître le sept de ce mois, tandis qu'elle est datée du quatorze et qu'elle a été faite ce dernier jour; qu'ainsi elle ne remplit pas le vœu de la loi, qui ordonne que les citations contiendront le jour et l'heure de la comparution devant le Juge ou le tribunal saisi de la cause; qu'elle contient au contraire l'indication d'un jour qui

____

(1) Article 12 du code de commerce. Les livres de commerce régulièrement tenus, peuvent être admis par le Juge, pour faire preuve entre commerçans et pour faits de commerce.

(2) Article 1331, code civil; Arrêt de la Cour de cassation du 2 mai 1810, qui refuse le serment supplétoire, offert sur la sincérité d'un livre journal.

n'existait plus, et que c'est alors comme si elle n'en indiquait aucun ; partant il a conclu à la nullité de la citation. — A quoi le demandeur a répondu que le vice imputé à sa citation n'est qu'une simple omission de la part de l'huissier, qui n'a pas écrit le mot *dix* avec le mot *sept ;* ce qui fait qu'au lieu d'indiquer l'audience de ce jour, *dix-sept,* la citation paraît indiquer le *sept* de ce mois, jour qui n'existait plus, mais que le défendeur a si bien reconnu qu'il était assigné pour cette audience, qu'il y comparaît, ce qui remplit le vœu de la loi. Par ces motifs, il a persisté dans sa demande. Sur quoi il s'agit de décider si une citation donnée à un jour expiré avant sa date est nulle par cela seul ? si la comparution sur une telle citation au jour qui devrait être fixé peut couvrir la nullité si elle existe ? Parties ouïes : Attendu que toute citation doit contenir, à peine de nullité, les jour et heure de la comparution devant le Juge (1) ; attendu que la citation du demandeur n'indique, pour la comparution, qu'un jour qui n'existait plus ; que c'est alors comme si elle n'en indiquait pas ; attendu que le but de la loi n'est point rempli par la comparution du défendeur, laquelle ne peut être assimilée à une exception ou fin de non-recevoir, qui couvrirait naturellement une nullité, parce que, dans l'état actuel, on ne pourrait décider au fond, sans faire produire un effet légal à un acte nul (2), Le tribunal déclare nulle la citation donnée à la requête du demandeur, le..., et le condamne aux dépens ; sauf son recours à cet égard, et pour tous dommages-intérêts, s'il y a lieu, contre l'huissier qui a instrumenté. Ainsi jugé..., etc.

19.me Formule *qui défère le Serment décisoire au Demandeur, lequel réunit une Semi-preuve en sa faveur.*

Entre..., etc. Et..., etc. Le demandeur a conclu à ce

---

(1) Article premier du code de procédure, imité de la loi d'octobre 1790 ; article 61 du même code, qui prononce la peine de nullité, ainsi que le faisait l'ordonnance de 1667, articles 1.er, 2, 5 et 16 du titre 7. Ces articles avaient été puisés dans les anciennes ordonnances de Blois, et de François 1.er

(2) *Quod nullum est, nullum producit effectum,* règle consacrée par la jurisprudence nouvelle.

que..., etc. Expliquant sa demande, le demandeur a dit
que... (*ses moyens*). A quoi le défendeur a répondu qu'il
ne doit pas la somme demandée, parce qu'il l'a payée. Par
le demandeur a été répliqué que sa réclamation est légitime,
parce qu'il a fait et fourni les objets dont le salaire est demandé au défendeur, lequel le reconnaît par sa lettre du...
portant invitation au demandeur de lui fournir promptement le mémoire de ses ouvrages, afin de régler avec lui;
qu'il lui a en conséquence fourni ce mémoire, le..., sans
qu'il ait jugé à propos de le payer depuis. Ces deux pièces
timbrées et enregistrées le..., ont été représentées par le demandeur. Et par le défendeur a été répliqué que sa lettre
ne prouve rien, parce que l'on peut avoir un compte à régler
avec quelqu'un sans être son débiteur, et que c'est ainsi
qu'il en est arrivé, envers le demandeur, qui a été payé.
Sur quoi il est à décider, si les ouvrages et fournitures contenu au mémoire sont dus? si les pièces représentées forment une semi-preuve, et s'il y a lieu de déférer le serment
décisoire? — Attendu que la lettre écrite par le défendeur,
demande un mémoire d'ouvrages et fournitures reconnus;
attendu qu'une telle demande reconnaît l'existence d'une
dette quelconque; attendu que le défendeur ne s'est pas prétendu créancier du demandeur, ce qui ne permet pas de
croire à la compensation expliquée par le défendeur, ainsi
qu'à son prétendu paiement;

Attendu qu'il résulte des pièces exhibées, une semi-preuve
en faveur du demandeur, auquel alors il y a lieu de déférer
le serment décisoire (1), Le tribunal, jugeant en première
instance (*ou en dernier ressort*), condamne le défendeur... etc., en outre aux intérêts et aux dépens.... etc., en
affirmant toutefois par le demandeur que la somme adjugée lui est légitimement due; donne acte au demandeur
de ce qu'il a fait à l'instant ladite affirmation; ordonne l'exécution provisoire du présent jugement, nonobstant appel
et opposition, suivant l'article 17 du code de procédure. (*S'il
est en première instance, mais non s'il est en dernier
ressort*). Ainsi jugé... etc.

____

(1) Article 1367 du code civil.

20.me FORMULE. *Jugement qui annulle un Billet non motivé et sans cause.*

Entre..., etc. Et..., etc. Le demandeur a conclu au paiement de la somme de 100 francs, que lui doit le défendeur pour le montant de son billet en date du..., enregistré le..., payable le.... dernier; il a en outre conclu aux intérêts et aux dépens. — Le défendeur a dit que le billet dont on excipe, est absolument nul, puisqu'il est fait sans cause et sans motif; qu'il ne pouvait même être fait autrement, parce qu'il ne lui en a jamais été fourni aucune valeur; que c'est dans un moment d'ivresse qu'il a souscrit ce billet, sans avoir aucuns motifs de le donner, et qu'il n'y a pas de délicatesse de vouloir en profiter.

A quoi il a été répondu par le demandeur, que la valeur de ce billet a été véritablement fournie, puisqu'elle représente une juste indemnité, due par le défendeur pour des violences et des dégâts auxquels il s'est livré envers lui, à l'époque de son billet; qu'il l'offrit lui-même spontanément pour arrêter des poursuites criminelles qu'on aurait pu diriger contre lui. Au surplus, le demandeur a dénié que le billet ait été consenti dans un état d'ivresse par le défendeur; partant il a persisté en sa demande. Et par le défendeur a été répliqué que les violences qu'on lui impute sont souverainement fausses; que c'est au demandeur à les prouver, s'il veut en obtenir une indemnité, et qu'il persiste à soutenir que son billet ne peut avoir aucun effet, comme étant fait sans cause.

Sur quoi il s'agit de décider, si le billet dont est cas, est sans cause énoncée ou justifiée, et s'il peut avoir son effet? Parties ouïes : Attendu qu'il est constant que ce billet n'énonce aucune cause ni valeur reçue; attendu que la loi déclare que l'obligation sans cause, ou sur fausse cause, ou sur une cause illicite, ne peut avoir aucun effet (1); attendu qu'il ne suffit pas de soutenir que la cause ou la valeur de ce billet a été fournie, ou due pour indemnité, mais qu'il fau-

---

(1) Dispositions textuelles de l'article 1131 du code civil ; Arrêt de la Cour de Paris, du 9 juin 1812, qui décide que la cause fausse rend l'acte sans effet, et qu'il ne peut même être ratifié.

drait encore en faire la preuve, ce qui n'est pas même offert,
Le tribunal, sans avoir égard au billet dont il s'agit, déclare
la demande non-recevable, etc.

21.me FORMULE. *Un Légataire universel qui abdique son
Legs après en avoir joui, peut-il être relevé de son Acceptation? et en quel cas?*

Entre..., etc. Et..., etc. Le demandeur a conclu à ce
que..., etc. Le défendeur a répondu que...; et par le demandeur a été répliqué que.... Sur quoi il est à décider:
dans le fait...? dans le droit...? Parties ouïes: Attendu que
tout légataire universel d'un donataire décédé sans ascendans, ni descendans, est saisi de plein droit de l'effet de son
legs (1); attendu que le défendeur a accepté cette qualité, en
jouissant du mobilier qui compose tout le legs, et en occu-
pant les appartemens du décédé depuis six mois; attendu
que, d'après cela, le défendeur est héritier pur et simple du
légataire, et qu'un tel héritier, majeur, ne peut être relevé
de l'acceptation de sa qualité, sauf le cas du dol, qui ne se
rencontre pas ici (2); attendu enfin qu'il s'agit, dans l'espèce,
d'une demande au-dessous de 100 francs, et d'un legs, d'une
succession qui ne consiste qu'en meubles, ce qui rend les
actions qui peuvent s'ensuivre purement mobilières, et partant de la compétence du Juge de paix, Le tribunal condamne le défendeur, en sa qualité de légataire, à payer.. etc.

On voit que dans la Formule qui vient de finir, je n'ai donné
que les motifs et le dispositif du jugement, afin d'éviter des lon-
gueurs inutiles, la décision du point de droit étant suffisante.
Cependant, ceux qui pourraient se trouver dans le cas d'appliquer
cette formule, ainsi que celles que je donnerai dans la suite, doivent bien faire attention que les espèces soient parfaitement les
mêmes que celles que j'établis; autrement les circonstances, en
changeant la question, pourraient amener une décision fausse ou
erronnée.

____

(1) Article 1006 du code civl. Cependant le légataire doit notifier
son titre à l'héritier collatéral, lequel autrement exerce ses droits présomptifs. (Arrêt du 7 mai 1806, Cour d'Amiens.)
(2) Article 783, code civil.

22.me Formule. *Incompétence rejetée sur l'Indemnité réclamée pour Non-jouissance, quoique le Fond du droit soit contesté.*

Entre..., etc. Et..., etc. Le demandeur a conclu à ce que...; à quoi le défendeur a répondu que...; et par le demandeur a été répliqué... Question de fait..., question de droit... Parties ouïes : Attendu que les Juges de paix sont compétens pour connaître, à quelque somme ou valeur que la chose puisse s'élever, des actions pour indemnités prétendues par les fermiers ou locataires pour non-jouissance, lorsque le droit de l'indemnité n'est pas contesté (1); attendu que le droit est reconnu le cas de non-jouissance arrivant, par l'acte sous seing privé passé entre les parties le..., enregistré le...; attendu que ce même droit est encore reconnu par une estimation faite en présence du défendeur, par des experts, nommés de concert entre lui et le demandeur; attendu que la contestation que le défendeur élève maintenant sur le fond du droit, est visiblement une exception sans fondement, pour amener une incompétence sur une question qui n'en est plus une, et qui est affirmativement résolue, — Le tribunal, sans s'arrêter à l'exception du défendeur, dont il est débouté, le condamne à payer au demandeur la somme de 2000 francs, à laquelle a été estimée l'indemnité pour non-jouissance dont il s'agit... etc.

Nota. Ce Jugement a été confirmé sur l'appel, et l'appelant s'étant pourvu en cassassion, le pourvoi a été rejeté.

23.me Formule. *Les Juges de paix sont compétens pour connaître d'un Remboursement d'Impositions entre Particuliers.*

Entre..... etc. Et..... etc. Le demandeur a conclu..... etc. (*Suivre la Formule* N.° Ier *de cet article, jusqu'aux motifs*); Parties ouïes : Attendu que, si les lois de décembre 1789, article 51, du 13 juin 1790, article 2, du 11 dé-

---

(1) Articles 9 et 10 du titre 3 de la loi du 24 août 1790; Arrêt du 10 janvier 1808, décidant que la disposition s'applique au litige sur le fond du droit entre le fermier et le propriétaire, mais non entre l'usufruitier et le nu-propriétaire.

cembre même année, du 15 frimaire an 7 et autres posté-
rieures , ont placé le contentieux des impositions dans la
compétence de l'autorité administrative, il n'en est pas ainsi
d'un simple remboursement d'impositions de particulier à
particulier ; attendu que tous litiges entre particuliers qui
ne présentent que des actions pures personnelles et mobilières , sont exclusivement attribués à la connaissance des
Juges de paix, dans les bornes de leur compétence , ce qui se
rencontre ici, où il s'agit de moins de 100 francs ; attendu
enfin que , lors même que le litige prend sa source dans un
objet qui se règle par l'autorité administrative, cette autorité
est sans pouvoir pour connaître des suites entre propriétaires , ainsi qu'il a été décidé par avis du conseil d'état du
18 juin 1809, approuvé (1) ultérieurement ; Le tribunal,
sans avoir égard à l'exception d'incompétence dudit... , dont
il est débouté, condamne ledit... etc. Ainsi jugé... etc.

24.ᵐᵉ FORMULE. *La Preuve testimoniale est-elle admissible pour prouver un Bail verbal, dont l'Exécution n'est
pas commencée et qui est dénié?*

Entre... etc. Et... etc. Le demandeur a conclu... (*Suivez
la Formule N.° I.ᵉʳ de cet article, jusqu'aux motifs*) : Parties ouïes : — Attendu que le demandeur convient que le
bail verbal dont il excipe , n'a reçu aucun commencement
d'exécution ; attendu que le défendeur nie formellement
l'existence de ce bail ; attendu que, lorsqu'un bail verbal n'a
pas reçu une exécution quelconque, et qu'il est dénié par
l'une des parties , la preuve n'en peut être faite par témoins,
quelque modique qu'en soit le prix, et quoiqu'on allègue
avoir donné des arrhes, et que le serment peut seulement
être déféré à celui qui nie le bail. (*Article 1715 , code
civil*) ;

Attendu que, d'après cela , la preuve testimoniale et sur
l'existence du bail et sur le paiement des arrhes, est absolument inadmissible, — Le tribunal déclare le demandeur non-
recevable en sa demande et le condamne aux dépens, en
affirmant toutefois par le défendeur que le bail verbal dont

---

(1) Cet avis a été donné pour le partage des biens communaux, dont
la subdivision entre particuliers est attribuée aux tribunaux.

il est question , n'a point été conclu, et qu'il n'a point reçu d'arrhes... etc. Ainsi jugé... etc.

25.me Formule *qui déclare nulle une Citation donnée au dernier Domicile de l'Assigné, lorsqu'il en avait un nouveau, inconnu au Poursuivant.*

Entre... etc. Et... etc... (*Suivez la Formule N.° Ier de cet article, jusqu'aux motifs et dispositifs*). Parties ouïes : Attendu qu'il est reconnu que le défendeur avait établi un nouveau domicile à... lors de la citation ; attendu que la citation a été donnée à son domicile précédent à..., ce qui ne remplit pas le vœu de la loi, qui entend évidemment le domicile actuel où l'on a fixé son principal établissement (1) ; attendu que c'est à celui qui traduit un autre en justice à s'assurer du véritable domicile du cité ; qu'ainsi l'ignorance de fait à cet égard n'est pas admissible (2) ; attendu enfin que l'intention de procéder régulièrement, manifestée par le demandeur, n'est pas un motif d'excuse valable (3), Le tribunal déclare nulle la citation donnée à la requête du demandeur, le..., par..., huissier, et condamne le demandeur aux dépens (s'il y en a). Ainsi jugé... etc.

26.me Formule *qui décide que le Porteur d'un Billet conçu en livres tournois, qui l'a reçu en francs, doit une Restitution.*

Entre... etc. Et.. etc. (*Suivez la formule N.° Ier de cet article*). Parties ouïes : Attendu qu'il est reconnu que le billet consenti à..., par le demandeur, a été souscrit en livres tournois, et qu'il a été payé en francs ; attendu que celui qui reçoit, par erreur ou sciemment, ce qui ne lui est pas dû, s'oblige à le restituer à celui de qui il l'a induement reçu, par un quasi-contrat, indépendamment d'une convention (4) ;

---

(1) Article 102 , code civil ; Articles 4 et 68 , code de procédure ; Arrêt de la cour de Paris , du 10 juin 1811.

(2) Lég. 7 , cod. *de incolis et ubi quis domicilium habere videtur.*

(3) Arrêt du 4 septembre 1809 , Cour de Paris.

(4) Articles 1370 et 1376 , code civil ; Arrêt du premier frimaire an 10 , Cour de cassation.

Attendu que rien ne prouve, comme le défendeur l'allègue, que la différence des francs aux livres a été donnée par le demandeur pour un prétendu retard de paiement, qui n'est pas mieux prouvé, et qui est au contraire dénié; attendu que l'allégation du défendeur n'est pas un aveu indivisible, comme il le soutient, mais qu'elle est au contraire une exception à son profit, formant une véritable demande pour retenir, et, comme telle, sujette à une justification avant d'être admise; attendu enfin que cette justification n'existe pas, ni même n'est offerte, Le tribunal condamne le défendeur à rembourser au demandeur... etc.

28.ᵐᵉ FORMULE. *Un Mineur, même non-émancipé, peut-il s'engager valablement pour sa Nourriture et son Entretien?*

Entre... etc. Et... etc. (*Suivez la Formule du* N.° I.ᵉʳ *de cet article jusqu'aux motifs*). Parties ouïes : Attendu qu'il est prouvé par écrit en forme, que le défendeur s'est engagé dans sa minorité avec son père, envers le demandeur, pour sa nourriture et son entretien, pendant trois ans, terme de l'apprentissage établi par ledit...; attendu que le mineur ne peut attaquer les engagemens qu'il a souscrits en minorité, pour cause d'incapacité, que dans les cas prévus par la loi (1) ; Attendu que la loi ne prohibe point l'engagement d'un mineur pour sa nourriture et son entretien, pas même pour son commerce, lorsque le mineur est émancipé et autorisé; attendu au contraire qu'il se forme un quasi-contrat naturel, entre le maître qui fournit les alimens et l'élève qui les reçoit, dont l'effet est de rendre l'élève personnellement responsable de la valeur de sa nourriture et de son entretien; malgré qu'il ait été remis par son père ou sa mère entre les mains du maître (2) ; Attendu qu'en ce cas, l'action du maître n'est pas restreinte aux seuls père ou mère, parce que c'est un premier devoir pour l'élève de payer son instituteur, — Le tribunal condamne... etc. Ainsi jugé... etc.

---

(1) Article 1125, code civil.

(2) Arrêt de la Cour d'Aix, du 11 août 1812, absolument semblable à cette hypothèse. C'est d'ailleurs l'ancienne jurisprudence consacrée.

29.*me* Formule. *Un Don verbal de Bijoux et de Vêtemens, fait sous condition de Mariage, est-il nul lorsque la Condition n'a pas lieu ?*

Entre... etc. Et... etc. (*Suivez les formules précédentes jusqu'à ce qui suit.*) Parties ouïes : Attendu que la fille M. convient d'avoir reçu la bague et les robes dont il s'agit, pendant les préliminaires du mariage projeté entr'elle et le demandeur, et pour le mariage même ; attendu qu'elle déclare n'avoir accepté ces effets qu'avec répugnance, dans la crainte d'être obligée à les rendre si le mariage ne s'accomplissait pas ; Attendu que, d'après cela, il est évident que les dons ou présens ont été faits sous condition de mariage ; Attendu que toute convention conditionnelle est résolutoire quand la condition n'arrive pas ; Attendu d'ailleurs que, dans la circonstance, la condition était potestative, puisqu'il était au pouvoir de la fille M. d'empêcher le mariage, ainsi qu'il est arrivé ; Attendu qu'une telle condition est nulle essentiellement (1), Le tribunal condamne la fille M. à rendre la bague et les robes, etc., si mieux elle n'aime payer la somme de 100 fr., à laquelle le demandeur s'est restreint, etc.

30.*me* Formule *qui punit le Manque de Respect envers un Juge de paix tenant Audience.*

Les insultes ou irrévérences graves envers les Juges de paix ne sont plus réprimées suivant l'article 11 du code de procédure, parce que le code pénal y a dérogé par les articles 222 et 223, lesquels punissent de peines correctionnelles les outrages par paroles ou gestes faits *à tout magistrat* dans l'exercice de ses fonctions : dès-lors ces peines ne peuvent être appliquées par les Juges de paix ; ainsi ils doivent se borner à punir le simple manque de respect par paroles, qui blesseraient l'ordre, la décence et la modération que l'on doit observer devant la justice. On peut à cet égard porter la punition par le même jugement qui statue sur le fond de la cause, dans la discussion de laquelle le manque de respect a été commis. Voici le Modèle :

---

(1) Article 1174, code civil. *Voyez* les articles 1176 à 1179, du même code.

Entre... etc. Et.. etc. Le demandeur a conclu à ce que...
Expliquant sa demande, il a dit que.... A quoi le défendeur
a répondu... (*ses défenses*); mais, en proposant ses défenses, le défendeur a proféré des juremens grossiers, des
paroles ordurières, ou des expressions scandaleuses : il a
dit notamment que... (*énoncez les paroles.*)

Sur quoi, le Juge de paix l'a rappelé au respect dû à
la justice; mais il a continué ses grossièretés et ses indé-
cences pendant le surplus de sa défense. Le demandeur, en
ce qui touche sa demande, a répondu que... Dans cet état,
la cause présente les questions suivantes.. Dans le fait...
Dans le droit : La demande est-elle justifiée et admissible ?
le défendeur a-t-il commis un manque de respect envers la
justice ? y a-t-il lieu de lui infliger une peine ? Parties ouïes :
Attendu que... (*les motifs du fond*), — Le tribunal condamne... etc. , et aux dépens, etc. En ce qui touche l'irrévérence commise par ledit.., Le tribunal le condamne en
10 fr. d'amende envers l'état, en vertu de l'article 10 du
code de procédure. Ce qui sera exécuté par provision, nonobstant appel. Ainsi jugé, etc.

Variation du présent jugement. *Quand l'Affiche en est
ordonnée.*

Vu le procès-verbal dressé par nous, Juge de paix de...,
présentement en cette audience, Contre..., demeurant à...,
par lequel il est constaté que ledit..., pendant ses défenses
dans la cause d'entre lui et... demeurant à... , jugée par
jugement séparé, s'est permis de manquer de respect à la
justice par des juremens grossiers, des paroles scandaleuses
(*ou des gestes menaçans et des injures envers son adversaire*) ;

Attendu que ledit..., a été rappelé au respect dû à la
justice, sans qu'il se soit modéré, et qu'il a au contraire
continué ses irrévérences et ses expressions scandaleuses;
Attendu que, par cette récidive, il a encouru les peines
prononcées par l'article 10 du code de procédure, nous,
Juge de paix, condamnons ledit..., en une amende de
10 fr. envers l'état, et ordonnons que le présent sera im-
primé et affiché dans toutes les communes du canton : Ce

qui sera exécuté par provision, nonobstant appel. Ainsi jugé, etc.

Le Procès-verbal dont je parle dans cette variation, se fait sur le modéle que je donne à l'article POLICE JUDICIAIRE, pour une irrévérence grave ou outrage envers le Juge de paix, pendant la tenue de son audience. *Voyez ce Modèle*, et mon Recueil général de Jurisprudence des Justices de paix, tome premier, pages 49 et 5o.

L.

LEVÉE DE CADAVRE. *Voyez* POLICE JUDICIAIRE, N.° 13.

LEVEE DE SCELLÉS. Ceux qui ont droit de requérir l'apposition des scellés, peuvent en demander la levée, excepté les serviteurs et domestiques (*Article* 93o, *code de procédure*). Il y a plusieurs manières de lever des scellés, nous allons les parcourir successivement par des Formules applicables à toutes les hypothéses et aux divers incidens dont elles sont susceptibles. — *Voy.* pour la législation et les principes sur ce point, le Recueil général de la Jurisprudence des Justices de paix, tome 2, page 28 jusqu'à 38.

Ier MODÈLE. *Levée de Scellés pure et simple, sans Inventaire entre Héritiers majeurs et présens* (1).

Aujourd'hui..., mars 1822,.... heures du...., devant nous, Juge de paix de..., assisté de notre greffier, sont comparus en notre prétoire... (*les prénoms, noms, qualités et demeures de tous les héritiers*), lesquels nous ont dit qu'ils sont héritiers de J., décédé à...., le...., savoir : *un tel*, pour un quart, comme... (*exprimer la qualité*); un tel, pour un autre quart, en qualité de..., etc.; que, voulant accepter cette succession purement et simplement, sans inventaire, ils requièrent qu'il nous plaise ordonner la reconnaissance et levée des scellés par nous apposés le..., pour cause d'absence de l'un d'eux, et d'y procéder de suite sans description ; faisant élection de domicile à..., et ont signé (*ou déclaré ne le savoir*).

---

(1) Article 94o, code de procédure civile. *Cessante causâ cessat effectus.*

Vu la réquisition ci-dessus : Attendu que la cause des scellés est cessée et qu'il n'y a point d'opposans à leur levée; attendu que les requérans sont tels qu'ils se qualifient, étant connus de nous, (*ou*) suivant qu'il appert par.... (*exprimer ici les pièces justificatives de leurs qualités*), Nous ordonnons que les scellés par nous apposés le... dernier, sur les meubles et effets de la succession de..., seront tout présentement reconnus et levés purement et simplement, sans description ni inventaire, en présence des seuls requérans et du gardien. A cet effet, nous nous sommes transportés au domicile dudit feu...., situé à..., où étant entrés avec les parties requérantes, dans un salon ayant vue sur..., s'est présenté..., demeurant à..., gardien desdits scellés, auquel nous avons fait part du sujet de notre transport, et qui nous a répondu qu'il est prêt de représenter toutes choses confiées à sa garde. Alors nous avons procédé comme il suit : Premièrement, avons reconnus sain et entier le scellé apposé sur...; après quoi, nous l'avons rompu, et la clef du meuble a été remise par le greffier aux héritiers présens. Nous avons fait ensuite le récolement des effets qui sont en évidence dans ledit salon, et ils se sont trouvés les mêmes que lors des scellés.... (*parcourir ensuite toutes les autres pièces de la maison, et observer les mêmes formes, etc.*). Attendu que notre opération est terminée, nous avons déclaré que ledit.., gardien, est valablement déchargé de sa garde, les héritiers requérans s'étant mis de suite en possession du mobilier; et qu'est déchargé pareillement notre greffier de la garde des clefs.

Fait et clos le présent procès-verbal sur l'heure de...; et ont, les parties, signé après lecture, (*ou déclaré qu'elles ne le savent*).

On demande si les scellés doivent se lever purement et simplement, lors que dans la succession il ne se trouve qu'un héritier mineur émancipé, qui, assisté de son curateur, requiert une telle levée? je réponds négativement; parce que, si le mineur émancipé à l'administration de ses biens, meubles et immeubles; s'il peut disposer de ses effets mobiliers, il ne peut dans aucun cas accepter une succession que sous bénéfice d'inventaire (*Article 776 du code civil, deuxième paragraphe*). Or, sans l'inventaire, une telle acceptation est impossible.

2.ᵐᵉ Modèle. *Autre Levée de Scellés à charge d'Inventaire, sans Incident, sur la Réquisition d'un Tuteur* (1).

Aujourd'hui... etc. Est comparu... etc. (*Etablir les noms, qualités et demeure du tuteur*); lequel a dit que, par procès-verbal fait devant nous le..., enregistré le..., il a été nommé tuteur de....., fils mineur de..... et de....., décédés; qu'avant sa nomination, nous avons apposé le scellé sur les meubles et effets de la succession du père (*ou de la mère*) de son pupille, aussitôt après son décès; que maintenant il requiert la levée de ces scellés, afin qu'il puisse faire faire inventaire du mobilier; déclarant que, pour y procéder, il nomme Mᵉ..., notaire à..., et Mᵉ..., commissaire priseur à... (*ou s'il y a lieu N..., demeurant à... expert aux fins d'estimer les choses inventoriées*). Au surplus le requérant a fait élection de domicile à..., et a signé... (*Signature*).

Est aussi comparu N..., subrogé tuteur du mineur...., demeurant à..., lequel a dit qu'il consent d'assister aux opérations requises par le tuteur, sous toutes réserves de droit, et qu'il approuve les nominations de notaire et de commissaire priseur (*ou d'expert*) faites par le tuteur. Et a signé...

Vu les réquisition, consentement et nomination ci-dessus, nous, Juge de paix, attendu qu'il n'y a pas d'opposition à la levée de nos scellés, et que le tuteur a droit de la requérir, ordonnons qu'il sera tout présentement procédé à la reconnaissance et levée des scellés apposés le.., sur le mobilier de la succession de..., à la charge qu'inventaire en sera fait en même temps par les notaire et expert (*ou commissaire-priseur*) ci-dessus nommés.

Nous nous sommes transportés dans la maison ci-devant occupée par le décédé, en laquelle sont nos scellés, située à... Et étant entrés avec les parties requérantes, dans un salon ayant vue sur..., s'est présenté P..., gardien desdits

---

(1) Article 931 du code de procédure; article 451, code civil. Dans les dix jours de sa nomination, le tuteur requerra la levée des scellés, s'ils ont été apposés, et fera procéder à l'inventaire, etc.

scellés, auquel nous avons fait part du sujet de notre transport, et qui a répondu être prêt de représenter les choses confiées à sa garde. — S'est aussi présenté ledit N..., demeurant à..., lequel a déclaré accepter la mission d'expert qui lui est confiée par le subrogé tuteur, et nous a offert de faire le serment prescrit en pareil cas (1), et a signé (*ou déclaré qu'il ne le sait*).

Nous avons pris et reçu dudit N..., le serment qu'il a fait, la main levée, d'estimer en son ame et conscience les effets qui seront inventoriés.

Cela fait, nous avons procédé ainsi qu'il suit, en présence des tuteur et subrogé tuteur des mineurs..., et en présence de Mᵉ.., notaire nommé par les parties. Premièrement, nous avons reconnu sain et entier, et ensuite rompu le scellé apposé sur... (*désigner le meuble*) ; la clef d'icelui ayant été remise par le greffier, et le meuble ouvert, il a été fait inventaire de ce qui s'y est trouvé par ledit Mᵉ..., notaire, sous la prisée de l'expert (*ou du commissaire-priseur*).

Nous avons ensuite fait la vérification des effets en évidence dans ledit salon, lesquels se sont trouvés en même quantité et qualité que lors des scellés. (*On parcourt successivement toutes les pièces de la maison, on y lève les scellés, et on vérifie les meubles en évidence comme dessus.*)

(*Si l'opération dure plus d'une vacation simple, ou d'une double vacation, on dit*) : Attendu qu'il est... heures du..., nous avons renvoyé la continuation du présent acte au... de ce mois..., heures du..., pour lesquels jour et heure les parties et le gardien ont promis de comparaître, et ont signé (*ou déclaré ne le savoir*).

***

(1) Articles 453, 935 et 936, code de procédure. Quand on procède d'après l'article 453, l'expert est nommé par acte particulier. *Voyez-en* la formule à Experts.

On observe qu'il ne peut être nommé d'experts que dans les lieux où les commissaires-priseurs n'exercent pas exclusivement, alors on supprime dans cette formule tout ce qui a rapport à l'expert ; d'ailleurs ce n'est que dans le cas des articles 935 et 936, que l'expert ou le commissaire priseur sont nommés par le procès-verbal de levée de scellés.

*(Si la vacation est close avant que le contenu d'un
meuble qui était scellé, soit inventorié en entier, on varie
ainsi la clôture)* :

Attendu qu'il est... heures du... , et que l'opération n'est
pas terminée, ni l'inventaire de ce qui est contenu dans tel
meuble parachevé, nous l'avons fait fermer à clef, qui a été
remise au greffier, et, sur la porte dudit meuble, nous avons
réapposé le scellé. Pour le surplus, nous avons renvoyé la
continuation du présent, etc... *(Le reste comme ci-dessus.)*

Nota. Cette Réapposition a lieu dans la même forme, quand il se
trouve dans un meuble qui était scellé, des papiers, dont l'examen
est renvoyé à la fin de l'inventaire. ,

(Suit la Continuation au jour du renvoi.)

Et advenant ledit jour... 1822,... heures du..., nous,
Juge de paix, en vertu de notre ordonnance de renvoi ci-
dessus et des autres parts, à la requête dudit..., au nom
qu'il agit, nous sommes transportés dans le domicile
dudit feu S..., situé à..., comme dit est, où étant entrés en
présence des parties, de l'expert ou du commissaire-priseur
ou du gardien, nous avons procédé de la manière suivante :

*(On procède comme ci-devant dans toutes les pièces de
la maison dont le contenu est inventorié, et on termine
ainsi)* :

Et n'y ayant plus de meubles à inventorier, nous sommes
retournés dans... où le scellé est réapposé sur... *(tel meuble*), contenant des papiers ; nous avons reconnu et levé
ledit scellé en présence des parties. Alors, les papiers ont été
extraits dudit meuble ; ils ont ensuite été examinés, et inventaire a été fait de ceux qui en ont été jugés susceptibles
depuis le n.° I.er jusqu'au n.° 15 ; ce qui a terminé notre opération. En conséquence, nous disons que N..., gardien des
scellés, est valablement déchargé de sa garde, et notre greffier de celle des clefs. Fait et clos, le présent procès-verbal
sur l'heure de.... Et ont les parties signé, après lecture *(ou
déclaré qu'elles ne le savent.*)

Nota. On se sert de cette Formule lorsque c'est un Epoux survivant qui requiert la levée des scellés, et fait faire l'inventaire.

On s'en sert encore, quand le décédé n'a laissé ni enfans, ni petits-enfans, ni ascendans, mais seulement des héritiers collatéraux, qui assistent à l'inventaire provoqué par la veuve ou le veuf.

3.me FORMULE. *Levée de Scellés avec tous les Incidens qui peuvent arriver dans une telle Opération, sur la Poursuite d'un Exécuteur testamentaire.*

Aujourd'hui... etc. A comparu dans notre prétoire L... etc. ; lequel a dit que, par testament notarié (*ou olographe*) du..., reçu par.., enregistré le,.. le feu sieur L..., demeurant à..., où il est décédé, le..., l'a établi son exécuteur testamentaire, pour faire accomplir ses dernières volontés ; qu'à cet effet, il a requis l'apposition des scellés sur le mobilier de la succession dudit feu..., laquelle est dévolue à des collatéraux uniquement, dont plusieurs sont absens et d'autres mineurs ; qu'il y a lieu maintenant de faire lever ces scellés ; et qu'à cet effet, il nous adresse la réquisition prescrite par la loi (1) ; Déclarant que, pour procéder à l'inventaire qui suivra ladite levée de scellés, il nomme M^e., notaire à..., et N..., commissaire-priseur à... (*Ou à défaut de commissaire priseur, on dit*): Qu'il nomme L., demeurant à..., pour expert, aux fins d'estimer le mobilier qui sera inventorié, lequel il nous présente pour accepter sa nomination. Enfin le comparant, pour satisfaire à la loi, a fait élection de domicile à.. ; Et a signé (*ou déclaré qu'il ne le sait*).

Vu la réquisition ci-dessus, ensemble l'expédition du testament ci-devant daté ; Attendu que le requérant a droit et qualité de requérir la levée des scellés et l'inventaire dont il s'agit, nous ordonnons que, le... de ce mois,.. heures du..., lesdits scellés seront reconnus et levés, à charge d'inventaire qui sera fait par les notaire et commissaire-priseur (*ou expert*) ci-dessus nommés, en présence du conjoint survivant dudit feu..., de ses héritiers présomptifs, de ses créanciers op-

____

(1) Code de procédure, article 95, premier, deuxième et troisième paragraphes.

posans et de ses légataires à titre universel, s'il y en a. Avons donné acte au comparant de la nomination de L............ pour expert aux fins ci-dessus ; et ledit L............ étant présent, et déclarant accepter sa commission, nous lui avons fait jurer par serment, la main levée, d'estimer en son ame et conscience, à juste valeur, les effets qui seront inventoriés.

Donné au prétoire à..., le... 1822.

Cette Ordonnance se notifie aux personnes intéressées qui y sont dénommées ou qualifiées, par une sommation dont le Modèle sera donné après la présente formule.

Au jour indiqué pour la levée du scellé, le Procès-verbal se continue ainsi au pied de l'ordonnance :

Advenant ce jour... juin 1822..., heures du..., nous, Juge de paix de..., assisté de notre greffier, en exécution de notre ordonnance ci-dessus, et à la requête de... (*prénoms, nom et demeure de l'exécuteur testamentaire*), au nom qu'il agit, nous sommes transportés à........, dans la maison de feu..., où étant entrés dans un salon ayant vue sur..., s'est présenté ledit..... (*l'exécuteur testamentaire*), lequel, en persistant dans sa précédente réquisition, nous a dit : Que, pour se conformer à notre ordonnance ci-dessus, il a, par exploit de....., huissier, du....., enregistré le....., fait faire sommation au conjoint survivant de..., au légataire universel, ou à titre universel, aux créanciers opposans et aux héritiers présomptifs paternels et maternels dudit feu..., d'assister, ces jour, lieu et heure, si bon leur semble, à la levée des scellés, et à l'inventaire dont il s'agit ; en conséquence, il a requis la comparution des personnes dénommées dans ladite sommation, sinon qu'il soit procédé et passé outre aux opérations ordonnées, tant en leur absence que présence ; et a signé (*ou déclaré ne le savoir*).

S'est aussi présenté... (*le gardien des scellés*), lequel a offert de faire la représentation des choses confiées à sa garde ; et a signé (*ou déclaré ne le savoir*).

Sont encore comparus... (*les héritiers paternels*) lesquels ont dit : Qu'ils consentent à la levée de nos scellés et à l'inventaire qui doit suivre ; mais qu'ils s'opposent à ce que l'inventaire soit fait par les notaire et commissaire-priseur

(*ou expert*) nommés par l'exécuteur testamentaire ; requérant que cette opération soit faite au contraire par..., qu'ils
nomment à cet effet ; déclarant qu'ils n'entendent prendre
qualité, quant à présent, dans la succession dudit feu.....,
se réservant de le faire dans le temps de la loi ; et ont signé
(*ou déclaré ne le savoir*).

Sont de même comparus... (*les héritiers maternels*);
lesquels ont dit : Que... (*comme ci-devant pour les héritiers paternels, mais, s'ils approuvaient les notaire et
expert, nommés par l'exécuteur testamentaire, on ajouterait à leur dire*); déclarant, au surplus, qu'ils approuvent
les nominations faites par l'exécuteur testamentaire des
officiers qui doivent procéder à l'inventaire, et ont signé, etc.
— Sont pareillement comparus S... et C..., demeurans à...,
légataires à titre universel, etc., lesquels ont dit... (*leur dire
et consentement*), etc., etc.

Sont encore comparus 1.° N..., demeurant à..., 2.° L...,
demeurant à..., 3.° et H..., demeurant à..., tous créanciers
opposans à la levée des scellés dont il s'agit, assistés de M°...,
leur avoué, lesquels ont dit : Qu'ils n'empêchent ladite levée
de scellés, ainsi que l'inventaire qui doit s'ensuivre et qu'ils
offrent d'y assister, sous toutes réserves de droit, et sauf à
eux à faire dans le cours des opérations tels dires et réquisitions qu'il appartiendra, et ont signé etc. — Sont également
comparus P..., demeurant à..., et J....., demeurant à.....,
assistés de M°........., leur avoué, l'un et l'autre, créanciers
opposans dudit feu.., lesquels ont dit... (*comme ci-dessus
pour les autres opposans*).

Est enfin comparu..., (*le conjoint survivant du décédé*),
lequel a dit que... (*exprimer s'il consent à l'inventaire,
et à la levée des scellés; s'il approuve ou conteste les
nominations d'officiers, faites par l'exécuteur testamentaire; s'il prend qualité, ou s'il réserve de le faire, ou
enfin s'il veut renoncer à la communauté pour s'en tenir
à ses droits...*) et a signé, etc.

Nous, Juge de paix, donnons acte aux parties comparantes
de leurs comparutions, consentemens et oppositions. (*s'il y
a des parties qui ne comparaissent pas, on dit*) : Et, après
avoir attendu plus d'une heure au delà de celle fixée, sans

que R..., ait comparu, nous avons contre lui donné défaut,
et, pour le profit, ordonné ce qui suit : Vu les articles 932
et 935 du code de procédure civile (1) ; attendu que la
première vacation est écoulée, nous disons que tous les opposans seront représentés pendant la suite de notre opération
par M*...., avoué le plus ancien comparant. (*S'il n'y a
pas d'avoué, assistant les opposans, on dirait*) : Et attendu que la première vacation est écoulée, nous ordonnons que les opposans conviendront présentement d'un
mandataire unique pour les représenter tous dans les vaca-
tions subséquentes ; ce qu'ayant fait, ils ont nommé pour
leur mandataire ledit..., l'un d'eux, qui a accepté.

. (Si les Opposans ne s'accordent pas sur ce choix, on varie
ainsi) :

Et attendu que les opposans n'ont pu s'accorder sur la
nomination d'un mandataire unique, nous avons nommé
d'office, pour les représenter dans la suite de notre opération, N.., demeurant à..., lequel a accepté ;

Et, pour statuer sur l'incident relatif à la nomination des
notaire et commissaire priseur (*ou expert*), nous disons
qu'il en sera référé à M. le Président du tribunal de..., le...
de ce mois,... heures du..., en son hôtel, (*ou au palais de
justice*) : enjoignons aux parties d'y comparaître sous les
peines de droit. Fait et clos le présent, les jour, mois et an
que dessus, sur les... heures du..., et ont, tous les comparans, signé (*ou déclaré ne le savoir, ou excepté quelques
uns d'eux, etc.*).

Au jour indiqué pour le référé, le Juge de paix fait son rapport
de l'incident au président, qui entend les parties présentes, ou
donne défaut contre les non-comparans, et vide le référé par une
ordonnance, qui est inscrite sur le procès-verbal du Juge de paix.
Au pied de cette ordonnance, le Juge de paix en rend une autre en
ces termes :

---

(1) Le premier article règle le mode de représentation des opposans ;
le second statue que, lorsque le conjoint survivant, les héritiers et
l'exécuteur testamentaire, ne s'accordent pas sur le choix des notaire,
commissaire-priseur ou experts, ils sont nommés d'office par le président
du tribunal de première instance.

En exécution de l'ordonnance ci-dessus, nous, Juge de paix, disons qu'il sera procédé, le.... de ce mois....... heures du..., à la continuation de la levée des scellés dont il s'agit et à l'inventaire qui sera fait par les officiers ci-dessus nommés d'office. Ordonnons aux parties de comparaître lesdits jour et heure dans le lieu où sont les scellés, sinon il sera passé outre, tant en absence que présence des intéressés. Donné et prononcé auxdites parties, le..., (1).

La Levée des Scellés se continue ainsi :

Et advenant ce..., 1822..., heures du.., nous, Juge de paix de..., assisté de notre greffier, nous sommes transportés à........., pour procéder à la continuation de la levée des scellés par nous ci-devant ordonnée et préparée. Etant entrés dans..., (*telle chambre*), se sont successivement présentés, le sieur.., exécuteur testamentaire, M..., conjoint survivant du décédé, N... et P..., légataires à titre universel; V. et X........, héritiers présomptifs paternels et maternels, et C..., mandataire (*ou avoué*), représentant tous les créanciers opposans, lesquels, sous la réserve de leurs droits respectifs les uns contre les autres, ont dit qu'ils sont prêts d'assister à la continuation de notre opération, sans entendre rien approuver de préjudiciable à leurs intérêts, et sans prendre qualité de la part des héritiers ou du conjoint. Ce qu'ils ont signé.

En conséquence de ce consentement, nous, Juge de paix, en présence de toutes les parties (2), des notaire et commissaire-priseur nommés d'office (3), et du gardien, avons procédé de la manière suivante : Premièrement, nous avons

---

(1) S'il y avait des parties défaillantes au référé, ou si le Juge de paix omettait de rendre son ordonnance indicative des jour et heure de la continuation, il faudrait faire, à la requête du poursuivant, une sommation aux défaillans dans le premier cas ; et, dans le second, à toutes parties, pour indiquer la continuation, surtout aux opposans.

(2) S'il y a des défaillans, on donne défaut contr'eux de la même manière qu'il est établi ci devant.

(3) Si au lieu d'un commissaire-priseur, c'est un expert qui est nommé d'office, il faut établir sa comparution personnelle et lui faire prêter serment, ainsi que je l'ai établi dans cette formule, par l'ordonnance qui prescrit la levée du scellé.

fait le recollement des meubles qui sont en évidence
dans ladite chambre, lesquels se sont trouvés en même qualité et quantité que lors des scellés. Ces meubles ont été
inventoriés par les notaire et commissaire-priseur *ou* expert.

Nous avons ensuite reconnu sain et entier le scellé par
nous apposé sur..., (*désigner le meuble*). Ayant rompu le
scellé, le meuble a été ouvert, après la remise de la clef par le
greffier, et alors il a été fait inventaire du contenu dans
ledit meuble. — Etant entrés dans une autre chambre (*la
désigner et faire même recollement ou vérification et levée
des scellés que ci-dessus*) — Attendu qu'il est... heures
du..., et que la vacation (*ou double vacation*), est accom-
plie, nous avons renvoyé... etc. (*Suivre pour le surplus la
deuxième formule portant levée des scellés sans incident.*
(*Signature.*)

Et ledit jour... 1822, heures du..., nous, Juge de paix
de.., etc., nous sommes transportés, etc. (*comme ci-devant*),
avons procédé, en présence de toutes les parties, de la manière
suivante : Nous avons premièrement reconnu sain et entier ,
et ensuite levé le scellé apposé sur........ (*tel meuble*),
dans la chambre où nous sommes, et ci-dessus désignée ; le
meuble ouvert , il a été fait inventaire par lesdits notaire et
commissaire-priseur *ou* experts, des effets y contenus. Comme
il s'y est trouvé des papiers dont l'examen a été renvoyé à la
fin de l'inventaire, nous avons fait fermer ledit meuble, et
sur icelui avons réapposé le scellé, la clef remise au greffier.
—En cet endroit de notre procès-verbal, s'est présenté N...,
demeurant à........ , lequel a dit qu'il avait prêté, déposé ou
confié au feu sieur..... (*exprimer les effets*), desquels il
demande que perquisition soit faite, pour lui être remis en
nature. De quoi il a justifié par... (*énoncer la pièce proba-
tive*); et il a signé ou déclaré, etc.

Après avoir entendu sur cette réclamation les parties intéressées, qui n'ont élevé aucune contestation, mais ont au
contraire consenti à la remise, nous avons fait la perquisition demandée, et avons découvert... (*exprimez les objets*) (1) desquels à l'instant remise en nature a été faite

____

(1) Article 939, code de procédure : « S'il est trouvé des papiers et
objets étrangers à la succession et réclamés par des tiers, ils seront remis

audit..., qui a déclaré en donner décharge pure et simple, a remis son titre, a signé et s'est retiré.

S'il y a des Difficultés ou Oppositions à une telle remise, on varie ainsi :

Après avoir entendu sur cette réclamation les parties inté-ressées, lesquelles ont dit que...:.. (*établir leurs dires ou refus*), nous avons donné acte au tiers-réclamant de sa de-mande et réquisition, et aux parties intéressées, de leurs protestations. En conséquence, nous les avons renvoyés à se pourvoir ainsi que de droit devant juges compétens.

Continuant alors notre opération, nous sommes entrés dans... (*désigner le lieu et procéder comme ci-devant, soit pour la levée des scellés, soit pour la vérification des objets en évidence*). Cela fait, et n'y ayant plus de scellés à reconnaître, si ce n'est celui réapposé, ni de recollement à faire, nous sommes entrés dans..., et nous avons re-connu et levé le scellé réapposé dans la vacation du... de ce mois, sur tel meuble, contenant les titres et papiers dont l'examen avait été renvoyé à la fin de l'inventaire. Alors le meuble ayant été ouvert avec la clef remise par le greffier, les papiers en ont été extraits, et il a été procédé à leur triage ou examen, et ensuite à l'inventaire de ceux qui en ont été jugés susceptibles, le tout en présence des parties inté-ressées. Ces papiers inventoriés sont cotés depuis la lettre A jusqu'à la lettre Z (*ou depuis le n° premier jusqu'au n° 25*).

Si l'Inventaire des papiers dure plus d'une vacation, ou d'une double vacation, on écrit les clôture, renvoi, et advenant de jour comme précédemment ; mais il ne faut pas omettre d'y ajouter ce qui suit :

Et tous les papiers n'étant pas encore inventoriés, nous les avons rétablis dans le meuble dont ils ont été extraits, sur lequel meuble fermé à clef remise au greffier, nous avons réapposé le scellé (1).

à qui il appartiendra à l'instant. S'ils ne peuvent être remis de suite, la description en sera faite, s'il est nécessaire, sur le procès-verbal de scellés, et non sur l'inventaire. »

(1) Article 937, code de procéduré : Les scellés seront levés successi-

Lorsque tous les Papiers sont inventoriés, on met la Clôture définitive ainsi qu'il suit :

Et attendu que l'inventaire des papiers est fini, ce qui
termine aussi notre opération, nous avons déchargé le
gardien de la garde judiciaire que nous lui avions
confiée ; avons déchargé pareillement notre greffier de la
garde des clefs. Fait et clos le présent procès-verbal, les jour,
mois et an que dessus. Lecture faite aux parties, aux opposans, etc., ils ont signé (*ou déclaré, etc*).

Nota. Si, dans le cours d'un tel procès-verbal, il se présente de
nouveaux Créanciers, il faudra établir leurs Oppositions de la
même manière que dans le premier modèle d'une apposition de
scellés. *Voyez* ci-devant cette Formule. Il faudrait encore la
suivre dans le cas où la recherche d'un Codicile ou d'autres
papiers cachetés, serait requise, et qu'il s'ensuivrait un
référé.

4.me Formule. *Sommation aux Héritiers, aux Conjoints
survivans, aux Opposans et Légataires à titre universel,
pour assister à la Levée du Scellé.*

Le... juin 1822., à la requête de..., demeurant à..., exécuteur testamentaire de feu..., décédé à..., auquel lieu de sa
demeure le comparant fait élection de domicile, et d'abondant à... (*dans la commune où est apposé le scellé*), j'ai...
(*immatricule de l'huissier*), soussigné, à chacun séparément de..., 1° veuf ou veuve de.., demeurant à.., en son
domicile, en parlant à... ; 2° de.., demeurant à... , héritier
présomptif de feu V. , dans la ligne paternelle, en son domicile, en parlant à... ; 3° de.., demeurant à.., héritier
présomptif dudit.., dans la ligne maternelle, en son domicile, en parlant à.. ; 4° de..., demeurant à.., créancier opposant à la levée des scellés apposés après décès de feu... ,
en son domicile, en parlant à... ; 5° et de... , demeurant à...,
légataire universel ou à titre universel dudit feu... , en son
domicile, en parlant à... ,
Signifié et donné copie de l'ordonnance rendue sur la ré-

---

vement à fur et mesure de la confection de l'inventaire ; ils seront réapposés à la fin de chaque vacation.

quisition du requérant, par M. le Juge de paix de…, en date du…, enregistrée le.., à ce que les ci-dessus nommés n'en ignorent, et en vertu de ladite ordonnance, je leur ai fait sommation de comparaître, le… de ce mois.., heures du…, dans la maison où est décédé ledit…, située à.., rue de…, pour assister, si bon leur semble, à la levée des scellés qui ont été apposés après le décès dudit…, et assister aussi à l'inventaire qui suivra ladite levée de scellés; faute de quoi, je leur ai déclaré qu'il y sera procédé tant en leur absence que présence. Fait et délaissé copie du présent, avec celle de l'ordonnance ci-devant datée, à chacun des ci-devant nommés, en leurs domiciles, et en parlant comme il est déjà dit, par moi. Le coût de cet acte est de…   (*Signature*).

Cette Sommation doit être faite toutes les fois que les parties intéressées ne se présentent pas volontairement pour demander ou consentir à la levée des scellés, même lorsqu'une seule partie s'y refuse. La loi le prescrit généralement (1).

5.me Formule. *Levée provisoire ou partielle de Scellés chez un Dépositaire public, avec Incident.*

Le… mars 1822…, heures du…, devant nous, Juge de paix de…, a comparu R.., demeurant à…, où il fait élection de domicile, lequel a dit : Qu'il a déposé le…, entre les mains de feu M^e…, vivant, notaire à… (*telle pièce, la désigner*), suivant qu'il appert par son récépissé du… (*ou par acte de dépôt du…*); qu'ayant un besoin urgent de cette pièce, il requiert qu'il nous plaise ordonner la reconnaissance et levée provisoire des scellés par nous apposés sur l'étude et les minutes de feu…, afin d'extraire le titre ou pièce qui lui appartient, et cela parties présentes ou appelées; et a signé (*ou déclaré ne le savoir*). (*Signature*).

Vu la réquisition ci-dessus et le récépissé représenté, en vertu de la loi (2), nous, Juge de paix, ordonnons que les scellés apposés, le…, sur le dépôt public de feu.., notaire à…, seront reconnus et levés provisoirement, le… de ce mois, heures du…, en présence du conjoint survivant, des

---

(1) Article 931, code de procédure.
(2) Articles premier et 3 du décret du 6 pluviose an 3 ; Article 931, code de procédure.

héritiers présomptifs du décédé, et de tous autres intéressés dans sa succession, pour extraire de dessous lesdits scellés la pièce réclamée, s'il y a lieu. Après quoi les scellés seront réapposés. Donné en notre prétoire, à... le... 1822.

(*Signature.*)

Cette Ordonnance se signifie aux parties intéressées, suivant la formule n° 4 qui précède ; et, au jour indiqué, on procède à la Levée comme il suit :

Advenant ce jour... 1822,... heures du..., nous, Juge de paix, assisté de notre greffier, en vertu de notre ordonnance ci-dessus, et à la requête dudit..., demeurant à..., nous sommes transportés au domicile de feu.., notaire en cette ville, rue de.., n.°.., et y étant entrés, parlant à..., gardien des scellés, nous lui avons déclaré le sujet de notre transport. A quoi il a répondu être prêt de représenter les scellés confiés à sa garde. Alors le requérant était présent, ainsi que... (*ici les prénoms, noms, qualités, demeures des héritiers présomptifs, de la veuve et des créanciers*), lesquels ont déclaré consentir à l'extraction demandée ; Et ont signé (*ou déclaré ne le savoir*).

En conséquence de ce consentement, étant entrés dans... ayant vue sur .., nous avons reconnu et levé un premier scellé apposé sur... (*désigner le meuble*) ; lequel ouvert, nous y avons fait la recherche de la pièce réclamée, et l'ayant trouvée, nous avons reconnu que... (*ici la relation suffisante de la pièce*), de laquelle, après l'avoir cotée et paraphée, nous avons à l'instant fait remise audit..., qui a déclaré en accorder pleine et entière décharge à la succession de... Cela fait, nous avons fermé le meuble à clef, laquelle a été remise au greffier, et nous y avons réapposé le scellé, laissé à la garde dudit..., comme auparavant sa levée. Fait et clos le présent, les jour, mois et an que dessus, sur les... heures du... ; Et ont toutes les parties signé (*ou déclaré, etc.*).

VARIATIONS *d'un tel Procès-verbal.*

Première. Quand l'une des parties appelée à la levée provisoire, fait défaut.

*(Suivez à cet égard la troisième Formule précédente
à l'endroit où il est dit)* : « Et après avoir attendu plus
» d'une heure... etc. »

Deuxième. Lorsque la pièce ou le titre réclamé ne se trouve pas
sous le premier scellé, on procède à la Levée d'un second, ou d'un
troisième s'il est nécessaire, dans la même forme qui vient d'être
établie, avec mention expresse de la réapposition de chaque scellé,
laissé à la garde de...

Troisième VARIATION. S'il y a Opposition à la remise de la pièce
demandée.

*(On suit la Formule qui précède jusqu'à la Réponse du
Gardien, et l'on établit ensuite la Comparution des parties intéressées de cette manière)* :

A comparu T..., demeurant à.., héritier présomptif de..,
lequel a dit : Qu'il s'oppose à l'extraction des papiers réclamés par..., attendu que.. (*ici les motifs de l'opposition*),
protestant de tout ce qui se peut protester dans le cas où il
serait passé outre à l'opération requise, et a signé... etc.

A quoi il a été répondu par... (*le requérant*), que l'opposition de... est dénuée de fondement, parce que... (*ses
motifs*), et a signé.

Vu l'opposition ci-dessus et l'article 922 du code de procédure, nous disons qu'il en sera référé à M. le Président du
tribunal de première instance de cette ville, le... de ce
mois,.. heures du..., en son hôtel, en présence des parties,
auxquelles nous enjoignons d'y comparaître sous les peines
de droit. Fait et donné par nous, Juge de paix, les jour,
mois et an que dessus, sur l'heure de... etc., etc.

L'Ordonnance du président se met au pied de ce renvoi. Si l'extraction des papiers est refusée, le Juge de paix n'a plus rien à
faire, à moins qu'il n'y ait appel de l'Ordonnance du président, et
qu'elle soit infirmée. En ce cas, comme dans celui où le président ordonne l'extraction, le juge de paix passe outre à la levée provisoire, après en avoir indiqué les jour et heure au pied de l'ordonnance du président, ou après une sommation indicative de ces-
dits jour et heure. *Voyez* sur tout cela le 3.ᵐᵉ Modèle de Levée de
Scellés, avec ses incidens *suprà*.

6.ᵐᵉ FORMULE. *Autre Levée de Scellés provisoire en cas
de Faillite.*

Aujourd'hui... mars 1822 ,... heures du... , devant nous, etc. a comparu en notre prétoire R..., demeurant à .., agent de la faillite de P..., suivant qu'il appert par... etc., Lequel, en cette qualité, nous a dit que, le..., nous avons apposé les scellés sur.. etc. ; qu'ayant besoin, pour connaître l'état de cette faillite, des livres, registres, effets à courte échéance qui sont ou doivent être sous lesdits scellés, il requiert qu'il nous plaise en ordonner la levée provisoire et partielle, et d'y procéder tout présentement, pour lui faire la remise des papiers dont il s'agit. Et a signé.

Vu la réquisition ci-dessus ; attendu que la qualité du comparant l'autorise à requérir l'extraction des livres et papiers du failli (1), nous ordonnons que les scellés apposés chez ledit..., seront provisoirement reconnus et levés ; en conséquence, nous nous sommes transportés en son domicile sis à..., rue de..., n°..., où étant entrés dans une salle ayant vue sur..., s'est présenté. ., etc. etc. (*Comme dans les précédens modèles*).

Etant devant la porte du comptoir, nous avons reconnu sain et entier le scellé apposé sur icelle ; après avoir rompu ledit scellé, et la porte étant ouverte, nous sommes entrés dans le comptoir avec le requérant et le failli, où nous avons extrait les livres et papiers suivans : 1° Un livre-journal couvert en maroquin vert, contenant trois cents pages écrites et trois cents en blanc, commençant par ces mots..., et finissant par ceux-ci... ; lequel nous avons coté et paraphé *ne varietur*, et l'avons remis à l'agent ; 2° un grand livre couvert en parchemin..., etc. (*comme ci-dessus pour tous les livres*) ; 3° après avoir reconnu et levé le scellé apposé sur un portefeuille en.., (*le désigner*), nous en avons extrait une lettre de change de 3,500 fr., tirée par..., ordre de..., acceptée par..., endossée par..., payable le... de ce mois ; laquelle traite nous avons remise à l'agent, après l'avoir cotée et paraphée *ne varietur* ; plus, nous avons extrait un billet consenti par..., ordre de..., etc. (*comme ci-dessus, et de même pour tous les effets extraits*).

De tous lesquels livres, billets et lettres de change ainsi

____

(1) Article 463 du code de commerce.

extraits, ledit..., agent de la faillite, a pris charge pour en répondre ainsi que de droit; et, n'ayant plus rien à extraire, nous avons réapposé le scellé sur le portefeuille ci-devant désigné, lequel a été déposé dans... (*tel meuble*) fermé à clef, remise au greffier. Etant sortis du comptoir avec les parties, nons en avons fermé la porte à clef, de laquelle le greffier s'est aussi chargé; et avons réapposé sur ladite porte notre scellé, qui a été laissé à la garde de..., comme avant la levée provisoire. Fait et clos, etc. (*comme aux précédentes formules*).

7.me **Modèle.** *Levée de Scellés définitive après une Faillite.*

Aujourd'hui.. etc., devant nous etc., A comparu en notre prétoire N.., demeurant à.., où il élit domicile, au nom et comme syndic provisoire de la faillite de..., nommé à cette qualité par jugement du... (1), etc.

Lequel a dit que, pour remplir les devoirs que cette qualité lui impose, il requiert qu'il nous plaise ordonner la levée des scellés par nous apposés, le..., sur les meubles, effets, titres, et papiers, caisse, comptoir, portefeuille, magasin dudit.., failli; aux offres de faire, en notre présence, inventaire de tout ce qui se trouvera sous les scellés, sauf à lui à se faire aider par qui il avisera bon être dans ledit inventaire. Et a signé.

Vu la réquisition ci-dessus, le jugement ci-devant daté, et le procès-verbal d'acceptation et de serment fait par le requérant devant le juge commissaire de la faillite, en date du..., ordonnons que les scellés dont il s'agit seront tout présentement reconnus et levés en présence du failli, et de tout autre qu'il appartiendra; à mesure de laquelle levée, il sera fait inventaire par le syndic provisoire de tout ce qui se trouvera sous les scellés, en notre présence, suivant la loi (2). En conséquence, nous nous sommes transportés.. etc.

---

(1) Les syndics provisoires ont seuls le droit de demander la levée des scellés définitivement. Article 486 du code de commerce. *Voyez* aussi le 931.me du code de procédure.

(2) Même article 486 du code de commerce. Le Juge de paix assistera à l'inventaire, et le signera à chaque vacation.

(*Suivre la Formule n° premier d'une levée de scellés
ordinaire.*)

Si le Syndic provisoire veut s'adjoindre un Marchand, ou
plusieurs, pour estimer les marchandises, on écrit ce qui
suit :

En cet endroit, le syndic provisoire a déclaré qu'il désire
s'adjoindre dans l'estimation de... (*telles marchandises*), le
sieur..., demeurant à..., lequel il nous présente pour recevoir son acceptation. Et a signé.

Est aussi comparu ledit..., patenté le..., classe .., n°....,
lequel a déclaré accepter la commission qui lui est conférée
par le syndic provisoire. En conséquence, nous lui avons fait
jurer par serment, la main levée, d'estimer en son ame et
conscience les marchandises qui lui seront présentées. Alors
il a été continué de procéder à l'inventaire comme il suit...
(*le reste comme dans toute autre levée de scellés*).

8.ᵐᵉ Modèle. *Levée de Scellés après décès d'un Militaire
étant à son corps, sur le territoire français*). (1)

Aujourd'hui..., etc. devant nous...., etc. A comparu N.,
capitaine à la légion de..., demeurant à..., où il élit domicile, lequel nous a dit : Que, par délibération du conseil
d'administration du premier bataillon de sa légion, en date
du..., signée..., il a été nommé pour poursuivre la levée
des scellés par nous apposés, le.., sur les meubles et effets
délaissés par..., décédé le..., étant officier à ladite légion ;
de quoi il a justifié par la présentation de la délibération en
vertu de laquelle il a requis qu'il nous plaise ordonner la reconnaissance et levée desdits scellés, et de faire en sa présence la description sommaire de tous les objets qui s'y trouveront, dont il fera faire la vente dans les formes ordinaires,
ainsi qu'il en est chargé par ladite délibération ; Et a signé.

Vu la réquisition ci-dessus, ensemble la délibération représentée ; nous ordonnons... etc. (*Le reste comme pour
toute autre levée de scellés.*)

____

(1) Article 123, titre 3, de l'Instruction du ministre de la guerre, du
15 novembre 1809, approuvée par décret.

Cependant, lorsque les scellés sont levés, on fait la Description des effets, linges, papiers, or, argent, qui s'y trouvent. On termine ainsi :

Et n'ayant plus de scellés à lever, ni de vérification à faire, nous avons laissé à la charge et garde de l'officier requérant, tous les meubles, effets et papiers ci-devant désignés, pour faire vendre dans les formes ordinaires toutes les choses qui en sont susceptibles, et tenir compte du produit aux héritiers du décédé. Au surplus, nous déclarons que le gardien est valablement déchargé de sa garde, et notre greffier de celle des clefs. Fait et clos sur l'heure de... etc.

(*Signatures.*)

M

MINEUR. *Voyez* CONSEIL DE FAMILLE et TUTELLE.

MÈRE TUTRICE. *Voyez* CONSEIL DE FAMILLE *Suprà.*

N

NULLITÉS. *Voyez* JUGEMENS NON-DÉFINITIFS et JUGEMENS DÉFINITIFS, CÉDULES, CITATIONS, ENQUÊTES, APPOSITIONS et LEVÉES DE SCELLÉS, PROCÉDURES EN SIMPLE POLICE, DOUANES, COMMANDEMENT, NOTIFICATIONS, SAISIE-ARRET, REQUETE CIVILE, etc. etc.

O

OCTROI. Les Jugemens relatifs aux Contraventions des Octrois, sont poursuivis et rendus dans les mêmes formes que tout autre jugement de simple police. Ainsi on se servira, à cet égard, des Modèles de la Procédure en simple police.

Mais, quant aux contestations sur la perception des droits du tarif de l'octroi, ce sont des actions purement civiles et personnelles qui se décident par le Juge de paix, suivant les règles de sa compétence ordinaire. On se servira donc des citations et jugemens civils, non-définitifs ou définitifs, que j'ai ci-devant donnés.

Lorsqu'il y a des Objets saisis sur des Délinquans inconnus ou fugitifs, ou si ces objets sont sujets à dépérissement avant le juge-

ment de la contravention , le Juge de paix peut en ordonner la
vente sur une simple requête du préposé ou receveur de l'octroi,
et sur le vu du procès-verbal de saisie. *Voyez* DOUANES. Les Modèles de requête et ordonnance semblables y sont donnés. *Voyez*
aussi mon Recueil général de la Jurisprudence des Justices de paix,
tome 2, page 77.

OFFICIER DE L'ETAT CIVIL. Le Juge de paix en a le caractère, quand il reçoit un acte d'adoption. *Voyez* ADOPTION ; il en
remplit les fonctions, quand il reçoit la reconnaissance d'un enfant
naturel par un père ou une mère non-mariés (1) , même quand il
reçoit une simple déclaration de grossesse.

MODÈLE *de Reconnaissance d'un Enfant naturel , par
son Père.*

Le... 1822,... heures du...; devant nous, Juge de paix
de..., assisté de notre greffier, a comparu dans notre prétoire L. N..., demeurant à..., lequel a déclaré qu'il est
père naturel de... (*les prénoms de l'enfant*), duquel est
accouchée M..., demeurante à...., qui s'en est déclarée la
mère, par l'acte de naissance de cet enfant , en date du...,
reçu par l'Officier de l'état civil de... Pourquoi le comparant
déclare reconnaître pour son enfant ledit... (*répéter les
prénoms de l'enfant*), lui accorder tous les droits d'enfant naturel , consentant qu'il soit fait, en vertu des présentes, telle inscription ou rectification sur les registres de l'é-
tat civil , qu'il appartiendra.

De quoi nous, juge de paix, avons donné acte au comparant,
qui a signé avec nous , après lecture (*ou déclaré ne savoir signer*).

VARIATION *de cette Reconnaissance par la Mère non-
mariée.*

Aujourd'hui... etc. etc. (*comme ci-devant*), Laquelle a
déclaré qu'elle est accouchée, le..., d'un enfant.. (*exprimer
le sexe et les prénoms qui lui ont été donnés*), lequel a été
déposé à... *ou* à tel hospice, *ou encore* placé chez une

____

(1) Arrêt conforme de la cour de Grenoble , du 14 ventose an 12 ; article 534 du code civil. Une telle reconnaissance ne peut avoir lieu en faveur d'un enfant adultérin ou incestueux, article 335 *ibidem.*

nourrice à... (*ajoutez les autres faits particuliers à la mère seulement* (1) *s'il y en a*). En conséquence, la comparante a déclaré accorder audit... (*répétez les prénoms de l'enfant*) tous les droits d'enfant naturel. De quoi nous, Juge de paix, lui avons donné acte, etc. etc.

FORMULE *d'une Déclaration de Grossesse.*

Ces actes étaient rigoureusement exigés sous l'ancienne jurisprudence, en vertu d'une ordonnance de Henri II, donnée en 1556 ; mais aucune loi ou règlement nouveau n'en ordonne l'exécution ; de sorte que ces déclarations tout importantes qu'elles sont, n'ont pas lieu, du moins en général. Cependant, il est quelques Juges de paix qui sont en possession de fait de recevoir ces déclarations. Je loue et je respecte cet usage, quoiqu'il ne soit fondé sur aucune attribution positive. Il est des actes que la force des choses doit faire approuver. Voici le Modèle de celui-ci :

Le... 1822, devant nous, Juge de paix de..., assisté de notre greffier, a comparu dans notre prétoire S. L..., lingère, demeurante à..., laquelle nous a déclaré être enceinte de... mois, du fait d'un individu, qu'elle ne veut ni ne doit nommer ; voulant seulement que la naissance de son enfant soit connue, afin qu'il ne puisse lui être fait aucune imputation dans cette circonstance. De quoi nous avons délivré le présent acte pour valoir ce que de droit. Lecture faite à la déclarante, elle a signé (*ou a déclaré ne le savoir*).

OFFRES LIBÉRATOIRES. La loi autorise plusieurs Offres libératoires : celles qui se font à domicile, celles qui ont lieu à l'audience. Les premières sont faites par tous huissiers ou notaires ; dès-lors je ne dois pas m'en occuper. Quant à celles qui ont lieu aux audiences des Juges de paix, elles sont admises ou rejetées par des jugemens qui se rédigent dans les formes ordinaires. J'en ai déjà donné le modèle *suprà. Voy.* le n° 10 de l'article JUGEMENS DÉFINITIFS ; et, pour la législation et la jurisprudence, *voyez* mon Recueil général, tome 2, page. 80.

OPPOSITIONS A LEVÉE DE SCELLÉS. Il en est de deux sortes : l'une se fait par le procès-verbal des scellés, quand il n'est pas clos ; *voyez* le premier modèle d'APPOSITION DE SCELLÉS ;

____

(1) Article 340, code civil. La Recherche de la Paternité est absolument interdite.

l'autre se fait par acte extrajudiciaire du premier huissier requis.

Formule *d'Opposition à Scellés par un Créancier.*

L'an 1822, et le.. , à la requête de.., demeurant à..., où il fait élection de domicile (1), j'ai... (*immatricule de l'huissier*) soussigné, à M*.. , greffier du Juge de paix de.. , demeurant à.. , rue de.. , signifié et déclaré que le requérant est opposant, comme de fait il s'oppose par ce présent acte à la levée des scellés apposés après décès de.. , demeurant à.. , et cela, pour sûreté et conservation de la somme de.. , qui est due au requérant par la succession dudit feu... , pour... (*énoncer les causes précises de la dette*); Sinon, et à la charge que le requérant soit appelé à la levée desdits scellés, ainsi qu'à l'inventaire qui doit s'ensuivre, et qu'il soit d'ailleurs conservé dans tous ses droits et priviléges sur ladite succession ; Protestant de requérir tous dépens, dommages-intérêts, contre ce qui serait fait au préjudice du présent acte, dont j'ai délaissé copie audit M*.. , greffier, en son domicile et parlant à... Le coût est de... Par moi...

(*Signature de l'huissier.*)

OPPOSITIONS AUX JUGEMENS PAR DÉFAUT. *Voy.*, pour les principes, mon Recueil général de la Jurisprudence des Justices de paix, tome 2, page 87. Le délai pour former opposition aux Jugemens par défaut des Justices de paix, est de trois jours, à partir de la signification du Jugement; mais ces trois jours sont francs, c'est-à-dire que celui de l'échéance et celui de la notification ne sont pas comptés, *dies termini non computantur in termina.* Ce délai est d'ailleurs augmenté d'un jour par trois myriamètres, quand l'assigné est domicilié au-delà de cette distance (2).

Formule d'Opposition *à un Jugement par défaut.*

Le... mai 1822, à la requête de..., demeurant à.., où il

---

(1) Si l'opposant n'est pas domicilié dans la Justice de paix où sont apposés les scellés, il sera tenu d'y faire élection spéciale de domicile, à peine de nullité. (*article* 927, *code de procédure.*) L'opposition doit en contenir les causes précises, et les formalités communes à tout exploit.

(2) Articles 20 et 1033, code de procédure civile.

fait élection de domicile, j'ai... (*immatricule de l'huissier*) soussigné, à..., demeurant à..., en parlant à..., signifié et déclaré que le requérant est opposant, comme de fait il s'oppose par ces présentes au jugement par défaut obtenu contre lui par..., à l'audience de M. le Juge de paix de....., en date du.....; attendu que ce jugement a été surpris à la prudence du juge, parce que... (*établir ici les causes et les moyens de l'opposition, qu'il faut raisonner convenablement*); en conséquence, et pour faire statuer sur la présente opposition, j'ai, audit....., donné citation à comparaître, le... de ce mois,... heures du..., devant M. le Juge de paix..., en son prétoire, pour entendre ordonner que le requérant sera reçu opposant au jugement ci-dessus daté, lequel sera rapporté et déclaré non-avenu, et ledit....... condamné aux dépens. Fait et délaissé copie de la présente, dont le coût est de,.., au domicile dudit..., en parlant comme est dit ci-dessus... (*Signature*).

Nota. Ce modèle peut servir sans aucun changement, pour les Oppositions aux jugemens rendus en simple police. Cependant, il est un mode plus simple de les former, c'est de les faire établir au pied de la signification du jugement (1); l'huissier est obligé de la recevoir.

Quant aux jugemens sur les oppositions, *voyez* JUGEMENS PAR DÉFAUT et JUGEMENS DÉFINITIFS.

P.

POLICE JUDICIAIRE. Les Juges de paix sont officiers de police judiciaire, ils sont même les Auxiliaires du procureur du Roi, et ils ont la même autorité que lui, dans les cas de flagrant délit, ou sur la réquisition d'un chef de maison. Dans les autres circonstances, ils reçoivent les dénonciations et les plaintes de tous crimes ou délits, et ils constatent ceux dont ils acquièrent la connaissance dans l'exercice de leurs fonctions (2). *Voyez* mon Recueil général de la Jurisprudence des Justices de paix de France, tome 2, page 151.

____

(1) Articles 151 et 152, du code d'instruction criminelle.
(2) Articles 29, 48, 54 et 64 du code d'instruction criminelle.

Ire F o r m u l e. *Dénonciation simple d'un Crime ou Délit.*

Aujourd'hui... 1822, heures du..., devant nous, Juge de paix de..., officier de police judiciaire, est comparu dans notre prétoire P..., propriétaire, demeurant à..., lequel a dit : Qu'il a eu connaissance, le... de ce mois,... heures du... (*Exprimer, avec les détails et circonstances convenables, la nature du crime ou du délit, l'indication du prévenu, de ses noms, qualité et demeure, ou les indices et les traces du crime*) ; qu'il désigne pour témoins des faits ci-dessus, 1.° V.., demeurant à... ; 2°... ; 3°..., etc. Enfin, le comparant a déclaré qu'il n'entend pas se rendre partie civile, mais seulement dénoncer les faits dans l'intérêt de la société. Lecture faite au déclarant, il a dit ne savoir signer de ce enquis ; mais nous avons signé ci-dessous ainsi qu'à la fin de chaque page, suivant la loi.

Quand le Dénonciateur sait signer, il peut rédiger lui-même sa dénonciation sur papier libre : les actes faits par les officiers de police judiciaire sont dispensés du timbre, et ces officiers opèrent sans assistance de greffiers.

Tout Dénonciateur, comme tout Plaignant, peut faire sa dénonciation par un fondé de pouvoir. Les Juges de paix observeront que, pour les délits simplement correctionnels, les parties lésées peuvent directement porter leurs plaintes au tribunal compétent, dans la forme réglée par le code criminel. (*Articles* 64, 182 *et suivans*).

2.me M o d è l e. *Plainte d'un Crime ou Délit non-flagrant.*

Le... mars 1822..., heures du..., devant nous, Juge de paix de..., officier de police judiciaire, étant à....., lieu de notre territoire (1), est comparu M. A..., propriétaire, demeurant à..., lequel a dit que... (*exprimer ici les faits, les circonstances ou les indices du crime dans le plus grand détail*) ; qu'il désigne comme témoins des faits ci-dessus, 1.° S..., demeurant à..... ; 2°... demeurant à... ; 3°..., etc. ; qu'il dépose pour pièces justificatives... (*ici l'énoncé des*

______

(1) Le Juge de paix peut recevoir cette plainte partout où il se trouve sur son territoire.

pièces s'il y en a). Au surplus, le plaignant a déclaré qu'il se rend partie civile ; à cet effet il fait élection de domicile à...... (*dans l'arrondissement où se fait l'instruction*); et a déclaré ne savoir signer après lecture (*ou a signé*).

Vu la plainte ci-dessus , dont nous donnons acte à M. A..., nous l'avons signée avec lui, ainsi qu'au bas de chaque page ; et disons qu'elle sera par nous transmise, dans les vingt-quatre heures, à M. le procureur du Roi de.. Fait à.. , cedit jour..., etc.

Si la Plainte est écrite par le plaignant lui-même, il n'y a point de forme particulière ; en ce cas , il suffit que les détails des faits , des circonstances , des indices et de l'indication des preuves ou des témoins , soient connus dans la plainte. Alors le Juge de paix écrit au pied ce qui suit :

Vu la plainte ci-dessus, qui nous a été présentée par....... demeurant à....., (*ou son fondé de pouvoir*), ce jour..... mars 1822, heures du..., nous l'avons signée et paraphée à toutes les pages, pour être transmise, dans 24 heures, à M. le procureur du Roi de...... Fait par nous , Juge de paix de..., etc.

Mais si la plainte énonce un Délit *flagrant*, c'est-à-dire, qui se commet à l'instant , ou qui vient d'être commis ; ou si le prévenu est poursuivi par la clameur publique, ou nanti d'effets provenans du crime, dans un temps qui en est peu éloigné (1) ; alors le Juge de paix exerce dans toute son étendue la fonction d'officier de police judiciaire, et il met, au bas de la plainte, cette variation :

Vu la plainte ci-dessus et de l'autre part ; attendu qu'il y à flagrant délit (2) , Nous ordonnons notre transport à l'instant même sur le lieu où paraît avoir été commis le crime dénoncé, afin de procéder à telles visites, perquisitions et opérations qu'il appartiendra. Fait à........ le....... 1822.

(*Signature*).

3.me Modèle. *Désistement de la Plainte dans les vingt-quatre heures* (3).

____

(1) Art. 41 du code d'instruction criminelle.
(2) Articles 32, 41 , 48 du code d'instruction criminelle.
(3) Article 66 , même code.

Aujourd'hui... 1822..., heures du..., devant nous, etc., est comparu, etc, lequel a dit : qu'il se désiste purement et simplement de la plainte qu'il a rendue pardevant nous, (*ou qu'il nous a déposée*), le jour de hier, à... heures du..., à laquelle plainte il n'entend donner aucune suite, attendu que.. (*les motifs*). De quoi il a requis acte, et a signé (*ou déclaré ne le savoir*).

S'il y a un Corps de délit certain, qu'il soit flagrant ou non, le Juge de paix met au pied du désistement, ce qui suit :

Vu l'acte ci-dessus, attendu que les 24 heures prescrites par la loi ne sont pas écoulées, nous disons que la plainte du comparant pour ce qui le concerne, demeurera comme non avenue; et cependant, comme le délit dont est question intéresse l'ordre public, nous disons que ladite plainte subsistera comme dénonciation, pour être adressée à M. le procureur du Roi. Fait à..., le...

Nota. les suites à faire sont, l'envoi au procureur du Roi, dans le cas de délit non-flagrant, et les opérations extraordinaires, si le délit est flagrant.

4.me Modèle. *Procès-verbal dressé en cas de Flagrant délit, pour constater un Assassinat, ou Meurtre, dont il y a Plainte.*

Aujourd'hui... mars 1822,... heures du..., nous, Juge de paix de..., officier de police judiciaire, vu la plainte à nous présentée (*ou par nous reçue*), ce jour, à... heures du..., par..., demeurant à..., au pied de laquelle est notre ordonnance aux fins ci-après, nous sommes transportés à..., (*désigner le lieu du crime*), ou étant assistés de M. le commissaire de police de..., (*ou à son défaut de M. le Maire de..., ou de M. l'Adjoint de..., ou encore, à défaut de ceux-ci, de deux témoins dont on écrit les noms et demeures*) (1), avons procédé de la manière suivante : Nous avons d'abord remarqué un corps humain du sexe..., étendu

____

(1) Article 42, code d'instruction criminelle. Cependant, si on ne peut se procurer des témoins de suite, le Juge de paix peut également opérer seul.

sur......, que nous avons reconnu froid, sans mouvement, pâle, livide, ce qui le fait présumer sans vie, duquel corps le signalement est ainsi..., (*donner d'une manière exacte ce signalement*).

Nous avons reconnu que ce corps est celui de........., demeurant à... , (*si le Juge ne reconnaît pas le cadavre, on varie ainsi*): Ce corps nous étant inconnu, nous avons requis les personnes présentes, qui sont... (*les nommer*), et auxquelles nous avons défendu de se retirer sous peine d'arrestation , jusqu'à nouvel ordre; (1) de nous déclarer si elles reconnaissent le cadavre. A quoi elles ont répondu que...

Avons remarqué que ce corps a reçu... blessures à..., de laquelle ou desquelles il est sorti beaucoup de sang répandu sur...; avons trouvé près du corps (*ou dans un autre endroit*), un poignard teint de sang (*ou autre arme offensive*), duquel nous nous sommes emparés ; et, comme il y a mort violente, nous avons mandé et requis N. et L..., docteurs en médecine (*ou en chirurgie*) de se rendre à l'instant pour constater en notre présence les causes de la mort apparente dudit..., et nous en faire leur rapport.

A quoi déférant, lesdits officiers de santé ont d'abord juré et promis par serment, la main levée, de faire leur rapport en leur ame et conscience sur les faits dont il s'agit; ensuite ayant fait les examens et opérations qu'ils ont crus convenables sur le cadavre, ils nous ont rapporté que... (*ici écrire leur rapport circonstancié*).

Cela fait, nous avons présenté le poignard (*ou autre arme*) dont nous nous sommes emparés, aux officiers de santé, qui l'ont ensuite introduit dans les plaies du mort, auxquelles il s'est parfaitement adapté. Après quoi, la mission des officiers de santé étant terminée, ils ont signé et se sont retirés.

Nous avons aussitôt entouré le manche du poignard (*ou autre arme*) d'une bande de papier, que nous avons paraphé et scellé du sceau de notre justice.

Procédant à la recherche, des causes et des preuves du

---

(1) Article 34 , code d'instruction criminelle.

crime, de ses auteurs ou complices, nous avons entendu dans leurs dépositions les différentes personnes présentes, ci-devant nommées, et autres témoins désignés dans le procès-verbal séparé que nous avons dressé sans désemparer (1).

Comme il résulte desdites dépositions, des indices suffisans (*ou graves, ou des preuves*) que P... et L... sont auteurs ou complices de l'assassinat constaté, nous avons contre eux décerné un mandat d'amener, dont nous avons confié l'exécution à..., avec injonction de conduire à l'instant devant nous les prévenus.

Continuant nos recherches, nous avons remarqué... (*ici les effractions commises, ainsi que tout ce qui peut se rappporter au crime ou à ses circonstances*).

Et, attendu qu'il est vraisemblable que, dans les domiciles des prévenus, il se trouve des traces du crime, nous ordonnons, en vertu de la loi (2), qu'il sera fait à l'instant, par nous, perquisition exacte dans lesdits domiciles, afin d'y découvrir et saisir tout ce qui pourra conduire à la manifestation de la vérité. Alors, nous avons permis aux personnes présentes de se retirer, et, au même instant, nous nous sommes transportés avec les officiers (*ou témoins*) qui nous assistent, dans la maison de.., située à..., n°..., où étant, en présence de..., habitant dans ladite maison, avons fait les perquisitions qui suivent... (*ici on énonce le résultat des recherches, les ouvertures des meubles, les habillemens teints de sang, les armes, instrumens, les papiers et toutes autres choses qui peuvent faire soupçonner le crime, et on scelle ce qui en est susceptible*). Desquelles choses ainsi scellées nous nous sommes emparés pour être déposées ainsi que de droit. Lesquelles opérations ont été faites en l'absence de.........., prévenu, attendu que le mandat décerné contre lui n'est pas encore exécuté, ou du moins l'agent qui est chargé de son exécution n'est pas encore de retour.

---

(1) Les déclarations des témoins ne devant pas être mises sous les yeux des jurés, mais bien toutes les autres pièces de la procédure, il faut donc séparer ces déclarations. (*Article* 341 *du code d'instruction criminelle.*)

(2) Articles 36, 37, 38, code d'instruction criminelle.

S'il y a un autre Prévenu, on continue la perquisition chez lui.

Et nous étant ensuite transportés dans le domicile de....., autre prévenu, en présence des officiers ou témoins qui nous assistent, nous avons... (*procéder comme ci-devant*). Fait et clos le présent procès-verbal, qui a été signé à chaque feuillet par nous, et par ceux qui nous ont assisté, sur les... heures du... de cedit jour (*Signatures répétées*)

5.me Modèle. *Quand l'Accusé est présent au procès-verbal qui constate le Crime dont il y a Plainte.*

Aujourd'hui... 1822, heures du..., etc. (*Suivre le Modèle précédent jusqu'à ces mots : Nous avons procédé de la manière suivante, et varier ainsi*) : Nous avons à l'instant fait saisir provisoirement, en vertu de l'article 40 du code d'instruction criminelle, et sur un mandat d'arrêt spécial par nous décerné, N.., demeurant à.., prévenu par la clameur publique d'être l'auteur du crime que nous sommes appelés à constater, ou qui a été trouvé nanti de... (*des objets volés, ou des armes teintes de sang ; etc.*); ou encore qui a été surpris faisant... (*telle chose, comme une effraction*) : cette arrestation a été faite par... requis par nous de prêter main-forte à justice, à quoi il a obtempéré. Alors, nous avons déclaré audit..., que nous allions procéder en sa présence aux opérations que les circonstances exigent; ce qui a été fait ainsi : Nous avons remarqué un corps humain du sexe..... étendu sur... etc. (*Suivre la formule qui vient de finir, jusques après le rapport des officiers de santé, et après avoir établi la saisie des armes, ajoutez*) : Lesquelles armes nous avons présentées audit... (*le prévenu*), en le sommant de déclarer s'il les reconnaît pour lui appartenir ou pour s'en être servi, le sommant encore de parapher la bande scellée qui entoure lesdites armes, à quoi il a répondu....... (*sa réponse*).

Procédant à la recherche des causes et des preuves du crime, de ses auteurs ou complices, nous avons, en présence dudit... prévenu, et par cahier séparé, procédé à l'audition de.. (*Suivez le reste de la formule précédente : Cependant, dans les perquisitions faites au domicile du prévenu, il*

*faut dire que toutes les opérations ont été faites en sa pré-
sence; que les papiers ou autres objets saisis lui ont été
présentés pour les reconnaître, ou les parapher, s'il y a lieu;
enfin, faire mention de ses réponses ou refus, etc.*) Fait et
clos le présent procès-verbal, sur l'heure de..., lequel a été
signé par nous et par ceux qui nous assistent, au bas de
chaque feuillet, ainsi que par le prévenu, auquel nous en avons
donné lecture, (*ou qui a refusé de le signer ou déclaré ne
le savoir*). Au surplus, nous disons qu'il va être à l'instant
procédé par nous à l'interrogatoire dudit..., par cahier séparé,
sauf ensuite à décerner contre lui tel mandat qu'il appartiendra.

6.ᵐᵉ MODÈLE. *Quand le Juge de paix opère sur la
Clameur publique, d'Office et sans Plainte ni Réquisition.*

Aujourd'hui... 1822,... heures du...., nous, Juge de paix
de..., officier de police judiciaire, informé par la clameur
publique qu'un meurtre a été commis à l'instant sur la personne de..., demeurant à..., et que L. et N. sont indiqués
comme auteurs ou complices de ce crime, nous sommes
transportés à..., (*lieu du délit*), où étant arrivés, assistés
de..., nous avons tout d'abord fait saisir provisoirement lesdits L. et N..., prévenus... etc. (*Suivre le Modèle précédent,
n.° 5, pour le surplus*).

7.ᵐᵉ MODÈLE. *Sur la Réquisition d'un Chef de maison,
pour un Vol avec effraction, fausses clefs, etc.*

Aujourd'hui... juin 1822,... heures du....., devant nous,
Juge de paix de..., officier de police judiciaire, est comparu
J. V..., demeurant à..., lequel a dit que le....., à..... heures
du..., il a été commis à son préjudice, dans son magasin,
à l'aide de fausses clefs, (*ou de tel autre moyen*), un vol
de.......... (*désigner les effets*); qu'il s'empresse de rendre
plainte de ce délit, en requérant qu'il nous plaise de le constater et de faire les poursuites convenables pour découvrir
les auteurs et complices du vol; déclarant qu'il entend
se rendre partie civile, (*ou qu'il ne se le rend pas*) et a
signé...

Vu la réquisition ci-dessus, en vertu de l'article 49 du code d'instruction criminelle, nous ordounons qu'il sera à l'instant procédé par nous aux visite, constatation, audition de témoins, et autres actes qu'il appartiendra. En conséqence, nous nous sommes transportés dans le magasin dudit..., assistés de M. le commissaire de police de.. , (*ou de...* , *etc.*) Y étant arrivés, nous avons procédé comme il suit : nous avons remarqué que... (*Exprimer les traces du crime, les effractions, s'il y en a, et recevoir les déclarations du plaignant sur la nature et la quantité des choses volées*).

Nous avons alors mandé... (*une ou deux personnes capables, par leur art, d'apprécier les circonstances du crime* (1) : à quoi déférant , les sieurs P.... et G....., ayant examiné les effractions et les traces du crime, nous ont déclaré qu'ils estiment que le délit a été commis de telle manière, *ou* avec tels instrumens, etc. ; et ont signé ou déclaré ne le savoir.

(*Nota.* S'il avait été trouvé des instrumens ou armes, etc., on les présenterait aux personnes appelées pour donner des renseignemens, ensuite on scellerait ces objets, (*ou*) on les mettrait dans un sac, conformément à l'article 38 du code d'instruction criminelle). — Cela fait, nous avons procédé, par cahier séparé, à l'audition des témoins désignés par ledit plaignant, sans désemparer, etc. (*Suivez pour le surplus le* 4.ᵐᵉ *Modèle, soit qu'il y ait lieu à décerner le mandat d'amener, soit qu'il y ait lieu à faire des visites, etc. , etc.*

Nota. Si le Prévenu est présent ou amené , les opérations seront faites en sa présence, les objets saisis lui seront présentés pour les reconnaître ou les parapher; il sera requis de signer le procès-verbal, s'il le sait, ou s'il le veut, sinon mention sera faite de son refus ou de son incapacité. *Voyez* le cinquième modèle.

8.ᵐᵉ **Modèle.** *Procès-verbal d'Audition de Témoins.*

Aujourd'hui... 1822,... heures du... , nous, Juge de paix de..., officier de police judiciaire, procédant d'office et

---

(1) Article 43, code d'instruction criminelle.

sur flagrant délit, (*ou sur la réquisition de P......., chef de maison, demeurant à.....*), à la recherche des preuves, circonstances et dépendances du... (*ici la nature du crime*), commis à..., sur la personne de..., *ou* dans le magasin, *ou* domicile de..., demeurant à... ; lequel crime ou délit est constaté par notre procès-verbal de ce jour et non encore terminé, mais suspendu seulement pendant la durée des actes qui suivent :

Avons reçu les déclarations des témoins qui nous ont été indiqués par .. (*ou que nous avons appelés d'office d'après les indices qui nous ont été fournis, ou qui résultent des circonstances*), Savoir :

Ier Témoin. L. N., orfèvre, demeurant à..., âgé de..., lequel, après serment par lui fait de déposer vérité et rien que la vérité, a déclaré que... (*ici sa déposition.*) : Qui est tout ce que le témoin a dit savoir. Lecture à lui faite, il a persisté dans sa déclaration et a signé, (*ou déclaré qu'il ne le sait*).

2.me Témoin... (*comme ci-dessus*). Fait et clos, etc. (*Signatures à chaque page, etc.*)

9.me FORMULE. *Mandat d'amener.*

DE PAR LE ROI,

Nous... (*prénoms et nom*), juge de paix de..., officier de police judiciaire, en vertu des articles 40 et 49 du code d'instruction criminelle, Mandons à tous executeurs d'ordonnances et mandemens de justice, d'amener devant nous (*ou devant M. le procureur du Roi de...*), en se conformant à la loi, P. M... (*ici les prénoms, nom, profession, demeure et signalement du prévenu*); requérons tous dépositaires de la force publique de prêter main-forte en cas de besoin pour l'exécution du présent mandat. Fait à...; le... juin 1822. (*Signature et Sceau du Juge.*)

10.me FORMULE. *Interrogatoire d'un Prévenu.*

Le... avril 1822,... heures du..., nous, Juge de paix de..., officier de police judiciaire, étant à..., et ayant procédé à la constatation de... (*tel crime ou délit*), commis sur la per-

sonne de..., duquel crime (*ou délit,*) est prévenu la personne ci-après nommée, avons procédé à son interrogatoire
après l'avoir fait assister à nos opérations, (*ou*) après avoir
été amenée devant nous par..., en vertu du mandat d'a-
mener délivré par nous contre elle ce jour.

Interrogé de ses prénoms, nom, âge, qualité et domicile;
il a dit s'appeler..., être âgé de..., demeurant à..., exerçant
la profession de...

Interrrogé s'il a connaissance de tel meurtre, *ou* de tel
vol avec effraction commis le... à...; a répondu que... (*sa*
réponse.).

Interrogé où il était tel jour, à telle heure.,. (*le moment*
du délit) ; a répondu que...

Interrogé s'il n'est pas sorti du lieu où le crime a été commis
à telle heure ; a répondu que...—Interrogé s'il connaît telle
arme, tel instrument, que nous lui avons présenté; a dit
que...

Interrogé s'il n'est pas auteur ou complice du crime ou
délit dont il s'agit; a dit que...

Sommé de nommer ses complices; a répondu que....,
etc., etc.

Lecture faite du présent interrogatoire audit..., et de ses
réponses, il a dit qu'il y persiste et a signé, (*ou déclaré*
qu'il ne le sait faire).

Nota. L'Interrogatoire, ainsi que les déclarations des témoins,
doivent être signés au pied de chaque feuillet.

11.me Formule. *Procès-verbal pour constater un Crime*
sur la Délégation du Procureur du Roi. (Article 52, Code
d'instruction criminelle).

Le...mai 1822,..heures du..., nous, Juge de paix de..., officier de police judiciaire, vu la délégation à nous faite par M. le
procureur du Roi de..., en date du..., portant commission de
procéder à..., (*dire l'objet de la délégation*); Acceptant notre commission, ordonnons notre transport tout présentement
à..., (*le lieu du délit*), aux fins de procéder au fait pour
lequel nous sommes commis. En conséquence nous nous
sommes transportés audit lieu de..., assistés de..., etc.

(S'il est question de constater un meurtre ou assassinat,

suivez pour le surplus du procès-verbal, la formule 4.ᵐᵉ, ci-devant; pour le cas de flagrant délit et si le prévenu est présent, suivez les variations de la 5.ᵐᵉ formule. S'il s'agit d'un vol avec effraction, fausses clefs, suivez le 7.ᵐᵉ modèle, avec les renvois qu'il contient.)

12.ᵐᵉ FORMULE. *Audition de Témoin à domicile, en vertu de Commission rogatoire* (1).

Aujourd'hui... avril 1822, heures du..., nous, officier de police judiciaire, vu la commission rogatoire à nous adressée le..., par M. le juge d'instruction de..., pour recevoir à domicile la déposition de..., demeurant à..., témoin appelé pour déposer dans l'information criminelle faite contre..., prévenu de... Acceptant notre commission, nous sommes transportés au domicile dudit..., (*le témoin*), où étant entrés dans... nous y avons trouvé le témoin... (*malade ou non, détenu au lit, etc.*), auquel nous avons fait part du sujet de notre transport, et qui nous a répondu être prêt d'obéir à justice. Alors, sur notre interpellation, il a déclaré se nommer P. J..., être âgé de..., exerçant l'état de..., demeurant à.. ; et, après avoir fait le serment de dire la vérité et rien que la vérité, il a déposé que..., (*ici sa déposition exacte*) : Qui est tout ce que le témoin a dit savoir. Lecture à lui faite de sa déposition, il a déclaré y persister, et a signé, (*ou dit qu'il ne le sait, ou ne peut le faire*). Fait et clos le présent acte, etc.

Ce Procès-verbal doit être envoyé cacheté sans délai au juge saisi de l'affaire.

Si le témoin n'était pas indisposé, ainsi qu'il aurait été dit par le certificat de l'officier de santé d'après lequel ce témoin serait excusé, il y aurait lieu à délivrer contre lui et contre le signataire du certificat un mandat de dépôt; mais l'article 86 du code criminel, en attribuant ce droit au juge qui reçoit la déposition, ne désigne pas le juge commis, ce qui laisse à croire que c'est au juge d'instruction opérant à domicile, à décerner le Mandat de dépôt. Je pense donc qu'un Juge de paix ne peut délivrer un tel Mandat, s'il n'y est formellement autorisé par sa commission rogatoire, d'autant que la législation actuelle ne donne, dans tous les cas, au

---

(1) Article 84, code d'instruction criminelle.

Juge de paix, que le droit de décerner le simple mandat d'amener. Il doit donc se borner, dans cette hypothèse, à constater la non-indisposition du témoin, sauf au Juge d'instruction à opérer ultérieurement comme il avisera.

N.° 13. PROCÈS-VERBAL *de Levée d'un Cadavre noyé, suicidé, asphixié, ou décédé d'autre mort violente* (1).

Aujourd'hui..., juillet 1822..., heures du..., nous, Juge de paix de..., officier de police judiciaire, sur l'avis qui nous a été donné par..., (*ou*) instruit par la voix publique qu'un individu a été trouvé à..., commune de..., (*ou*) en cette ville, rue de..., *ou* maison de...; n.°..., mort d'une manière violente, nous sommes transportés dans le lieu désigné, assistés de M. le commissaire de police de..., (*ou*) à son défaut de monsieur le maire de..., ou de son adjoint (*ou*) enfin de deux témoins; où étant arrivés, nous avons trouvé étendu sur le gazon, (*ou pavé, ou sur un lit, etc.*) un corps humain du sexe..., qui paraît sans vie, dont le signalement suit..., (*donner d'une manière précise ce signalement*); Lequel corps a été reconnu par nous, (*ou*) par ceux qui nous assistent (*ou*) par les témoins dont il sera ci-après parlé, pour être celui de..., demeurant à..., exerçant la profession de... Nous avons remarqué que ce corps est blessé à..., (*de telle manière..., ou toute autre trace de violence*); Et, pour nous assurer plus positivement de la cause de la mort de ce corps, nous avons requis L....; chirurgien, demeurant à..., de faire les visite et examen nécessaires en pareil cas. A quoi déférant, ledit L.... s'est rendu près de nous, et, après avoir juré, la main levée, de faire son rapport en son âme et conscience, il a certifié et attesté que..., (*ici le rapport du chirurgien*). Ce qu'il a signé et s'est retiré. (*signature*).

Alors, pour compléter nos recherches, nous avons en-

____

(1) Articles 81 et 82, code civil. D'après ces articles, tout officier de police judiciaire et partant un maire ou son adjoint, est compétent pour dresser un procès-verbal semblable à ce modèle; il convient même que ce soit l'officier local qui y procède, pour éviter les frais du transport du juge de paix. Voyez aussi les articles 44 et 49 du code d'instruction criminelle.

tendu comme témoins plusieurs individus présens (*ou appelés à cet effet*), au nombre de..., sur les causes de la mort
du corps déjà examiné ; desquelles déclarations nous avons
dressé un cahier séparé ; et, comme il résulte tant de ces déclarations que du rapport du chirurgien, que le corps de...,
a reçu la mort par un suicide, (*ou qu'il a été asphyxié ou noyé,
etc.*), nous avons laissé ce corps à la garde (*ou à la disposition*) de..., demeurant à..., et disons qu'extrait du présent sera à l'instant adressé à l'officier de l'état civil de...,
aux fins de l'inhumation. Sera, au surplus, le présent acte
lui-même envoyé, dans les vingt-quatre heures, avec les déclarations des témoins, à M. le Procureur du Roi de.... Fait
et clos, les jour, mois et an que dessus, sur les... heures
du..., et avons signé avec ceux qui nous assistent.

Les Déclarations des Témoins se font séparément, parce que,
ainsi que je l'ai dit ci-devant, elles ne doivent pas être mises sous
les yeux des jurés, comme le procès-verbal qui constate le corps
du délit (*article 341, code d'instruction criminelle*) : il est possible
qu'une mort violente, qui paraît d'abord purement accidentelle,
provienne cependant d'un crime ou de ses suites. Au surplus, on
se sert de la Formule n° 8 de cet article, pour entendre les témoins.
J'observe d'ailleurs que, lorsque la cause de la mort est évidente
ou notoire, l'on peut se dispenser d'appeler des chirurgiens et même
d'entendre des témoins, s'il est matériellement établi que la mort a
été volontaire ou purement accidentelle.

14.me FORMULE. *Procès-verbal pour constater d'office une
Détention arbitraire* (1).

Le... mars... 1822,.... heures du....., nous, Juge de paix
de..., officier de police judiciaire, informé qu'un ou plusieurs individus sont illégalement détenus dans une maison
située à..., laquelle n'est ni prison ni maison d'arrêt, ordonnons, en vertu de la loi, que perquisition sera faite à
l'instant par nous dans ladite maison ; en conséquence, nous
y étant transportés, assistés du commissaire de police de.....
(*ou du maire de..., ou à son défaut, de son adjoint, ou
de deux témoins*), et entrés dans..., s'est présenté N.....

______

(1) Articles 615 et 616 du code d'instruction criminelle.

habitant de ladite maison, auquel nous avons fait part du sujet de notre transport; et lui avons ordonné de par le Roi et la justice de nous faire les ouvertures de toutes les pièces de ladite maison, à quoi il a répondu... (*sa réponse*).

Si cette Réponse porte consentement, on continue ainsi:

D'après ce consentement, nous avons, en présence de ceux qui nous assistent et dudit .., lui-même, procédé comme il suit :

S'il y a au contraire Refus de laisser faire la perquisition, d'ouvrir les portes, ou autres oppositions qui empêchent l'action de la justice ; on varie ainsi :

Et, sans nous arrêter à ces refus et oppositions, nous avons ordonné qu'il serait par nous passé outre, et, pour assurer obéissance à la justice, nous avons requis main forte suffisante, ainsi que N..., serrurier, demeurant à..., pour opérer ainsi qu'il appartiendra et qu'il leur sera par nous ordonné.

L'assistance requise étant arrivée près de nous, se composant de..., (*les nom, prénoms et grade du chef de la force armée, avec le nombre d'hommes qu'il commande*), ledit sieur..., serrurier requis, s'étant aussi rendu, nous avons procédé de la manière suivante :

Premièrement, nous avons visité... (*telles et telles pièces de la maison*), où nous n'avons rien trouvé. Mais, ayant fait ouvrir par ledit... (*le serrurier*) la porte de telle chambre, cave ou grenier, et y étant entrés avec ceux qui nous accompagnent, nous y avons trouvé un individu du sexe......... libre (*ou lié ou attaché, etc.*) auquel nous avons demandé ses nom, prénoms, âge, qualité et demeure, et pourquoi il est détenu en ce lieu; il nous a répondu que...

Demandé ensuite à... (*celui qui occupe la maison*) pourquoi, sans ordonnance, ni mandement de justice, il se permet de détenir ledit.....; il a répondu que... (*s'il dit n'être pas l'auteur de la détention, on lui fait cette autre question*).

Sur cela, nous lui avons demandé pourquoi, s'il n'est ni

auteur ni complice de la détention arbitraire de...., il ne nous en a pas donné avis de suite, ainsi que la loi l'y obligeait; il a répondu que....,

Et, attendu qu'il est constant que le lieu de la détention, n'est ni prison, ni maison d'arrêt ou de justice; attendu qu'aucune pièce légale ne nous est présentée, ni même alléguée pour autoriser la détention de............, et que, d'après cela, il y a détention arbitraire, nous avons, à l'instant, fait mettre en liberté le détenu....., et ordonné qu'il serait décerné un mandat d'amener contre L...; auteur ou complice de cette détention, et qu'il serait, au surplus, procédé comme au cas de délit flagrant, puisqu'il dure encore.

Alors, nous avons procédé, par cahier séparé, à l'audition des témoins indiqués par....., (*le détenu*) ou dont nous avons eu connaissance particulière, et ensuite à l'interrogatoire de......... (*le prévenu présent qui habite la maison*), ainsi qu'aux interrogatoires de......., et de.....; autres prévenus désignés par......., qui ont été saisis en vertu du mandat d'amener, décerné par nous dans le cours de notre opération, lequel a été mis à exécution par...

Ayant procédé à tout ce que dessus, sans désemparer, en présence de ceux qui nous assistent, nous avons fait conduire le prévenu (*ou les prévenus*), devant M. le procureur du Roi de....., par....., (*le chef de la force armée*) en vertu d'autre mandat d'amener délivré à cet effet; auquel chef, nous avons remis le présent acte, les déclarations des témoins et les interrogatoires, le tout cacheté, à l'adresse dudit sieur procureur du Roi. Fait et clos, etc. (*Signatures à chaque feuillet*).

Nota. Pour faire déposer les Témoins et recevoir les interrogatoires des Prévenus, on se sert des Modèles huitième et dixième.

15.ᵐᵉ MODÈLE. *Réquisition pour obtenir Main-forte.*

Nous, Juge de paix de..., officier de police judiciaire de.., requérons, en vertu de la loi, M. le commandant ou le chef de la gendarmerie de... (*ou M. le commandant de telle troupe*), d'envoyer près de nous et à l'instant même, deux ou trois gendarmes (*ou...*, *fusiliers*), pour prêter main-forte à justice pendant le cours des opérations auxquelles nous procédons en cette ville, rue de..., pour cause de... Donné à..., le... 1822.

Signature et Sceau du Juge.

Cette Réquisition peut servir dans tous les cas où il y a lieu d'en faire, par un Officier de police judiciaire.

16.me Modèle. *Procès-verbal pour régulariser une Détention qui peut l'être, en cessant d'être arbitraire* (1).

Aujourd'hui... 1822,... heures du..., nous, Juge de paix de....., etc. (*Suivez le Modèle, n° 13, jusqu'à ces mots : Auquel nous avons fait part du sujet de notre transport, et continuez ainsi*) : à quoi il a répondu que... (*sa réponse*). Alors, nous étant fait représenter la personne détenue, nous l'avons interrogée de ses prénoms, nom, qualité, demeure, et des causes de sa détention; sur quoi elle a dit se nommer....., etc.; qu'elle est détenue pour cause de..., etc.

Attendu que la cause de détention paraît avoir un caractère légal, et qu'elle peut d'ailleurs se régulariser, nous ordonnons que ledit... sera sur-le-champ conduit sous bonne et sûre garde devant M.. (*le magistrat compétent*); à l'effet de quoi nous avons délivré le mandat d'amener, et chargé P..., (*huissier ou gendarme*) de son exécution. Fait et clos le présent, etc.

Nota. Le Mandat d'amener qui se délivre en ce cas, est le même dont j'ai donné le modèle *suprà*. *Voyez-le.*

17.me Modèle. *Procès-verbal contre un Geolier ou Gardien, qui refuse de communiquer ses Registres au Juge de paix.*

Aujourd'hui..., février 1822..., heures du..., nous, Juge de paix de..., officier de police judiciaire, voulant nous

____

(1) Article 616, code d'instruction criminelle... S'il est allégué quelque cause légale de détention, on fera conduire sur-le-champ la personne détenue, devant le Magistrat compétent.

assurer des causes de la détention de....., détenu dans la
maison d'arrêt de... , afin de vérifier si cette détention n'est
pas arbitraire, nous sommes transportés dans ladite maison
d'arrêt, et y étant entrés dans...... (*telle pièce*), parlant
à..., gardien, nous l'avons sommé, au nom de la loi, de
nous représenter ses registres, et de nous en laisser prendre
telle copie ou extrait qu'il nous plaira ; à quoi il s'est refusé,
ne disant que... Sommé de nouveau ledit.. d'obéir à justice,
en lui déclarant que s n refus l'expose à être *poursuivi*
comme coupable ou complice de Détention arbitraire (1) ;
il a persisté dans son refus, duquel nous lui avons
déclaré procès-verbal, que nous avons rédigé en sa présence,
et dont lecture lui a été faite, avec réquisition de le signer ;
ce qu'il a refusé de faire (*ou il a signé*). Fait et clos le présent... etc.

Un tel Procès-verbal se transmet sur-le-champ au Procureur
du Roi, qui requiert les poursuites nécessaires contre le gardien
refusant.

18.me Modèle. *Procès-verbal d'un Bris de Scellé par Pré-*
méditation, ou pour Vol.

Le.. 1822,... heures du.., nous, Juge de paix de.., officier
de police judiciaire, sur la réquisition de P....., demeurant à..., gardien des scellés par nous apposés, le...., dans
le domicile de....., situé à..., nous sommes transportés dans
ladite maison, où étant entrés dans un salon, ledit P..... ,
nous a dit que... (*ici la déclaration du bris de scellé, avec*
tous les détails du fait, et des violences ou vols qui s'en
sont suivis).
Sur cette déclaration, nous avons procédé de la manière
suivante : Avons remarqué que le scellé apposé sur... (*tel*
meuble), est rompu *ou* altéré, savoir : (*ici l'état du bris,*
ou de l'altération ou des effractions s'il y en a). Avons
remarqué que, d'après ces circonstances, ledit scellé a nécessairement été rompu par préméditation, d'autant qu'ayant
fait ouvrir ledit meuble, il s'est trouvé vide, ce qui ne permet pas de douter que les effets qu'il contenait ont été en-

---

(1) Expressions mêmes de l'article 618 du code d'instruction criminelle.

levés. Au surplus; procédant à la recherche des preuves du délit, de ses auteurs et complices, attendu que le délit est flagrant, puisqu'il vient d'être commis et déclaré, nous avons, sans désemparer, et par procès-verbal séparé, entendu les témoins qui nous ont été indiqués (*ou que nous avons désignés*).

(Suivez, pour le reste de cet acte, le Modèle 4.ᵐᵉ, soit pour décerner le mandat d'amener, lorsqu'il y a lieu, soit pour faire des visites dans le domicile du prévenu ; et, si le prévenu est présent, on l'énonce au préambule comme au n.° 5).

Nota. On réappose le Scellé quand le meuble n'est pas entièrement vidé, et lorsqu'il n'y a pas des effractions qui en empêchent.

19.ᵐᵉ MODÈLE. *Constatation d'un Bris de Scellé commis par Inadvertance.*

Aujourd'hui... mai 1822,... heures du... , devant nous, Juge de paix de... , officier de police judiciaire, et assisté de notre greffier (1), est comparu N... , demeurant à... , établi par nous gardien des scellés apposés le... , sur les meubles et effets de la succession de... , lequel nous a dit que... (*Ici la déclaration circonstanciée de la rupture accidentelle du scellé, et l'indication des témoins du fait*) ; Et a le comparant signé (*ou déclaré ne le savoir*).

Vu la déclaration ci-dessus ; attendu que tout bris de scellé doit être constaté, parce qu'il peut être ou délit ou crime ; attendu que l'accident allégué doit être également établi ; nous ordonnons que nous nous transporterons dans la maison située à... , rue de... , en laquelle sont apposés les scellés dont il s'agit.

Arrivés à ladite maison, et étant entrés dans... (*telle pièce*), nous avons remarqué que le scellé apposé sur tel meuble, est rompu... (*exprimez la manière dont est*

---

(1) Le juge doit être dans ce cas assisté du greffier, quoiqu'il opère comme officier de police judiciaire, parce que le scellé est réapposé, lorsqu'il n'apparaît pas de délit.

faite la rupture ou l'altération); avons remarqué cependant qu'il n'y a aucune effraction sur ledit meuble.

Ayant mandé L..., locataire ou propriétaire, habitant cette maison, nous l'avons requis de nous déclarer ce qui peut être à sa connaissance sur le bris du scellé dont il s'agit; il a déclaré que... Nous avons aussi mandé P..., domestique dans la même maison, et lui avons fait pareille requisition de déclarer ce qui est à sa connaissance sur l'événement dont il est cas; à quoi il a répondu... (*ici sa réponse*). — Ces déclarations faites, nous avons fait ouvrir le meuble sur lequel est le scellé rompu, avec la clef remise par le greffier. Alors les personnes présentes ont déclaré que le contenu dans ce meuble leur paraît dans le même état que lors du scellé. Et ayant fait refermer ledit meuble à clef, laquelle a été remise au greffier, nous y avons réapposé le scellé, en laissant subsister les empreintes du premier scellé. Le tout a été confié à la garde dudit..., pour y avoir recours s'il y a lieu. Au surplus, copie du présent procès-verbal sera transmise, dans vingt-quatre heures, à M. le Procureur du roi de..., aux fins de droit. Fait et clos, sur les... heures du..., et ont les différentes personnes comparantes signé avec nous, ou déclaré ne le savoir. (*Signatures.*)

20.ᵐᵒ Modèle. *Procès-verbal pour constater un Délit ou Crime, découvert à l'Audience du Juge de paix* (1).

Aujourd'hui... 1822,.. heures du..., nous, Juge de paix de..., officier de police judiciaire, Certifions et rapportons qu'en procédant ce jour à l'instruction de la cause pendante devant nous, entre..., demeurant à.... Et.... au sujet de..., il a été entendu comme témoins : 1° (*Prénoms, nom, qualité et demeure*); 2°... (*de même*); lesquels ont déposé que... (*le sommaire des dépositions*). Attendu qu'il résulte de ces dépositions, une prévention suffisante de crime (*ou de délit*), contre..., nous disons que copie desdites dépositions sera adressée, dans les vingt-quatre heu-

---

(1) Article 29 du code d'instruction criminelle. *Voyez* aussi le 4.ᵉ paragraphe de l'article 358 du même code.

res, à M. le Procureur du Roi de...., avec le présent procès-verbal, que nous avons rédigé audience tenante, et dont nous avons donné lecture aux parties, avec sommation de le signer avec nous ; ce qu'elles ont fait (*ou refusé de faire*).

S'il s'agit d'un Crime commis à l'audience d'un juge seul, il fera arrêter le délinquant, dressera procès-verbal des faits, et'enverra le tout au juge compétent. (*Article* 506, *code d'instruction criminelle.*)

21.me Modèle. *Variation d'un semblable Procès-verbal, quand le Délit résulte de Pièces produites devant le juge de paix.*

Aujourd'hui..., etc. Nous etc., certifions et rapportons qu'en procédant à... (*telle opération ou telle instruction de cause*), il a été produit ce jour à..., heures du..., devant nous..., une feuille, *ou* une demi-feuille de papier timbrée (*ou non*), contenant.... pages écrites, le surplus en blanc, commençant par ces mots..., et finissant par ceux-ci..., Signé... et...

Lecture faite de ces pièces, nous y avons remarqué le passage suivant : (*transcrire celui qui caractérise le délit ou crime*). Attendu qu'il résulte de ce passage, une prévention de délit ou crime contre..., demeurant à..., lequel est présent, nous l'avons requis de reconnaître si ladite pièce est son ouvrage, s'il a exécuté le passage ci-devant transcrit, s'il a... etc... etc.

A quoi il a répondu que... (*sa réponse sur chaque question*). Alors nous avons visé *ne varietur* ladite pièce, et avons requis ledit... d'en faire le semblable, ce qu'il a fait *ou* refusé de faire. De quoi nous avons dressé le présent pour valoir. Lecture faite audit..., avec réquisition de le signer, il a refusé de le faire, *ou* il l'a fait, etc.

22.me Modèle. *Autre Variation pour Irrévérences graves commises en l'audience envers le Juge* (1).

----

(1) L'article 11 du code de procédure civile est changé par les articles 222 et 223 du code pénal.

Aujourd'hui... 1822 , nous, Juge de paix de..., rapportons qu'en donnant à l'instant audience à.., demeurant à..., et à..., demeurant à..., pour les entendre respectivement dans leurs moyens et défenses, dans la cause qu'ils ont devant nous, au sujet de...; ledit...., en déduisant ses défenses (*ou moyens*) *ou* après le jugement par nous rendu dans cette cause, s'est livré à des irrévérences graves à notre égard, en nous traitant de..., *ou* en nous imputant... (*ici il faut exprimer avec détail les faits, les circonstances, gestes ou menaces*). Ayant remontré audit... l'indécence et la gravité de ses procédés insultans, il a répondu que.... (*ou il a réitéré ses outrages*), de quoi nous lui avons déclaré procès-verbal, que nous avons rédigé en sa présence, audience tenante, et lui en avons donné lecture, en le sommant de le signer, ou de déclarer s'il ne le sait ou s'il refuse de le faire. (*ou a signé, ou refusé, ou dit qu'il ne sait signer*).

Quand un ou plusieurs Assistans donnent en l'audience des signes d'approbation ou d'improbation, ou s'ils excitent du tumulte avec voie de fait ou non, *voyez*, pour la Manière de les réprimer, les articles 504 et 505 du code d'instruction criminelle, et ce que je dis ci-après à Procedures en simple police.

Lorsqu'un prévenu, contre lequel il y a un mandat d'arrêt, ne peut être saisi, le porteur du mandat en dresse le procès-verbal, qui doit être, entr'autres formalités, visé par le Juge de paix du lieu; ce qu'il fait ainsi :

Vu par nous, Juge de paix de..., sur la présentation de..., huissier... Fait en notre prétoire à..., le... 1822.

Ce Visa se donne aussi dans le cas prévu par l'article 98 du code d'instruction criminelle, c'est-à-dire, lorsque le prévenu est saisi hors de l'arrondissement de l'officier qui a délivré le mandat d'amener, de dépôt ou d'arrêt.

Enfin les Juges de paix, comme officiers de police judiciaire, ont le droit d'approuver ou de refuser les attestations de bonne conduite délivrées par les maires et les conseils municipaux des lieux qu'auront habités les condamnés qui sont dans le cas de demander leur réhabilitation. Voici les Formes de ces approbations, ou de ces refus.

Formule *approbative, au pied des Certificats.*

Vu l'attestation ci-dessus, *ou* de l'autre part, nous, Juge de paix de..., déclarons l'approuver. Fait au prétoire le...

Formule *négative.*

Vu par nous, Juge de paix de..., le certificat ci-dessus, déclarons ne pouvoir l'approuver... Fait à... le...

PROCÉDURES EN SIMPLE POLICE. Le premier Acte de cette procédure n'est pas la citation, c'est l'Avertissement que la loi autorise le juge à donner au prévenu, pour paraître volontairement à l'audience du tribunal de police et y être jugé. Il est vrai que cet avertissement ne produit qu'un effet facultatif, de sorte que, si le prévenu refuse de comparaître, il faut le citer.

Toutes contraventions établies par le nouveau code et par les lois anciennes auxquelles il n'est pas dérogé, sont du domaine de la police simple ; elles doivent se justifier par rapports, procès-verbaux, preuve testimoniale, ou par les aveux des parties. *Voyez*, pour la législation et la jurisprudence, mon Recueil général, tome 2, pages 116 et suivantes, 151 et suivantes.

1.ᵉʳ Modèle. *Avertissement du Juge de police.*

Le Juge de paix, président du tribunal de police de..., invite R.., demeurant à..., à comparaître, le... de ce mois,... heures du .. , à l'audience du tribunal de police, pour être entendu et jugé sur la plainte portée contre lui verbalement par.., au sujet de..., et, à faute de comparaître, il sera cité dans la forme ordinaire. Donné à..., le...

Si le Prévenu comparaît, la forme du jugement est la même que s'il y avait eu citation : on y fait mention cependant, que les parties ont comparu volontairement.

2.ᵐᵉ Modèle. *Plainte ou Citation en simple Police, pour cause d'Injures.* (1)

L'an 1822, et le..., à la requête de... (*prénoms, nom,*

______

(1) Articles 145 et 146, code d'instruction criminelle. Les délais sur ces citations sont les mêmes qu'en matières civiles, ils peuvent être abrégés dans les cas urgens. *Voyez* ci-devant *verbo* CITATION.

qualité, demeure, élection de domicile du plaignant),
j'ai.., (*immatricule de l'huissier*), soussigné, à... demeurant
à..., en parlant à..., donné citation à comparaître, le... de ce
mois..., heures du..., devant M. le Juge de paix de..., présidant
le tribunal de police de.., en son prétoire, audience tenante,
pour être déclaré convaincu d'avoir, le... de ce mois, à...
heures du..., insulté et outragé le demandeur, sans provoca-
tion, en le traitant de..., (*ici les injures proférées*), *ou* en
le menaçant de..., (*exprimer les menaces*); pour réparation de quoi sera ledit..., condamné à se rétracter desdites
injures, sinon que le jugement tiendra lieu de la rétracta-
tion; et il sera condamné en outre, par forme de réparation
civile, à payer la sommme de..., pour dommages-intérêts
envers le requérant, et enfin aux dépens, sauf la jonction
du ministère public pour l'application de la peine. Les motifs
de la présente sont que... (*libellez ici la citation* (1). (Le
coût du présent est de... Fait et délaissé... (*Suivez la finale*
des citations ordinaires.)

Ce Modèle peut servir pour citer sur toutes Contraventions, en y
faisant de légers changemens. Je vais cependant donner quelques
variations.

5.me Formule. *A la requête du Ministère public contre*
Celui qui a obstrué ou dégradé la Voie publique, suivant
un Procès-verbal.

L'an 1822 et le..., à la requête de M. le commissaire de
police de..., exerçant le ministère public près le tribunal de
police de la même ville, y demeurant, où il fait élection
de domicile, j'ai... etc. etc., donné citation à comparaître
le... de ce mois... etc. (*comme au modèle précédent*), pour
être déclaré convaincu de contravention pour s'être permis,
sans nécessité, le... de ce mois, de déposer sur la rue de...,
ou sur le chemin public de.... à..., des pierres, décombres,
etc., qui obstruent ladite rue (*ou chemin*), et empêchent
ou gênent la circulation publique... (*ou encore*), pour

---

(1) *Ratione petendi.* Le défaut absolu de motifs dans une plainte, la
rendrait inadmissible.

s'être permis, le..., de dégrader ledit chemin (*ou rue de...,*) en y faisant... (*exprimez la dégradation*), ainsi qu'il est constaté par procès-verbal dressé par..., le..., pour réparation de quoi sera ledit... condamné à faire enlever, dans les vingt-quatre heures, les choses par lui déposées sur... (*ou à réparer les dégradations par lui commises*), faute de quoi le requérant sera autorisé à faire faire, aux dépens dudit..., les enlèvemens (*ou les réparations*) dont il s'agit; auquel cas, il sera condamné à rembourser ce qu'il en aura coûté au requérant, suivant les quittances qu'il en rapportera, et, en outre, pour la vindicte publique, en l'amende de 5 fr., prononcée pour pareille contravention, et aux dépens. Fait et délaissé etc.

4.me FORMULE. *Citation à la requête de la Partie publique, contre un Prévenu et une Personne responsable civilement.*

L'an 1822 et le..., à la requête de M. le Commissaire de police etc. etc., j'ai... soussigné, à chacun séparément de... (*le prévenu*), et de... (*la personne responsable*), en parlant à...; donné citation à comparaître, etc., pour être de la part dudit... (*le prévenu*), déclaré convaincu de contravention, pour avoir, le... de ce mois, laissé passer, vaguer et paître les bestiaux dont il est le gardien, sur un terrain ensemencé en froment, appartenant à..., situé à....., confrontant du levant à..., etc., suivant qu'il est constaté par procès-verbal du...; pour réparation de quoi, être condamné en l'amende de dix francs, conformément à la loi (1), et aux dépens; et pour, de la part dudit... (*la personne responsable*), voir déclarer commune avec lui les condamnations pécuniaires qui seront portées contre ledit (*le prévenu*), dont il est civilement responsable dans la circonstance, comme son domestique, et gardant ses bestiaux, lors de la contravention dont il est cas. Fait et délaissé, etc.

5.me FORMULE. *Citation à la requête du Ministère public, pour faire réprimer une Contravention qui emporte Confiscation, Amende et Emprisonnement.*

____

(1) Article 475 du code pénal, dixième paragraphe.

L'an 1822, et le..., à la requête de M. le Commissaire de police etc. j'ai..., donné citation etc., pour être déclaré convaincu d'avoir vendu et débité de l'huile d'olive falsifiée, (*ou une tonne de vin rouge*), laquelle falsification consiste dans..., (*expliquez le procédé*) (1); suivant qu'il est constaté par procès-verbal dressé, le..., enregistré le...; pour réparation de quoi, il sera condamné à l'amende de dix francs, et à un emprisonnement de trois jours, conformément aux articles 475 et 476 du code pénal. Au surplus, sera ladite tonne de vin (*ou d'huile*) déclarée confisquée, pour être répandue, ainsi qu'il est ordonné par l'article 477 du même code; et sera ledit... condamné aux dépens. Fait et délaissé etc.

Si avant le jour de l'audience, il y a lieu d'estimer ou de faire estimer des Dommages qualifiés contravention par la loi, on y procède de deux manières, dont voici les Formules.

N.° 6 *Ordonnance pour estimer un Dommage avant l'Audience, et pour citer le Prévenu.* (2)

Nous, Juge de paix de..., président du tribunal de police de..., sur la plainte verbale qui nous a été faite par.., propriétaire, demeurant à..., que..., (*expliquer le fait du dommage et dire par qui il a été commis*) : ce qui a causé un dégât assez considérable, dont il demande l'estimation avant l'audience du..., à laquelle il entend faire appeler l'auteur de la contravention,

Ordonnons, sans rien préjuger, que, demain, à... heures du..., visite et estimation seront faites par nous du dommage dont il s'agit, parties présentes ou appelées. Ce qui sera exécuté par provision, nonobstant appel ou opposition. Donné au prétoire etc.

Au pied de cette ordonnance on met la Citation suivante:

Notifié et laissé copie de la présente ordonnance, à la

---

(1) Dans le cas où les mixtions sont nuisibles à la santé, le fait devient correctionnel, et il faut renvoyer la cause et les parties devant le procureur du roi. *Voyez* l'article 318 du code pénal.

(2) Article 148 du code d'instruction criminelle.

requête de..., demeurant à..., où il élit domicile, au sieur..,
demeurant à..., en son domicile, en parlant à..., avec sommation de comparaître, demain, à... heures du.., sur le
champ, désigné et confronté dans ladite ordonnance, pour
assister à l'estimation dont il est cas, sinon il sera procédé
tant en sa présence qu'en son absence; et, de plus, j'ai audit..., en parlant comme dessus, donné citation à comparaître, le... de ce mois..., heures du...., au prétoire et
pardevant M. le Juge de paix de..., présidant le tribunal de
police de..., pour être déclaré convaincu de contravention à raison du fait mentionné en ladite ordonnance, et
condamné à payer, pour réparation du dommage, la somme
à laquelle il sera estimé; sauf la jonction du ministère public pour l'application de la peine. Fait par moi..., (*imma-*
tricule de l'huissier). Le coût du présent est de...

Si le Juge de paix ne peut ou ne veut estimer par lui-même, il
nomme des Experts par la cédule suivante :

7.me Formule. *Nomination d'Experts par le Juge de*
police.

Nous, Juge de paix de..., président du tribunal de police
de..., sur l'exposé qui nous a été fait par..., demeurant
à..., que..., (*ici le sommaire du fait qui a occasionné*
le dommage), ordonnons que visite et estimation seront
faites du dégât dont il s'agit, par....., (*les noms et de-*
meures d'un ou de trois experts), que nous nommons
à cet effet, et qui opéreront, le... , à...... heures du.....,
parties présentes ou appelées; lesquels experts seront tenus
de déposer leur rapport au greffe du tribunal et d'en affirmer la sincérité à l'audience qui suivra leur estimation : ce
qui sera exécuté par provision. Donné au prétoire à....,
le...

Au pied de cette cédule on écrit la Notification suivante :

Le... mai 1822, à la requête de..., demeurant à..., où il
élit domicile, j'ai... (*immatricule de l'huissier*), soussigné, à chacun séparément de... (*le prévenu*) demeurant
à..., en son domicile, en parlant à..., et de..., demeurant
à..., expert ci-devant nommé, en son domicile, en parlant

à..., signifié et donné copie de l'ordonnance ci-dessus, et de l'autre part, à ce qu'ils n'en ignorent; en vertu de laquelle je leur ai fait sommation de se trouver, le... de ce mois,... heures du..., sur... (*le lieu du dommage*), pour, de la part dudit... (*le prévenu*), assister à l'opération de l'expert pour les visite et estimation ordonnées; et de la part dudit.... (*l'expert*), procéder en son ame et conscience auxdites visite et estimation. Au surplus, et à la même requête que dessus, j'ai audit... (*le prévenu*) donné citation à comparaître, etc. (*Suivre la finale de la Formule,* n.° 6).

N.° 8. Procès-verbal *d'Estimation fait par le Juge de police.*

Aujourd'hui... mars 1822,... heures du..., nous, Juge de paix, président du tribunal de police de..., assisté du greffier, en vertu de notre ordonnance du..., enregistrée et notifiée le..., par..., huissier, et à la requête de..., demeurant à..., nous sommes transportés sur..., confrontant..... etc. etc., aux fins d'estimer le dommage prétendu fait sur ce terrain par...; où étant arrivés, le requérant étant présent, ainsi que... (*le prévenu*), nous avons procédé ainsi qu'il suit : Premièrement, le requérant en persistant dans sa plainte, a dit que... A quoi ledit... (*le prévenu*) a répondu que..., etc. (*Si le défendeur ne comparaît pas, on dit :*) Et après avoir attendu une heure au-delà de celle indiquée, sans que ledit... ait comparu ni personne pour lui, nous avons donné défaut contre lui, et, pour le profit, passé outre à l'estimation ordonnée.

À laquelle procédant, avons remarqué.. (*les traces du dommage dans le plus grand détail, avec les indices ou preuves qui peuvent être présentées par le local*). Cette visite faite, nous estimons le dommage constaté à la somme de..... Fait et clos le présent, sur l'heure de..... Lecture faite aux parties, elles ont signé (*ou déclaré ne le savoir etc.*).

Ce procès-verbal ne se signifie pas, mais on en donne lecture à l'audience. Quand des experts font l'estimation au lieu du juge, si l'un d'eux ou plusieurs ne savent signer, le greffier rédige leur rapport. *Voyez-en* la formule ci-devant à EXPERTS, avec l'acte de dé-pôt du rapport.

Si le prévenu est jugé par défaut, suivez le Modèle de jugement donné pour ce cas, *verbo* JUGEMENT PAR DÉFAUT. Suivez aussi les formules du même article, lorsqu'il y a opposition, soit en demandant soit en défendant, ou si avant de faire droit il est ordonné un interlocutoire, ou si, après avoir comparu, le défendeur se laisse condamner par défaut. Dix formules sont données pour des juge-mens civils par défaut : toutes sont applicables aux causes de simple police. Il n'y a d'autre changement à faire qu'aux mots *Parties ouïes*, auxquels on ajoute : *Ensemble M. le Commissaire de police*, ou *M. l'Adjoint du maire de...*, *exerçant le ministère public près le tribunal*, lequel a résumé la cause, et donné ses conclusions tendantes à... Nul jugement ne doit être prononcé en police, sans que le ministère public soit entendu.

Quant aux Incidens particuliers à la police, je dois les donner par de nouvelles Formules. Les voici :

N.° 9. JUGEMENT *sur l'Exception de Nullité pour l'Inob-servation des Délais ordinaires* (1).

Entre..., demeurant à..., demandeur, comparant en per-sonne (*ou par fondé de pouvoir, suivant acte du..., enre-gistré le... etc., etc.*). Et..., demeurant à..., défendeur, comparant aussi en personne. — Par sa citation du..., en-registrée le.., le demandeur a conclu à ce que.....

Le défendeur a dit : Qu'il est illégalement cité, parce que le délai de vingt-quatre heures que la loi fixe, n'est point observé ; que ces vingt-quatre heures sont franches, c'est-à-dire que le jour de la citation et celui de la comparution ne sont pas comptés; qu'ainsi n'ayant été cité que le..., pour cette audience, la citation est nulle, et qu'il en demande la nullité. A quoi le demandeur a répondu que... (*sa réponse*). Sur quoi, les questions à décider sont : Dans le droit : le délai fixé par la loi est-il ou non observé ? la nullité doit-elle être prononcée ? Parties ouïes, ensemble M. le Commissaire

---

(1) La citation ne pourra être donnée à un délai moindre que vingt-quatre heures, outre un jour par trois myriamètres, sauf dans les cas ur-gens, où il peut être abrégé par le juge. (*Article* 146, *code d'instruction criminelle.*) Il n'y a pas lieu à la réassignation, comme en matière ci-vile ; il faut ici prononcer la nullité.

de police exerçant près le tribunal, dans ses conclusions tendantes à... (*les exprimer*).

Attendu que la seule représentation de la plainte prouve que le délai ordinaire n'a pas été observé ; attendu que cette inobservation emporte la nullité formelle de la citation, d'après le texte de la loi, Le tribunal déclare nulle ladite citation, et condamne le demandeur aux dépens, taxés à..., sauf son recours contre l'huissier instrumenteur. Jugé et prononcé publiquement par M..., Juge de paix de..., président du tribunal de police de.., en son prétoire, le...,1822.

Nota. Cette Nullité ne peut être proposée qu'à la première audience, avant toutes autres exceptions ou défenses.

10.me Modèle. *Rejet de la Preuve testimoniale offerte contre un Procès-verbal qui mérite foi jusqu'à Inscription de faux* (1).

Entre M. le Commissaire de police de..., exerçant le ministére public près le tribunal, demandeur, comparant en personne, Et..., défendeur, demeurant à..., comparant aussi en personne. Par procès-verbal du..., rapporté par..., enregistré le..., dont lecture a été faite en l'audience par le greffier, il est constaté que... (*exprimer les faits avec quelques détails*); Pourquoi M. le Commissaire de police a conclu à ce que... (*ses conclusions.*)

Le défendeur a comparu et a dit : Que les faits etablis au procès-verbal rapporté contre lui sont controuvés, parce que... ; ce dont il offre de faire la preuve par témoins. M. le Commissaire de police a répondu que... Sur quoi il y a lieu de décider : Dans le fait : etc. Dans le droit, si la preuve contraire est inadmissible. — Ouï le prévenu dans son exception, et M. le Commissaire dans ses conclusions ; attendu que le procès-verbal est fait par un fonctionnaire auquel la loi donne le droit d'en être cru jusqu'à inscription de faux; attendu que la preuve testimoniale ne peut être admise contre un tel acte, à peine de nullité, Le tribunal déboute le défendeur de son exception, ordonne qu'il défendra au fond à la première audience, dépens réservés.

---

(1) Article 154, code d'instruction criminelle.

11.me Modèle. *Admission de la Preuve contre un Procès-verbal de Garde-champêtre.*

, Entre M. le Commissaire de police..., etc. Et etc. (*Suivez la précédente formule jusqu'au dispositif, qu'il faut faire ainsi*) :

Ouï le prévenu dans ses exceptions, ensemble M. le Commissaire de police exerçant le ministère public près le tribunal; Considérant que tout procès-verbal de garde-champêtre est susceptible d'être débattu par la preuve contraire; Considérant que les faits allégués par le défendeur sont pertinens et admissibles pour parvenir à cette preuve, s'il y a lieu, Le tribunal, sans rien préjuger, ordonne qu'à la première audience, le défendeur fera preuve par témoins ou par écrit des faits par lui allégués, pour être ensuite statué ce que de droit, dépens réservés. Jugé et prononcé, etc.

12.me Modèle. *Jugement qui ordonne une Preuve testimoniale sur de simples Faits contraires.*

Suivez le Modèle d'un pareil jugement donné à Jugemens non-définitifs, première formule; mais il faut y ajouter ces mots : *Parties ouïes, ensemble le ministère public dans ses conclusions, tendantes à...*

En vertu du jugement qui ordonne cette preuve, on cite les témoins suivant le modèle de citation placé à Douanes, n° 13; ou suivant la cédule placée à Actions possessoires. *Voyez* le quatrième Modèle des Cedules avec la note.

13.me Modèle *Reproches contre des Témoins.*

Les Reproches sont insérés dans le jugement définitif ou non-définitif qui contient l'enquête, et il est fait droit par le même jugement sur ces reproches, en statuant au fond. J'ai donné une Formule sur ce point à Jugemens définitifs, *suprà. Voyez-en* le n° 7, avec sa variation. Il faut y ajouter cependant, comme je viens de le dire pour le modèle précédent : *Parties ouïes, ensemble le ministère public dans ses conclusions tendantes à...* etc. etc. Sans quoi il y aurait Nullité (1).

14.me Formule. *Jugement qui ordonne de réassigner un Témoin non-comparant une première fois.*

Entre..., etc. Et... etc. Par sa citation du..., le deman-

____

(1) Article 153, code d'instruction criminelle.

deur a exposé que... ; En conséquence il a conclu à ce que...
(*ici ses conclusions*). — Le défendeur ayant dénié les faits
qui lui sont imputés, à l'audience du..., et le demandeur en
ayant offert la preuve, le tribunal, sans nuire ni préjudicier
aux droits et moyens des parties, ordonna que la preuve des
faits soutenus et déniés serait faite à cette audience.

En exécution de ce jugement le demandeur a fait appeler
... (*Suivez la formule n° 7 des* Jugemens définitifs, *jusqu'aux questions de fait et de droit, et continuez ainsi*).
Sur quoi il s'agit de décider : Dans le droit : la cause est-
elle en état d'être jugée ? le témoin défaillant doit-il être d'a-
bord entendu, et pour cela réassigné à ses frais ?

Parties ouïes, ensemble M. le commissaire près le tribunal
dans ses conclusions, tendantes aux dispositions suivantes ;
Attendu que le témoin N..., n'a pas obéi à justice sur la citation qui lui a été donnée ; Attendu qu'en ce cas, la loi ordonne de prononcer l'amende dès le premier défaut, contre
le témoin défaillant (1) ; Attendu que la déposition de ce
témoin est d'ailleurs nécessaire pour compléter l'instruction
de la cause, Le tribunal condamne le témoin N..., en l'a-
mende de... (*celle que la loi applique à la contravention
poursuivie*), (2) et ordonne qu'il sera réassigné à ses frais,
pour déposer à l'audience du..., à laquelle les parties seront
tenues de comparaître, sinon sera fait droit. Ainsi prononcé
par M..., Juge de paix de.., etc.

Pour la Réassignation dont il est parlé en ce modèle, on se sert
d'une citation ordinaire à témoins. *Voyez* Douanes n° 13 : on
ajoute à ce modèle la mention du jugement qui ordonne la réassignation, sans le signifier.

15.me Formule. *Contrainte par corps, contre un Témoin
deux fois refusant de comparaître.*

Entre... etc. Et..., etc. Le demandeur par sa citation a
conclu à ce que..., etc. Par jugement préparatoire du..., il
a été ordonné, sur les faits soutenus et déniés par les par-

---

(1) Article 157, code d'instruction criminelle.
(2) *Voyez* le Recueil général de la Jurisprudence des Justices de paix,
page 163, tome 2.

ties, que preuve testimoniale serait faite à l'audience du...; que... (*ici énoncez les faits*). Par autre jugement dudit jour..., (*celui de l'enquête*), il a été ordonné que N..., témoin refusant de comparaître, serait réassigné à ses frais, pour la présente audience : ce témoin a au surplus été condamné en l'amende de...

Pour satisfaire à ce second jugement, le demandeur a dit qu'il a fait réassigner ledit N..., pour déposer présentement dans la cause d'entre lui et le défendeur, suivant qu'il appert par citation de....., huissier, du..., enregistrée le....., laquelle a été représentée et lue par l'huissier de service. Cette lecture faite, le témoin N..., a été appelé plusieurs fois, sans qu'il ait comparu en personne pour présenter des excuses. Le demandeur a dit que.... (*Sa demande de contraindre le témoin*). A quoi le défendeur a répondu que... Sur quoi il est à décider : Dans le fait... etc. Dans le droit : Y a-t-il lieu de prononcer la contrainte par corps contre le témoin récalcitrant? Parties ouïes, ensemble le commissaire près le tribunal dans ses conclusions tendantes à...; considérant que le témoin N... est pour la seconde fois refusant d'obéir à justice, sans s'excuser ou se faire excuser; considérant que cette conduite est répréhensible, et que la loi prononce en pareil cas la contrainte par corps, Le tribunal, sans rien préjuger, ordonne que le témoin N... sera saisi et appréhendé au corps par P..., huissier, qui est commis à cet effet, afin d'être conduit et amené à l'audience du... de ce mois, pour y faire sa déposition sur les faits qui divisent les parties, lesquelles seront tenues de comparaître à la même audience pour recevoir jugement. Ainsi prononcé... etc.

L'exécution d'un tel jugement peut se faire à l'instant de sa simple notification, par un procès-verbal que l'huissier dresse comme pour toute autre contrainte par corps. Elle peut se faire aussi par un mandat d'amener. *Voyez*, à cet égard, mon Recueil général de la Jurisprudence des Justices de paix, pages 164 et suivantes. *Voyez* aussi ci-devant POLICE JUDICIAIRE, N° 9.

16.ᵐᵉ MODÈLE. *Annullation de Procédure, pour un Fait qui ne présente ni Délit ni Contravention.*

Entre... etc... Et... etc. Par sa plainte, le demandeur a

conclu à ce que... Exposant sa demande, il a dit que..... A quoi le défendeur a répondu que ce n'est pas le cas de le traduire devant un tribunal de police, parce que le fait qui lui est imputé n'est qualifié ni délit, ni contravention ; que ce fait ne donne lieu qu'a une action pure personnelle (*ou mobilière ou possessoire*) ; qu'au surplus, il réserve ses défenses au fond, devant juges compétens ; mais qu'il soutient quant à présent, que l'action du plaignant doit être annulée avec dépens. Le demandeur a répliqué que..... Sur quoi il s'agit de décider si le fait qui a donné lieu à la plainte est qualifié contravention par la loi ? ou si au contraire il y a lieu d'annuler la citation. et ce qui s'en est suivi ? — Parties ouïes, ensemble M. le Commissaire de police dans ses conclusions tendantes à... ; attendu que le fait porté par la plainte n'est déclaré contravention par aucune loi, Le tribunal, en vertu de l'article 159 du code d'instruction criminelle, annulle la plainte du demandeur, et ce qui s'en est ensuivi, et le condamne aux dépens pour tous dommages-intérêts, taxés à..., non compris le coût, etc.

Nota. Si le Prévenu demandait dans cette hypothèse des Dommages-intérêts, et s'il y avait lieu d'en accorder, la loi permet de le faire.

17.me **Modèle.** *Jugement qui renvoie la Cause et les Parties devant le Procureur du Roi* (1).

Entre....., etc. Et....... etc. (*Suivez les Formules précédentes, jusqu'au dispositif qui sera ainsi*) : Parties ouïes, ensemble M. le Commissaire près le tribunal, dans ses conclusions tendantes à... ; attendu que le fait porté par la plainte est réputé délit par l'article...... du code pénal;

Attendu que le code d'instruction criminelle prescrit en ce cas de renvoyer devant le procureur du Roi, la cause et les parties, Le tribunal ordonne ce renvoi devant M. le pro-

____

(1) Article 160, code d'instruction criminelle. Si le fait est un délit qui emporte une peine correctionnelle, ou plus grave, le tribunal renverra les parties devant le procureur du Roi.

cureur du Roi de.., auquel, à cet effet, expédition du présent
jugement sera adressée ; dans les 24 heures, par le président
du tribunal. Fait et prononcé par M..., etc.

18.me Modèle. *Sursis à statuer sur une Contravention,
attendu une Exception réelle ou de servitude* (1.).

J'ai donné, à l'article JUGEMENS NON-DÉFINITIFS, un modèle d'un
tel sursis sur une action possessoire. Ce modèle s'applique parfaitement à l'incident que je prévois ici.

Il suffit d'y ajouter les conclusions du ministère public, et d'y
appliquer l'un des articles du code pénal, ci-dessous cité par le
renvoi.

19.me Modèle. *Jugement définitif contradictoire sur la
simple plainte sans Incident.*

Entre P..., propriétaire, demeurant à..., demandeur suivant cédule de..., huissier, enregistrée le..., comparant ledit
P..., en personne;

Et G..., cultivateur, demeurant à..., défendeur, comparant aussi en personne (*ou par L..., son fondé de pouvoir,
en vertu de..*).

Le demandeur a conclu à ce que N... soit déclaré convaincu
de contravention à son préjudice, pour s'être permis, le.....
de ce mois, de faire.. (*expliquez la contravention avec ses
circonstances*); pour réparation de quoi sera ledit.... condamné à la somme de..., pour dommages-intérêts par forme
de réparation civile, et aux dépens, sauf la jonction du mi-
mistère public, pour la vindicte publique.

Exposant les motifs de sa plainte, le demandeur a dit que...
(*les moyens*). Il a été répondu par le défendeur que...
(*ses défenses*).

Et par le demandeur à été répliqué que....., etc. Sur
quoi les questions à décider sont : Dans le fait..., etc. Dans
le droit..., etc.? Parties ouïes, ensemble M. le Commissaire
de police dans ses conclusions, tendantes aux dispositions
suivantes : (*Si elles sont conformes au jugement, sinon il
faut les exprimer*).

____

(1) Article 471, treizième paragraphe, du code pénal, article 475, neuvième paragraphe, du même code.

Considérant qu'il résulte de la plainte et des aveux des parties, que le fait dont il est question a été commis par le demandeur ; considérant que ce fait est qualifié contravention par la loi, Le tribunal, jugeant en première instance (*ou en dernier ressort*), déclare N... convaincu de la contravention qui lui est imputée ; pour réparation de quoi, les condamne à..., et aux dépens, taxés à..., non compris les coût et levée du présent jugement, en quoi il est aussi condamné ; et, pour la vindicte publique, le tribunal condamne ledit N... en une amende de... (1), en vertu de l'article... du code pénal, conçu en ces termes... : (*Ici copier le texte de la loi, à peine de nullité*).

20.me Modèle. *Variation d'un tel Jugement qui déboute le Demandeur de sa plainte.*

Entre..., etc. Et..., etc. (*Suivez le précédent Modèle jusqu'au dispositif, que l'on établit ainsi*) :

Parties ouïes, ensemble M. le Commissaire de police dans ses conclusions tendantes à... ; Attendu que les contraventions doivent se prouver par procès-verbaux, rapports, ou par témoins ; attendu que rien de semblable ne justifie la plainte portée contre...., et que même les déclarations des parties ne la prouvent pas,

Le tribunal, sans s'arrêter à la plainte de......., dont il est débouté, renvoie le défendeur absous sans dépens, auxquels le demandeur est condamné pour tous dommages-intérêts ; et sont lesdits dépens taxés à..., non compris les coût et levée du présent, en quoi le demandeur est aussi condamné, etc.

21.me Modèle. *Jugement définitif et contradictoire, rendu sur un Procès-verbal, qui constate la Contravention.*

Entre Monsieur le Commissaire de police de..., etc. Et..., etc. Par procès-verbal du..., fait par..., il appert que..., (*ici le sommaire du procès-verbal*). Par ces motifs, M. le

____

(1) Toutes les amendes peuvent se varier du *minimum* au *maximum*, sauf le cas de récidive.

commissaire de police, demandeur, a fait citer N... à cette audience, pour être déclaré convaincu de la contravention établie par ledit procès-verbal, et en conséquence condamné en l'amende de..., et aux dépens. — Lecture faite dudit procès-verbal, le défendeur a comparu et a dit que.... (*ses défenses*). A quoi M. le commissaire à répondu que.., etc. (*Suivez les motifs et le dispositif conformes aux conclusions, s'il y a lieu, sinon on dit,*) : Le tribunal, sans s'arrêter au procès-verbal dont est question, renvoie le défendeur de la plainte portée contre lui, sans dépens.

Si la Partie civile intervient dans la cause pour obtenir des dommages-intérêts à raison du préjudice que lui a causé la contravention, on établit son Intervention aussitôt après les défenses du prévenu, en ces termes :

Alors a comparu N..., demeurant à.., lequel a déclaré intervenir dans la cause et conclure contre..., à ce qu'il soit condamné à..., (*établissez ici les conclusions*). Pour justifier son intervention, ledit..., (*l'intervenant*) a exposé que... (*ses moyens*). A quoi le défendeur a répliqué que..., De son côté, M. le Commissaire de police a dit que..., et a conclu à ce que...

Sur quoi il s'agit de décider : dans le fait : y a-t-il contravention à raison de... ? Dans le droit : la preuve de la contravention est-elle acquise ? l'intervention est-elle admissible dans la circonstance ?—Ouï les parties et le ministère public dans ses conclusions ci-devant exprimées; attendu que, sur le fait de la contravention, il est prouvé que...; attendu, en ce qui touche l'intervention, que...

Le tribunal reçoit ledit.... intervenant, partie intervenante, et, faisant droit à son égard, déclare le défendeur convaincu de la contravention qui lui est imputée; pour réparation de quoi le condamne à..., pour dommages-intérêts envers ledit intervenant.

Et, statuant sur les conclusions de la partie publique, condamne ledit.... en une amende de..., en vertu de l'article... du code pénal, conçu en ces termes :.. (*copiez le texte*). Ainsi jugé par M..., etc.

Nota. Si l'Intervenant succombe, on dit :

Le tribunal, sans s'arrêter à l'intervention de..., dont il est débouté, renvoie le défendeur de la plainte portée contre lui, et le condamne aux dépens.

22.me ET DERNIER MODÈLE. *Jugement qui, après Enquêtes respectives, fait droit sur une Contravention et sur des Reproches de Témoins.*

Nota. Voyez un semblable Modèle pour les causes civiles à JUGEMENS DÉFINITIFS n° 7 ; il servira pour une cause de police, en y ajoutant simplement les conclusions du ministère public, et en y copiant le texte de la loi de la manière que j'établis au dix-neuvième Modèle qui précède. On trouvera aussi à la suite du n° 7, une Variation, quand le demandeur est débouté de sa plainte après enquêtes respectives.

Voilà toutes les Formules que doit embrasser la procédure particulière des tribunaux de police. On sait que leur exécution est la même que celle de tous autres jugemens ; ainsi les citations, cédules, oppositions, notifications et commandemens peuvent se modéler sur les actes semblables que j'ai donnés en matière civile. Cependant, d'après les articles 504 et 505 du code d'instruction criminelle, lorsqu'à l'audience ou en tout autre lieu où se fait publiquement une instruction judiciaire, un ou plusieurs des assistans donnent des signes publics d'approbation ou d'improbation, ou excitent du tumulte *de quelque manière que ce soit*, le juge les fait expulser ; et, s'ils résistent ou rentrent, il les fait arrêter et conduire dans la maison d'arrêt. Mention est faite de cet ordre dans le Procès-verbal ; et, sur l'exhibition qui en est faite au gardien de la maison d'arrêt, il reçoit les perturbateurs pendant 24 heures ; et, lorsque le tumulte est accompagné d'injures ou de voies de fait donnant lieu à l'application de peines ultérieures, correctionnelles ou de simple police, ces peines sont prononcées, séance tenante, immédiatement après que les faits ont été constatés. Ces peines, lorsqu'elles ne sont que de simple police, sont prononcées *sans appel de quelque tribunal ou juge qu'elles émanent.*

' Pour exécuter la première Disposition envers les Perturbateurs, on dresse un procès-verbal conforme au modèle N° 22 de POLICE JUDICIAIRE. *Voyez* le *Suprà*. Un extrait en est exhibé au gardien de la maison d'arrêt.

Quant aux auteurs des injures ou des voies de fait, qui se font dans le tumulte, s'il n'y a lieu qu'à des peines de simple police, on les prononce suivant la variation de la trentième formule de JUGEMENS DÉFINITIFS, après avoir dressé le procès-verbal comme ci-devant N° 22 de POLICE JUDICIAIRE.

Si les voies de fait entraînent des peines correctionnelles, le Juge de paix se borne à rédiger le procès-verbal ci-dessus, et à l'envoyer dans les 24 heures au procureur du Roi.

Q.

QUESTIONS DE FAIT ET DE DROIT. Voyez *Passim* aux différens jugemens.

R.

REASSIGNATION. Dans le cas où les délais ordinaires ne sont pas observés en matière civile (1), si le défendeur est défaillant, le Juge de paix, au lieu d'adjuger le profit du défaut qu'il prononce, ordonne une Réassignation, et que les frais de la première citation resteront à la charge du demandeur. Ce qui ne se fait pas en police simple, car l'inobservation des délais emporte nullité dans cette procédure particulière.

J'ai donné un Modèle de jugement qui ordonne une Réassignation : *voyez* JUGEMENS NON-DÉFINITIFS. Il me reste à donner ici la Formule de la réassignation elle-même. Au surplus, *voyez* mon Recueil général, tome 2, page 181.

MODÈLE *d'une Réassignation.*

Le.... mars 1822, à la requête de..., propriétaire, demeurant à..., où il élit domicile, j'ai... (*immatricule de l'huissier*), soussigné, à..., demeurant à..., en son domicile, en parlant à.., signifié et déclaré qu'attendu que, par la citation qui lui a été donnée à la requête du requérant, par..., huissier, le... les délais prescrits par la loi n'ont point été observés, il a été ordonné, par un préparatoire rendu, le... de ce mois, par... M. le Juge de paix de..., que ledit... serait réasssigné, pour y satisfaire, j'ai, à la même requête que dessus, donné citation nouvelle audit... à comparaître, le... de ce mois,.. heures du..., devant M. le Juge de paix de..., en son prétoire, audience tenante, pour être condamné à..., et en outre aux dépens.

____

(1) Articles 5 et 1033 du code de procédure civile.

Les motifs de la présente sont que... Fait et délaissé copie du présent acte, dont le coût est de.., au domicile dudit..., en parlant comme est dit ci-dessus.

RECUSATION D'UN JUGE DE PAIX. On récuse ce Magistrat pour des motifs graves, établis par l'article 44 du code de procédure. Tout autre motif de récusation est inadmissible. Cependant le Juge de paix peut se récuser lui-même, lorsqu'il en a d'autres motifs (*articles* 378 *et* 380 *du code de procédure*). *Voyez* mon Recueil général de la Jurisprudence des Justices de paix de France, tome 2, page 186.

FORMULE *de Récusation, qui peut être faite par le premier Huissier requis.*

L'an 1822, et le..., à la requête de..., demeurant à..., où il élit domicile, j'ai (*immatricule de l'huissier*), soussigné... à M°..., greffier du Juge de paix de....., demeurant à...,signifié et déclaré que le requérant récuse mondit sieur Juge de paix dans la cause pendante devant lui entre le requérant et..., au sujet de..., attendu que..., (*ici les causes de la récusation*). De quoi j'ai requis ledit M°..., greffier, d'en avertir de suite mondit sieur Juge de paix, afin qu'il puisse donner sa réponse dans deux jours suivant la loi.

Fait et délaisssé copie du présent audit..., en son domicile, en parlant à sa personne, qui a visé l'original du présent, dont le coût est de..., etc.

RÉPONSE *négative du Juge de paix au pied de la Copie de la Récusation.*

Vu par nous, Juge de paix de..., l'acte ci-dessus; attendu que les motifs de la récusation sont faux, *ou* attendu que (*tel autre motif*), disons qu'il n'y a pas lieu d'acquiescer à cette récusation et que nous n'y acquiesçons pas. Fait en notre prétoire, à..., le...

ACQUIESCEMENT *du Juge de paix.*

Vu la récusation ci-dessus, nous déclarons y acquiescer purement et simplement. Fait au prétoire, à..., le...

Lorque le juge refuse de s'abstenir, le greffier, dans les trois jours du refus, transmet la récusation et la réponse du Juge, au procureur du Roi, qui, dans la huitaine suivante, fait décider en

_____
(1) Articles 512, 343, 344, 345, code de procédure.

dernier ressort par son tribunal, la validité ou l'invalidité de la récusation.

REDACTION DES JUGEMENS. *Voyez* Jugemens des quatre sortes.

RÉFÉRÉ. *Voyez* Apposition de scellés et levée de scellés.

REGISTRES PUBLICS. *Voyez* Actes de notoriété.

RÉPARATIONS LOCATIVES. *Voyez* Visite des lieux.

REPROCHES: *Voyez* Jugemens non-definitifs et definitifs.

REPRISE D'INSTANCE. Aucune loi ne contient des dispositions spéciales aux Justices de paix sur ce point ; mais on ne doit pas moins y suivre celles qui sont établies pour les tribunaux ordinaires (1) Cependant, il ne faut jamais perdre de vue que le jugement de l'affaire qui est en état n'est différé ni par le changement d'état des parties, ni par la cessation des fonctions dans lesquelles elles procédaient, ni encore par leur mort. C'est ainsi qu'en dispose l'article 342 du code de procédure. Ainsi, on ne doit reprendre des instances dans les Justices de paix, que lorsqu'il y a une simple citation donnée, ou lorsqu'il a été rendu un jugement préparatoire ou un jugement interlocutoire non encore exécuté. C'est dans cet esprit que nous allons donner deux formules.

Modèle *de Citation contenant une Reprise d'instance par les Héritiers du demandeur, dans une Cause non en état.*

L'an 1822 et le..., à la requête de..., demeurant à..., veuf *ou* veuve de... *ou* héritier de..., décédé le..., où il fait élection de domicile, j'ai... (*immatricule de l'huissier*), à..., demeurant à..., donné citation à comparaître, le.. de ce mois,.. heures du..., devant M. le Juge de paix de..., en son prétoire, audience tenante, pour voir donner acte au requérant de ce qu'en sa qualité ci-dessus dite, il déclare reprendre la cause qui a été introduite par ledit feu.. contre ledit..., par citation du.., enregistrée le..., devant mondit sieur Juge de paix de... (*Et s'il y a eu jugement non-définitif, on dit*) : Sur laquelle citation il est intervenu, le... un interlocutoire, ou un préparatoire, par lequel il a été ordonné que... ; En conséquence, il sera dit que les derniers errémens de la procédure seront suivis avec le requérant ; quoi faisant, sera ledit... condamné à..., ainsi qu'il est

---

(1) Articles 312, 343, 344, 345, code de procédure.

énoncé dans les conclusions de la citation ci-devant datée ;
Déclarant, le requérant, qu'il emploie pour moyens des
présentes, ceux énoncés dans la première citation. Fait et
délaissé copie de la présente, dont le coût est de..., au domicile dudit..., en parlant à..., par moi.

(Signature de l'huissier.)

AUTRE MODÈLE *pour appeler en Reprise les Héritiers d'un
Défendeur décédé.*

L'an 1822 et le..., à la requête de..., demeurant à..., où
il élit domicile, j'ai... (*immatricule de l'huissier*), soussigné, à..., demeurant à..., héritier de F..., décédé à.. (*ou
veuf et commun en biens de feu..., ou tuteur des enfans
mineurs de défunt...*), donné citation... etc. (*comme ci-
devant*), pour être tenu de reprendre, en sadite qualité,
l'instance pendante devant M. le Juge de paix de..., introduite par le requérant, contre le... décédé, par citation
du..., enregistrée le...; faute de quoi ladite instance sera
tenue pour reprise ; En conséquence, et faisant droit au
fond, ledit... (*ou ladite*) sera condamné, en la qualité en
laquelle il est ci-dessus appelé, à..., suivant les conclusions
prises par la citation ci-devant datée, et en outre aux dépens;
Déclarant qu'à cet égard il emploie les faits et moyens établis
dans la même citation. Fait et délaissé copie du présent,
dont le coût est de..., au domicile dudit.... en parlant à...

REPROCHES. *Voyez* Enquêtes et Jugemens définitifs.

REQUÊTE CIVILE. C'est un moyen autorisé pour faire retracter
les jugemens contradictoires en dernier ressort par les mêmes juges
qui les ont rendus, par des motifs autorisés par la loi (1). Il s'est
élevé une controverse sur le point de savoir si les Juges de paix sont
compétens pour connaître de la requête civile. Je crois l'avoir résolue d'une manière affirmative dans mon Recueil général de la
Jurisprudence, tome 2, page 211. *Voyez-le.*

Avant de présenter la Requête civile, il faut obtenir une consultation de trois avocats exerçant depuis dix ans près l'un des
tribunaux du ressort de la cour dans lequel le jugement attaqué a
été rendu ; laquelle décide qu'il y a lieu à ouverture, pour l'un ou
plusieurs des motifs exprimés par l'article 480 du code de procédure.

Cette consultation obtenue, on consigne l'Amende déterminée par

---

(1) Articles 480 et suivans du code de procédure.

l'article 494 du même code, laquelle est pour les Justices de paix de 75 fr. On consigne encore pour dommages-intérêts 37 fr. 5o c.; faisant le quart de 15o fr., fixés par le même article pour se pourvoir contre les arrêts.

On joint la quittance de ces consignations et la consultation à la REQUETE CIVILE, qui se fait ainsi :

A monsieur le Juge de paix de...

P..., fabriquant, demeurant à..., a l'honneur de vous exposer que..., (*les faits qui donnent lieu à la requête civile*); que, d'après ces faits et suivant l'article 48o du code de procédure, il y a lieu à la requête civile contre le jugement par vous rendu, le..., en faveur de..., demeurant à..., contre l'exposant, lequel jugement condamne à...; Qu'il en est déjà estimé ainsi par la consultation de M..., M..., M..., tous trois avocats, exerçant depuis plus de dix ans, au tribunal de..., laquelle consultation, en date du..., est jointe à la présente, avec la quittance du receveur de..., portant consignation de l'amende prescrite en pareil cas.

Ce considéré, monsieur, il vous plaise permettre à l'exposant de faire appeler pardevant vous, à l'audience qu'il vous plaira indiquer, ledit..., demeurant à...., pour voir ordonner que la présente requête civile sera entérinée et que les parties seront remises au même et semblable état qu'elles étaient avant le jugement ci-devant daté, sans égard à ses dispositions, qui demeureront retractées, et alors il sera permis au requérant de se pourvoir sur le fond de la contestation, ainsi que de droit; et sera ledit.... condamné aux dépens. Fait à..., le... 1822.

ORDONNANCE *du Juge de paix.*

Vu la présente requête, la consultation et la quittance y jointes, permis d'assigner comme il est requis, à l'audience de... prochain, à... heures du... Donné au prétoire, le.1.., 1822. (*Signature du Juge de paix*).

NOTIFICATION *de la Requête civile.*

Le... juin 1822, à la requête de..., demeurant à..., où il fait élection de domicile, J'ai (*immatricule de l'huissier*), soussigné, à.., demeurant à..., en son domicile, en parlant

à..., signifié et donné copie, 1° d'une consultation signée...,
datée du..., enregistrée le...; 2° d'une quittance du receveur
de l'enregistrement de..., en date du..., portant consignation de...; 3° et d'une requête présentée par le requérant à
M. le Juge de paix de..., au pied de laquelle est son ordonnance du..., signée..., enregistrée le même jour; le tout en
bonne forme, à ce que ledit.. n'en ignore; et, en vertu desdites
pièces et ordonnances, j'ai, à la même réquisition que
ci-dessus, donné citation audit..., à comparaître, le... de ce
mois,... heures du..., devant M. le Juge de paix de..., en
son prétoire, audience tenante, pour répondre et procéder
sur le contenu, fins et conclusions de ladite requête, qui
seront adjugées au requérant, avec dépens, contre ledit...
Fait et délaissé autant du présent, avec copie des pièces y
énoncées, au domicile dudit.., en parlant à.. Le coût du
présent est de...

La Requête civile ne doit jamais contenir d'autres moyens que ceux
autorisés par la consultation, à peine de nullité et de rejet; elle se
signifie, dans les trois mois, à l'égard des majeurs, du jour de la
signification à personne ou domicile, du jugement attaqué; mais,
à l'égard des mineurs, ces trois mois ne courent que du jour de la
signification du jugement faite depuis leur majorité, à personne ou
domicile. Lorsque le Demandeur est absent pour le service de l'état,
il a, outre le délai ordinaire de trois mois, le délai d'une année;
et, s'il demeure hors de la France continentale, il a avec le délai
ordinaire, celui fixé pour les ajournemens par l'art. 73 du code de
procédure (1).

On distingue la Requête civile en principale et incidente. Les
Formules que nous venons de donner, s'appliquent à l'une et à
l'autre, puisqu'elles se jugent également par le tribunal qui a rendu
le jugement attaqué. La requête civile est *incidente*; lorsqu'on attaque par cette voie un jugement produit dans une cause pendante
devant le tribunal, autre que celui qui l'a rendu; mais, en ce cas,
il faut faire décider sur la requête civile par les mêmes juges qui ont
rendu le jugement attaqué; sauf au tribunal saisi de la cause dans
laquelle il est produit, à surseoir ou à passer outre suivant les circonstances (*Article* 491 *du code de procédure*).

---

(1) *Voyez* les articles 483, 484, 485, 486 du code de procédure. *Voyez*
aussi, pour les variations du délai, les articles 487, 488 et 489 du même
code.

Formule *d'un Jugement qui admet la Requête civile.*

Entre.., demandeur etc., Et..., défendeur etc. Par requête civile présentée par le demandeur, le..., il a exposé que.... (*retracer sommairement les faits et les moyens énoncés dans la consultation, non d'autres*); pourquoi il a conclu à ce que... (*les conclusions*).

Pour justifier de la régularité de sa demande, il a représenté... (*la consultation, les quittances de consignation, et les pièces justificatives, s'il y en a*). A quoi le défendeur a répondu que... (*Ses défenses*).

La cause, dans cet état, a présenté les questions suivantes : Dans le fait... (*suivant les faits qui sont proposés*). Dans le droit : Les moyens de requête civile sont-ils admissibles? ces moyens sont-ils justifiés par les pièces produites? — Parties ouïes : Attendu que la loi a établi comme ouverture de la requête civile... (*le fait ou les moyens énoncés dans la consultation*); attendu que les pièces produites justifient que... etc., Le tribunal, jugeant en première instance (*ou en dernier ressort*), entérine la requête civile, et remet les parties au même état qu'elles étaient avant le jugement rendu par le tribunal, le...; lequel jugement demeure rétracté; permet aux parties de se pourvoir ainsi que de droit sur le fond de la cause; condamne le défendeur aux dépens, taxés à..., non-compris le coût etc. etc.

Variation. *Jugement qui rejette la Requête civile.*

Entre..., demandeur etc., Et.., défendeur etc. (*Suivez la formule précédente jusqu'au dispositif suivant*) : Parties ouïes : Attendu que les moyens proposés comme ouvertures de la requête civile ne sont point classés dans la série de ceux établis par l'article 480 du code de procédure; (*ou*) attendu que les moyens employés en plaidant ou dans la requête, ne sont pas ceux développés dans la consultation produite; (*ou encore*), attendu que le demandeur n'a point administré la preuve des moyens par lui proposés dans la consultation et dans sa requête,

Le tribunal le déboute de sa demande, et le condamne en l'amende et aux dommages-intérêts par lui consignés; autorise le défendeur à retirer lesdits dommages-intérêts des mains du dépositaire, et condamne le demandeur aux dépens, taxés à..., non compris les coût et levée...; etc.

Autre variation. *Admission de la Requête civile pour Contrariété de Jugemens* (1).

Cette espèce particulière demande les mêmes Formes que j'ai établies pour la requête civile ordinaire. Le jugement seul doit recevoir une Variation nécessaire dans le dispositif et dans ses motifs. La voici :

Parties ouïes : Attendu qu'il résulte des pièces produites, et notamment des deux jugemens prononcés par le tribunal, entre les mêmes parties qui plaident, en date du... et du..., qu'il y a une véritable contrariété dans leurs dispositions respectives, tellement qu'elles s'entre-détruisent mutuellement; attendu que de pareilles dispositions ne sont que le fruit de l'erreur ou de la surprise; qu'elles ne peuvent être maintenues l'une et l'autre, et qu'en ce cas la première décision doit seule valider (2), Le tribunal, jugeant en première instance (*ou en dernier ressort*), entérine la requête civile dudit..., et remet les parties au même et semblable état qu'elles étaient avant le dernier jugement rendu entre elles par le tribunal; ordonne que le premier jugement rendu le..., entre lesdites parties, sera seul exécuté, suivant sa forme et teneur, et condamne le défendeur aux dépens, taxés à...

S

SAISIE-ARRÊT. Malgré une controverse élevée sur la question de savoir si les Juges de paix peuvent connaître des validités de saisie-arrêt, j'ai pensé et je pense encore qu'ils sont compétens pour en décider lorsqu'il n'y a qu'un seul saisissant, et que la saisie est faite en vertu d'ordonnances ou jugemens de ces juges, pour des causes qui n'excèdent pas 100 fr. Je crois avoir démontré mon opinion d'une manière évidente, dans mon Recueil général de la

---

(1) Article 480, sixième paragraphe, du code de procédure civile.
(2) Article 501, deuxième paragraphe, du même code.

Jurisprudence. *Voyez-le*, *verbo* Saisie-Arrêt. Cependant comme les juges de première instance sont juges des appels des jugemens des justices de paix, et qu'ainsi ils peuvent suivant leur jurisprudence particulière annuller les procédures de ces justices, je ne conseille pas aux Juges de paix de connaître des saisies-arrêts quand leurs juges supérieurs s'y opposeront, quelque préjudice qu'il en résulte pour les parties ; autrement ce préjudice pourrait être plus gr nd encore.

N.° I. Requête et ordonnance *portant Autorisation de saisir* (1).

A Monsieur le Juge de paix de...

P..., propriétaire, demeurant à..., a l'honneur de vous exposer que... (*ici le titre privé qui peut autoriser, ou l'urgence qui nécessite la saisie*).

Par ces motifs, l'exposant requiert qu'il vous plaise, monsieur, lui permettre de faire saisir et arrêter entre les mains de......., demeurant à..., sur....., (*le débiteur*), jusqu'à concurrence de ce qu'il doit à l'exposant en principal et accessoires, et ferez justice. A....., le..... 1822. (*Signature.*)

Vu la requête ci-dessus, Vu aussi le billet, mémoire arrêté, *ou* lettre missive, etc. (*si de telles pièces existent*), Permettons à l'exposant de faire saisir et arrêter sur..., entre les mains de qui il appartiendra, jusqu'à concurrence de...., en principal, sauf les accessoires. Donné au prétoire à..., le... 1822.

N.° 2. Saisie-Arrêt *en vertu de l'Ordonnance qui précède.*

L'an 1822 et le..., à la requête de P..., propriétaire, demeurant à..., où il élit domicile, et d'abondant à... (*dans le lieu où se fait la saisie*), j'ai.., (*immatricule de l'huissier*), soussigné, à N.., demeurant à.., en son dit domicile, en parlant à...., signifié et donné copie d'une requête présentée par le requérant à M. le Juge de paix de..., au pied de laquelle est intervenue son ordonnance du..., enregistrée le..., à ce qu'il n'en ignore ; et en vertu de ladite

____

(1) Articles 558 et 822 du code de procédure.

ordonnance, et à la même requête, j'ai saisi et arrêté entre ses mains tout ce qu'il doit ou devra audit... (*nom de la partie saisie*), jusqu'à concurrence de ce qu'il doit au requérant tant en principal que tous accessoires ; Faisant défenses audit N... de se dessaisir ni vider ses mains en d'autres qu'en celles du requérant, sous peine de payer deux fois ; lui déclarant que la présente sera notifiée à la partie saisie dans le temps de la loi. Fait et délaissé copie du présent au domicile dudit..., en parlant comme est dit ci-dessus.

N.° 3. **Autre modèle** *de Saisie-arrêt, en vertu d'un Jugement rendu par le Juge de paix.*

L'an 1822 et le..., à la requête de..., demeurant à..., où il élit domicile, et d'abondant à.., etc. (*comme ci-devant jusqu'à* :) signifié et déclaré que, en vertu de jugement rendu au profit du requérant contre..., demeurant à..., par M. le Juge de paix de..., en date du..., enregistré le..., et en forme, j'ai saisi et arrêté, comme de fait je saisis et arrête, par ces présentes, entre ses mains, tout ce qu'il doit ou devra audit..., etc. (*suivez le surplus de la formule qui vient de finir*).

Dans la huitaine de la saisie-arrêt ou opposition, outre un jour par trois myriamètres de distance entre le domicile du tiers-saisi et celui du saisissant, et un jour pour trois myriamètres de distance entre le domicile de ce dernier et celui du débiteur saisi, le saisissant est tenu de dénoncer la saisie-arrêt ou opposition au débiteur saisi et de l'assigner de validité.

Dans un pareil délai, outre celui en raison des distances, à compter du jour de la demande en validité, cette demande est dénoncée à la requête du saisissant au tiers-saisi, qui n'est tenu de faire aucune déclaration avant que cette dénonciation lui ait été faite (1).

N.° 4. **Formule** *d'une Demande en Validité de Saisie contre le Débiteur.* (2)

---

(1) Dispositions textuelles des articles 563 et 564 du code de procédure.

(2) A faute de demande en validité, la saisie-arrêt est nulle. Il n'est pas nécessaire de passer en conciliation. Articles 566 et 567 du code de procédure.

22 *

L'an 1822, et le..., à la requête de..., (*le créancier sai-sissant*), demeurant à.., où il fait élection de domicile, et d'abondant à..., j'ai... (*immatricule de l'huissier*), sous-signé, à..., (*le débiteur saisi*) demeurant à..., en son domicile en parlant à..., signifié et donné copie d'une saisie-arrêt, faite à la requête du requérant entre les mains de..., demeurant à..., sur lui dit..., (*le débiteur saisi*), par.., huissier, en date du..., enregistrée le.., en bonne forme, à ce qu'il n'en ignore. En conséquence, je lui ai donné citation à comparaître le... de ce mois, heures du..., devant M. le Juge de paix de..., en son prétoire, audience tenante, pour voir déclarer bonne et valable ladite saisie-arrêt et qu'il sera permis au requérant d'assigner le tiers-saisi en déclaration ; lequel sera tenu de payer jusqu'à due concurrence au requérant, ce qu'il peut devoir à la partie saisie, qui sera condamnée aux dépens. Fait et délaissé etc. , etc.

Modèle *de Dénonciation au Tiers-saisi de la Demande en validité de saisie, avec Citation.*

L'an 1822, et le... juillet, à la requête de..., demeurant à..., où il fait élection de domicile, et d'abondant à..., j'ai... (*immatricule de l'huissier*), à..., demeurant à..., signifié et laissé copie d'une citation donnée à la requête du requérant par..., huissier, le... de ce mois, enregistrée le..., contre la partie saisie, tendante à faire déclarer bonne et valable la saisie-arrêt faite à la même requête, le... de ce mois, entre les mains dudit... à ce qu'il n'en ignore et ait à s'y conformer, sous les peines de droit... (*s'il n'y a pas de titre authentique ou jugement qui ait déclaré la saisie valable, on termine ici cette dénonciation par le fait et délaissé et le parlant à... ; mais, dans le cas contraire, on assigne de suite le tiers-saisi en déclaration comme il suit :*) Et, par ces mêmes présentes, j'ai audit..., donné citation à comparaître devant monsieur le Juge de paix de..., le... de ce mois..., heures du..., en son prétoire, audience tenante, pour faire et arrêter sa déclaration de ce qu'il doit ou devra sur la saisie ci-devant datée, en affirmer la sincérité si besoin est, et produire les pièces justificatives à l'appui, et être condamné à faire délivrance entre les mains du requérant jusqu'à concurrence de sa créance sur la partie saisie tant en principal que tous accessoires ; enfin , en cas de contestation ou de non comparution , être déclaré débiteur des causes de la saisie et condamné aux dépens. Fait et délaissé copie du présent, à laquelle est jointe copie de la citation en validité de saisie, ci-devant datée, au domicile dudit..., en parlant à...

FORMULE *de Jugement qui déclare la Saisie bonne et valable.*

Entre..., demeurant à..., demandeur, comparant en personne, Et... (*le saisi*), demeurant à...., défendeur, comparant aussi en personne. Le demandeur, par citation du..., enregistrée le.., a conclu à ce que la saisie-arrêt faite à sa requête, le.., par..., huissier, enregistrée le..., fût déclarée bonne et valable ; en conséquence (*suivez les conclusions de la citation en validité de saisie*).

Expliquant sa demande, le demandeur a dit que... (*ici ses moyens ou titres*). Le défendeur, partie saisie, a comparu et a dit que.... Sur quoi il s'agit de décider si la saisie-arrêt dont est question, doit être déclarée valable. — Parties ouïes; attendu que la saisie-arrêt a été faite en vertu de titre authentique, (*ou d'ordonnance spéciale*); attendu que la demande en validité de saisie a été faite en temps utile ; attendu que.... (*ici un motif puisé dans la discussion des parties*),

Le tribunal, jugeant en première instance (*ou en dernier ressort*), déclare la saisie-arrêt (*ou opposition*) du.... bonne et valable, et autorise à faire les suites convenables (1) ; condamne le défendeur aux dépens taxés à..., non compris etc.

Nota. Si la partie saisie ne comparaît pas, le jugement de validité est rendu par défaut, dans la forme donnée aux JUGEMENS PAR DÉFAUT.

---

(1) C'est-à-dire , à citer le tiers-saisi en déclaration ; ce qui ne peut se faire que lorsque la validité de la saisie est jugée, à moins qu'il n'y ait titre authentique : nous l'avons déjà dit.

MODÈLE *de Jugement qui reçoit la Déclaration du Tiers-saisi, et ordonne Délivrance des Choses saisies.*

Entre... demeurant à..., demandeur en déclaration sur saisie, suivant citation de...., huissier, du..., enregistrée le......, comparant en personne, Et......, demeurant à....., défendeur, tiers-saisi, et comparant aussi en personne. Le demandeur, en vertu de *tel* titre, *ou* d'ordonnance du..., a fait saisir entre les mains du défendeur ce qu'il doit à..., demeurant à... Cette saisie a été dénoncée à ce dernier par citation de.., huissier, en date du..., enregistrée le..., avec assignation en validité de saisie devant le tribunal, lequel a prononcé cette validité par jugement du..., enregistré, signifié et en forme. D'après cela, le demandeur, par sa citation ci-devant datée, a fait appeler le tiers-saisi pour faire sa déclaration ; en justifier la sincérité par pièces justificatives et l'affirmer telle ; être condamné à faire délivrance au requérant de ce qu'il peut devoir à la partie saisie jusqu'à due concurrence ; en cas de non comparution ou de contestation, être condamné aux dépens, même déclaré débiteur des causes de la saisie.

Le défendeur a dit qu'en obéissant à justice, il déclare être débiteur de la partie saisie de la somme de..., pour... (*Expliquer les causes*), suivant qu'il appert par... (*énoncer les pièces s'il en est représenté*) ; au surplus, il a dit qu'il est prêt d'affirmer sa déclaration et de délivrer ce qu'il doit, à qui par justice sera ordonné, sous la déduction des frais par lui faits légitimement. — Sur quoi il est à décider si la déclaration est légalement faite, et s'il y a lieu d'ordonner la délivrance des choses saisies.

Parties ouïes : Considérant que la saisie a été déclarée valable et dénoncée au tiers-saisi, le tout dans le temps prescrit ; Considérant que la déclaration paraît exacte, et d'ailleurs n'est pas contestée (*ou qu'elle est justifiée par telles pièces*), Le tribunal, jugeant en première instance (*ou en dernier ressort*), donne acte au défendeur de sa déclaration, et ordonne qu'il en affirmera la sincérité ; — ce qu'il a fait à l'instant, la main-levée. En conséquence, le tribunal le condamne à payer, suivant sa dite déclaration, la somme dont il est débiteur, entre les mains du demandeur saisissant, jusqu'à due concurrence de ce qui lui est dû par..., partie saisie, tant en principal que tous accessoires ; permet au tiers-saisi de faire déduction des frais par lui légitimement faits, qui demeurent taxés à..., non-compris les coût et levée du présent jugement, qui seront à la charge de la partie saisie, ainsi que tous autres dépens faits depuis la saisie, et icelle comprise. Jugé et prononcé par M..., Juge de paix de... etc.

Si le Tiers-saisi déclare qu'il a été fait d'autres saisies entre ses mains, le tribunal, sans recevoir aucune déclaration, prononce ce qui suit.

Parties ouïes : Attendu que l'existence de plusieurs saisies sur le même débiteur et entre les mains du même tiers-saisi, donne lieu nécessairement à une distribution de deniers, le tribunal se déclare incompétent.

SUBROGÉ TUTEUR. On trouve dans l'Article APPOSITION DE SCELLÉS, *suprà*, une Formule d'après laquelle le subrogé tuteur, provoque et obtient les scellés pour la conservation des droits du mineur.

A l'article CONSEIL DE FAMILLE, je donne les Modèles de nomination d'un subrogé tuteur, des autorisations qu'il peut demander, des destitutions ou remplacemens du tuteur, qu'il est chargé de provoquer.

Dans l'article EXPERT, on trouve un Modèle de nomination d'expert par un subrogé tuteur, afin de mettre l'époux survivant en demeure de faire inventaire. Enfin le subrogé tuteur est destitué pour les mêmes causes, et avec les mêmes formes que le tuteur. *Voyez* nº 35 de CONSEIL DE FAMILLE.

SURSIS. *Voyez* JUGEMENS DÉFINITIFS.

T.

TEMOINS. *Voyez* PROCÉDURE EN SIMPLE POLICE ET JUGEMENS DÉFINITIFS contenant Enquête et Reproches. *Voyez* aussi pour les Réassignations et Contraintes contre les témoins, ENQUÊTE.

TIERCE-OPPOSITION. C'est une voie autorisée (1) pour se pour-

---

(1) Une partie peut former une tierce-opposition à un jugement qui nuit à ses droits, et lors duquel elle n'a été appelée, ni ceux qu'elle repré-

voir contre un jugement dans lequel on n'a pas été partie. On distingue la tierce opposition en principale et en incidente. La *principale* est celle qui est formée hors tout procès, contre ceux qui ont obtenu le jugement que l'on attaque. L'*incidente* est formée pendant l'instruction d'une cause dans laquelle on excipe du jugement attaqué. *Voyez*, avant d'agir dans cette espèce, mon Recueil général de Jurisprudence, tome 2, page 274.

FORMULE *de Tierce-Opposition principale devant un Juge de paix.*

L'an 1822 et le..., à la requête de..., demeurant à..., où il élit domicile.., j'ai.., (*immatricule de l'huissier*), soussigné, à.., (*nom et demeure de celui qui a obtenu jugement*), en son domicile, en parlant à..., signifié et déclaré qu'il éprouve un préjudice notable par le jugement rendu par M. le Juge de paix de..........., au profit de...,.., contre..., le..., enregistré le........, dans lequel il n'a cependant pas été appelé, attendu que... (*ici les faits et moyens de la tierce-opposition*); en conséquence, j'ai déclaré audit... (*le cité*) que le requérant, par ces présentes, forme une tierce-opposition au jugement ci-devant datée; et, pour y faire statuer, j'ai audit..., en parlant comme ci-dessus, donné citation à comparaître devant M. le Juge paix de... (*le même qui a rendu le Jugement attaqué*), à son audience du... de ce mois,... heures du..., en son prétoire, pour voir ordonner que cette tierce-opposition sera déclarée bonne et valable, et qu'il sera dit que le jugement attaqué demeurera sans exécution en ce qui concerne le requérant, c'est-à-dire que..... (*ici le motif de la tierce-opposition*), et sera ledit..., condamné aux dépens. Fait et délaissé copie etc. etc.

ADOPTION *de la Tierce-Opposition principale.*

Si la tierce-opposition principale est admise, le jugement adjugera les Conclusions que je viens de donner. On se servira pour cela du Modèle général, N° premier, *des Jugemens définitifs*, dans

sente (*article* 474, *code de procédure*). *Voyez* aussi les articles 475, 476 et 477 du même code. Ces textes sont beaucoup plus satisfaisans que l'ordonnance de 1667 et autres anciennes, qui à peine avaient dit un mot de la Tierce-opposition.

lequel on classera les faits, les moyens et la loi applicable à l'espèce. Mais, si la tierce-opposition est rejetée, on suit le Modèle suivant :

Rejet *de la Tierce-Opposition principale.*

Entre..., demandeur, etc. Et..., défendeur, etc. Par citation du..., de..., huissier, enregistrée le..., le demandeur a conclu à ce que la tierce-opposition par lui formée au jugement rendu par le tribunal, le..., au profit de..., contre.., en date du.., fût déclarée bonne et valable ; en conséquence... (*Suivre le reste des conclusions*).

Expliquant sa demande, il a dit que... Le défendeur a comparu et a répondu que... Pourquoi il a conclu à ce que la tierce-opposition fût rejetée, et que le demandeur fût condamné en ses dommages-intérêts, pour lesquels il s'est restraint à... A quoi le demandeur a répliqué que... Question de fait... ? Question de droit... ? — Parties ouïes : Attendu que la tierce-opposition n'est pas justifiée d'une manière suffisante pour être admise ; attendu que... (*les motifs particuliers du rejet*) ; attendu enfin que la loi attache des peines au rejet d'une pareille demande, afin de mettre un frein à la témérité des plaideurs (1), Le tribunal, jugeant en dernier ressort (*ou en première instance*), déclare le demandeur non-recevable en sa demande, et le condamne en 5o fr. d'amende, plus en 3o fr. de dommages-intérêts envers le défendeur (*s'il en demande, non autrement*), et aux dépens de la cause, taxés à..., non compris les coût et levée du présent jugement, en quoi il est aussi condamné, etc.

De la Tierce-opposition incidente.

Si le tribunal devant lequel il y a lieu de former la Tierce-opposition incidente, n'est égal ou supérieur à celui qui a rendu le jugement attaqué, il faut porter cette tierce-opposition par action

----

(1) Article 479, code de procédure. La partie dont la tierce-opposition sera rejetée, sera condamnée en 5o fr. d'amende, sans préjudice des dommages-intérêts de la partie, s'il y a lieu.

L'article 10, titre 27 de l'ordonnance de 1667, imité de l'article 108 de l'ordonnance de François Ier. de 1539, infligeait une amende de 5o fr. quand il s'agissait d'un arrêt attaqué, et de 75 fr. pour une sentence.

principale , devant le tribunal qui a rendu ce même jugement (*article* 476, *code de procédure*). De sorte qu'un Juge de paix ne peut recevoir une tierce-opposition contre un jugement du tribunal d'arrondissement; il doit, en ce cas , se déclarer incompétent; mais il lui appartient de décider s'il y a lieu ou non de surseoir à la décision de l'action pendante devant lui (*article* 477, *même code*).

Quant aux autres Tierces-oppositions incidentes, c'est-à-dire celles qui ont lieu contre des jugemens de Juges de paix , ces magistrats peuvent en connaître respectivement. Elles s'introduisent alors, ou par une intervention à l'audience quand le tiers-opposant n'est pas en cause , ou par les simples défenses de l'une des parties. Lorsqu'il s'agira d'une intervention, on se servira du Modèle de Jugement définitif, N° 3, qui statue sur une Intervention, dans laquelle on inscrira les conclusions de la tierce-opposition , suivant qu'elles sont établies à la première Formule du présent article , en établissant les faits, les circonstances , les questions , etc.

Et si la Tierce-opposition est formée par le demandeur ou le défendeur, on se sert du premier Modèle de Jugement définitif, en changeant ce qui doit l'être par les conclusions et les faits. Au surplus , *Voyez* mon Recueil général de la Jurisprudence des Justices de paix, page 274 , tome 2.

TUTELLE OFFICIEUSE (1). Cette sorte de tutelle inconnue en France avant la révolution, n'est point déférée par un conseil de famille, ni par les père, mère ou ascendans. C'est le Juge de paix du domicile de l'enfant, qui seul dresse procès-verbal des demandes et consentemens relatifs à cette tutelle. (*Texte de l'article* 363 *du code civil.*)

Il n'y a point d'autre acte à faire , quoique l'un de nos auteurs enseigne le contraire , et prescrive d'assembler un conseil de famille, pour autoriser le tuteur à accepter la tutelle officieuse. C'est le conseil de famille lui-même qui doit l'accepter par le même acte par lequel elle est conférée, puisque la loi veut que le procès-verbal en contienne les demandes et consentemens , ce qui est dire clairement que les parties capables de contracter doivent stipuler elles-mêmes sans intermédiaire , comme pour l'adoption. S'il en était autrement, il faudrait faire un second acte pour former la tutelle officieuse , tandis que la loi n'en prescrit qu'un seul. D'ailleurs devant qui serait fait ce second acte? La loi ne le dit point (2).

---

(1) Du latin *officiosa.* Personne prête à obliger.

(2) *Voyez* les articles 361 , 362 , 363 , 364 , 365 , 366 , jusqu'à 370 du code civil.

Faudrait-il renvoyer les parties devant un notaire ? Ce serait ajouter au texte de la loi, et changer même son esprit. Devrait-on
faire faire le second acte par le Juge de paix ? Ce serait doubler
l'opération unique qui est prescrite.

Nous allons donner les Formules convenables aux diverses
circonstances dans lesquelles la Tutelle officieuse peut avoir
lieu.

FORMULE DE TUTELLE OFFICIEUSE *d'un Mineur âgé de
moins de quinze ans, et ayant ses Père et Mère ou l'un
d'eux* (1).

Aujourd'hui... mars 1822, devant nous, Juge de paix
de..., assisté du greffier, est comparu P..., âgé de... (*plus
de 50 ans*), suivant qu'il appert par son acte de naissance
du..., qu'il nous a représenté, lequel nous a dit que, désirant s'attacher par un titre légal J. C..., âgé de..., (*au-
dessous de 15 ans*) fils légitime de..., et de..., vivans, demeurans à..., il déclare qu'il est dans l'intention d'être son
tuteur officieux, si ses père et mère y consentent, moyennant les conditions qui seront stipulées entre eux, et dont il
nous plaira de dresser acte; qu'à cet effet, il a invité lesdits
père et mère de J. C. à se présenter maintenant devant nous
pour donner leur consentement à cette tutelle officieuse, et
en arrêter les conditions. De quoi il a requis acte, et a signé
(*ou déclaré qu'il ne le sait*).

Sont aussi comparus lesdits..., demeurans comme dessus, père et mère dudit J. C... (*ou l'un d'eux si l'autre
est mort*), lesquels ont déclaré qu'ils acceptent avec reconnaissance la tutelle officieuse offerte et consentie par ledit..;
qu'à cet effet ils lui accordent tous les droits qui peuvent
être attachés à la qualité de tuteur officieux, qu'ils lui reconnaissent dès à présent, moyennant les conditions qui vont
être arrêtées entre eux, et ont signé (*ou déclaré etc.*).

Nous donnons acte aux parties de leurs consentemens,
offres et acceptations; en conséquence, disons que P... est
tuteur officieux de J. C..., fils légitime de... et de..., aux
conditions suivantes, arrêtées et convenues respectivement
par les comparans, savoir:

––––––––––

(1) Articles 361 et 364, code civil.

Article premier. Le tuteur officieux sera tenu, à compter de ce jour, de nourrir, soigner, entretenir le pupille, tant en santé qu'en maladie, de l'élever et mettre en état de gagner sa vie, en lui faisant apprendre un art ou profession quelconque, suivant son rang et sa fortune (1).

Article deux. (*Écrire les stipulations particulières*).

De tout quoi nous avons dressé le présent procès-verbal, pour valoir ce que de droit. Lecture faite aux parties, elles ont signé (*ou déclaré, etc.*).

AUTRE TUTELLE OFFICIEUSE *d'un Mineur orphelin.*

Aujourd'hui..., etc. (*Suivez le précédent modèle jusqu'à ces mots : Lesquels nous ont dit. Et continuez ainsi*) :

Lequel nous a dit que, désirant s'attacher par un titre légal, N..., âgé de... (*au-dessous de* 15 *ans*), fils de... et de..., décédés, il a convoqué à ces jour, lieu et heure, devant nous, à l'amiable, sans citation, les plus proches parens paternels et maternels de cet enfant, au nombre prescrit par la loi, pour délibérer sur l'acceptation de cette tutelle officieuse, et sur les conditions qui pourraient y être attachées; qu'à cet effet il requiert qu'il nous plaise de recevoir et présider ledit conseil, de dresser acte de sa délibération, et a signé (*ou déclaré qu'il ne le sait*).

Sont ensuite comparus, 1°...; 2°...; 3°... (*les prénoms, noms, qualités et demeures des trois parens paternels ou des amis qui les remplacent*); 4°...; 5°... 6°..., (*mêmes choses pour les trois parens maternels ou amis*),

Lesquels nous ont dit : Qu'en déférant à la convocation de..., ils consentent à délibérer sur la proposition qu'il fait, d'être tuteur officieux de l'enfant N... D'après ce consentement, nous les avons déclarés légalement constitués en conseil de famille sous notre présidence. Le conseil ainsi constitué, après en avoir délibéré avec nous : attendu qu'il est avantageux au mineur... d'avoir pour tuteur officieux ledit P..., à l'unanimité, déclare accepter la tutelle officieuse offerte et consentie ci-dessus; en conséquence arrête les conditions de cette tutelle ainsi qu'il suit :

---

(1) Telle doit être la première condition de la tutelle officieuse. Deuxième paragraphe de l'article 364 déjà cité.

Article premier... *(comme au précédent modèle)*.
Article deux. (*De même etc.*)

En cet endroit, ledit P.., tuteur officieux, a déclaré accepter purement et simplement les conditions qui sont établies par le conseil de famille, et s'engager de les exécuter dans tout leur contenu. Fait et clos le présent procès-verbal, dont lecture a été faite aux comparans, et qu'ils ont signé (*ou déclaré etc.*).

Si le Vote du conseil n'est pas unanime, on suit, pour la manière de l'exprimer, la Note donnée à la suite de la première formule de CONSEIL DE FAMILLE ; note encore donnée après le premier modèle de l'article ABSENS.

Si le tuteur officieux avait son conjoint vivant, il serait indispensable , *à peine de nullité*, de le faire comparaître au procès-verbal, et de lui faire donner son acceptation de la tutelle officieuse, soit qu'elle se fasse par l'avis d'un conseil de famille, ou par celui des père et mère, ou de l'un d'eux. (*Code civil, art.* 362.)

V.

VISITE DES LIEUX. *Voyez* mon Recueil général de la jurisprudence des justices de paix de France, tome 2, page 297. Il y a plusieurs sortes de ces visites dans les Attributions des Juges de paix : — 1º pour les Actions possessoires, j'en ai donné un Modèle, *verbo* ACTIONS POSSESSOIRES.

2.º Pour des cas extraordinaires où le Juge se fait assister d'experts. *Voyez* BREVETS D'INVENTION.

3.º Lorsqu'il s'agit d'apprécier des indemnités. *Voyez* ESTIMATIONS.

4.º En cas de constatation d'un dommage avant l'audience, *Voy.* PROCÉDURES EN SIMPLE POLICE.

5.º Dans les matières criminelles. *Voyez* POLICE JUDICIAIRE.

6.º Pour constater des réparations locatives, ou des dégradations alléguées par le propriétaire. Voici la Formule nécessaire sur ce point :

Aujourd'hui... avril 1822,... heures du..., nous, Juge de paix de.. , assisté de..., en vertu du jugement interlocutoire par nous rendu, le... de ce mois, enregistré le... Entre... Et..., par lequel nous avons ordonné que... (*le sommaire du jugement*) (1) ; et à la requête de..., demeurant à..., nous sommes transportés dans la maison située à..., rue de..., appartenant à..., aux fins de constater les réparations locatives (*ou les dégradations alléguées par..*) , où étant entrés dans... (*telle pièce*) , s'est présenté ledit... (*le requérant*), lequel, en persistant dans sa réquisition précédente, a dit : Qu'il nous demande de procéder présentement á la visite par nous ordonnée, tant en présence qu'en absence de..., et a signé. (*Signature.*)

Est aussi comparu ledit..., demeurant à..., lequel a déclaré qu'il n'a moyen d'empêcher la visite dont il s'agit; qu'il offre d'y assister , sous toutes réserves de droit, et a signé (*ou déclaré qu'il ne le sait*).

Nous, Juge de paix de..., en donnant acte aux parties de leurs comparutions, consentemens et réserves, nous avons procédé comme il suit, en leur présence : Avons remarqué dans... (*telle chambre*) que le crépissage des murs, à la hauteur d'un mètre, est dégradé, et demande d'être refait; que dix carreaux sont cassés à deux croisées; que la serrure de la porte d'entrée ne joue pas convenablement etc. , etc. Dans un salon ayant vue sur..., avons remarqué... (*comme ci-dessus, et on parcourt ainsi toutes les dépendances de la maison ou de la ferme. Si, dans le cours de l'opération, les parties font des réquisitions ou des observations, on dit*) :

En cet endroit de notre procès-verbal, le demandeur a requis que..., *ou* observé que..., (*suit le détail des faits ou des demandes*); à quoi le défendeur a répondu que..., etc. Sur quoi, nous, Juge de paix, attendu que..., ordonnons..., (*ici ce que le Juge prononce, soit un renvoi à l'audience, soit une mesure provisoire, soit un simple donné acte aux parties de leurs dires avec réserves de leurs droits respectifs*).

Et, attendu qu'il n'y a plus rien à visiter ou examiner,

---

(1) Si le jugement qui ordonne la visite, est par défaut, il faut le lever et le signifier au défaillant, avec sommation d'assister à la visite. *Voyez* le Modèle N.º 5, Actions possessoires. Mais si le jugement est contradictoire, il doit indiquer le jour et l'heure de la visite ; et sa prononciation vaut citation.

nous renvoyons la cause et les parties pour leur être fait droit, à notre audience du..., dépens réservés. Fait et clos le présent procès-verbal, les jour, mois et an que dessus, sur les... heures du..., et ont les parties signé, *ou* déclaré qu'elles ne le savent de ce enquises. (*Signatures.*)

Si le juge veut prononcer sur le local, il est libre de le faire, en ce cas il change sa Clôture, comme il suit :

Et notre opération étant terminée, nous disons qu'il sera à l'instant procédé, par acte séparé, au jugement de la contestation d'entre les parties. Fait et clos, les jour, mois et an que dessus, sur les... heures du...

Alors on se sert d'un Modèle de jugement sur procès-verbal d'enquête ou de visite: *Voyez* ACTIONS POSSESSOIRES et JUGEMENS DÉFINITIFS. Si le Juge se fait assister d'experts dans la visite particulière dont je viens de donner le Modèle, il faut établir leurs comparutions, acceptations, prestations de serment, et leur avis ; le tout se fait suivant le Modèle N.° 6 , ACTIONS POSSESSOIRES.

F I N.

TABLE

DES QUESTIONS DE DROIT

CONTENUES DANS CE FORMULAIRE.

ERRATA.

Page 19, ligne 52, au lieu de *ta prononciation équivaut à sa citation,* lisez : *sa prononciation équivaut à citation.*

Page 41, ligne 4, au lieu de *compétens de connaître pour des actions,* lisez : *compétens pour connaître de ces actions.*

Page 81, ligne 25, au lieu de *dihil,* lisez *nihil.*